구약신학의 역사적 기초

구약신학의 역사적 기초

초판 발행 2001년 5월 10일
개정 발행 2012년 8월 30일

지은이 | 장 영 일
발행인 | 장 영 일

발행처 | 장로회신학대학교출판부
등 록 | 제4-33호

주 소 | 143-756 서울시 광진구 광장로 5길 25-1(광장동)
전 화 | 02-450-0795
팩 스 | 02-450-0797

값 16,000원

ISBN 978-89-7369-111-1 94230
978-89-7369-075-6 (세트)

장로회
신학대학교
100주년
기념총서
XII

구약신학의 역사적 기초

장 영 일

장로회신학대학교출판부

들어가는 말
구약성서와 지혜

구약성서가 어떤 책이냐 하는 질문에 대해서는 여러 가지로 대답할 수 있겠지만, 필자는 우선 하나님의 말씀으로서의 구약성서는 그 형성과정을 고려할 때 하나의 거룩한 역사책이고, 그 내용이라 할 수 있는 구약신학은 이스라엘 백성의 역사적 경험을 기초로 삼고 있는 책이라 생각한다. 그런 의미에서 구약신학의 뿌리와 그 형성과정을 알려면 필연적으로 이스라엘 백성의 역사를 탐구할 수 밖에 없게 된다.

또 한편 구약성서는, 그 중심적 내용을 고려한다면, 하나님께서 인간에게 구원과 영생의 길 곧 지혜를 가르치는 책이라 말할 수 있을 것이다. (세상에 이보다 더 크고 궁극적인 지혜를 가르치는 책은 없다.) 그런 의미에서 구약

[1] 오늘날 세계 민족들 가운데 가장 정신력이 강하고 가장 지혜로운 민족을 들라 하면 제일 먼저 유대인을 떠올리게 되는 것도 이와 같은 맥락에서 해석할 수 있다. 현재까지 노벨상을 수상한 학자들 가운데 유대인이 22% 이상을 차지하고 있고, 오늘날도 세계 최대의 정치권과 경제권과 군사력을 장악하고 있는바, 미국을 배후에서 조종하는 사람들이 유대인임을 그 누가 부인하랴? 이와 같은 배경은 그들이 세계 최고의 지혜를 담고 있는 성경을 쓴 민족이라는 사실과 결코 무관하지 않다고 볼 수 있다.

성서는 (하나님의 말씀이라는 전제를 말하기 이전에) 일종의 지혜서이고, 우리는 여기에서 이스라엘이 어떻게 이 놀라운 최고의 지혜를 터득하게 되었는가를 묻지 않을 수 없게 된다.[1] 이에 대하여 우리는 잠정적으로 이스라엘은 그들만의 독특한 역사적 경험, 즉 그들만이 갖고 있고 그들에게만 야웨[2] 하나님께서 허락하신 역사적·지리적·종교적 경험을 통하여 이 지혜를 터득했다고 대답할 수 있을 것이다. 다시 말하면, 그들만이 갖고 있는 독특한 역사적 배경 가운데서 하나님의 말씀을 듣고 생각하고 그 말씀에 응답하는 삶을 통하여 이스라엘 백성들은 결국 구원과 영생의 길을 가르쳐 주는 지혜를 터득하게 되었던 것이다. 그런 의미에서 우리는 이스라엘의 역사적 경험이 다름아닌 이스라엘의 지혜의 모체가 되었을 뿐만 아니라 구약성서 신학의 기초를 형성하게 되었다고 보며, 따라서 우리가 구약신학의 내용이 무엇이냐를 묻기 전에 구약신학의 역사적 기초가 무엇인가를 묻게 된다. 이 책은 그런 의미에서 이스라엘 백성이 그들에게 제공된 역사적·지리적·종교적 배경이 무엇이었고, 이러한 배경에서의 삶의 경험이 어떻게 구약신학의 뿌리를 형성하게 되었는지의 과정을 살펴보려는 것이다.

---

[2] 구약성서에 표기된 이스라엘의 하나님의 이름은 전통적으로 '여호와'로 음역되었으나 더 이상 그렇게 발음하지 않고 '야웨'로 음역하는 이유는, 20세기 초 이후로 발견된 여러 고고학적 증거와 성서학자들의 연구 결과를 따를 수밖에 없기 때문이다. 이 문제에 대하여는 필자의 논문, "야웨 이름의 기원과 의미", *이스라엘의 경건과 학문* (장신대출판부, 2000), pp. 17~43을 참조하라.

차 례

▶들어가는 말(구약성서와 지혜) ········· 4

제1장 잠언 9장 10절에 대한 소고(小考) ········· 11

제2장 지리적·문화적 배경과 구약신학 ········· 25
1. 왜 가나안 땅인가?(긍정적 조건) ········· 27
A. 지구의 중심으로서의 가나안 ········· 30
B. 중보의 땅으로서의 가나안 ········· 34
(1) 이집트 문명 / 38
(2) 메소포타미아/바벨론 문명 / 44
(3) 히타이트 문명 / 53
2. 왜 가나안 땅인가?(부정적 조건) ········· 60
A. 고난의 용광로 ········· 60
B. '지혜의 백성'(이스라엘) ········· 75
C. '궁극적 지혜'의 발견 ········· 80

제3장 역사적 배경과 구약신학 93
1. 역사적 배경의 개괄적 안내 94
A. 이스라엘 역사의 근간으로서의 엑소더스 94
B. 엑소더스와 이스라엘의 정체성 98
2. 출애굽 사건(Exodus I)과 구약신학 103
A. 출애굽 사건의 예고 103
B. 출애굽의 실상과 의미 107
(1) 바로(Pharaoh)로부터의 탈출 / 107
(2) 애굽문화(=우상문화)로부터의 탈출 / 112
(3) 종/노예문화(Slave Culture)로부터의 탈출 / 114
(4) 나일(Nile)문화로부터의 탈출 / 119
C. 출애굽의 목적과 시내산 계약 122
D. 〈출애굽-시내산 계약〉 전승의 발전과 구약신학의 형성 127
(1) 두 절기와 〈출애굽-시내산 계약〉 전승의 발전 / 130
a. 초막절과 계약 신학(전승)의 형성 및 발전 / 130
b. 유월절 전승의 발전과 구속신학의 형성 / 142
(2) 〈출애굽-시내산 계약〉 사건과 구약신학의 핵심 주제 / 145
a. 구원(자유/해방)의 하나님 야웨 / 146
b. 공의와 심판의 하나님 / 149
c. 약자의 하나님 / 151
d. 비하(Humiliation)와 등귀(Exaltation)의 하나님 / 158
e. 창조주 하나님 / 161
f. 역사의 주관자 되시는 하나님(신본주의 신학) / 164

3. 출바벨론 사건(Exodus II)과 구약신학 ······ 168
A. 바벨론 포로생활과 출바벨론 사건(Exodus II)의 실상 ······ 171
B. 출바벨론의 목적: 성전재건과 계약갱신 ······ 185
C. 〈출바벨론 – 성전재건 – 계약갱신〉 사건을 통해 완성되는 구약신학 ······ 190
(1) 야웨 하나님의 정체성 / 190
a. 공의와 심판의 하나님 / 190
b. 사랑과 용서의 하나님 / 194
c. 창조주 하나님 / 199
d. 역사의 주관자 되시는 하나님 / 204
e. 약자의 하나님 / 213
f. 비하와 등귀의 하나님 / 214
(2) 이스라엘의 정체성 / 215
a. 죄 많고 연약한 인간 / 216
b. 계약의 백성, 영원한 자유인 / 217

제4장 종교적 배경과 구약신학 ······ 221
1. 들어가는 말 ······ 221
2. 바알 종교의 정체 ······ 224
A. 가나안 농경지의 기후와 바알 종교의 관계 ······ 224
B. 바알 종교와 신들의 세계 ······ 230
C. 바알 신화(Myth)의 내용 ······ 233
D. 바알 축제와 '거룩한 결혼' 의식 ······ 234
E. 고대 바알 종교 부흥의 배경 ······ 236

3. 바알 종교와 야웨 신앙의 차이 237
4. 교회에 잠입한 바알 종교의 유산 242
5. 바알 종교 관련 본문 주석 245
(1) 바알브올의 유혹(민 25:1~18) / 245
(2) 야웨의 선지자와 바알의 선지자(왕상 18:16~40) / 262

▶참고문헌 282

▶부 록 285
연대표 286
약어표 298

▶지도와 사진설명 299

▶집필 후기 334

제 1 장

잠언 9장 10절에 대한 소고(小考)

제1장
잠언 9장 10절에 대한 소고(小考)

본론에 들어가기에 앞서, 우리는 여기에서 잠시 잠언 9장 10절을 고찰함으로써 성서는 어떤 의미에서 지혜의 책이며, 이 지혜의 책 안에 어떻게 그렇게도 주옥 같은 신학 사상이 농축된 형태로 집약되어 있으며, 이 놀라운 이스라엘의 지혜를 오늘의 우리에게 주신 하나님의 말씀으로 이해하고 해석하는 데 있어서 이스라엘의 역사 및 언어와 풍습에 대한 지식이 얼마나 요긴한가를 (하나의 실례로서) 제시해 보고자 한다.

이 구절의 히브리어 문장은 아주 간단하고 그 내용도 지극히 쉬워 보인다. 그러나 이 본문은 생각하면 할수록 그 의미가 심오하고 가히 신/구약성경 전체를 포용할 만큼 넓은 폭을 갖고 있다. 그리고 짧은 두 문장으로 구성된 이 구절의 문학적 형태는 우리로 하여금 탁월한 문장가들의 기지를 엿볼 수 있게 한다. 독자들로 하여금 히브리어 본문 본래의 의미를 더 효과적으로 감상할 수 있도록 직역을 시도해 본다. 이와 같은 직역을 하는 과정에서 발견하는 사실은, 한글개역, 공동번역, 표준새번역 그리고 개역개정판을 비롯한 모든 한글 성경과 AV, NIV[3]를 비롯한 거의 모든 영어번역에서도 히브리어 문장 본래의 구조를 바꾸어 번역하고 있다는 사실이다. 여기에서 모름지기 모든 구약 학도는 성경을 히브리어로 읽을 수 있어야 한다는 사실을 다시 한 번 강조하고 싶다.

지혜의 근본은(……?) – 야웨를 경외하는 것이요 (a b)
(그렇다면) 거룩하신 분을 아는 것은(……?)
– 명철입니다. (b' a')
תְּחִלַּת חָכְמָה יִרְאַת יהוה(트힐랕 호크마 이르앝 야웨)
וְדַעַת קְדֹשִׁים בִּינָה(베다앝 크도쉼 비이나)

문학에 대한 전문적 훈련이 없는 사람이라도, 한글로 번역된 이 문장을 한 번 읽어보면 이 두 문장에는 소위 문학적으로 평행법[4]이라 불리우는 반복법이 구사되고 있다는 것과, 이 두 문장은 질문과 답변의 형식으로 되어 있다는 사실을 (어렴풋이나마) 알게 될 것이다. 즉 문장의 앞부분에서 (선생 또는 학생이) 질문을 하고 뒷부분에서 (학생 또는 선생이) 대답을 하는 형식이다. 그런데, 이 질문과 답변의 형식에 있어서도 보통 탁월한 문학적 수사학적 기지를 보여주는 것이 아니다. 이러한 평행법을 가리켜 시문학적 관점에서 '교차대구적 평행법'(Chiastic Parallelism)이라 부르는데, 문학적 기교 가운데 하나인 이 평행법들은 앞에서 언급한 내용을 뒤에서 다시 한번 비슷한 내용 또는 어휘로 평행/반복해 줌으로써 독자 또는 청자(聽者)들의 감정

3) 이 구절에 대한 NIV의 영역: "The fear of the LORD is the beginning of wisdom, and knowledge of the Holy One is understanding."

4) 히브리어 성경의 3부 구조(율법서, 예언서, 성문서) 가운데 하나인 성문서에서 빈번하게 사용되는 문학적/수사학적 특징으로서 평행법(Parallelism)을 꼽을 수 있을 것이다. 이 평행법에는 동의적(synonymous) 평행법과 반의적(antithetic) 평행법, 그리고 종합적(synthetic) 평행법이 있는데, 시편과 잠언서와 전도서에서 가장 빈번하게 사용되는 평행법은 동의적 평행법(잠언 9:7,9,10,17; 10:10,18 등)이다. 특히 잠언서에 나타나는 반의적 평행법의 실례로서 9:8, 12; 10:1, 2, 3, 4, 5, 6, 7, 8, 9, 11, 12, 13, 14, 15, 16, 17, 19, 20, 21; 11:1, 2, 3, 4, 5, 6 등을 참조하라.

과 이성에 탐미적 효과를 일으키는 기법이다. 이 구절의 평행법을 도식으로 표현하면 ab : b'a' 이다. 즉 이 문장에서 '지혜의 근본'(a)은 '명철'(a')과 평행을 이루고, '야웨를 경외하는 것'(b)은 '거룩하신 분을 아는 것'(b')과 평행을 이룬다. 본래 평행법의 기본적 형식은 ab : a'b' 이어야 하나, 이 구절에서는 그 순서의 변환을 시도하여 ab : b'a' 가 되었으므로 교차대구적 평행법이라 부르는 것이다.

여기에서 이 두 문장의 평행법의 의미를 좀더 부연 설명한다면, 만약 스승이 "지혜(호크마)의 근본/시작(트힐랕)이 무엇일까요?"라고 학생에게 질문하면, 이 질문에 대하여 "(그것은) 야웨를 경외하는 것입니다"라고 대답하고, 이 학생의 답변을 이어받아서 스승 쪽에서 다시 그 '야웨를 경외하는 것'과 동의어라 할 수 있는 '거룩하신 분(케도쉼)을 아는 것'이 무엇인지에 대하여 질문하면, 역시 학생은 앞 문장에서 이미 언급된 '지혜'(호크마)라는 말에서 힌트를 얻어 그 동의어인 '명철'(비이나/분별력)이라 대답하게 되는 것이다. 한 마디로 스승과 학생 사이에 오가는 바, 지혜와 기지가 번뜩이는 질문과 답변이 이 두 문장에 들어 있는 것이다. 여기에서 우리는 고대 유대인 지혜학교의 교육방법을 엿볼 수 있고, 오늘까지도 세계 최고의 교육방법을 자랑하는 유대인 학교와 가정의 교육적 면모를 여기에서 엿볼 수 있는 것이다. 간단히 말해서, (이 짧은 문장에서 볼 수 있는 바와 같이) 유대인의 교육방법은 (가정에서나 학교에서나) 지혜를 전제로 한 '질문과 답변을 통한 대화식 교육방법'이라 할 수 있는데, 이 질문이야말로 인간에게 있어서 지혜를 계발하는 가장 원초적인 수단인 것이다. 이 질문이라는 수단을 통하여 모든 학문은 시동이 걸리게 되며, 더 나아가서 이 질문은 학문으로 하여금 한층 더 높은 차원으로 계속 전진하게 하는 요소가 아닌가? 오늘도 유대인 어머니는 자기 아이가 학교에서 귀가할 때, (한국의 어머니들이 하듯이) "너 오늘 선생님께 뭘 배웠냐?"고 묻지 않고, 그들 고유의 전통에 따라 "너 오늘 선생님께 뭐라고 질문했지?"라고 묻는다지 않는가? 이러한 질문과 답변의 과정을 통하여 유대인 자녀들은 어려서부터 상상력을 키우게 되고, 이 상상의 과정에서 그들의 창의력은 발전하게 되었던 것이다.

이스라엘 역사 가운데서, 유대인의 학교제도는 대체로 솔로몬 때부터 시작되었다고 보며, 이 솔로몬 당시의 학교는 일종의 (궁중) 지혜학교로서 왕손과 귀족의 자녀들에게 처세술과 통치의 지혜를 가르치는 학교였다고 구약학자들은 생각한다. 우리가 (이스라엘 또는 솔로몬 지혜의 寶庫로 알고 있는 바) 잠언서와 전도서를 읽어 보면 그 내용이 주로 이와 같은 왕손과 귀족의 자녀들 곧 권세와 부귀를 이미 소유한 통치계급을 대상으로 한 것임을 알게 되는데,[5] 그것은 이 잠언서가 솔로몬 당시부터 시작된 궁중 지혜학교의 교과서였음을 간접적으로 대변하는 것이라 할 수 있다. 아마도 솔로몬이 이러한 궁중의 지혜학교를 이스라엘에 처음 세울 수 있었던 배경은, 그의 시대를 이스라엘의 문예부흥 시대라 부를 만큼 그가 이스라엘의 그 어떤 왕보다도 문화(교육)의식이 높았고,[6] 또 그의 탁월한 외교 수완의 하나라 할 수 있는 바, 애굽 황실과의 연혼관계를 통하여 이미 그곳 애굽에서 수천 년 동안 발전해 온, 그리고 당시 중동에서도 널리 알려진 애굽의 궁중 지혜학교 제도를 수입함으로써 가능했을 것으로 보인다.[7]

---

[5] 이에 대하여는 특히 잠 8:15; 10:15; 14:35; 16:10, 12; 20:2, 8, 26, 28; 21:1; 24:21, 23-25; 25:1; 29:14, 18; 30:31; 31:1, 5; 전 1:1; 4:13; 5:8; 8:2~5, 15~16; 10:16~20을 참조하라.

[6] 오경의 문헌비평에 종사하는 주석가들의 견해에 따르면, 소위 야웨문서로 불리는 바, 이스라엘 최초의 문학자료가 솔로몬 때에 작성되었다고 본다. 소위 보수적 주석가들에 의하여 솔로몬의 저작 또는 솔로몬을 위한 작품으로 간주되는 바 이스라엘 최고의 연애시라 할 수 있는 아가서도 솔로몬 당시에 나온 작품임이 분명하다.

[7] 애굽의 지혜학교 제도는 그 근본 목적에 있어서 왕손과 귀족들의 자제에게 통치술을 가르치는 데 있었으며(크리스띠앙 쟈크, *람세스* 참조), 지혜학교 제도와 이 학교에서 가르치던 지혜문서는 중동 전역에 유포되어 있었다. 이집트학 전문가(C. Jacque)가 쓴 소설 *람세스*의 역사적 가치를 문자적으로 신임하는 것은 아니지만, 바로의 공주의 아들로 입양되었던 모세와 그의 친구 세타우와 후에 모세와 대결하게 되는 애굽 왕 람세스는 함께 애굽의 지혜

또 한편, 이 구절(잠 9:10)의 탁월한 문학적 구조 못지않게 이 구절의 사상적 깊이 또한 독자들에게 감탄을 자아내게 한다. 이 구절의 핵심적 질문은 무엇이 진정한 지혜이며, 어떤 사람이 진정한 지혜자인가에 있다. 그런 의미에서 이 질문은 신론적(神論的) 질문이요 동시에 인간론적(人間論的) 질문이다. 이 질문에 대한 대답은 단순 명백하면서도 심오하고 포괄적이다. 참된 지혜는 곧 야웨 하나님을 경외하는 것이요, 그 하나님을 아는 것이라고 말한다.

평행법과 아울러 여기에서 구사된 또다른 수사학은 점진법이다. 다시 말하면, 질문에 있어서도 점진법을 쓰고 있고 답변에 있어서도 점진법[8]을 쓰고 있다. 보다 구체적으로 말한다면, 주제에 있어서 보편적인 지혜(호크마, '지혜, 기술, 재능, 기민성')에서 더 전문적인 용어인 '명철'(비이나, '지식, 인식, 앎, 영감, 혜안, 분별력')로 이야기가 발전/심화되고, 일반적인 이스라엘 백성의 신명(神名)인 '야웨'에서 '거룩하신 분'[9]이라는 구체적인 명칭으로 발

학교의 동기생들이었고, 바벨론에 포로로 잡혀갔던 다니엘과 그의 세 친구도 유대인 귀족들의 자손으로서 바벨론 조정의 선택을 받아 바벨론의 지혜학교에서 특수 교육을 받았음이 분명해 보인다(단 1:20/ 2:20; 5:11; 11:33; 12:3, 10 참조). 성경에 자주 언급되는 바, 이방 나라들(애굽, 바벨론, 두로, 페르샤 등)의 박사와 박수들(창 41:8; 출 7:11, 22; 8:7; 9:11; 렘 39:3, 13; 51:57; 겔 27:8, 9; 에 1:13; 단 1:20; 2:10 등)은 대부분 이 지혜학교에서 양육을 받은 사람들일 것이다. 이집트 지혜학교의 지혜문서로서 대표적인 것이 소위 '아메넴오펠의 교훈'(The Instruction of Amen-em-opet)이라 불리는 문서인데, 이 문서의 일부가 구약 잠언서(잠 22:17~24:22)에 (각색된 형태로) 인용되어 있다. 아멘엠오펠은 애굽 18왕조 당시(주전 1400년경)의 귀족이었던 것으로 보이는데, 이 상형문자로 쓰여진 파피루스 문서는 대영박물관에 소장되어 있으며, 이 문서가 쓰여진 연대는 대략 주전 10~6세기경으로 추산된다. James B. Pritchard, *Ancient Near Eastern Texts* (Princeton University Press, 1969), pp. 421~424.

[8] 점진법은 히브리 성경 가운데 특히 시문서에서 사용된 또다른 문학적 기교로서, 앞 문장에서 언급된 언어 또는 내용을 그 다음 문장에서 구체화하거나 심화시키는 방법이다. 이 구절에서도 스승은 학생으로 하여금 더 구체적이고 심화된 질문과 답변으로 전진하도록 힌트를 주면서 유도하고 있음을 볼 수 있다.

전되고 있다. 다시 말하면, '야웨 (하나님)'를 '거룩하신 분'과 동의어적으로 일치시킴으로써 야웨 하나님의 정체가 '거룩하신 분'임을 구체적으로 밝히고 있다. 더 나아가서 '경외하는 것'(이르앝)을 '아는 것'(다앝)에 동의어적으로 일치시킴으로서 야웨를 경외하는 신앙 행위가 어떤 것임을 점진적으로 강조하고 있다. 이 구절에 표현된 지혜자의 논리를 다음과 같이 간단히 정리할 수 있을 것이다: 지혜에 대한 추구 → 야웨를 경외함 → 거룩하신 분을 앎 → 명철(지혜의 도착점)

이 짧은 구절에 농축되어 있는 신학적 의미를 좀더 자세히 분석해보면, 우선 지혜는 일차적으로 야웨를 경외하는 것(이르앝/יראת)임을 말한다. '이르앝'은 '야레'(ירא/두려워/무서워하다)라는 동사에서 파생한 동명사로서, 참된 지혜는 야웨를 두려워하는 것 또는 야웨는 두려운 하나님이심을 아는 것, "모든 행위와 모든 은밀한 일을 선악간에 심판하시는"(전 12:14) 하나님이심을 아는 것임을 말한다. 신앙의 출발점은 이와 같은 하나님 이해에서 비롯되며, 이와 같은 하나님 이해는 어떤 의미에서 구약성서를 관통하는 사상이므로, 이 말은 곧 구약의 내용 전체를 요약한 말이라 할 수 있다. 이스라엘 백성이 구약성서를 통해서, 곧 그들이 가나안을 정복한 이래 약 700여 년 동안의 (파란만장한) 역사과정을 통해서 끊임없이 묻고 터득한 야웨 하나님의 정체는 — 사랑의 하나님이라는 인식이 없었던 것은 아니나 그보다는 — 두려운 분, 심판하시는 하나님이라는 것이다. 이스라엘과 유다의 역사는 범죄한 백성이 그 통치자이신 야웨 하나님의 무서운 심판 아래 끊임없

9) 여기에 사용된 '크도쉼'은 '카도쉬'(קָדוֹשׁ)의 (존귀의) 복수로서 '지극히 거룩하신 분', '모든 다른 신과 구별(separate, distinctive)되는 지고의 거룩성을 갖고 계신 분'을 의미한다. 이 용어는 야웨 하나님의 성품의 독특성을 가장 잘 대변하는 용어로서, 이방민족의 수많은 신들과는 비교도 안될 정도로 구별되는바, 무한대의 사랑과 무한대의 공의를 동시에 소유하고 계실 뿐만 아니고, 질서와 순결과 평화와 겸손의 완성을 추구하시나 무질서와 불결과 분리와 교만과 불의와 우상숭배 등의 모든 죄와 악은 혐오하시고 배척하시고 멸하시는 분임을 가리킨다.

이 매맞는 이야기로 점철되어 있다.

신구약 성경을 통하여 성도가 깨닫는 하나님의 성품은 두 가지 곧 공의와 사랑인데, 구약에서 부각되는 하나님의 모습은 공의의 하나님이시고, 신약에서 부각되는 하나님은 사랑의 하나님이시다. 사람이 우선적으로 공의의 하나님 곧 심판하실 하나님을 두려워하는 것은 신지식(神知識) 곧 지혜의 근본이요 출발점(트힐라/first principle)이라 할 수 있는바, 사람이 이 심판의 하나님을 모르기에 교만 방자하고 우상을 섬기고 이웃에게 고통을 주는 무익하고 헛되고 악한 인생을 살게 되며, 이 공의의 하나님을 알 때 하나님을 경외함으로 온유 겸손하고 경건하고 의로운 삶을 영위하게 되고, 결과적으로 지혜롭고 형통한 인생을 살게 되는 것이다. 얼마나 많은 정치가들과 부자들이 하나님 두려운 줄 모르기에 백성을 억압하고 무질서하고 부패하고 방탕하고 거짓되고 비양심적인 삶, 곧 어리석고 헛된 삶을 살다가 결국은 수치스럽고 비극적인 최후를 맞게 되는가는 인류 역사가 증언한다: 아합 왕, 므낫세 왕, 진시황, 히틀러, 연산군, 김일성, 마르코스, 챠우체스쿠 등.

그러나 이 구절이 한 걸음 더 나아가 강조하는 바는, 인간이 하나님 두려운 줄만 안다고 해서 지혜를 완전히 터득했다고 볼 수 없다는 것이다. 무서운 아버지 밑에서 두려워 떠는 아들과 같이, 인간이 두려운 하나님만을 알게 되면 하나의 비굴한 노예처럼 창의성도 자유도 없는 굴종의 삶을 사는 존재가 되는 것이다. 진정한 지혜는 거룩하신 하나님 곧 모든 신(神)들과 구별되는 창조주 하나님을 두려워하는 데서 끝나지 않고, 반드시 한 차원 더 높은 신지식(神知識), 곧 하나님을 '아는 것'이다. 다시 말해 이스라엘의 하나님 야웨와의 사랑의 관계를 통하여 하나님을 아는 것에서 완성된다는 것이다.

여기에 사용된, 구약성경에서 특수한 의미를 함축하고 있는 용어, 다앝(דַּעַת/아는 것)이라는 동명사에 유의할 필요가 있다. 이 용어는 '야다아'(יָדַע/알다, 경험하다)라는 동사에서 파생된 단어로서, 경험적 지식, 즉 친구 사이에 또는 부부사이에 관계를 통해서 서로를 알게 되는 지식을 가리킨다(삼상 2:12). 창세기 4장 1절에서 '아담이 하와와 동침했다'고 말할 때 이 용어가 쓰였음을 여기에서 명심할 필요가 있다. 마치 (사랑의 관계를 통해) 남편이 아내를 알고 아내가 남편을 알게 되는 것처럼, 인간도 야웨 하나님께서 사랑의 하나님이심을 경험적으로 (사랑의 관계를 통해, 즉 언약/계약의 관계를 유지함으로써 또는 예배와 기도와 찬양을 통해, 또는 각자의 독특한 신앙 체험을 통해……) 알게 될 때, 다시 말하면 진정으로 — 사랑의 하나님으로 오신 예수님과 연합함으로써 그리고 궁극적으로는 예수의 영이신 성령과의 연합을 통해 — 하나님의 사랑을 체험함으로써 하나님이 어떤 분이심을 알게 될 때, 인간은 지혜의 완성 곧 명철에 도달한 것이다. 그 지혜를 터득한 자야말로 인생의 참된 가치를 분별함으로써 영원한 삶을 바라보게 되고 세상의 유혹을 이기는 승리자가 되며, 궁극적 행복의 절정에 도달하는 사람이 된다는 것이다.[10)]

---

10) 독자의 이해를 돕기 위하여 하나의 예화를 소개한다. 필자가 지난 2000년 2월 28일 월요일 아침, 새벽기도회를 다녀와 방에서 성경을 읽고 있었을 때였다. 아파트의 경비원이 우리 집을 찾아와 내 자동차가 다른 사람들의 자동차 길을 막고 있으니 옮겨 달라는 것이었다. 내가 기억하기로는 엊저녁에 분명히 제 자리에 주차했는데, 의아하여 밖에 나가 보니 어떤 사람이 내 차(89년도 르망)를 밀어내고 그 자리에 자기 차를 주차한 것이었다. 필자가 거주하는 아파트(총 12층)는 강동구 명일동에 있는 (지은 지 20년이 넘은) 아파트(25평)인데, 좁은 주차공간 때문에 거주민들이 매일 전쟁을 하는 형편이어서, 다른 차를 위해 (급한 경우 차를 빼기 좋도록) 자동차 기어를 빼어놓게 되어 있었다. 아마도 어떤 사람이 밤늦게 들어와 주차하는 과정에서 내 차를 밀어낸 것까지는 그럴 수 있다고 생각하나, 내 차로 하여금 40여 대의 차가 빠져나와야 할 통로를 가로막도록 밀어놓고 가 버린 것이다. 나는 너무나 기분 상한 나머지 흥분하게 되었고 나도 모르는 사이에 내 차를 밀어낸 그 사람의 자동차 범퍼를 발길로 걷어차고 내 신분에 어울리지 않는 험악한 말까지 하고 말았다. 내 차 때문에 빠져나가지 못하는 사람들이 빨리 차를 빼달라는 아우성을 듣고서야 가까스로 내 차를 빈 자리에 주차하고 돌아와 아침 식사를 마치고 장신대로 출근하였던 것이다. 그날 하루 종일 그 일이 맘에 걸려 괴로워했고, 소위 목사요 교수라는 자의 인격이 요것밖에 안 되는가라는 자책감 때문에 마음의 고통은 더욱 심했다. 무엇보다도 그 이른 아침부터 나의 목사답지 않은 행동을 똑똑히 목격한 그 경비원에게 큰 잘못을 저지른 것 같았다. 그는 내가 목사요 신학교 교수요 매일 새벽기도에 다니는 것을 아는 사람이며, 내 아내가 몇번 교회에 가자고 전도했던 사람이었다. 그가 나를 보고 얼마나 실망했을까를 생각하면 그 불미스런 행동으로 인하여 전도의 길이 막히게 될 수도 있고 그리하여 하나님께 욕을 돌린 것 같

구약성서의 잠언서에 언급되는 지혜학교의 스승만이 (이스라엘 백성에게) 이와 같은 사랑의 하나님을 분별할 줄 아는 명철을 가르치는 것은 아니다. 구약의 수많은 예언자 가운데 특히 호세아를 읽다 보면 우리는 잠언에서 가르치는 사랑의 하나님을 또 다시 (더욱 구체적으로) 만나게 된다. 아니, 이 예언서에서 가르치는 바, 이스라엘 백성들이 사랑의 하나님을 알게 되는 것은 예언자의 소원이기에 앞서서 야웨 하나님 자신의 소원이다: "나는 헤세드(חֶסֶד/사랑, 충성, 인애)를 원하고 제사를 원치 아니하며, 번제보다 하나님을 아는 것(다앝/דַּעַת)을 원하노라"(호 6:6). 이 구절에서 우리가 관심을 갖는 단어는 '헤세드'와 '다앝'이다. 구약성서의 그 어느 구절에서도 여기에서처럼 '사랑'이라는 단어와 '앎/아는 것'이라는 단어가 밀접하게 평행을 이루는 구절이 없다. 폐일언하고, 이 구절에서 이스라엘은 야웨 하나님의 간절한 소원과 요구가 무엇인지에 대하여 듣게 되는바, 과거 이스라엘 백성들

아 죄송하기 그지없었다. 그는 아마도 '예수 믿는 사람, 아니 새벽기도까지 다니는 목사도 불신자와 별로 다를게 없군' 하고 생각하겠지. 하루 종일 마음 고생을 하며 지내다가 퇴근길에 그 경비원에게 나의 누추한 모습을 보여드려 미안하다고 사과하였다. 그 경비원은 자기라도 그런 일을 당하면 나처럼 화를 냈을 것이라고 오히려 나를 위로하였다. 그런데도 웬일인지 그날 밤늦게까지 내 맘은 편치 않았고, 이튿날 새벽기도 때에 하나님께 바울처럼 '주여, 바로 내가 죄인 괴수입니다. 이것이 내 모습 그대로입니다. 아직도 나는 이 모양 이 꼴밖에 안되는군요'라고 자조하며 회개하였다. 늘 자신을 가리켜 '죽은 개만도 못한 놈'이라고 부름으로써 겸손을 되찾고 또 그때마다 마음의 평온이 회복되는 경험을 수없이 해 온 것이 사실이지만, 이 한 가지 일로 인하여서는 회개를 하면서도 여전히 내 맘의 고통이 사라지지 않는 것이었다. 그때 성령의 감동을 통해 내 귀에 들려주시는 하나님의 말씀이 있었다. "나의 종 장영일아, 나는 이미 2천 년 전에 갈보리 십자가 위에서 널 용서하였다." 이 말씀을 듣는 순간에 다시 깨닫게 되는 하나님의 사랑, 그 놀라운 사랑, 주께서 날 그토록 사랑하시는 것을 왜 잊었던가, 이 크고 놀라우신 하나님의 사랑을 받은 내가 왜 그토록 괴로워하며 우울한 시간을 보내었던가, 이러한 주님의 사랑을 한 몸에 받은 사람이 세상에서 그 무엇을 두려워하며, 그 무슨 영광을 부러워하겠는가. 세상을 다 가진 것 같은 감격과 감사, 그리고 용기와 확신, 그것은 행복의 절정이었다. 이제 그 누구든 용서할 수 있을 것 같았고, 어떠한 난관도 참고 견디며 승리할 수 있을 것 같았다. 모든 소유를 다 빼앗긴대도 주님 한 분으로 나는 만족할 것 같았다. 이것은 주님의 사랑을 알게 될 때 기독교인이면 누구나 경험하는 지혜와 명철의 최고 경지가 아닌가?

에게 베푸신 하나님의 그 엄청난 사랑(헤세드)에 이스라엘 백성도 '헤세드'로서 응답할 것과 그 사랑의 응답은 무엇보다도 먼저 이와 같은 하나님의 엄청난 사랑을 알고 깨닫는 것을 통하여 가능한 것임을 이 구절은 강조하고 있다.

예언자 호세아를 통하여 강조되는 사랑의 하나님의 모습은 구약성서에서보다 신약성서에서 더욱 구체적으로 제시된다고 볼 수 있는데, 신약성서에서 예수 그리스도의 삶을 통하여 표현되는 하나님의 사랑이야말로 사람이 이 세상 어느 종교 어떤 철학사상에서도 찾아 볼 수 없는, 그 누구도 경험해 본 적이 없는 가장 숭고하고 영원하고 가장 가치 있고 가장 크고 완전한 사랑인 것이다. 세상에 그 어떤 신이, 그 어떤 인간이 자기의 독생자를 희생시키면서까지, 즉 죄악으로 죽어 마땅한 억조창생(億兆蒼生) 모든 인간들을 구원하기 위하여 가장 고통스런 형벌인 십자가에 못박혀 죽게 되기까지 사랑한 적이 있었던가? 이와 같은 (구약성서에서는 다만 그림자로만 어렴풋이 예고되었던) 사랑의 최고봉, 곧 무한대의 사랑의 경지를 우리는 신약성서에서 만나게 되는 것이다.

그러므로 우리가 잠언 9장 10절에서 파악할 수 있는 지혜의 의미를 다시 한번 종합하여 말한다면, 인간이 온전한 지혜에 도달하기 위해서는 하나님을 두려워하는 것만으로는 부족하고, 그렇다고 해서 사랑의 하나님을 아는 것만으로도 부족하며, 이 양면을 다 구비할 때 참된 지혜인이 된다는 사실이다. 사실상 이 양면 가운데 그 어느 한 가지라도 미비한 지혜는 불완전할 수밖에 없다. 만약 애지중지 사랑받는 3대 독자가 할아버지의 사랑만 알고 할아버지가 무서운 분인 줄 모를 때에 얼마나 무례하고 방자해지겠는가? 다시 말하면, 이 구절은 구약의 하나님과 신약의 하나님으로 대변되는바, 공의의 하나님과 사랑의 하나님을 동시에 아는 지혜를 가르친다고 볼 때, 이 구절이야말로 신구약 성경의 양대 신학을 통합하여 하나의 엑기스로 표현한 요절 중 요절이요 지혜 중 지혜라 할 수 있을 것이다.

더 나아가서 우리 기독교인들의 신앙고백적 측면에서 예수 그리스도가 신구약 성경의 중심이라 생각할 때, 그리고 그분의 죽으심과 부활을 통하여 하나님의 (절대적) 공의와 하나님의 (절대적) 사랑이 실현되었음을 생각할 때, 이러한 예수 그리스도 곧 육신을 입으시고 이 땅에 오셨던 하나님(의 아들) 예수 그리스도를 아는 것이야말로 지혜의 정상의 최고봉이라 할 수 있을 것이다.[11] 우리는 갈보리산 십자가 위에서 못박히신 예수님을 바라볼 때 거기에서 공의의 하나님을 만나고 동시에 거기에서 사랑의 하나님을 만났음을 고백한다. 그런 의미에서 이러한 신앙의 지혜를 소유한 기독교인들이야말로 세계 최고의 지혜를 향유하는 사람들이라 할 수 있을 것이고, 이러한 하나님을 아직도 만나지 못한 사람이야말로 (그가 어떤 지식인이건 어떤 부자이건, 어떤 권세자이건 간에) 가장 어리석고(시 14:1) 불쌍한 사람이라 할 수 있다. 잠언 9장 10절의 빛에서 볼 때 예수 그리스도는 모든 지혜의 정상이요 최고봉이다.[12]

결론적으로, 우리는 성경(잠언)의 한 구절에 대한 주석에서조차 성경의 문화적 배경, 즉 역사, 지리, 종교적 배경에 대한 지식이 얼마나 요긴한지를

---

[11] 이런 의미에서 하나의 흥미있는 사실은, 초대 교회 성도들은 그들의 성경인 구약을 읽을 때 그 구약에 수천 수백 번 나오는 '야웨'라는 하나님의 이름을 언제나 '아도나이' 곧 '주님'으로 대치하여 읽었다는 사실이다. 물론 이러한 읽기는 본래 유대인의 전통으로서 존귀하신 하나님의 이름을 감히 인간이 발음할 수 없다는 사상에서 기원한 것이기도 하지만, 초대 교회 성도들이 그렇게 발음한 또다른 이유는 그들이 '주님'으로 고백한 예수님이 다름아닌 구약의 '야웨'와 동일하신 분이라는 신앙고백적 동기였다는 사실이다. 다시 말하면, 초대 교회 성도들에게 있어서 최고의 지혜와 명철과 행복을 누리는 비결은 곧 언제 어디서나 '주님' 예수를 경외하는 것이요 '주님' 예수를 아는 것이었다.

[12] 흥미있는 사실 하나는, 알프스산 정상에도 십자가가 있다고 들었는데, 충청도와 전라도가 만나는 지점을 가로지르는 드높은 산, 곧 대둔산 정상에도 십자가가 그려져 있는 것을 필자는 목격하였다. 비록 그 십자가가 불신앙인의 눈으로 보면 하나의 동서남북을 가리키는 방향 표시에 불과할지 모르나, 나같이 부족한 신앙인의 눈으로 볼 때에도 그것은 예수님을 상징하는 십자가였고, 그런 의미에서 예수님은 모든 사상과 문화와 철학과 종교의 정상이심을 그 지계표는 조용하지만 강력하게 증언하고 있었던 것이다.

엿볼 수 있었다. 고대 중동의 궁중 지혜학교와 솔로몬 시대의 문예부흥 등에 대한 언급은 성경의 역사, 지리적 배경에 대한 이해에서 비롯된 것이고, 고대문학에 나타나는 시적 평행법에 대한 언급도 고대 중동의 우가릿 문헌이나 바벨론 문헌에 대한 정보를 통하여, 즉 성경의 문화적 배경에 대한 이해를 통하여 가능한 것이다. 더 나아가서 다신론적 종교와 문화 속에서 변덕스럽고 참을성 없고 잔인하기까지 한, 수많은 남녀 신들을 숭배하며 살았던, 주변의 이방 국가와는 달리, 창조주이시며 구속주요 심판주요 완전한 사랑과 공의의 하나님으로서의 유일신(야웨 하나님) 사상을 고수했던 이스라엘의 신앙에 대하여 언급하는 것은 이스라엘의 독특하고도 특징적인 신앙 전통(전승)에 대한 이해에서 비롯된 것이라 할 수 있다.

제 2 장

지리적·문화적 배경과 구약신학

제2장
지리적·문화적 배경과 구약신학

"왜 하필 가나안인가?" 이것은 중동의 지도를 펴자마자 누구나 공통으로 느끼게 되는 질문 가운데 하나이다. 우리가 가나안의 지도(**지도 2** 참조)를 바라볼 때, 하나님께서는 택한 백성의 역사의 현장으로서 지구상의 모든 장소를 제쳐놓고 하필이면 그 척박하고 돌 많고 메마른 가나안 땅을 택하셨을까 하고 생각하게 된다. 무엇보다도 인류를 구원할 진리가 담긴 성경이 쓰이는 곳이요 인류를 구원할 메시야 곧 하나님의 아들, 왕 중의 왕 예수께서 태어나시고 사역하시고 승천하시고 재림하실(?) 땅으로서 가나안을 택하신 이유는 무엇일까?[1] 신토불이(身土不二)라는 불교의 용어를 빌리지 않더라도, 우리는 한 인간이 성인이 되기까지 그가 태어나고 성장한 지리적 조건

[1] 미국으로 자녀를 유학 보내는 어떤 부모가 그 자녀의 거처할 동네의 여러 가지 조건을 조사한 다음 자녀의 학업 조건에 부합할 때 그 동네를 선택하는 것이 인간의 심정이거든 하물며 천지의 주재시요 만왕의 왕이신 하나님께서 그 아들을 보내실 처소를 아무데나 정하실 리는 없지 않은가?

[2] 여기에서 구태어 맹모 삼천지교(孟母三遷之敎)를 예로 들지 않아도 될 것이다. 필자의 현재 모습(육체적 조건과 성품)은 필자가 태어나고 성장한 지리적 조건과 불가분리의 관계가 있음을 부인할 사람은 없을 것이다.

이 얼마나 막대한 영향을 미치는가를 생각할 때,[2] 하나님께서 갈대아 우르에서 가나안 땅으로 아브라함을 이주하게 하시고 그 후손 이스라엘에게 그 땅을 주시마고 약속하시고 심지어는 당시 세계적 곡창이자 풍요의 상징인 애굽에 정착하려던 야곱의 자손으로 하여금 기어코 애굽을 떠나 그 땅으로 돌아오도록 인도하셔서 마침내는 그 땅에서 이 백성이 약 천년(주전 1300~300년)[3]동안 지나면서 성경을 생산하도록 하신 데에는 하나님 쪽에서의 그럴만한 이유가 있었을 것임이 분명하다.

1. 왜 가나안 땅인가?(긍정적 조건)

구약성경의 지리적 배경을 가리킬 때 통용되는 하나의 용어가 있다. 그것은 '비옥한 초생달 지역'(Fertile Crescent)[4]이라는 용어이다. 이 말은 이스라엘 백성의 조상 아브라함 때부터 제2 성전, 즉 스룹바벨의 성전 시대까지, 다시 말하면 구약성경이 오늘의 형태로 완성되기까지 이스라엘 백성들이 왕래했던 역사적 무대를 가리키는 말로서, 메소포타미아와 애굽과 현재의 터키 일부와 가나안 전지역을 포함하여 일컫는 말이다(**지도 2** 참조). 이 지역을 그렇게 부르는 우선적인 이유는, 이 지역에 나일강과 유프라테스—티그리스 강과 같은 큰 강이 흐르고 있어 비옥할 뿐만 아니라, 이 비옥한 인간의

---

3) 출애굽의 연대를 주전 1300년경으로, 그리고 성경이 오늘의 형태로 완성되는 시기를 주전 300년경으로 보는 관점은 이 책의 뒷부분에서 밝혀질 것이다.

4) 이 용어는 종종 '반월형 지역'이라 잘못 번역되기도 하였다. 이 번역은 대단히 잘못된 것으로 고대 중동의 지리적 조건을 모르는 사람의 번역이다. 한편, 구약성경의 지리적 배경을 말할 때, '고대 근동'(Ancient Near East, 가까운 동양)이라 부르는 것도 어폐가 있다. 이 용어는 순전히 유럽 사람들의 입장에서 사용된 주관적 용어이므로, 학계에서는 더 이상 사용하지 않는다(사실상, 우리 한국인의 입장에서 보면 가나안 땅을 위시한 그 지역은 '고대 원동' 일 수 있다). 이 지역을 가리키는 적당한 용어를 찾기 힘든 상태에서, '고대 근동'보다는 '고대 중동'이라 부르는 것이 약간 나아 보이므로 필자는 ('지구의 중심으로서의 동양'이라는 의미에서) 이 '고대중동'이라는 용어를 때때로 사용한다.

거주 지역[5] 즉 메소포타미아(Mesopotamia[6])와 지중해 동쪽 연안, 애굽의 나일강 델타 지역을 잇는 그 땅의 모습이 초생달처럼 보이기 때문이다. 결국 구약성경은 아브라함 이래로 구약성서가 완성되기까지 이스라엘 백성이 이 비옥한 초생달 지역을 왕래하는 동안 쓰여졌다고 보기 때문에 그렇게 부르는 것이다. 구약성경 안에서 아브라함의 자손인 이스라엘 백성이 그들의 역사적 무대라 할 수 있는 이 비옥한 초생달 지역을 벗어난 적은 없다.

이스라엘 역사의 무대, 즉 구약성경의 지리적 배경이 이 '비옥한 초생달 지역'에 국한된다는 사실은 아브라함 이후 이스라엘 백성들이 거쳐간 장소를 하나하나 확인해 볼 때 분명히 드러난다(**지도 2** 참조). 우선 이스라엘의 조상 아브라함은 갈대아 우르에서 출발하여 서북쪽 방향으로 유프라테스강을 따라 올라가 하란에 도착, 거기에서 몇 년 머무른다. 그는 다시 하란을 떠나 서남방의 가나안 땅으로 들어와 세겜과 벧엘을 거쳐 남방(네게브)에 기착했다가 기근을 피해 애굽으로 내려갔으며, 애굽에 체류하는 동안 애굽 왕

---

5) 고대로부터 현대에 이르기까지 인간이 거주지로서 그 어떤 곳보다도 강 유역을 선택하는 이유는 간단하다. 우선 삶의 가장 기본적이 필수품인 물을 쉽게 얻을 수 있기 때문이다. 인간에게 가장 필요한 물이 있기에 사람들은 강변에 모여 살게 되고, 사람들이 모여 살게 되자 도시가 생기고 아울러 도시 공동체 삶에서의 의사소통 수단인 글이 발명되고, 이 글(文)을 통하여 문화가 발전하게 되었던 것이다. 우리가 잘 아는 바와 같이 세계 4대 문명(메소포타미아 문명, 애굽문명, 중국문명, 인도문명)의 발상지는 한결같이 큰 강(유프라테스강과 티그리스강; 나일강; 황하; 인더스강과 갠지스강)을 끼고 있다는 사실이 이를 입증하고도 남는다. (한강 유역의 한양/서울, 대동강 유역의 평양, 낙동강 유역의 경주, 허드슨강 유역의 뉴욕, 포토맥강 유역의 워싱턴 D.C. 등은 이러한 현상이 현대까지도 지속되고 있음을 대변해 주는 것이라 할 수 있다.) 물 있는 곳에 사람이 모인다는 것은 옛날이나 지금이나 불변의 원칙이다. 사람들이 많이 모이는 소위 부흥하는 교회에 가보면, 대개 그 교회의 강단에서 흘러나오는 풍성한 영적 생수가 있음을 보게 된다. 1998년 봄 미국의 댈러스에 있는 '빛내리교회'(이연길 목사 시무)의 성전 벽면에 "말씀이 흐르는 곳에서 믿음은 자란다"(Faith grows where the word flows)고 쓰인 액자가 걸려 있는 것을 필자가 보고 그 교회가 크게 부흥하는 이유가 무엇인지를 생각해 본 적이 있다. 우리는 여기에서 물 없는 곳에는 더러운 귀신들이 모인다(눅 11:24; 마 12:43)는 예수님의 말씀에도 귀기울여 들어야 한다.

6) '메소포타미아'는 두 개의 강들(Potamia: 티그리스강과 유프라테스강) 사이(Meso)에 놓여 있는 지역이란 뜻이다.

에게 자기 아내를 누이라고 말함으로써 하마터면 아내를 빼앗길 뻔한 일도 있었다. 그는 애굽에서 거부가 되어 다시 가나안(헤브론)으로 돌아온다. 그의 아들 이삭은 주로 브엘세바, 헤브론, 그랄 등지에 거하면서 한 번도 가나안 밖으로 나가본 적이 없다. 이삭의 아들 야곱은 그의 형 에서를 속여 아버지의 축복을 가로채더니 형의 미움을 받아 멀리 외삼촌 댁이 있는 하란으로 도망가서 20년 넘게 살다가 역시 거부가 되어 가나안으로 돌아온다. 아브라함 때처럼 그도 가뭄과 기근을 당하여 그 아들 요셉이 총리대신으로 있는 애굽으로 내려가 200년 이상 그곳에 살면서 큰 민족으로 번창하다가 모세 때에 애굽을 탈출하여 시내산을 거쳐 여호수아의 인솔하에 다시 가나안으로 돌아온다. 그 후 사사 시대를 거쳐서 사울, 다윗, 솔로몬의 통일 왕국 시대를 지내다가 르호보암 왕 때에 남북으로 나라가 분열되었고(922/1 B.C.), 여로보암이 건립한 북왕국 이스라엘은 약 200여 년간 지속하다가 주전 722/1년에 앗수르에게 망하여 그 백성이 중동 각지로 끌려감으로써 왕국의 역사는 종말을 고하게 된다. 그 후에도 남왕국 유다는 홀로 남아 약 130여 년 더 지속하다가 주전 587/6년에 바벨론에게 망하여 바벨론으로 끌려가 종살이하다가 페르샤(바사)의 초대 황제 고레스의 해방령으로 예루살렘으로 귀환, 성전을 재건하게 되고, 느헤미야 때에는 예루살렘 성벽까지 복원함으로써 왕국이 회복될 듯하더니 결국 주전 332년 희랍의 알렉산더 대제의 침략으로 유다마저도 메시야 왕국 재건의 꿈이 좌절된 채 그 역사의 막을 내리게 된다. 이와 같이 이스라엘 역사는 이 '비옥한 초생달 지역'을 끝에서 끝까지 왕래하는 역사였고, 이스라엘 자손이 이 지역을 이렇게 왕래하는 동안 구약성경은 태어나게 되었던 것이다. 이와 같은 1000년 이상의 길고도 긴 역사 속에서의 이스라엘 백성들의 행동 반경을 고려할 때 이 '비옥한 초생달 지역'을 가리켜 구약성경의 지리적 배경이라 부르게 된 것이다.

우리는 이제 앞에서 질문했던 물음, 즉 "왜 가나안인가(?)"로 돌아가, 하나님께서는 어찌하여 이 '비옥한 초생달 지역' 가운데서도 가장 작고 비옥하지 않은 지역인 가나안 땅을 골라 이스라엘 백성들로 하여금 그곳에 거주하도록 하셨는지, 그 동기를 신학적 관점에서 살펴보기로 하자.

A. 지구의 중심으로서의 가나안

세계 지도를 펴놓고 가나안 땅의 위치를 바라볼 때 확인하게 되는 사실 하나는 이 땅은 '비옥한 초생달 지역'의 중심이기에 앞서 지구의 중심이라는 사실이다(**사진 1** 참조[7]). 어떤 근거에서 그런가? 주관적인 판단에 치우친 일종의 편견이 아니냐고 반박하는 사람이 많겠지만, 우리가 지구상에서 3개 대륙이 가장 가까이 만나는 지점을 지구의 중심이라 말한다면 가나안 땅이 바로 이에 해당하기 때문이다. 지구상의 여러 접경은 거시적으로 볼 때 대개 2개 대륙이 만나는 지역이지만, 이 가나안 지역에서는 아시아와 아프리카와 유럽 대륙이 가장 가까이 만나는 것을 볼 수 있다. 공교롭게도 인류의 세 종교, 즉 기독교와 모슬렘교와 유대교가 이 가나안 땅의 중심인 예루살렘에서 만난다는 사실도 이와 같은 맥락에서 의미있는 일이다. 우리는 또한 지구가 둥글다는 사실을 전제할 때 그리고 지구의 중심에서 역사가 시작된다고 가정할 때, 이 가나안 땅은 역사의 출발점(Starting Point)이요 동시에 종착

---

[7] 주후 6세기에 작성된 것으로 보이는 라틴어로 된 이 세계 지도에서 예루살렘은 3개 대륙의 중앙에 위치하는 도시로서 세계 또는 우주의 중심이다.

[8] 유대교에 그 뿌리를 둔 기독교가 가나안 땅 예루살렘에서 시작된 이래 기독교의 중심축은 예루살렘에서 안디옥으로, 안디옥에서 소아시아로, 소아시아에서 그리스로, 그리스에서 로마로, 로마에서 영국으로, 영국에서 미국으로, 미국에서 한국으로 이동함으로써 기독교의 역사의 방향이 예루살렘에서 계속 서쪽으로 이동하고 있고 결국은 그 이동의 종착점인 예루살렘에 기독교가 다시 도착함으로써 역사의 종말이 올 수 있을 것이라는 말은 이런 맥락에서 대단히 의미있는 말이라 할 수 있다. 예수께서도 복음이 땅끝까지 이르면 주님의 재림과 더불어 인간의 역사도 끝나게 된다고 예언하셨는데(마 24:14; 행 1:8), 이 예언의 말씀을 문자적으로 지리적으로만 해석해야 옳다는 말은 아니지만, 역시 복음의 출발점과 종착점이 예루살렘임을 전제한 말씀이라 생각할 때 의미하는 바가 크다 할 것이다.

점(Final/Ending Point)[8]이라고 말할 수 있을 것이다.

가나안 땅이 지구의 중심이요 역사의 출발점이자 종착점일 수 있다는 사실이 이스라엘 백성에게 그리고 성경의 최종적 저자인 유대인[9]과 성경의 독자인 우리에게 무슨 의미가 있단 말인가?

가나안 땅이 지구의 중심 된 의미는, 우선적으로 이스라엘 백성 특히 성경 저자에게 있어서 하나님께서 자기 백성을 선택하셨다는 사실에 대한 확신을 심어주는 데 있었을 것이다. 하늘과 땅의 창조주이신 야웨 하나님께서 자기 백성을 선택하셨다면, 그 택한 백성들로 하여금 역시 미리 선택해 두신 바 지구의 중앙에 살게 하시는 것은 지극히 당연하다 할 것이다. 성경 저자 가운데 한 사람인 에스겔은, 비록 그가 당시 국제정치의 중심지라 할 수 있는 바벨론에 잡혀간 포로생활에서 얻은 견문을 토대로 또는 고향을 사모하는 애국심의 발로에서 하는 말이겠지만, 실제로 가나안 땅을 가리켜 지구의 중심 또는 세상의 중앙(겔 5:5; 38:12)이라 부르고 있으며, 이와 같은 입장은 스가랴(슥 14:9~21)도 마찬가지라 할 수 있다. 에스겔은 그런 관점에서, 즉 하나님께서 이스라엘 백성을 위하여 미리 예정하신 땅이라는 관점에서, 가나안 땅이야말로 세상에서 가장 아름다운 땅이라(겔 20:6, 15; 슥 7:14)고까지 이상화하였다. 그런 의미에서 신명기의 저자도 가나안 땅은 "세초에서 세말까지 야웨께서 (돌보시고) 권고하시는 땅"(신 11:12)이라 말하며, 레위기 저자도 가나안 땅이야말로 "젖과 꿀이 흐르는 땅"[10](레 20:24; 출 3:8;

---

[9] 성경의 최후 저자를 유대인이라고 말하는 이유는, 북왕국 이스라엘이 앗시리아 제국에게 망한 뒤에 이스라엘 사람들은 고대 중동의 여러 나라로 분산된 채 다시 돌아오지 못하였고 오직 남왕국 유다의 백성들만 바벨론에게 망했으나 페르샤 제국 때에 유대 땅으로 돌아와 성경을 완성하기 때문이다. 우리가 앞에서 하나님의 말씀인 성경을 하나의 역사책이라고 말했는데, 역사는 최후로 손대는 사람의 것이라지 않던가?

[10] 이 말은 우선 목축업자의 이상인 우유와 농민의 이상인 꿀을 말한다는 점에서 농업과 목축업이 동시에 가능한 반유목민(Semi-Nomadic)의 땅으로서의 가나안을 의미하는 말이기도 하지만, 동시에 하나의 시적 표현이 가미된 이상향(Utopia)을 가리키는 용어, 즉 신앙고백적 용어요 종말론적 용어로도 볼 수 있다.

렘 11:5)이요, 야웨께서 선택한 백성 이스라엘에게 유업/유산으로 물려준 땅(레 20:24)이라 말하는 것이다. 시편 저자에게 있어서 가나안 땅은 '낙토'였다(시 106:24).

가나안 땅을 하나님께서 창조시부터 특별히 예정하셨다는 사실은 지질학자들의 연구 결과를 신앙적으로 해석할 때 수긍할 수 밖에 없다. 현대 지질학자들은 지구의 생성과정을 말할 때, 본래 아프리카는 아시아 대륙에 붙어 있었는데, 어느 시점에서 아시아 대륙으로부터 떨어져 나옴으로써 두 대륙 사이에 홍해가 생겼고, 이어서 제 2차적으로 가나안 땅이 아시아 대륙으로부터 분리되는 과정에서 그 유명한 대협곡(The Great Rift Valley)[11] 즉 요단 계곡도 생겨났다고 말한다.[12] 이 협곡은 레바논 산지에서 시작되어 요단강을 타고 아라바를 거쳐 엘랏/아카바를 지나 홍해의 밑바닥을 따라 아프리카의 수단까지 이어지는 대협곡이다. 염분이 보통 바닷물의 열 배에 해당하는 사해의 짠물은 이 협곡이 생성되는 과정에서 지중해의 해수가 이스르엘 평원을 통해 협곡으로 흘러들어 사해에 고이고, 이 고인 물이 중동의 강렬한 햇빛을 받아 졸아들어 생긴 것으로 본다.

우리는 이와 같은 관점에서 야웨께서 아브라함에게 '지시하신 땅'이 무엇

[11] 인공위성에서 지구를 내려다볼 때 육안으로 분명히 확인되는 물체가 여럿이 있는데, 그 하나는 중국의 만리장성이고 또 다른 하나는 요단 계곡이라 한다. 그만큼 요단 계곡은 길고도 깊은, 지구상에서 가장 깊은 계곡이기에 '대협곡'이라 불린다.(**사진 55, 56 참조**)

[12] 아프리카가 본래 아시아에 붙어 있었고, 가나안 땅도 요단 계곡이 생기기 전에는 현재의 요르단 국가의 고원지대에 붙어 있었다는 것은 지도를 자세히 바라보아도 어느 정도 확인이 가능하다. 즉 홍해 동쪽 연안과 서쪽 연안의 굴곡을 살펴보면 이 양쪽은 찢어진 종이의 두 쪽처럼 되맞출 수 있고, 요단 계곡 양쪽에 있는 가나안의 중앙산맥과 요단 동편의 고원지대도 요단 계곡을 중앙선으로 하여 거의 정확하게 (그 고도에 있어서) 일치된다. (예를 들어, 요단강과 사해를 가운데 두고 예루살렘 동편 감람산의 고도와 느보산의 고도는 양쪽 다 해발 900m 정도 된다.) 지질학자들은 이와 비슷한 사례로서, 그 반대의 경우이지만, 히말라야 산맥의 생성과정을 예로 든다. 즉 본래 인도는 다른 대륙에서 떨어져나온 하나의 섬이었는데 이 섬이 아시아 대륙에 부딪칠 때 발생한 큰 충격으로 오늘의 세계 최고봉을 자랑하는 히말라야 산맥이 생기게 되었다는 것이다.

을 의미하며, 더 나아가서 야웨께서 아브라함에게 '지시하신 산'이 무엇을 의미하는지에 대하여도 생각하지 않을 수 없다. 우선 하나님께서는 태초부터 이 가나안 땅을 선택하고 구별하여 자신의 선택한 백성 이스라엘이 장차 거처할 처소로 삼으셨고, 때가 되어 아브라함에게 '지시하시어'(창 12:1) 결국 이곳으로 이주케 하셨던 것이다. 이어서 이 땅에 오랫동안 정착한 아브라함이 하나님의 소중한 약속을 받아 낳은 자손인 이삭이 장성하였을 때, 하나님께서는 이 땅의 중앙에 위치한 산, 곧 미래의 솔로몬 성전이 세워질 자리가 될 모리아 산을 '지시하시어'(창 22:2; 대하 3:1) 그곳에서 자기 독생자를 제물로 바치도록 명령하심으로써 장차 인류 역사의 대 전환점에서 발생할 예수 그리스도의 죽음과 부활을 예고하신 것이다. 그런 의미에서 가나안 땅과 그 중심인 예루살렘 갈보리산은 인류 역사의 심장부로 예정되어 있었고, 이 땅에서 인류의 구세주요 왕들의 왕이신 예수 그리스도께서 유대인의 후손으로 태어나시게 되었다. 또 사탄과 예수는 최종적 대접전을 이곳에서 벌였고 — 사탄도 역사의 심장부요 결전의 장소인 예루살렘의 의미를 알고 있었을 것이다[13] — 그곳에서 우리 주님은 승리하시고 죄의 권세 마귀는 대패하였으며, 그런 의미에서 그곳은 인류 역사의 최고봉이 되었던 것이다.

이와 같이 하나님은 가나안 땅을 지구의 중심, 아니 세계 역사의 심장부로 선택하시사 그 땅의 중앙인 예루살렘을 이스라엘 역사의 총사령부(H.Q.)로 삼으셨고, 동시에 우리 주 예수 그리스도께서 하늘과 땅의 모든 권세를 부여받으사 왕으로 즉위하실 우주적 으뜸 도시(Capitol City)로 삼으셨다. 여기에서 전 인류를 구원할 진리의 말씀 곧 (구약)성경이 일차적으로 완성되

---

13) 창조주 하나님을 배반함으로써 사망 권세와 공중 권세와 음부의 권세를 쟁취한 사탄으로서 우주의 심장부인 예루살렘에 오신 하나님의 아들이자 생명과 의의 왕 예수 그리스도를 대적할 수밖에 없었을 것이고, 결국 사탄은 지구의 심장부인 이 예루살렘에서 최후의 대접전을 벌일 수밖에 없었을 것이다. '심장을 점령한 자가 최후의 승리자'라는 말에서 알 수 있듯이, 사도 바울도 복음으로 세계를 정복할 야심으로 당시의 세계의 수도요 심장부인 로마로 (죄수의 몸이 되어서라도) 진군하려 했던 것이 아닐까?

게 하시고, 여기로부터 예수 그리스도의 복음이 시작되게 하셨으며, 마지막으로 여기에서 하나님의 선교의 대단원이 막을 내리도록 계획하시사 종말로는 이곳에 하늘과 땅의 모든 권세를 가지신 만왕의 왕 예수께서 재림하심으로 인류 역사가 끝나고 신천신지(新天新地)로서의 천국이 시작되도록 예비하셨던 것이다.

B. 중보의 땅으로서의 가나안

가나안 땅이 지정학상으로 갖는 두 번째 의미는, 이 땅이 3개 대륙의 중앙에 위치할 뿐만 아니라 세계 3대 문명권의 교차로(Intersection)에 위치함으로써 문명의 매개자 곧 중보자의 역할을 부여받았다는 데 있다. 고대 중동에서 소위 3대 문명권으로 알려진 메소포타미아 문명과 이집트 문명, 그리고 히타이트(헷) 문명은 필연적으로 타문화권과의 교류를 통하여 발전하게 되었는데, 그 문화의 전달 통로의 중심에 가나안 땅이 자리잡고 있어서 불가피하게 가나안은 이들 3대 문명의 전달자 역할을 맡게 되었던 것이다.[14)]이러한 관점에서 '가나안 사람'(크나아니/כְּנַעֲנִי/Canaanite)의 어원을 살펴보면 대단히 흥미있는 사실이 발견된다. 이 말은 본래 호리족(The Horites/Hurrians) 언어로서 '진홍색 염료'를 의미했는데, 차츰 그 의미가 '(진홍색 염료로 물들인) 비단옷감'으로 발전했고, 마지막으로 '(비단 옷감을 파는) 상고/장사꾼'으로 발전하였다. 현재 우리가 읽는 히브리 성경 곳곳에서(욥 41:6; 잠 31:24; **겔 17:4**; 슥 14:21) '크나아니'(가나안 사람)가 '상고/

14) 3대 문명권을 왕래한 대상들이 가나안 땅을 반드시 거칠 수 밖에 없는 이유는, 유럽(헷제국)과 이집트 사이에 지중해로 막혀 있고, 메소포타미아와 이집트 사이에는 사우디아라비아의 사막이 있기 때문이다. 요단 계곡도 대상(隊商)들의 길을 막는 또다른 요소였다. 당시 애굽과 메소포타미아 사이의 국제 교역로는 왕의 대로(King's Highway: 아카바/엘랏에서 다메섹까지)와 해변길(via maris) 둘 뿐이었는데, 전자보다 후자가 더 왕래가 빈번한 국제 교역로였다.

장사꾼'으로 번역된 것은 이러한 언어의 역사적 배경을 고려한 것이다. 가나안 땅은 상고/장사꾼의 땅이었고 이스라엘은 그런 의미에서 장사꾼으로 태어날 수밖에 없었던 것이다.[15] (**사진 2** 참조: 베니 하산 벽화의 히브리인)

문화의 생산자와 수요자 사이를 연결해 주는 장사꾼(상고)의 역할을 천혜적으로 그리고 필연적으로 담당할 수밖에 없었던 가나안 사람들, 특히 이스라엘 백성이 이 일을 통하여 누리는 혜택은 가히 짐작하고도 남는다.[16] 옛날이나 지금이나 수출품은 언제나 극상품(우량품)이었고[17] 이 극상품에 대한 새로운 정보를 제일 먼저 입수하고 그 상품을 제일 먼저 시식하는 사람은 수요자가 아니라 그 상품을 매개해 주는 장사꾼/중보자였다. 그런 의미에서 가나안 땅을 통과하는 이집트 문명의 극상품이나 메소포타미아 문명의 극상품 그리고 그에 대한 새로운 정보는 — 그것이 문학이든, 음악이든, 미술이든, 수학이든, 건축공법이든, 옷감이든, 보석이든, 전쟁무기든지 간에 — 언제나 상대편 수입국에 전달되기 전에 먼저 가나안 사람들이 (재빠르게) 입수하여 그 진기한 맛을 시식하게 되었던 것이다.[18] 이와 같은 세계 3대 문명의 진수를 맛보는 자, 곧 문화의 시식자로서의 이스라엘 백성이 누리는 혜

15) 뛰어난 장사꾼하면 대부분의 사람들은 '유대인'을 떠올린다. 그만큼 (장사꾼의 땅 출신인) 유대인은 장사에 천부적인 기질을 구비하고 있다. 요즘도 가장 이문이 남는 장사, 곧 다이아몬드 세공업이나 첨단기계(컴퓨터, 생명공학, 원자공학) 산업을 이스라엘 사람들이 장악하고 있는 것도 이와 같은 관점에서 이해할 수 있다. 세계 경제 일번지로 일컬어지는 뉴욕의 월스트리트의 상권은 유대인의 손안에 있다 한다. 무엇보다도 인간이 생산한 상품 가운데 가장 비싸고 가장 고귀한 상품 곧 유한한 인간이 무한한 생명을 얻는 비방을 담고 있는 책 (히브리어)성경을 생산한 민족이 가나안에서 가장 오래 살았던 유대인의 손에 의하여 생산되었다는 사실에 유의해야 할 것이다.

16) 여기에서 우리는 구태여 그 악명 높았던 90년대 초의 '떡고물 논리'(전 대통령의 영부인이 한 말)를 재인용할 필요는 없을 것이다. 떡을 날라다 주는 사람에게 적어도 떡고물 정도의 수입은 있게 마련 아닌가?

17) 일례로서, 현재 현대자동차 회사가 미국에 수출하는 소나타 승용차 가운데 불량품은 철저히 수출 목록에서 제외된다. 수출되는 소나타는 한국에서 판매되는 소나타보타 훨씬 성능이 우수하다. 우선 사용되는 철판의 두께가 다르다고 한다.

택은 지혜와 창의, 그리고 자유와 희열과 행복이다. 문화의 극상품을 생산하는 데 필수적인 지혜와 창의, 그리고 그 창의적 욕구의 달성에서 맛보는 자유[19]와 희열과 행복은 문화의 생산자와 문화의 전달자(이스라엘)가 공통으로 누리는 혜택이라 할 것이다.

우리는 여기에서 위의 3대 문명권이 이루어 놓은 문명이 얼마나 위대하고 찬란한 것이었는가를 고찰하기에 앞서, 가나안 땅이 문화의 생산자로서의 위치보다는 문화의 전달자 또는 중보자로서의 위치가 될 수밖에 없었던 지정학적인 이유를 먼저 다루고자 한다.

가나안 땅은 위의 3대 문명권에 비하여 문명 대국을 형성할 지정학적인 조건을 갖추지 못하였다. 문명국이 되려면 그에 앞서 경제적·군사적으로 강대국이 되어야 하는데, 가나안은 우선 땅이 좁고 — 1999년 현재 PLO 지역을 포함한 이스라엘의 국토의 크기는 한국의 경기도와 강원도를 합친 것보다 작다 — 그 땅마저도 좌우상하로 길이 막혀 있는 답답한 지형이며, 그리하여 경제 대국의 형성 요소인 인구가 크게 번창할 잠재력도 없고, 무엇보다 경제 대국의 필수 요소인 큰 강은 물론 큰 평원도 없는, 글자 그대로 '하늘에서 내리는 비를 흡수하는' 광야와 골짜기와 산맥으로 이어져 있으므로 (신 11:11), 결과적으로 사람이 살기에는 대단히 힘든 땅이었다. 이와 같은 대국으로 번창할 수 없는 조건, 다시 말하면 결코 강대국이 될 수 없는 조건

[18] 여리고의 기생 라합의 정보 수집 능력은 이와 같은 맥락에서 새롭게 평가될 수 있을 것이다. 그녀는 이미 애굽과 시내 광야에서 일어난 엄청난 사건, 즉 이스라엘의 출애굽 사건에 대하여, 그리고 그 사건의 정치적 경제적 종교적 중요성에 대하여 소상하게 알고있음을 볼 수 있다(수 2:8~11). 여리고는 가나안 땅을 위 아래로 그리고 동서로 연결해 주는 통로에 위치한 도시로서 국제적 대상들이 빈번하게 들르는 도시였다.

[19] 자유는 어떤 창의적 활동에도 필수적인 요소이지만, 동시에 창의적 작품을 생산하였을 때에도 인간은 자유와 해방감을 느끼게 된다. 다시 말하면 육체와 정신의 자유가 없으면 창의적 지혜를 발휘할 수 없으며, 동시에 인간의 보편적 지식 욕구, 즉 천성적인 이성의 작용에 의하여 무엇을 알고 싶어하는 욕구가 창의적 활동을 통하여 채워질 때 그리고 창의적 작품을 소유하고 누릴 때 무지(無知)로부터의 자유와 해방과 만족을 느끼게 된다.

으로 인하여 이웃 대국 — 애굽이든 앗시리아든 — 을 한 번도 침략한 역사도 없고 이웃 강대국들에게 상처를 준 역사도 없이 언제나 약자로 머물러야 했으며, 그리하여 끊임없이 생존의 지혜를 찾을 수밖에 없다. 그런 천혜적(?) 조건들이 이 가나안으로 하여금 중보자(상고)의 역할에 적임자가 될 수밖에 없게 했을 것이다.[20] 야웨께서 시내산에서 이스라엘과 언약(계약)을 맺기 전에 이스라엘 백성에게 "너희가 내게 대하여 '제사장 나라'가 될 것이라"고 약속하신 말씀(출 19:6)도 이와 같은 맥락에서 의미가 있는 말씀이라 볼 수 있다. 그것은 곧 이스라엘 백성이 하나님과 세계 만민 사이에서 구원의 중보자가 될 것임을 가리키기 때문이다. 실제로 제사장이 예배자의 죄를 대신 짊어지고 하나님 앞, 곧 제단에 나아가듯이 이스라엘 백성이 인류를 대신하여 고통을 받음으로써[21] 인류를 구원할 진리이며 동시에 하나님과 사람 사이를 중보해 주는 말씀으로서의 성경이 생산되었다고 볼 수 있지 않을까? 아울러 인류 역사의 최고 중보자 곧 하늘과 땅의 중보자요 천국과 세상의 중보자요 거룩한 하나님과 죄된 인간의 중보자인 예수께서 이 중보자의 땅 가나안에 오시고 그리고 인성과 신성을 동시에 구비하신 인간의 모습으로 그러나 가장 나약하고 누추한 인간의 모습으로(사 53:1~3) 오시어 온 인류의 죄와 고통을 대신 짊어지시고 죽으시는 것도 이와 관련하여 우리가 음미해 볼 가치가 있는 사항이다.

우리는 이제 가나안 사람 곧 이스라엘 백성이 매개가 되어 전달했던 저 찬

---

[20] **'사진 2'**에 제시된 셈족 계통의 '당나귀 대상'(donkey caravan) 참조. 마치 샌드위치의 속알맹이가 결코 그 양쪽의 빵조각보다 커서는 안되는 것과 같다고 할까? 이와 같은 맥락에서 한국인이 선교사로 나갔을 때 아시아나 아프리카 사람들로부터 배척을 당하지 않는 것은 이스라엘과 비슷한 역사/지리적 조건을 갖추고 있기 때문이라 말할 수 있을 것이다. (아울러 인류 역사의 최고 중보자 곧 하늘과 땅의 중보자요 천국과 세상의 중보자요 거룩한 하나님과 죄된 인간의 중보자인 예수께서 이 중보자의 땅에 오시고 그리고 가장 나약한 인간의 모습으로 오시는 것도 우리가 음미해 볼 가치가 있는 사항이다.)

[21] 인류 역사상 유대인처럼 고난에 점철된 역사를 갖고 있는 민족은 많지 않을 것이다. 이에 대하여는 이 책의 다음 장에 나오는 '왜 가나안인가?(부정적 측면)'을 참조하라.

란한 3대 문명 곧 이집트와 메소포타미아와 히타이트 문명을 고찰하고, 아울러 이 3대 문명의 종합과 결집을 통하여 형성된 최후의 결정체이자 그 정상이라 할 수 있는 성경의 가치와 우수성을 (간접적으로) 음미해 보고자 한다.

(1) 이집트 문명

일명 '나일 문명'으로 불리는 이집트 문명은 피라미드(Pyramid)로 대변되는바, 피라미드의 문화사적 가치는 그것이 완성된 이래 4500여 년이[22] 지난 지금까지도 문화인이라면 그 누구나 한 번쯤 가보고 싶을 정도로 유명하며[23] 신기하고 희귀하고 오래된[24] 문화유산이라는 데 있을 것이다(**사진 3** 참조). 현재 약 50여 개의 피라미드가 카이로 근처와 나일강 델타 유역에 남아 있

---

[22] 현존하는 30여 개의 피라미드 가운데서 가장 유명한 3개의 피라미드, 즉 쿠푸(Khufu, 그리스어로 Cheops, 2589~2566 B.C.), 카프라(Khafra/e, 그리스어로 Chephren, 2558~2532), 멘카우라(Menkaura/e, 그리스어로 Mycerinus, 2532~2503)의 피라미드가 완성된 것은 이집트 제4왕조 당시로서 주전 2600~2500년경이었다. A. Fakhry, *The Pyramids* (The University of Chicago Press, 1961), 252~253. 이들 중 가장 규모가 큰 쿠푸왕의 피라미드는 세계 7대 불가사의 중 하나로 꼽힌다. Peter A. Clayton & Martin J. Price, *The Seven Wonders of the Ancient World* (NY: Barnes & Nobles, 1988), pp. 13~38.

[23] 성서 저자가 고대 세계에서도 유명하였을 것이 분명한 이 피라미드를 알고 있었는지에 대하여는 긍정적으로 대답할 수 있을 것이다. 그 근거 구절로서 욥 3:14~15이 간접적이긴 하지만 이 피라미드를 가리킨 것으로 보인다. 고대의 파라오는 '자기를 위하여 거친 터를 수축하였고' 그 피라미드 안에는 파라오의 생존시에 소유했던 금과 은을 함께 묻어 주었던 것이다. '거친 터'가 피라미드를 가리킨다는 주석가의 견해에 대하여는, S. R. Driver, *The Book of Job(ICC)* (Edinburgh: T. & T. Clark, 1921), p. 37.; John E. Hartley, *The Book of Job(NICOT)* (Grand Rapids: W. B. Eerdman's Pub. Co., 1988), pp. 97~98.

[24] 이집트 문명의 고대성은 우리 나라 고구려의 연대와 비교할 때 실감있게 느껴질 수 있다. 움막집에 살면서, 활통을 메고 말타고 사냥하던 주몽이 고구려를 창건한 해가 주전 37년이고, 그로부터 약 2500년 전에 이집트에서는 나일강 물을 끌어들여 농사를 짓고 뗏목으로 돌을 운반하여 석조 건물을 짓는 등 이 찬란한 피라미드 문명을 만끽하고 있었던 것이다.

는바, 그 중에서도 가장 유명하고 큰 규모의 쿠푸 왕(고왕국 제4왕조 시대, 연대표 참조)의 피라미드 하나만 보더라도 현대인은 입을 벌리고 혀를 내두를 정도로 놀라게 된다. 이 피라미드는 평균 2.5톤 무게의 돌 200만 개(18톤 트럭으로 37만 대의 분량)를 쌓아 지은 높이 146m(480피트)의 건축물로서, 이 피라미드 하나를 건설하는 데 20여 년 동안 연인원 20여만 명이 동원되었고, 여기에 사용된 돌은 나일강 델타 지역에서는 구할 수도 없는 석회암으로서 대부분 기제/Gizeh에서 약 800km 떨어져 있는 나일강 상류의 테베[25] — 고대 상이집트/Upper Egypt 왕국의 수도, 현 룩소르/Luxor — 로부터 뗏목으로 운반해 온 것이다(**지도 2** 참조). 이 거대한 피라미드의 정밀하기 그지없는 건축 공법은 20세기 초까지도 현대 과학과 수학과 기하학과 천문학으로 풀기 힘든 하나의 불가사의였다는 사실이 고대 이집트 문명의 찬란함과 우수함을 대변해 준다. 또한 이 엄청난 공사에 그토록 엄청난 인원이 집단적으로 그리고 일사불란하게 동원되었다는 점은 당시의 사회제도가 얼마나 잘 정비되어 있었는가를 암시하기에 사회학자들의 흥미로운 연구 대상이 되기도 한다.

피라미드는 일종의 왕릉으로서 그 배경적 동기를 살펴보면 다음과 같다. 즉 고대 이집트의 왕/바로/파라오('큰 집', 페르 아아)는 만물의 생명의 근원으로 간주된 태양(신)의 화신으로 신격화되어 있었는데, 따라서 그의 육신은 죽어도 — 마치 서쪽 사막으로 진 해가 아침에 다시 부활하여 떠오르듯이[26] — 영원한 세계에서 부활/영생한다고 생각되었고, 그런 의미에서 피라

[25] 성경 곳곳에서 이 테베(Thebes)라는 도시는 '노'(No) 또는 '노아몬'(No Amon)으로 표기되어 있다(렘 46:25; 겔 30:15, 16; 나 3:8). 아몬(Amon) 또는 아문(Amun)은 테베에서 섬기던 태양신의 이름이다. 이집트 제18왕조의 그 유명한 왕 투탕카문(Tut-Ank-Amun, 1352~1344 B. C. 재위)은 '아문 神의 살아 있는 像'(living image of Amun)이라는 뜻을 갖고 있으며, 그는 수도를 아마르나(아케타톤)에서 테베로 옮긴 후 '아문' 신 숭배를 부활시킨 왕이다. I. Shaw & P. Nicholson, "Tutankhamun", *The Dictionary of Ancient Egypt* (NY: Harry N. Abrams, Inc., 1995), pp. 297~298.

미드는 파라오 신이 사후 세계에서 거주할 집/거처이자 신전으로 간주되었고, 이 신전을 수호하는 수호신으로서 (무적의 괴물) 스핑크스[27]를 세웠던 것이다. 그리하여 이 신격화된 파라오를 위하여 이집트의 모든 백성은 — 그가 왕으로 즉위하는 그 해부터 주로 농한기를 이용하여 — 기꺼이 자원하여 이 거대한 왕의 무덤을 세우는 데 동참하였던 것이다. 집단주의적/공동체적 사고방식이 지배하던 당시 상황에서 파라오의 생사화복(生死禍福)과 자신들의 삶을 동일시하던 이집트 백성들이 일종의 필연성과 자부심을 의식하며 이러한 헌신을 기꺼이 바쳤다는 것은 당연한 일이었다.

이집트의 찬란한 건축 문명은 피라미드 하나로 다 설명될 수는 없을 정도로 그 규모가 크고 엄청난 것이다. 이집트의 신왕국(New Kingdom, **연대표** 참조) 제18~19 왕조 당시의 수도였던 테베(현 룩소르)에 가보면 관광객의 입들이 더 크게 벌어져 다물기가 힘들 정도이다. 이곳은 차라리 하나의 거대한 박물관이라 할 정도로 (서울의 강동구만한) 도시 전체가 고대 건축물로 가득 차 있는데, 그 건축물의 크기가 상상을 초월한다. 예를 들어 카르낙 신전(Karnak Temple)의 열주실(**사진 6A**/신전 입구; **사진 6B**/열주실 참조)

---

[26] 모든 파라오의 무덤 곧 피라미드가 나일강 서쪽에 위치하는 이유가 여기에 있다. 고대 이집트에서 나일강 서쪽은 死者(죽은 자)의 땅으로 간주되었다.

[27] 신전을 지키는 수호신으로서의 스핑크스는 고대 중동의 여러 나라에서도 변형된 형태로 발견된다. 우선 기제의 스핑크스는 인간(태양신의 화신으로서의 Khafre 왕) 얼굴에 사자의 몸으로 되어 있고(**사진 4** 참조) 그 외에도 염소얼굴(카르낙 신전 앞), 매의 얼굴로 된 것도 이집트에서 발견되었다. 구약성경의 '그룹'도 그 한 예라 할 수 있고, 기타 사르곤 2세의 궁전 앞에 서 있는 수호신(사람 얼굴에 독수리 날개에 황소의 몸체, **사진 5** 참조), 그리고 바벨론과 페르샤의 신전 앞에도 여러 가지 형태로 세워져 있었다. I. Shaw & P. Nicholson, "Sphinx", *The Dictionary of Ancient Egypt* (H. N. Abrams, Inc., Publishers, 1995) pp. 276~278. A. Fakhry, *The Pyramids* (The University of Chicago Press, 1961), pp. 157~166. Paul G. Bahn, (ed.), "Nineveh and Assyrian Palaces", *100 Great Archaeological Discoveries* (NY: Barnes & Noble Books, 1995), pp. 150~151. E. M. Blaiklock & R. K. Harrison, (eds.), "Cherubim", *The New International Dictionary of Biblical Archaeology* (Grand Rapids: Regency Reference Library, 1983), p. 127.

에 있는 돌기둥 하나의 크기는 높이가 20m이고 그 기둥의 둘레는 장정 12명이 양팔을 잡고 두를 만큼의 크기이다. 룩소르 신전(Luxor Temple) 전면에 세운 두 개의 석주[28], 곧 태양 광선 모양으로서 파라오의 능력(생식력)을 상징하는 것으로 보이는 오벨리스크(Obelisk, **사진 7** 참조)는 돌 한 켜를 잘라 세운 것으로 그 높이가 30m, 무게가 1,100톤이나 된다. 이 중 하나를 나폴레옹이 파리의 콩코드 광장으로 옮겨 놓았다는 것은 잘 알려진 사실이다. 이와 같은 거대한 석조 건물들의 건설 과정은 현대인의 상식으로도 헤아리기 힘들 정도여서, 고대 이집트야말로 자유자재로 돌을 확대 또는 축소시킬 수 있는 마술을 구비한 '박수와 술사'(출 7:11, 22; 8:7; 9:11)의 나라가 아니었을까 추측케 한다.

이집트의 문명은 건축 문명에 그치지 않는다. 고대 이집트 사람들의 의술 또한 현대 의학적 상식을 능가할 정도의 탁월한 수준이었음을 발견하게 된다. 그 대표적인 케이스가 투탕카문(1361~1352 B.C. **사진 8** 참조)의 미라이다. 그의 미라는 아직도 미국(1986년)과 한국(1988년) 등을 거쳐 가며 전 세계를 한 바퀴 둘러 전시 중인바, 그의 두개골을 의학자들이 검사한 결과 지금부터 3300년 전인 그 시기에 뇌수술을 받은 흔적이 발견된 것이다. 그는 8세에 왕이 되어 약 8년간 통치하다가 사망했는데, 아마도 그의 죽음은 뇌암이었을 것으로 추정되고 있다.

이집트의 문명이 그토록 이른 시기부터 크게 발전할 수 있었던 중요한 이유 가운데 하나는 나일강이 이집트에게 제공하는 풍요 때문이었다. 비옥한 농지와 그 사이로 흐르는 나일강, 곧 무한대의 생수를 공급해 주는 젖줄이라 할 수 있는 이 나일강 때문에 애굽은 일찍부터 '배부르고 등 따스한' 삶을 영위할 수 있었고, 이러한 풍족한 삶을 기반으로 부강한 나라를 건설할 수

[28] 렘 43:13에서는 '벧세메스의 석상'으로 언급되는데, 이 말은 태양신(세메스)의 신전(베트) 곧 아문신전의 주상(오벨리스크)가 느브갓네살에 의해 파괴될 것을 예고한 것이고, 실제로 이 예언은 실현되었다.

있었다. 즉 서쪽에는 사하라 사막이, 동으로는 홍해가, 그리고 북으로는 지중해가 천연적인 벽이 되어줌으로써 외적의 침입으로부터도 안정을 유지할 수 있었으며, 이 지속적인 안정과 번영을 토대로 찬란하고 위대한 문화를 발전시킬 수 있었던 것이다. 지금도 애굽은 먹는 음식에 관한 한 부족함이 없는 나라이다. 관광객이 애굽 거리에서 10달러어치의 오렌지를 사면 장정 10여 명이 밤새 먹고도 남을 만큼 양도 많고 값도 싸다. 필자가 과거 10년간 일곱 번이나 성지 답사단과 함께 애굽을 다녀보았지만, 어린아이를 데리고 다니는 기혼 여성 가운데 몸이 마른 사람을 거의 본 적이 없다. 카이로 시내를 거니는 기혼 여성의 대부분이 비대한 몸매를 지니고 있다는 사실은 여성이 집안에 칩거하도록 되어 있는 회교적 풍습에도 원인이 있겠지만 무엇보다도 여성들이 언제나 만족하게 먹을 수 있는 그 풍성한 음식 때문일 것이다.

고대 이집트 문명의 탁월함을 다 설명하려면 한이 없다. 이와 같은 찬란한 문명은 서쪽으로는 사하라 사막이 가로막혀 있어 서진(西進)은 불가능하고 반드시 동쪽으로 전달되게 되었는데, 이때 반드시 통과하게 되는 다리가 곧 가나안 땅이었던 것이다. 따라서 가나안의 문화와 전통은 일찍부터 이집트의 영향하에 있었고, 이러한 이집트 문화의 흔적은 성경 이곳 저곳에 빈번하게 나타난다.[29] 우리가 성경에 나오는 이스라엘의 사회적·정치적·종교적 제도와 사상이 대부분 이집트의 영향을 받은 것이라 말하는 것은 아니다. 다만 고대 중동의 보편적 문화사의 관점에서 볼 때 가나안은 그 일부분임을 인정할 수밖에 없고, 성경에 반영된 제도와 사상 가운데 이집트의 것과 유사한 것이 있음을 부인하기 힘들다는 뜻이다. 이집트에서 왕을 태양신의 화신

[29] 특히 이집트의 종교 제도의 대부분을 가나안 거민들이 답습하고 있다. 우선 한 가지만 예를 든다면, 벧세메스(태양의 집, 곧 태양 신전)라는 지명이 애굽(렘 43:12~13)에도 있었고 가나안(수 15:10; 삼상 6:9, 12~16, 19, 20)에도 있었으며, 애굽 사람들이 섬기던 柱像(렘 43:12~13)이 가나안(출 23:25; 신 16:22; 호 3:4; 10:1, 2)에도 있었다.

으로 신격화하여 그가 인간인 동시에 신으로 간주된 것처럼 이스라엘의 시편(2:7; 45:6; 89:27)[30] 또는 예언문학(사 9:6; 믹 5:2)에서 메시야를 신적인 존재로 표현한다는 점, 그리고 이집트 제18왕조 당시 아켄아톤 왕(**사진 8** 참조) 때 잠시나마 아톤 신을 중심한 종교개혁을 시도하고 이스라엘의 유일신관과 유사한 신관을 주장하였다는 것, 이집트의 제사장 가문은 특권층으로 구별되어 세습적으로 이어진다는 점(이것은 고대 중동의 보편적 전통이다), 특히 바로와 그 왕족 출신이 제사장으로 임명될 수 있었다는 점, 이집트의 장례법과 피라미드 제도에서 엿보이는 부활과 사후세계에 대한 개념이 성경의 개념과 같지는 않으나 유사한 점도 있다는 사실, 이집트의 지혜서와 구약성경의 지혜서에 문학적 사상적으로 공유하는 점이 많다는 사실[31] 등, 구약성경의 문화와 이집트 문화 사이에는 그 영향면에서 불연속성도 많지만 연속성도 있음을 부인할 길이 없다. 사실상 이스라엘이 가나안에 들어오기까지 적어도 천년 이상이나 가나안의 통치자는 이집트였다는 사실을 상기할 필요가 있다.

---

30) 시 2:7에 대한 주석으로서 장영일, "시 2편: 비평적 주석", 이스라엘의 경건과 학문(장신대 출판부, 2000), pp. 361~395을 참조하고, 시 45:6에 대한 주석으로서 H. J. Kraus, *Psalms 1~59: A Commentary* (Augsburg Publishing House, 1978), 451, 456.; W. O. E. Oesterley, *The Psalms* (S.P.C.K, 1953), pp. 251~253. W. R. Taylor, *The Book of Psalms. IB.* Vol. IV(Abingdon Press, 1955), p. 23을 참조하라.

31) 특히 잠언 22:17~24:22에 나오는 격언들이 이집트의 (18왕조의) 아멘호텝의 교훈에서 빌린 것이라는 주장에 대하여는 다음 책들을 참조하라. R. E. Murphy, Proverbs (WBC)(Thomas Nelson Publishers, 1998), pp. 290~294.; W. McKane, "The Egyptian Instruction", Proverbs (OTL)(Westminster Press, 1970), pp. 51~150.; H. C. Washington, Wealth and Poverty in the Instruction of Amenemope and the Hebrew Proverbs (SBLDS 142) (Scholars Press, 1994); R. N. Whybray, Proverbs: A Survey of Mopdern Study (HBIS 1)(E. J. Brill, 1995).

(2) 메소포타미아/바벨론 문명

이집트 문명이 주전 3,000년경에 시작되었음에 반하여 메소포타미아 문명 특히 바벨론 문명은 주전 3,200년경까지 소급된다. 그만큼 메소포타미아 문명 또한 오래된 문명으로서 세계 어느 문명에도 뒤지지 않을 만큼 위대하고 찬란하였다. 소위 인류 문명의 뿌리로 일컬어지는바,[32] 세계 최초의 (글자다운) 글자(쐐기/설형 문자, Cuneiform Characters)(**사진 9 참조**)가 고대 바벨론 왕국의 전신이라 할 수 있는 수메르(**지도 2 참조**)에서 발명되는데, 그 연대를 대략 주전 3,200년경으로 잡는다.[33] 그토록 이른 시기에 인류 문명의 뿌리가 이곳에서부터 발원하는 중요한 동기 역시 이집트의 경우와 비슷하다 할 수 있다. 즉 이 수메르도 큰 강 가까이에 위치한 도시로서, 이 도시 근처에서 유프라테스강과 티그리스강이 만날 뿐만 아니라,[34] 비옥한 땅과 풍성한 물 그리고 인간이 농사를 지으며 거주하기에 적당한 기후 등이 구비되어 있었던 것이다. 이러한 정착하기 좋은 조건 때문에 인간이 지구상에 등장한 이래로 수많은 사람들이 이곳으로 모여들어 도시가 형성되고, 서로간의 의사소통을 위하여 말과 글을 개발하게 되고, 이러한 기본적 조건들을 기반으로 하여 사회제도를 개선하고 안정되고 부강한 국가를 이룩함으로써 마침내 여기에서 찬란한 문명의 꽃은 만발하게 되었던 것이다.[35]

고대 메소포타미아의 여러 도시국가들이 신속하게 문명의 발전을 이룩할 수 있었던 것은 다름 아닌 (이 지역이 안고 있는 천혜적 조건으로서의) 물질

32) 문화(文化) 또는 문명(文明)이라는 한자어가 '글'을 의미하는 '文'자로 구성되어 있다는 것은 문명/문화란 (뭐니뭐니해도) 글로부터 시작된다는 사실을 가리킨다고 볼 수 있다.

33) 이 수메르 문자의 가치는 우선 그 창안 연대에 있어서 한글(훈민정음)과 비교할 때 드러난다. 세종대왕께서 훈민정음을 반포하신 연대는 주후 1446년(세종 28년)으로서 수메르 문자보다 4500년이나 늦다.

34) 성경은 지상낙원으로 불리는 에덴 동산이 티그리스(힛데겔)강과 유프라테스강 근처에 위치하고 있음을 암시할 정도로(창 2:14) 메소포타미아 지역은 다른 곳보다 풍요로운 삶의 조건이 구비되어 있었다.

의 풍요와 안정 때문이었다. 이러한 물질의 풍요는 무엇보다도 먼저 발전된 농경 기술의 개발에서 비롯된 것인데, 이러한 농경기술의 개발은 세계 그 어느 곳보다도 먼저 여기에서 시작되었던 것으로 알려져 있다. 다른 지역에서는 아직도 수렵에 의존한 식량공급 방식을 따르고 있었음에 반하여, 이곳에서는 이들만이 갖고 있는 특수한 생활 조건, 즉 두 개의 거대한 강들 사이에 존재하는 비옥한 농토에서 살아야 하는 조건에 의하여 수렵을 포기하고 농경으로 급속히 전환할 수 있었던 것이다. 대체로 직접적이고 용이한 식량 조달을 추구하는 수렵생활에 비하여, 농경생활은 적어도 3개월 이상의 노력과 인내를 통한 간접적 식량 조달을 추구해야 한다는 점에서 중동의 다른 지역에서는 이 농경 문화에로의 진입이 용이치 않았던 것이다. 특히 물살이 빠른 강으로 유명한 티그리스강(창 2:14: '힛데겔' 곧 '화살'처럼 빠른 강이라는 뜻)과 유프라테스강의 범람을 지혜롭게 통제해야 하는 특수한 상황으로 인하여 여기에서 소위 관개농법이라는 것을 세계 최초로(?) 개발하게 된다. 수렵과 농경의 수확의 차이는 후자가 전자의 수십 배에 해당하고, 관개기술을 갖춘 농사와 관개시설을 갖추지 못한 농사 사이에도 엄청난 차이가 있다는 점을 고려한다면, 일찍부터 수렵을 포기하고 농경을 선택하여 거기에다 관개기술까지 동원하여 농사를 지은 메소포타미아 사람들의 식탁이 얼마나 풍성했을까는 짐작하고도 남는다.

고대 바벨론 문명의 특징 가운데 또 다른 하나는 중동의 다른 나라들보다

---

35) 메소포타미아 문명은 현대인의 상상을 초월할 정도로 우수하고 찬란한 것이기에 인류가 공동으로 지켜야 할 고귀한 유산이다. 부시(George Bush) 대통령 당시 미국과 이라크와의 전쟁(Gulf War) 때에 세계의 다수 (중동)고고학자들이 연합하여 부시 대통령에게 탄원서를 올린 일이 이를 반영한다. 학자들은 그 탄원서에서 — 당시 걸프전은 최첨단 전자무기와 전투기에 의한 공중전이었으므로 — 미국의 폭격기들이 이라크의 중요 도시들(주로 군사 시설)을 폭격할 때 그 폭격 대상을 선별적으로 해줄 것을 요청했던 것이다. 그만큼 현재의 이라크가 점령하고 있는 땅, 곧 티그리스강과 유프라테스강 유역은 결코 폭탄으로 파괴해서는 안되는, 인류가 공유해야 할 고귀한 문화 유산들이 곳곳에 묻혀 있고 그 대부분이 아직도 미발굴 상태에 있기 때문이다.

도 훨씬 더 발전된 사회제도, 즉 법 제도를 (일찍부터) 갖고 있었다는 데 있었다. 그 대표적인 예가 '함무라비 법전'(The Code of Hammurabi)[36]이다. 함무라비(통치기간: 대략 주전 1955~1913년 또는 1728~1686년)[37] 대왕(부록: **연대표** 참조)은 제1 바벨론 왕조(The First Dynasty of Babylon)의 여러 왕들 가운데 가장 많은 업적을 남긴 위대한 왕으로서, 그는 우르(Ur)에 있는 지구랏(Ziggurat)[38]과 같은 형태의 에테멘안키(E-temen-an-ki)[39]를 바벨론(도시)에 세웠고, 특히 그가 선포한 법전은 당대의 것으로는 가장

---

[36] *ANET*, pp. 163~180.

[37] B. W. Anderson은 후자의 연대를, Webster's New Collegiate Dictionary에서는 전자의 연대를 지적한다. B. W. Anderson, *Understanding the Old Testament* (Prentice-Hall, 1986), p. 34. 대부분의 보수적 주석가들은 창 14:1에 나오는 (시날 왕) 아므라벨을 이 함무라비 왕과 동일시한다. Nahum M. Sarna, *Genesis: The JPS Torah Commentary* (The Jewish Publication Society, 1989/5749), p. 103.

[38] 그 뜻이 아카드어로 '산 꼭대기/정상'(pinnacle, mountain-top)을 의미하는 지구랏은 에테메난키와 같이 일종의 계단식(대개 7층) 건물 형태의 신전이었던 것으로 보이는데, 대부분의 주석가들에 의하여 우르(Ur, 아브람이 하란으로 떠나기 전에 살던 고대 도시)에 있었던바, 지금은 그 기초만 남아 있는 지구랏(높이는 약 60m 또는 90m로 추정, **사진 10** 참조)은 성경에 나오는 '바벨탑'과 동일시되어 왔다. B. W. Anderson, Ibid., pp. 165~166.

[39] 에테멘안키라는 말의 뜻은 '하늘과 땅을 토대로 한 계단 주택' (The House of the Terrace-platform of Heaven and Earth)으로서 신들의 세계와 인간의 세계가 만나는 곳으로서의 신전을 가리킨다. B. W. Anderson, Ibid., p. 36. 바벨론(도시)에 세워진 에테멘안키와 우르의 지구랏(아카드어로 지쿠라투/Ziqquratu, '산꼭대기', **사진 11** 참조)과 바벨론(도시) 마르둑 신전의 에사길라(E-sag-ila, '윗부분이 세워진 집'), 그리고 니푸르(Nippur)의 에두르안키(E-dur-an-ki, '하늘과 땅을 이어주는 집')와 성경(창 11장)에 언급된 시날평지의 바벨탑을 형태면에서 동일시하는 학자들의 견해를 위하여 다음 글들을 참조하라. '바벨'이란 말의 어원이라 할 수 있는 아카드어 바빌루(Bab-ilu)도 '하늘/하나님의 문'이란 뜻을 갖고 있다. 정인찬 편, "바벨탑", *성서대백과*(기독지혜사, 1990), pp. 83~84. P. Amiet, "Ziqqurratu et culte en hauteur des origines a l'epoque d'Akkad", *RA* 47(1953), pp. 23~33. B. W. Anderson, *Understanding the Old Testament* (Prentice-hall, 1986), pp. 165~167. Edward M. Blaiklock, "Ziggurat", *The New International Dictionary of Biblical Archaeology* (Grand Rapids, Michigan: Regency Reference Library, 1983), p. 484. Roland de Vaux, *Ancient Israel*. Trans. by J.

발전된 형태와 내용으로 되어 있는, 그리고 여러 부분에서 구약성경의 법전들(출 21~23; 레 17~26; 신 12~26)과 비슷한 것으로 평가된다.[40] 오경의 법전의 경우에서와 같이, 함무라비는 '샤마쉬' 신(神)(Shamash/태양신)으로부터 법을 하사받으며(**사진 12, 12A**, 함무라비 법전 돌비) 그 법은 돌비에 새겨지고, 이 법을 어길 경우 무서운 신의 저주가 있게 됨을 또한 선언하고 있다.

이집트 문명이 자연과학 계통(수학, 기하학, 미술, 의학, 물리학, 석조/건축학, 등)에서 우수하다면, 바벨론 문명의 우수성은 인문과학 쪽에서 두드러진다. 이집트 사람들이 주로 파피루스에 상형문자(hieroglyph)로 글을 쓰거나 석조 건물의 기둥 또는 벽에 글 또는 그림을 새겨놓은 것에 반하여, 메소포타미아 사람들은 일찍부터 설형(Cuneiform)문자로 수십만 개의 점토판[41]에 글을 남김으로써 — 4000여 년이 지난 지금까지 그대로 보존되어 — 현대의 수많은 고대어 전문가들로 하여금 고대 메소포타미아 사람들의 풍습과 사회제도와 신앙생활을 생생하게 엿볼 수 있게 하였다. 쐐기문자로 기록

McHugh (London: Barton, Longman and Todd, 1961), pp. 281~282. A. Parrot, *The Tower of Babel* (1954). L. H. Vincent, "De la Tour de Babel au Temple", *RB* 53 (1946), pp. 403~440. C. L. Woolley, *Excavations at Ur* (1954), pp. 125~135.

40) 함무라비 법전과 구약성경 오경의 법전과의 유사성은 우선 '보상법'(lex talionis)에서 두드러진데, '이는 이로, 눈은 눈으로'(출 21:24; 레 24:20; 신 19:21)라는 어구가 이 두 법에서 강조되고 있다. 주전 18세기의 함무라비 법전은 구약성경의 법전보다 무려 400여 년이나 시대적으로 앞서기 때문에 법전을 연구하는 많은 성경학자들의 관심의 초점이 되기도 하였다. 이 둘 사이의 비교 연구에 대하여는 다음을 참조하라: B. W. Anderson, Ibid., pp. 149~150. Samuel A. Meier, "Hammurapi", *ABD*. Vol. 3(Doubleday, 1992), 39~42. D. W. Thomas, *Documents from Old Testament Times* (NY: Harper & Brothers, 1958), 27~37. Victor H. Matthews & Don C. Benjamin, *Old Testament Parallels* (NY: Paulist Press, 1991), pp. 62~67. H. J. Boecker, *Law and Administration of Justice in the OT and Ancient East* (Minneapolis, 1980), pp. 67~133; 조철수, *메소포타미아와 히브리 신화* (도서출판 길, 2000), pp. 161~175.

41) 진흙을 벽돌처럼 만들어 그 위에 글을 써서 고온으로 구워 보관함(**사진 13** 참조).

된 이들 수메르어 또는 아카드어 점토판 문서들은 대부분 같은 셈족 언어에 속하는 아람어와 히브리어와 관련됨으로써 구약성경의 여러 난해 구절들이 이들 아카드어 문서들의 조명을 받아 쉽게 해석되기도 하였다. 이들 메소포타미아 문서들 가운데 특별히 성경 연구에 도움이 되었던 것들로서 에누마 엘리쉬(창조 설화), 길가메쉬 서사시(홍수 설화),[42] 함무라비 법전 등이 있다.

메소포타미아의 건축 문명도 이집트에 못지않게 현대인들이 놀라고도 남을 만큼 찬란하고 위대하였음이 고고학적 발굴을 통하여 밝혀지고 있다. 메소포타미아의 역사는 계속된 제국들의 역사라 할 만큼 고대 바벨론 제국(함무라비 당시)과 앗시리아 제국과 신바벨론(느부갓네살 당시) 제국 그리고 페르샤 제국이 계속하여 고대 중동을 제패한 역사였기에 이 제국들이 그 제국의 막대한 노동력과 부를 동원하여 이루어 놓은 건축 사업은 현대인들의 상상을 뛰어넘는 규모의 엄청난 것들이었다. 우리는 여기에서 그 대표적인 세 가지 곧 니느웨 성과 바벨론 성, 그리고 세계 7대 불가사의 가운데 하나로 꼽히는 느부갓네살왕의 '공중(에 매어달린) 정원'(The Hanging Garden)을 살펴봄으로써 메소포타미아의 건축 문화에 대한 소개를 대신하려 한다.

주전 21세기경부터 메소포타미아의 유명한 도시 가운데 하나로 알려지기 시작한 니느웨(Nineveh)는 산헤립(704~681 B.C.)이 신앗시리아 제국의 수도로 정한 후 약 100년간 세계 문화의 중심지 역할을 했던 도성으로서 1847년 영국의 고고학자 레이야드(A. H. Layard)에 의하여 발굴되어 그 성의 엄

[42] 바벨론 창조 설화인 '에누마 엘리쉬'(Enuma elish)와 홍수 설화 '길가메쉬 서사시' (Gilgamesh Epic) 그리고 창세기의 창조 이야기와 노아 홍수 이야기 사이의 관계를 연구한 저서들로서 다음의 책을 참조하라: J. B. Pritchard, *ANET*. pp. 60~99, 501~507.; Victor H. Matthews & Don C. Benjamin, *op. cit.*, pp. 7~40; D. Winton Thomas, edit., op. cit., pp. 3~26. Walter Beyerlin, edit., *Near Eastern Religious Texts relating to the OT* (SCM Press, 1975), pp. 68~98. 조철수, *메소포타미아와 히브리 신화*, pp. 100~130.

청난 규모가 드러났다. 니느웨 성 전체의 규모는 인근 도시(남으로 칼라/Calah와 북으로 콜사바드/Khorsabad)까지 포함하여 그 길이가 약 30마일(48km) 폭이 10마일(16km) 정도 되었고 — 요나서에 의하면 걸어서 한 바퀴 도는 데 사흘이 걸리는 규모 — 왕궁과 행정 건물이 몰려 있는 니느웨 성(**사진 14** 참조) 자체만으로도 둘레가 약 12.5km(8마일),[43] 성벽의 높이가 30m 정도이며, 성벽의 두께는 성벽 위로 네 대의 전차(마차)가 달릴 수 있을 정도로 두꺼웠고,[44] 성벽 밖으로는 깊이 20m 넓이 50m의 해자(垓字)가 둘러 있었다. 우리는 이와 같은 정보를 고려해 볼 때, 당시 글자 그대로 난공불락의 도시로 알려졌던, 그래서 이 도시가 바벨론에게 함락당하고 파괴되자 세상 사람이 놀라 자빠질 뻔했던, 이 도시의 규모가 얼마나 엄청난 것이었는지 가히 상상해 보고도 남는다. 문화의 사이즈는 그 문화의 중심 도시의 사이즈와 비례한다는 말을 빌리지 않더라도 고대 앗수르 제국의 문화를 이 도시가 상징적으로 대변한다고 볼 수 있다.

앗시리아 제국보다 더 많은 영토를 차지했던 바벨론 제국의 수도(首都) 바벨론 성의 크기와 규모가 앗시리아 제국의 수도(首都) 니느웨를 훨씬 능가하리라는 예상은 당연하다. 두 겹의 두꺼운 성벽으로 둘러싸인 바벨론 성(**사진 16** 참조, *대세계의 역사* 156; **지도 4** 참조, *Seven Wonders*, 50)은 정방형으로 바둑판처럼 설계되어 있었고, 각 변마다 15마일의 길이로 둘레는 77km(385 stadia, 1 stadium=200m)나 되었으며, 성벽의 높이는 25m(50규빗), 성벽의 지하 깊이는 35피트(10m)로서 — 이는 적군이 성벽 지하로 뚫고 침입하지 못하도록 한 것이며 — 성벽의 두께는 9m(32피트)로서 성벽

---

[43] 현재 예루살렘 구도시의 성곽, 즉 제2 성전 당시의 예루살렘 성의 둘레가 4km밖에 되지 않는다는 사실을 생각할 때, 니느웨성 자체만으로도 예루살렘 전체 성곽의 3배에 해당하는 크기이다.

[44] H. H. Halley, *Halley's Bible Handbook* (Zondervan Publishing House, 1965), pp. 365, 369~371. 장영일, "니느웨", *갈대아 우르에서 가나안까지*, 김중은 편(장로회신학대학교 성지연구원, 1999), pp. 62~65.

꼭대기로 두 대의 4두 마차가 왕복으로 지나가고도 남는 공간으로 되어 있었다. 또 성벽을 쌓은 벽돌 낱개의 크기는 30cm(입방)의 넓이에 두께는 3.5인치(8.89cm), 성벽 둘레에는 100개의 놋문과 250개의 망대(60규빗 높이)가 세워졌고, 성 중간으로 내리흐르는 유프라테스강 밑에는 두 지역을 잇는 폭 15피트 높이 12피트의 터널이 가로지르고 있었다. 이 강 위로는 길이가 120m이고 폭이 9m나 되는 다리가 두 지역을 잇고 있었으며, 성 주위에는 해자(moat, 단 9:25)가 둘러 있었다.[45]

페르샤 제국의 창건자 고레스/키루스/Cyrus가 이 바벨론 성을 함락시킬 때 있었던 일화가 있다. 고레스가 이 성을 포위하고 한 여름 수개월 동안이나 백방으로 함락시키려 노력하였으나 실패만 거듭하다가 이듬해 봄에 최후로 하나의 함락작전을 시도하게 되는데, 그 작전이란 성의 수구를 통해 침입하는 것이었다. 그는 부대를 3대로 나누어 한 부대는 유프라테스 강물이 성 안으로 유입되는 곳에 배치하고(**지도 4** 참조), 또 한 부대는 성 밖으로 강물이 배출되는 위치에 배치한 다음, 주로 노예로 구성된 엄청난 인력을 동원, 유프라테스 강 상류에서부터 강변 양쪽으로 180개씩 도합 360개의 운하를 파게 하여 강물이 이 성에 도착하기 전에 운하로 분산되게 하였다. 결국은 이 성으로 흘러들어가는 유프라테스 강물과 성벽 주위의 해자가 말라버리자 3대로 배치한 군대가 각각의 위치에서 그 수구를 타고 성내로 침입, 마침내 성을 함락시킬 수 있었다. 고레스가 자신의 작전을 시행한 그날은 마침 바벨론의 축제일이었는데, 그것도 모르고 바벨론 시민들은 성 안에서 먹고 마시며 축제를 벌이던 중 고레스의 군대가 쳐들어와 제대로 싸워보지도 못하고 함락당하게 된 것이다.

---

[45] H. H. Halley, *Ibid.*, pp. 336~337. Peter C. Clayton & Matin J. Price, *The Seven Wonders of the Ancient World*, pp. 44~45. 이 두 책이 소개하는 바벨론 성의 규모에 대한 수치는 약간씩 차이가 있다. 클레이톤은 고대 그리스의 역사가 Strabo의 바벨론 견문록을 인용하였다. 김중은 편, *op. cit.*, pp. 31~33.

바벨론 제국 스스로가 자랑하던(사 14:12~14) 그 영화와 부귀는 이 바벨론 성벽 안의 유프라테스 강변에 세워진 마르둑(또는 Bel/벨) 신전(**지도 4** 참조)을 보아 짐작할 수 있다. 이 신전은 유브라데 강을 끼고 세워진 어떤 메소포타미아의 신전보다 크고 화려했다. 그 안에 마르둑/Marduk과 이쉬탈/Ishtar의 금신상이 세워져 있었고, 그 신상 앞에 설치한 식탁(길이 40피트, 폭 15피트)도 금(순금 5만 파운드)이었고, 두 마리의 사자도 금이었으며, 높이 18피트의 인간상도 금으로 만든 것이었다. 실로 바벨론은 "온 세상을 취하게 하는 금잔"(렘 51:7)이었고 금 신상(단 3:5)의 나라였다. 이 도시 안에는 모두 53개의 신전과 180개의 이쉬탈 제단이 있었던 것이다.[46]

'공중정원'(**사진 16** 참조, *대세계의 역사*, 156)은 세계 7대 불가사의 가운데 하나로서, 느부갓네살 왕이 자신의 메대 출신 왕비(Amytis)의 간청에 의하여 바벨론 성 안에 지은 거대한 인공 정원 또는 테라스 정원으로서, 모양은 정방형이었고 그 한 변의 길이는 4플레트라(plethra, 약 120m)[47]였으며, 이 정원의 높이는 바벨론 성벽의 높이(25m)에 해당, 성내의 거리를 지나는 사람들의 눈에 공중에 매달린 지붕 위의 정원처럼 보였다. 이 정원은 수십개의 석조 교각들에 의해 떠받쳐 있었고, 그 교각들 위에는 밑으로 물이 새지 않도록 석재와 목재(주로 야자수)로 된 특수 재료가 깔려 있었고, 이 정원 바로 밑은 또다른 거대한 건물의 공간이 되어 바벨론 시민들의 사교장으로 사용되었다. 특히 수력을 이용한 펌프로 옥상 정원에 물을 대어[48] 정원의 각종 식물과 화초와 나무들이 사시사철 무성하였다. 이 정원수들은 세계 각국에서 가져온 것들로서 각 나라 고유의 흙 위에 심기웠고, 키가 50피트

[46] H. H. *Halley, ibid.*, pp. 336~337.

[47] 1 plethron 은 약 100feet=30m에 해당하는 길이.

[48] 클레이톤(Peter A. Clayton, Ibid.)이 제공하는 정보는 헬라의 물리학자로서 페르샤의 전쟁 포로였던 Ctesaias(400 B.C.)와 헬라 시대 역사가 Philo of Byzantium(250 B.C.)의 기록을 인용한 것이다. H. H. Halley, *op. cit.*, p. 309.

(25m) 둘레가 12피트(3.6m)나 되는 나무들이 이 정원에 가득하였다.

메소포타미아 문명과 가나안(이스라엘) 문명 사이의 영향 관계에 대하여는 수많은 연구가 있었고, 현재에도 진행되고 있다. 위에 언급된 창조 설화, 홍수 설화, 바벨탑 이야기 등이 보여 주는 성서 내의 자료와의 문학적 유사성을 제쳐놓고라도 구약성경과 직·간접적으로 영향을 주고받은 사례는 일일이 다 열거할 수 없을 정도로 많다. 신관, 우주관(**사진 17** 참조, Boadt),[49] 인간론 등의 고대 관념들을 고려할 때 성경과 메소포타미아 문명 사이의 사상적 연속성을 부인하기 힘들고, 왕[50]과 제사장과 예언자[51] 제도에 있어서도 그 영향 관계를 인정할 수밖에 없다. 특히 구약성경 시문학의 운율법, 평행법, 알파벳 시(Acrostic Psalms: 시 9~10; 25; 34; 37; 111; 112; 119;

---

[49] 고대 중동 사람들의 우주관에 의하면, 별들은 궁창에 매달려 있고, 태양은 궁창 이 끝에서 저 끝으로 떴다가 지며, 궁창 위에도 물이 있고 궁창 아래에도 물이 있으며, 땅/지구는 평평한데 이 땅은 기둥이 떠받치고 있다. 땅 밑에는 스올이 있으며, 땅 끝과 하늘 끝이 있고, 땅 끝에 바다가 있고 그 바다 끝에는 낭떠러지가 있는데, 하늘에는 우박과 비와 눈을 저장한 창고가 있다고 생각했다. 이와 대동소이한 우주관을 성경의 저자도 공유하고 있음을 알 수 있다: 창 7:11; 삼하 22:8; 왕하 7:2; 욥 26:5~14; 37:18, 31; 38:4, 22, 31~33; 시 2:8; 22:27; 24:2; 67:7; 72:11; 86:9; 75:3; 104:13이하; 135:7; 136:6; 139:9; 잠 30:4; 사 24:18; 49:6; 렘 51:16 참조.

[50] 장영일, "하나님 나라와 중보자: 유형론적 고찰", *이스라엘의 경건과 학문*(2000), pp. 91~117 참조.

[51] 구약성경의 초기 예언자와 마리(유프라테스강 연안에 위치한 우르와 하란 사이의 고대 도시)에서 발견된 점토판 문서에 언급되는 예언자 활동 사이의 유사한 현상에 대하여는 J. Lindblom, *Prophecy in Ancient Israel* (Philadelphia: Muhlenberg Press, 1962), pp. 29~31. Martin Noth, "History and the Word of God in the OT", *BJRL* 32(18949~50), 194f. W. von Soden, "Verkündung des Gotteswillens durch prophetisches Wort in den altbabylonischen Briefen aus Mari", *WO* (1950), 397f.을 참조하라. 주전 18세기 마리의 통치자 Zimrilim의 궁정 서고에서 발견된 (약 2만 개의 점토판으로 되어 있는) 마리 문서에는 또다른 구약 학자들의 관심의 대상인 '하비루' 이야기가 언급되어 있다. 이 용어와 구약성경의 '히브리인', 이집트 아마르나 문서의 '아피루'와의 관련성이 학자들의 논쟁거리이다. R. K. Harrison, "Mari", The New International Dictionary of Biblical Aarchaeology, edited. E. M. Blaiklock & R. K. Harrison(1983), pp. 299~300.

145; 잠 31:10~31; 애 1, 2, 3, 4) 형태는 메소포타미아의 시 형태와 긴밀한 영향 관계 속에서 발전한 것으로 보인다. 족장들(아브라함, 이삭, 야곱)[52]이 전수해 준 바, 주로 메소포타미아 문명에 그 뿌리를 둔 풍습(상습제도, 결혼제도, 매매제도 등)[53]을 이스라엘은 향후 천년 이상 유지하고 발전시키는 것을 볼 수 있는데, 무엇보다도 아브라함의 고향이 당대에 최고의 문명을 자랑하던 갈대아(수메르 지역)의 대도시 우르(Ur)였다는 사실을 고려한다면 바벨론 문화에 대한 이해가 성경 해석에 얼마나 요긴한가를 결코 부인할 수 없게 될 것이다.

(3) 히타이트 문명(부록: 연대표 참조)

히타이트 문명은 이집트 문명과 메소포타미아 문명에 비교할 때 그 연대, 즉 그 문명의 전성기(1600~1300 B.C.)에 있어서나 그 문명의 수준에 있어서 훨씬 뒤지는 것이 사실이나 그 나름대로의 특징적이고 우수한 문명을 갖고 있었던 것만은 분명하다. 히타이트 문명의 뿌리에 대하여는 여러 가설이 있으나 대체로 주전 2000년경 코카서스 산맥을 넘어온 호리족(Hurrian/Horites)의 문화를 전수받은 것으로 본다.[54] 이집트나 메소포타미아의 경우에서처럼 이 문화권도 하나의 큰 강, 즉 할리스(Halys) 강을 중심으로 하여 발전되었는데, 그 위치는 보통 아나톨리아(Anatolia) 또는 소아시아로 불리

---

52) 족장들의 이름뿐만 아니라 이스마엘, 이스라엘, 나홀, 스룩, 등의 인명이 고대 메소포타미아에서 발굴된 자료에 언급되어 있다. B. W. Anderson, *op. cit.*, 31f.

53) 예를 들어 메소포타미아의 고고학 자료들에서 확인되는 바, 본처가 아이를 낳지 못하면 본처의 몸종으로 대신하여 아이를 낳게 한다든지, 장자가 차자보다 못났을지라도 장자권은 반드시 장자에게 주어져야 한다든지, 장자가 부모의 유산을 상속할 때는 부모가 섬기던 신까지도 상속하는 등의 풍습들은 성경의 족장들의 삶의 배경을 이해하는 데 요긴한 것들이다.

54) William W. Hallo & William K. Simpson, *The Ancient Near East: A History* (Atlanta: Harcourt Brace Jovanovich, Publishers, 1971), p. 110.

는 현 터기의 동쪽 중앙 고원지대를 가리킨다(**지도 2** 참조). 고대 문서에는 이 지역을 가리켜 하티(Hatti)라 불렀고, 구약성경에서는 이 지역 출신을 가리켜 헷 족속이라 불렀다(창 15:20; 25:9~10; 26:34; 삼하 11:3, 6, 17; 왕상 10:29; 11:1; 왕하 7:6 등).

하투실리스 1세(Hattushilis I, ca. 1650~1620 B.C.)가 주전 1630년에 쿠샤라(Kushara)에서 하투샤스(Hattushas)(현재 보가즈코이/Boghazköy)로 천도함으로서 히타이트 문명은 그 전성기를 맞게 되고, 그 후 이 문명은 히타이트가 (1200년경에) 해양족(Sea Peoples)에게 망하기까지 지속된다. 400여 년 동안 지속된 히타이트 문명의 특징 두 가지를 든다면, 그 하나는 이들에게서 당시의 세계에서 가장 발달된 철기문화가 시작된다는 점이고(주전 1600년경),[55] 또 다른 하나는 이들이 당대의 세계에서 가장 강력한 전차(**사진 18** 참조, Gurney 80–3)를 개발했다는 점이다. 고대 수메르인들이 개발한 마차는 당나귀가 끄는 2륜 또는 4륜의 느린 것이었음에 비하여, 히타이트가 개발한 전차는 2륜 전차로서 말 두 필이 끄는 경쾌한 쌍두마차였고, 그 바퀴는 네 개의 바퀴살로 되어 있는 이집트가 전차에 비하여 여섯 개의

---

[55] 철기문화가 히타이트에서 먼저 시작되었다는 하나의 증거는 '철/쇠'라는 용어가 히타이트어에서 기원한다는 사실이다. 히브리어(바르젤/בַּרְזֶל)와 아카드어(parzillu)와 아람어(פרזלא)는 모두 히타이트어 '바르질루'(barzillu)에서 파생한 것이다. Baumgartner, "בַּרְזֶל", *Hebrew and Aramaic Lexicon*, pp. 148~149. 인류 역사상 철/쇠(Iron)를 다루기 시작한 것이 언제부터인가에 대해서는 학자들마다 다른 주장을 하고 있다. 인간이 철을 알기 시작한 것은 주전 2700년경부터였을 것이다. E, M. Blaiklock & R. K. Harrison, edit., "Iron, Iron Age", *The New International Dictionary of Biblical Archaeology*, pp. 252~253. 철/쇠의 존재에 대한 지식은 이토록 이른 시기부터 유포되어 있으나, 진정한 의미에서의 철기문화가 히타이트에서 시작되었다고 보는 이유는, 무엇보다도 철을 제련하는 데 필수적인 용광로를 히타이트 사람들이 처음으로 개발한 것으로 보이기 때문이다. 이스라엘에게 철기문화를 소개한 민족은 블레셋 족속이고(삼상 13:20~23), 블레셋 족속은 지중해의 크레테/갑돌 섬과 키프로스 섬 출신으로서(창 10:14; 삼상 30:14; 삼하 20:23; 렘 47:4; 암 9:7; 습 2:5) 가나안에 이주/정착할 때 이 문화를 지니고 들어온 것으로 알고 있다. 이들 지중해의 섬 사람들은 철기문화를 히타이트로부터 전수 받았을 것으로 보인다.

바퀴살이 달린 것으로서 당대의 그 어떤 나라의 전차보다 빠르고 견고한 전차였다(**사진 18** 참조). 이와 같은 히타이트 군대의 전차는 아직도 놋과 구리 문화만을 알고 있었던 당대의 주변 국가에게 "헷 사람의 말과 전차 소리만 들어도 겁에 질릴 정도로" 공포와 위협의 대상이었다 한다.[56] 이 새로운 무기, 즉 전차를 재빨리 수입한 애굽(18왕조)의 경우 전차 한 대에 3인(마부와 전사와 방패잡이)이 동승하는 데 비해, 히타이트 전차는 마부와 전사만이 탑승하여 훨씬 가볍고 기동력이 앞섰다. 아직 기마부대가 등장하기 이전의 상황이었으므로 전쟁터를 종횡무진 달리는 이들의 말과 전차에 의한 기동작전은 당대의 어느 나라 군대도 당할 수 없었다.

이러한 발전된 군사 문화를 바탕으로 한 히타이트 군대와 얽힌 이야기는 고대 중동 역사의 한 페이지를 장식할 정도로 유명하다. 히타이트 종족이 그 주축을 이루는 소위 '힉소스 족'(The Hyksos[57])이 이집트를 점령하고 약 200여 년간 이집트를 지배하다가 아모세 1세 때에 가나안 지역으로 추방당한 이야기를 비롯하여(부록: 이집트 **연대표** 참조), 주전 1595년 강력한 군대와 전차로 무장한 히타이트 왕 무실리스 1세(Murshilis I, 1620~1590 B.C.)의 군대에 의해 메소포타미아의 제1바벨론(함무라비) 왕조의 군대가 속수무책으로 멸망을 당한 얘기 또한 유명하다. 주전 1300년 오론테스 강 기슭 카데쉬(Kadesh)에서 있었던 이집트 람세스 2세의 4개 군단과 히타이트 왕 무와탈리스(Muwatallis, 1315~1296)의 3,500대의 전차 부대와의 대결에서

---

[56] 양병우 외 4인, *대세계의 역사*, 제1권(인류의 탄생, 고대 오리엔트)(삼성문화개발, 1990), p. 251. 놋과 무쇠/철의 대결은 마치 목제 칼과 쇠칼 또는 고무총과 M-16 기관총과의 대결처럼 비교가 되지 않는 대결이었음을 상상해 보라.

[57] 힉소스라는 말은 이집트 사람들이 자신들의 지배자를 가리켜 부른 것으로서 '외국놈들'(foreigners)이라는 뜻을 갖고 있다. 몇몇 주석가들은 요셉이 이집트에서 총리대신까지 출세할 수 있었던 시대가 바로 이 힉소스 통치시대였다고 본다. 이 힉소스 통치자들 가운데는 요셉과 같은 셈족 출신들도 많았고, 이러한 배경이 요셉으로 하여금 총리대신으로 임명되는 데 어느 정도 도움이 되었을 것으로 보인다.

람세스가 처참하게 패배한 사건은 이집트와 히타이트 양국에서 대서특필한 사건이다(**사진 19** 참조, 람세스의 카데쉬 전투 장면,[58] *대세계의 역사*, 251). 이와 같이 당대로서는 최첨단 무기로 간주된 전차 못지않게 이 지역에서 전사(戰士)를 훈련하는 기술 또한 세계적이었다. 성경에 나오는 무사 출신 헷 사람 우리아가 그 실례이다(삼하 11; 23:39).

철제 무기의 독점자로서 그리고 전차 무기의 수출국으로서 히타이트가 차지한 문화·정치·군사적 기득권과 종주권(sovereignty)의 효력은 막대한 것이었고, 이와 같은 기득권에 기초하여 히타이트 제국은 수많은 나라들을 속국으로 만들고 그들 속국들과 맺은 주종계약은 고대 중동의 문화사에서 한 페이지를 장식할 정도로 유명하다.[59] 당시 쇠는 금값의 5배, 은의 40배 값에 맞먹었다는 사실을 감안한다면, 이 철제 기구와 철제무기를 수출하여 얻은 부(富)는 엄청난 재정을 히타이트에게 안겨 주었음을 알 수 있다. 주전 13세기까지도 앗수르 왕은 히타이트로부터 쇠를 수입하고 있음이 기록을 통하여 드러난[60], 특히 당시 철제 상품은 특권층인 귀족과 전사들의 전유물이었기에 더욱 비싼 값에 팔 수 있었을 것이다.

이러한 철기문화를 기반으로 세워진 히타이트 수도 하투샤스(현 보가즈코

[58] 그림에서는 실상과는 달리 이 전투에서 람세스가 승리한 것으로 기록하고 있다. 이와 같은 사실과 다른 전승 기록들은 고대 중동의 벽화나 조형물에서 흔하게 발견되고 있다.

[59] 히타이트 주종계약에 대하여는 다음 페이지에서 다루게 된다. 이 책의 134쪽, 각주 79 참조.

[60] 다음 글은 히타이트 왕 하투실리스 3세(1289~1265 B. C.)가 철을 주문한 앗수르 왕에게 주문에 응할 수 없음을 사과하면서 보낸 편지의 일부이다: "앞서 의뢰가 있었던 최상의 철/쇠에 관해 말씀드리자면, 그 최상의 철은 나의 창고에는 때마침 재고품이 없습니다. 게다가 지금은 제철 중으로, 아직 그 시기가 되지 않았다는 것은 전에도 말씀드린 바와 같습니다. 그러니까 언젠가는 만들어질 것입니다만, 지금 형편으로는 애석하게도 아직 만들어질 단계까지 와 있지 않습니다. 만들어지면 곧 보내드리겠습니다. 그래서 오늘은 하는 수 없이 쇠로 만든 단검 한 자루를 선물로 드리기로 하겠습니다." 양병우 외 4인, *대세계의 역사* (삼성문화개발, 1993), 258. E. M. Blaiklock, "Iron", *The New International Dictionary of Biblical Archaeology*. p. 252.

이)는 현재의 앙카라에서 동쪽으로 160km 떨어져 있는 도시로서, 하나의 난공불락의 거대한 성채였음이 드러났다.[61] 1900년에 유고 빙클러(Hugo Winkler)에 의하여 발굴된 이 정방형의 성채는 거대한 암반들이 기초를 이루는 지대 위에 건설되어 있었고 성 주위로 깊은 계곡이 둘러싸고 있는 천연적 요새였다. 남북으로 길이 2km, 둘레 8km 크기였으며, 성벽 자체가 바벨론 성처럼 2중으로 되어 있었다. 이곳 왕궁 서고에서 발굴된 점토판만도 만 개가 넘고, 그 문서는 주로 히타이트어와 당시 국제어였던 아카드어로 되어 있는 외교문서로서 히타이트가 얼마나 큰 국제적 영향력을 유지하고 있었는가를 보여 주고 있다.

히타이트 문명이 구약성경에 끼친 많은 영향 가운데 주석가들이 무엇보다 먼저 언급하게 되는 것이 있다면 그것은 '히타이트 조약'의 양식이라 할 수 있다. 현재까지 밝혀진 57개의 고대 중동의 국제적 조약문서들[62] 가운데 30개 이상(60%)이 히타이트와 그 속국 사이에 맺어진 것임을 감안할 때, 당시 이 히타이트 제국에서 계약이라는 양식이 창안/개발되고 이 제국의 문화권에서 주도적으로 발전되었음을 알 수 있다. 히타이트의 황제와 그 속국의 봉

---

61) 히타이트 문명의 특징 가운데 한 가지를 더 추가한다면, 그것은 도자공예와 섬유와 피혁 기술을 기반으로 한 소위 패션 문화이다. 중국에서 시발하는 국제 무역로, 즉 실크로드의 최후 기착지라는 지정학적인 요건에 의하여 중국의 도자 공예품과 비단 상품이 일찍부터 이곳에 도착하였을 것이고, 이러한 발전된 극동의 문화 상품의 영향을 받아 패션 문화가 발전했을 것으로 보인다. 또한 이 지역이 안고 있는 광활한 목화 재배지와 유목지에서 생산되는 비단 원료와 피혁 원료 덕분에 히타이트는 당시 중동에서도 가장 발달된 패션 제품을 생산할 수 있었을 것이며, 이러한 우수한 히타이트의 패션 제품이 중동은 물론 유럽에까지 수출됨으로써 유럽인들로 하여금 동양 문화에 대하여 동경하도록 자극하는 요인이 되었다. 성경에 등장하는 몇몇의 헷 족속 여인들(에서의 두 아내 유딧과 바스맛: 창 26:34; 헷사람 우리아의 아내 밧세바: 삼하 11:3, 6, 17)이 이스라엘 남자들의 눈길을 끈 동기 가운데 하나가 바로 이들의 발전된 패션 문화 때문이었을 것이라는 추측은 결코 억측이라고만 할 수는 없을 것이다.

62) John H. Walton, *Ancient Israelite Literature in Its Cultural Context* (Zondervan Publishing House, 1989), pp. 95~100.

신 사이에 맺어진 이 국제적 조약을 가리켜 학자들은 '종주/주종계약' 또는 '봉신계약'(Sovereignty/ Vassal Treaty)이라 부르는데, 이 히타이트 조약의 양식은 성서에서뿐만 아니고 앗수르와 이집트와 바벨론의 문서 가운데에서도 확인되고 있음을 볼 때 이 양식이 국제적 양식으로 규범화되어 통용되고 있었음을 암시한다. 소위 '시내산 계약' 또는 '모세 계약'으로 불리는바, 출애굽기 19~23장의 계약 문서와 신명기서 그리고 여호수아 24장의 세겜 계약 등에 나타나는 이스라엘 백성과 야웨 하나님 사이에 체결된 계약이 이 히타이트의 계약 양식을 차용 또는 적용한 것이라는 주석가들의 연구는 구약학계에서도 보편적으로 알려져 있는 실정이다.[63] 히타이트 주종계약의 양식(format)이 구약성경의 계약 양식과 유사한 점은 아래의 6가지로 요약될 수 있다: ① 계약의 주체로서의 종주(sovereign)의 명칭과 속성에 대한 소개(Introduction of the Speaker: 출 20:1; 신 1:1~5; 수 24:1~2); ② 계약의 주체와 봉신 사이의 역사적 관계(Historical Prologue: 출 20:2; 신 1:6~3:29; 수 24:2~13); ③ 봉신이 준수해야 할 계약법/조항[64](Stipulations: 십계명/출 20; 계약법전/출 21~23; 신 12~26; 수 24:14~15, 16~25); ④ 계약 문서를 어떻게 보관하고 주기적으로 언제 읽어야 하는지에 대한 지시 사항(Statement concerning the Document: 출 25:16; 신 10:1~5; 27:2~3; 31:10~13, 24~26; 수 24:26; 8:30~32); ⑤ 계약의 증인으로 언급되는 신들의 이름(Divine Witnesses: 신 31:19~22,

---

[63] D. J. McCarthy, *Treaty and Covenant*;(Rome, 1978); G. E. Mendenhall, "Covenant Forms in Israelite Tradition", *Biblical Archaeologist Reader 3*, ed. E. F. Campbell & D. N. Freedman(Garden City, 1970), pp. 25~53.; K. Kitchen, *The Bible in Its World* (Downers Grove, 1977), pp. 79~85. M. Weinfeld, "Berith", *TDOT*, Vol. 2. (1975), 253~79.; Deuteronomy and the Deuteronomic School(Oxford, 1972), pp. 59~157.

[64] 여기에서 강조되는 계약조항은 무엇보다도 다른 종주를 두지 말라는 것으로서, 십계명의 1~3계명에 해당된다.

26~28; 32; 32:39~43; 수 24:22, 27); ⑥ 계약을 준수했을 때와 어기었을 때에 초래하게 될 저주와 축복의 내용들(Curses and Blessings: 레 26:1~13, 14~33; 신 28:1~14, 15~68; 수 24:20).[65]

우리는 지금까지 고대 중동의 3대 문명이 얼마나 찬란하고 위대한 것이었는지를 고찰함으로써 이 3대 문명의 중간적 위치에 서 있었던 가나안 땅 거주자들(이스라엘)에게 안겨 주었던 혜택, 즉 이들 3대 문명의 다리에서 문명의 극상품을 전달/매개해 주는 중보자로서의 역할뿐만 아니라 이러한 중보자의 역할을 수행하는 과정에서 이들 3대 문명의 진수를 다양하게 시식하고 평가하고 섭취하고 누릴 수 있었던 긍정적 측면을 살펴보았다. 문화와 문명의 핵심은 그 정신적 가치에 있다는 사실을 인정할 때, 이들 찬란한 문명들의 중심적 위치에 서 있었던 이스라엘이 이들 문명의 열매들을 통하여 근본적으로 터득한 정신적 가치는 자유와 해방과 창의, 용기와 평안과 치유, 그리고 기쁨과 희열과 행복이었다.[66] 이러한 찬란하고 위대한 3대 문명들이 한 곳에 집약적으로 농축된 바, 그 문명의 엑기스가 곧 성경이라 생각할 때, 성경이야말로 찬란한 고대 문명의 종합이자 통합으로서 가히 세계 문명의

[65] *Ibid.*, pp. 101~105.

[66] 물을 떠난 물고기가 생존할 수 없듯이 문화를 떠난 인간은 생존할 수 없다. 그만큼 삶은 문화적인 것이고, 그가 누리는 문화의 내용과 가치에 따라 인간의 삶은 고귀할 수도 있고 비천할 수도 있다. 인류 역사상 그 어느 때보다도 발전된 물질 문명을 누리고 있는 현대인들에게 있어서 그들의 삶을 지탱해 주는 것이 문화라 할 만큼 현대인의 삶의 가치는 문화에 예속되어 있다. 현대인이 문화 생활을 추구하는 이유는 이 문화가 소지하고 있는 정신적이고 영적인 가치 때문일 것이다. 현대인이 추구하는 정신적 가치 곧 자유와 해방과 치유와 용기, 창의와 평안, 기쁨과 희열과 행복 등이 이 문화 생활을 통하여 획득될 수 있다. 예를 들어 현대 문화의 일부라 할 수 있는 훌륭한 음악, 즉 소프라노 허미경 집사나 테너 임정근 집사(명성교회)의 독창을 들을 때 느끼는 희열과 감동, 피아니스트(시각 장애인) 오현경 양의 반주에 맞추어 연주하는 클라리넷 연주자 김진협 씨의 음악을 들을 때 울려오는 가슴의 짜릿한 감동과 희열과 행복과 평안과 창의적 영감과 자유와 해방감은 이 문화를 맛보는 사람들만이 누릴 수 있는 정신적·영적 가치요 삶에 새 힘을 충전받는 소중한 경험이라 할 것이다.

최고봉이라 말하고도 남음이 있을 것이다. 성경처럼 많은 사람들로부터 사랑을 받는 책이 있는가? 세계의 거의 모든 사상가들이 인정하듯이 성경을 능가할 사상이나 철학이나 문학은 아직 세상에 나온 적이 없다. 인류 문화와 역사를 주도해 온 위대한 사상들(자본주의, 공산주의, 사회주의, 평화주의, 비폭력적 저항주의, 박애주의, 햇볕정책, 자유주의, 평등주의, 노예와 여성의 해방운동 등)이 모두 성경에서 따온 것이다. 성경처럼 많이 읽히고 많은 사람들에게 감동을 주는 책은 없다. 성경처럼 타락한 인간을 가치있는 인간으로 변화시켜 주는 책도 없고, 성경처럼 많이 출판되고 판매되는 책도 없다. 성경은 세초(世初)에서 세말(世末)까지 영원한 베스트셀러이다.

2. 왜 가나안 땅인가?(부정적 조건)

A. 고난의 용광로

앞에서 고찰한 바와 같이, 가나안 땅이 그 지정학적 조건에 있어서 천혜적으로 문명의 다리에 서서 문명을 전달해 주는 중보자가 될 뿐만 아니라 3대 문명권 사이에 오가는 극상품을 싣고 가나안을 통과하는 문명의 상인들로부터 통행세로 받아먹는 긍정적인 측면이 있다면, 그에 못지않게 부정적 측면도 있다. 그것은 이 땅이 다름 아닌 '고난의 완충지대'라는 사실이다.

가나안 땅이 고난의 완충지대가 될 수밖에 없는 이유는 여러 각도에서 찾아볼 수 있다. 그 첫번째 이유란, 가나안 땅은 3대 강대국(제국)들의 접경에 위치해 있었다는 사실이다. 이 3대 제국들은 앞에서 다룬 3대 문명권, 즉 이집트와 바벨론 — 또는 바벨론 이후의 앗수르와 신바벨론과 페르샤 — 과 히타이트 제국들을 가리킨다. 이 제국들이 대결할 때 그 최후의 결전지로서 주로 이곳 가나안 땅, 그 가운데서도 이스르엘 평원(또는 므깃도 평원)을 선택할 수밖에 없었다. 이곳이야말로 지정학적으로 가나안 땅 가운데서 유일한 평원지대로서 전쟁터가 되기에 적합했을 뿐만 아니라, 제국들 사이에 전쟁이 발발하였을 경우에 각자의 위치에서 원정을 출발하여 거의 동시적으로 도착할 수 있는 등거리에 위치해 있었기 때문이다. 말하자면 가나안 땅은 당시의 제국들에게 있어서 적국의 성문(城門)에 해당하는 셈이었는바, 이 성문을 먼저 깨뜨리는 자가 적국의 대문을 차지한다고 생각하였다. 이것은 히타이트와 이집트의 전쟁에서도 그랬고, 이집트와 앗수르(또는 신바벨론 또는 페르샤) 사이의 전쟁에서도 마찬가지였다. 히타이트나 메소포타미아의 여러 나라들이 언제나 숙적으로 간주하고 언젠가는 정복해야겠다는 의욕을 불러일으키는 나라가 곧 (언제나 보물이 가득히 쌓여 있는 나라로 보이는) 이집트였기에, 이집트와 이들 북쪽 나라가 마치 남룡북호(南龍北虎)가 싸우듯이 결정적으로 마주치는 곳이 이곳 가나안 땅이었던 것이다.

이들 3대 제국들이 가나안 땅에서 대결하게 되는 데는 가나안 땅 자체가 안고 있는 지형적 조건이 한몫을 하고 있었다. 이들 3대 제국들은 설령 그들이 전쟁에 패배하더라도 금방 제국으로 재기할 수 있는 여건이 갖추어진 나라들이었음에 반하여, 가나안 땅은 그 지형적 조건의 독특성 즉 불모의 땅으로서 큰 강도 없고 비좁은 영토 때문에 인류 역사가 시작된 이래 수천 년이 지난 지금까지 단 한 번도[67] 제국을 형성한 적이 없는, 말하자면 영원한 약소국으로 존재해야 했던, 젖과 꿀이 흐르는 '가나안 땅'이라기보다는 차라리 '고난의 땅' 또는 '가난한 땅'이라 불러 마땅한 땅이었다. 이 땅에는 제국들에게 제공할 전쟁터는 준비되어 있었으나 스스로 제국이 되어 다가오는

[67] 때때로 다윗 시대를 가리켜 '다윗 제국'(Davidic Empire)이라 부르기도 하나, 이 용어는 다윗 왕의 통치 시대 이외의 이스라엘 왕국 시대와 비교할 때 쓰여진 말로서, 비교적 다윗 당시에 이스라엘의 영토가 가장 넓었음을 과장한 말이고, 그리고 어떤 의미에서 이스라엘 사람들 스스로 자칭하는 용어에 불과하다. 다윗 제국을 앗수르 제국이나 바벨론 제국 등에 비교한다면 그것은 소인을 거인에 비교하는 것과 같다 할 수 있다.

세력을 저지할 능력은 없었던 것이다.

"고래 싸움에 새우 등 터진다"는 한국 격언을 구태여 인용하지 않더라도, 강대국들 사이에 끼어 있는 약소국의 설움과 고통은 약소국가만이 아는 것이고, 그런 의미에서 가나안 거주자들의 고난을 (비슷한 역사적·지리적 배경을 갖고 있는) 우리 한반도 백성들이 겪은 고난에 비교할 수도 있겠으나, 실제에 있어서 이스라엘 백성들은 구약성서가 증언하는 바와 같이 그들의 역사 가운데서, 한반도 백성이 당한 고난과는 비교도 안 될 정도로, 주변의 초강대국들의 틈바구니에 끼어 있었다는 이유만으로 그야말로 인류 역사상 가장 혹독한 고난의 경지를 경험했다고 볼 수 있을 것이다.

가나안 땅에 사는 사람들이 고통과 눈물과 비극의 극치를 경험할 수밖에 없었던 이유는 우선 이들 강대국들 사이의 빈번한 전쟁 때문이었고 더욱이 이러한 고대 전쟁의 원시성과 잔인성과 무자비성 때문이었다. 고대의 전쟁은, 현대 21세기의 전쟁, 즉 기관총과 대포와 인공위성과 펜텀기와 화생방 등에 의한 (비교적 고통이 없는) 전쟁과는 비교도 안 되는, 단지 활과 창과 칼과 돌멩이에 의한 그야말로 전근대적인 — 영화 '브레이브 하트/Brave Heart'나 '킬링 필드/Killing Field'[68]에서 보는 것보다 더 잔인한 — 원시적이었으므로 그만큼 무지막지하고 무자비한 전쟁이었다.[69] 전쟁에 패배할 경우, 전쟁에 참여했던 수많은 장정들이 참혹하게 죽임을 당하여(**사진 20~22**

[68] 영화 '킬링필드'에 의하여 전세계의 이목을 집중시켰던 캄보디아의 폴포트와 크메르 루즈 공산 정권의 만행의 실상은 (목격자의 증언에 의하면) 영화의 내용보다 훨씬 더 잔인했다 한다. 지성인과 부유층이 반혁명 세력이라 하여 안경 쓴 사람과 손에 못이 박이지 않은 사람을 색출하여 처형시킬 때 탄환을 절약하기 위하여 낫과 곡괭이와 대꼬챙이로 죽였고, 여성의 경우에는 유방을 절단하고 그 자리를 전갈로 물게 하여 죽게 하였으며, 지식인의 어린 자녀는 대검 위에 던져 찔려 죽게 하였다 한다.

[69] 고대 전쟁의 무시무시하고 잔인한 장면이 나훔서와 예레미야 애가에 잘 묘사되어 있다. 우선 간단히 나훔 3:2~3을 참조하라: "휙휙하는 채찍소리, 굉굉하는 병거바퀴 소리, 뛰는 말, 달리는 병거, 충돌하는 기병, 번쩍이는 칼, 번개 같은 창, 살육당한 떼, 큰 무더기 주검, 무수한 시체여, 사람이 그 시체에 걸려 넘어지니……"

참조[70]) 그 시체가 공중의 새와 들짐승의 밥이 되어도 매장할 사람이 없었으며(신 28:26; 삼상 17:44, 46; 시 79:2; 렘 7:33; 16:4; 19:7; 34:20), 여인들 특히 처녀들은 ('성북행'[71]이 아닌) 성폭행을 당하고(사 13:16; 애 5:11; 슥 14:2), 아이 밴 여인들은 배가 갈리우고(왕하 8:12; 15:16; 암 1:13; 호 13:16), 성벽과 성전과 왕궁과 개인의 집들이 파괴되거나 불태움을 당하고, 국가의 중요한 문화재가 약탈을 당하고, 식량은 물론 개인의 금은보석과 의복까지 모조리 승전국에 빼앗겨야 했던 것이다.[72]

이스라엘 백성이 겪었던 가장 참혹하고도 비극적인 전쟁의 실상은 사마리아의 멸망(주전 722/1년)과 예루살렘의 멸망(587/6) 사건에서 가장 극명하게 엿볼 수 있는데, 특히 예루살렘 성이 바벨론 군대에게 1년 6개월 동안(왕하 25:1~12) 포위당했다가 함락될 당시의 처참한 상황이 선지자 예레미야가 남긴 애가서에 상세하게 묘사되어 있다. 그것은 인류 전쟁사에 있어서 그 유례를 찾아보기 힘들 정도의 비극적 사건으로서, 무려 18개월 동안이나 그들의 수도 예루살렘 성이 적군에게 포위당한 절망적 상태에서 끝까지 버티다가 결국은 무참하게 함락당한 사건이었다. 이렇게 버틴 지 18개월째가 되었을 때, 예루살렘 성의 모든 물과 식량은 바닥이 났고 가축과 짐승을 — 아마 지렁이와 바퀴벌레까지도 — 모두 잡아먹은 상태에서 이미 굶어죽은 어린아이와 노약자들의 시체가 길거리에 방치되어 악취가 진동하고 있었으나 누구 한 사람 그 시체를 치워 줄 기력이 없었으며, 마침내는 어린아이를 품

---

70) 유다왕 히스기야 당시 앗수르 왕 산헤립의 군대에 의하여 라기스 성이 정복되어 함락당할 때의 비극적인 장면. 당시에 정복자로서 가장 잔인한 만행을 저지른 군대는 앗수르 군대였다. 적군의 시체를 대꼬챙이로 턱을 찔러 매달거나 사람의 가죽을 벗기었다(**사진 22C**).

71) 이 말은 경상도에서 올라온 어느 노파가 서울의 지하철 1호선 안에서 한 청년에게 "이거 성폭행 아이가?"라고 발음하여 그 청년을 당황케 하였던 말에서 유행한 유머였다. 그 노파가 물어본 말을 표준말로 옮기면 "이 전철이 성북행 전철 아닌가?"였다.

72) 이런 의미에서 예수님의 '밭에 감추인 보화' 비유(마 13:44)는 가나안 땅에 빈번했던 전쟁 상황을 반영한다고 볼 수 있다.

에 안은 여인들, 즉 세상에서 가장 인내심이 강한 것으로 알려진 어머니들마저 이성을 잃고 인간으로서는 도저히 상상조차 할 수 없는 비극적 사건을 저지르고 마는데, 그것이 소위 자기 아이를 서로 내놓고 제비뽑아 삶아먹는 식인(食人, cannibalism) 사건이었던 것이다(애 2:20; 4:10; 왕하 6:26~30 참조). 바벨론 군대가 예루살렘 성전과 성벽을 모두 불태우고 그 거민을 모두 싹쓸이할 수밖에 없었던 이유와 동기 가운데 하나는 사람이 차마 눈코 뜨고 지나다닐 수 없을 정도로 시체 썩는 냄새가 가득 찬 이 도시와 함께 그 아비규환적 상황에서 이미 악해질 대로 악해진 인간들(애 1:8; 4:6,13~15)을 깨끗이 청소하는 길이 그 길밖에는 없었기 때문일 것이다.

사마리아 성이 앗수르 군대에게 3년 동안 포위되었을 때 사마리아 성 거민들이 겪은 극한 상황은 성경에 자세히 기술되어 있지 않으나 예루살렘 멸망 사건에 비추어 추측해 볼 때 그 실상을 가히 상상하고도 남는다. 예루살렘보다 18개월이나 더 긴 기간 동안 포위상태에 있었던 사마라아 성의 함락 당시 상황은 고난의 혹독함에 있어서 예루살렘 거민이 당한 것보다 더했으면 더했지 결코 덜하지 않았을 것이다.

이와 같은 전쟁의 극한 상황에서 그래도 살아 남게 되는 사람들이 있다면 그들은 가난한 자들과 고아와 과부들이었는데, 구약성경의 법전에서 그 사회적 보호 대상 가운데 반드시 가난한 자와 고아와 과부가 언급되는 것(출 22:22; 신 10:18; 14:29; 16:11, 14; 24:17~21; 26:12~13; 27:19 등)은 이와 같은 전쟁이 빈번했던 고대 사회의 상황을 반영한다.[73] 전쟁이 많으면 많을수록 가난한 자와 고아와 과부의 숫자도 많아졌던 고대의 상황에서 고대 중동에서 가장 전쟁이 많았던 가나안 땅이야말로 '가난한 땅', '고아와 과부의 땅'이었던 것이다.[74]

[73] 이스라엘의 '형사취수'(兄死取嫂) 결혼제도(Levirate Marriage, 창 38:8~9; 신 25:5~10; 룻 1:12~13; 4:1~17)는 이와 같은 빈번한 전쟁 상황에서 과부된 여인들을 보호하기 위한 것이었다고 볼 수 있다.

또한 고대 중동의 전쟁에서 패자(敗者)가 된다는 것은 곧 수치를 의미했다. 승자 앞에서 패자는 자신의 분뇨를 마셔야 했으며(왕하 18:27; 사 36:12), 왕과 장수들의 눈이 뽑히며(삿 16:21; 왕하 25:7), 왕족 또는 귀족들이 포로로 끌려갈 경우에는 포승에 묶인 채로(**사진 22A, 22B** 참조[75]) 또는 코나 귀를 꿰인 채로 개처럼 끌려가, 거세를 당하고 환관이 되어야 했다(왕하 20:18; 사 39:7;). 이와 같은 맥락에서 한 가지 흥미로운 사실은, '포로'를 지칭하는 히브리어 '골레'(גּוֹלֶה, 남성) 또는 '골라'(גּוֹלָה, 여성)는 다름 아닌 '벌거벗긴 자'(갈라/גָּלָה: '벌거벗기다, 드러내다') 곧 나체 또는 적신(赤身: 애 1:8; 겔 16:37; 사 20:2)을 의미하는바, 패전국의 백성들, 특히 패전국의 지도층이 포로가 되어 끌려갈 때는 남녀 구별 없이 벌거벗긴 채로 끌려갔던 고대의 풍습을 반영하는 것이라 할 수 있다(사 32:11; 겔 16:39; 23:26; 나 2:7)(**사진 22B** 참조).

이스라엘과 유다 역사를 읽어 보면 적어도 한 세대(25~30년)에 한 번 이상 가나안 땅에 이와 같은 참혹하고 잔인한 전쟁이 있었음을 알 수 있고,[76]

---

74) 패전국이 가난해지는 또다른 이유는 패전국이 종주국의 속국이 되어 매년 지불해야 하는 엄청난 액수의 조공 때문이었다(**사진 22D** 참조). 이 조공의 액수가 너무나 엄청난 것이어서 국민들은 농업 또는 목축업에서 얻는 수확의 대부분을 이 조공을 위해 상납해야 했던 것이다(왕하 3:4; 17:3, 4; 대하 26:8; 애 1:1; 스 4:13, 20). 다윗과 솔로몬 시대에 이스라엘 백성이 누렸던 물질의 풍요, 즉 '은을 돌같이 백향목을 셰펠라의 뽕나무처럼' 흔하게 사용했던 그 풍요의 배경에는 다윗 시대에 이스라엘의 속국이었던 모압과 암몬과 에돔과 아람으로부터 걷어들인 조공이 한몫을 했을 것으로 보인다(삼하 8:2). 다윗은 이 조공으로 솔로몬 성전 건축을 위한 재료를 비축한 것으로 보이며, 솔로몬은 이 속국들로부터 상납된 (미모의) 여인들을 천 명이나 후비 또는 첩으로 거느림으로써(왕상 11:3) 이방 종교와 풍속을 이스라엘 안으로 끌어들이는 실수를 범한 것으로 보인다.

75) 람세스 2세 석상 하단에 새겨진 전쟁 포로들의 모습

76) 특히 사사들(옷니엘, 에훗, 삼갈, 드보라/바락, 기드온, 아비멜렉, 입다, 삼손, 사무엘)이 통치하던 약 200여 년 동안 이스라엘 백성이 겪은 전쟁만도 열 번이 넘는다. 사사 시대의 기간을 약 200년(1200~1020 B.C.)으로 보는 학자들의 견해를 위하여는 B. W. Anderson, *Understanding the Old testament*, 646; John Bright, *A History of Israel;* Martin

그런 의미에서 한 인간이 가나안 땅에 태어났을 경우에 그는 그의 생애 동안 적어도 한 번 이상 이와 같은 참혹한 전쟁을 목격하거나 참여함으로써 인간 비극의 한계 상황을 경험하게 되었던 것이다.

■ 고대 전쟁의 정치·사회학적 요인

고대 세계에서 전쟁이 보편적으로 자주 일어났던 이유는 우선 인간의 본능적 정복 욕구[77] 및 탐욕 때문이기도 하지만, 특히 사회과학적 측면에서 분석할 때, 고대 군주들이 자신들의 정권 유지 차원에서 전쟁을 하나의 통치 수단으로 이용하였기 때문이었다고 볼 수 있다. 고대 군주들은 정기적으로

Noth, The History of Israel; J. Max Miller & John H. Hayes, *A History of Ancient Israel and Judah*을 참조하라.

[77] 하나님께서 인간을 창조하시고 복을 주시면서 하신 말씀("땅을 정복하고 다스리라.")을 빌리지 않더라도, 인간은 본능적으로, 아니 천부적으로 정복 욕구를 갖고 태어났기에 그 대상이 사람이든, 짐승이든, 사물이든 간에 정복을 통하여 기쁨과 만족과 쾌감을 느끼게 되어 있다. 힘과 정력이 남아 돌아가는 시골 소년은 염소 뿔이라도 잡고 씨름을 해야 쾌감을 느끼는 것이다. 이러한 본능의 충족을 위하여 시작된 것이 '경기'(game)라 할 수 있고, 이 게임 중 게임이라 할 수 있는 것이 곧 '전쟁 게임'(War Game)이었던 것이다. 알렉산더 대왕의 일화 가운데 정복 욕구와 관련된 것 두 가지가 있다. 한번은 그의 부친 필립 대왕이 전쟁에서 승리하고 개선하여 돌아왔을 때 모든 백성과 신하들이 필립 대왕을 환영하고 축하하였으나 유독 그의 아들 알렉산더가 보이지 않자, 대왕은 대로하여 신하에게 명령하기를, 당장 가서 알렉산더 왕자가 어디 있는지, 왜 환영식에 나오지 않았는지 알아보고 오라고 명령을 내린다. 그 신하가 알렉산더 왕자의 방에 가서 보니 알렉산더 왕자가 울고 있기에 그대로 대왕께 보고 하니, 대왕은 더욱 격노하여, "당장 가서 그 왕자를 내 앞으로 데려오라"고 명령했고, 이윽고 왕자가 왕 앞에 오자, "아버지가 전쟁에서 승리하고 개선했다면 당연히 제일 먼저 나와서 환영해야 할 왕자가 마중 나오는 것은 고사하고, 사내 새끼가 어찌하여 이 좋은 날 울고 있단 말이냐?"고 호통을 친다. 이 대왕의 질문에 알렉산더 왕자는 다음과 같이 대답하였고, 이 대답에 필립 대왕의 진노가 가라앉았다는 것이다: "아버지, 아버지께서 세상의 모든 땅을 다 정복하시면 당신의 아들 되는 이 왕자는 무얼 정복하겠나이까? 저는 무슨 재미로 살란 말입니까?" 알렉산더가 황제가 되어 페르샤 제국을 정복하고 더 동쪽으로 전진하여 인더스강(현재의 파키스탄과 인도의 접경지)까지 왔을 때 그는 또다시 울며 통곡하였다는 것이다. 그가 통곡한 이유는 더 이상 정복할 땅이 없다는 사실 때문이었다.

전쟁을 수행함으로써(삼하 11:1; 대상 20:1) 군주로서의 지략과 용맹을 백성들 앞에 확증시키고 통치자로서의 권위를 인정받을 수 있었으며, 무엇보다도 이 전쟁을 통하여 통치자에 대한 불평과 불만을 불식시키고 국민적 관심을 전쟁에 몰두케 함으로써 통치권의 위기를 모면할 수도 있었으며,[78] 때때로 일어날 가능성이 있는 무사/군인들의 쿠데타 음모도 미연에 방지할 수 있었던 것이다. 또한 전쟁에 승리할 경우 군주는 막대한 전리품[79](금은보석, 노예, 곡식, 무기 등; 민 31:25~46; 삿 5:30)을 군인들에게 분배하여 군인들의 불만을 해소할 뿐만 아니라[80] 그들의 출세욕구도 충족시켜 주었다. 그런저런 여러 가지 이유로 인하여 군주들에게 있어서 전쟁은 성공만 한다면 일거양득이 아니라 일석사조의 엄청난 이익을 안겨주는 매력적인 사업이었으며, 이러한 고대 국가의 상황에서 욕심이 많은 군주일수록 전쟁을 자주 일으켰고, 그만큼 백성들의 삶은 힘들고 고통스러웠던 것이다.

■ 전쟁과 텔

고대 가나안 땅에 전쟁이 빈번하였음을 단적으로 드러내 주는 증거가 하나 있는데, 그것은 '텔'(Tel/תֵּל)이다. 텔은 폐허(ruin)의 언덕(mound), 또는 폐허로 남아 있는 무더기(heap)를 가리키는데(**사진 23 참조**[81]), 반복된 전쟁 과정에서 필연적으로 형성된 것이다. 약육강식의 야만적 전쟁이 빈번했던 이곳 가나안 사람들이 자신을 보호할 우선적 전략이란 높은 지대에 성

78) 이와 같은 통치자들의 정략은 현대 20세기 말의 한국 특히 박정희, 전두환, 노태우 대통령 당시에도 이용되었다고 보는데, 소위 그 유명한 '북풍사건'들이 그것이다.

79) 고대의 전쟁에서 패배자는 승자의 노예가 될 뿐만 아니라 패배자의 모든 가족, 백성, 모든 소유, 재산 보물이 승자의 소유로 빼앗기는 신세가 되었다(왕상 20:1~3).

80) 군인들이 기꺼이 전쟁에 참여하는 중요한 동기 가운데 하나는 곧 전쟁 후에 탈취물/전리품을 나누는 즐거움에 있었다(삿 5:30; 사 9:3).

81) 텔 므깃도(Tel Meggiddo), 즉 고대 므깃도 성의 폐허와 고고학자들이 재건해 본 고대 므깃도 성의 구조.

채를 건설하고 그 안에 안주하는 것이었는데, 미약한 가나안 사람들의 힘으로 아무리 견고한 성채를 세워놓았다 할지라도 강력한 제국들의 군대 앞에서는 여지없이 무너질 수밖에 없었다. 세월이 흘러 그 자리에 또 다시 성채를 재건하여도 또 다른 전쟁이 휩쓸고 지나가면서 다시 파괴되고, 이 일을 되풀이하는 과정에서 텔은 그 높이를 더하면서[82] 여러 겹의 층으로 된 텔들이 생기게 된 것이다. 현재의 텔 예루살렘, 텔 여리고, 텔 단, 텔 브엘세바, 텔 벧엘, 텔 핫솔, 텔 므깃도, 텔 기브온, 텔 벧샨, 텔 르홉… 등의 이름들에서 보는 바와 같이, 가나안 땅에 세워진 거의 모든 도시와 성채들이 텔 아닌 것이 없고 가나안 땅의 거의 모든 동네들이 '산 위의 동네'(마 5:14)가 아닌 것이 없다. 이들 가나안의 거의 모든 텔들의 층수가 10층이 넘는다는 사실은[83] 그만큼 가나안 땅에 전쟁이 빈번했음을 반영하는 것이다. 이와 같이 가나안의 거의 모든 텔들은 끊임없는 전쟁과 약탈의 소용돌이 속에서 수없이 파괴되고 재건된 자취들이라 할 있으며, 이 자취들이야말로 천 년 이상 이 가나안 땅에 거주했던 이스라엘 백성들이 겪어야 했던 고난에 대한 살아 있는 증거들이라 말할 수 있다.

고대 가나안 땅에 거주하던 이스라엘 백성들이 그 어느 민족보다도 많은 고난과 고통을 겪었다는 사실은 구약성경에 나오는 시편, 특히 탄원시를 통하여서도 알 수 있다. 150편의 시편 가운데 30% 이상이 고통 속에서 부르짖는 탄식 또는 탄원의 시편(Psalms of Lament/Complaint)이라는 사실은[84] 하나님께 찬양을 드리는 순간에도 기쁨의 찬양보다는 고통 속의 부르짖음이

[82] 고대인들은 높은 지대에 성채를 건설할 때 과거에 파괴된 잔재들을 치우고 그 자리에 건설하는 것이 아니라, 오히려 무너진 자리를 더 높이 돋우고 그 자리에 성채를 세우는 공법을 썼다. 다가올 전쟁을 예견하는 상황에서 이러한 공법을 택할 수밖에 없었을 것이다. 전쟁은 고지를 차지한 자일수록 유리하기 때문이다.

[83] 텔(Tel)의 층(stratum)의 수는 그 텔이 파괴되고 재건된 횟수를 가리킨다. 텔 여리고의 경우 지금까지 밝혀진 층수는 23개나 된다. 이것은 여리고 성이 세워진 이래 지금까지 23회 재건되고 파괴된 역사를 갖고 있음을 가리킨다.

더 절실할 수밖에 없었던 그들의 역사를 간접적으로 반영하는 것이라 말할 수 있을 것이다.

■ '거룩한 전쟁'과 이스라엘의 고난

고대 전쟁의 잔인성과 참혹성은 원시적인 무기의 사용과 미개한 전쟁 방법, 즉 인간 생명의 존엄성을 전혀 고려하지 않는 무지막지하고 잔인한 전쟁술에 기인한다고도 볼 수 있지만, 또 한편으로 고대 중동에서 특별히 성행했던 소위 '거룩한 전쟁'(Holy War)이라는 것 때문에 더욱 참혹할 수 밖에 없었다. 고대 이스라엘의 전쟁은 인간의 전쟁이 아니라 하나님께서 싸우시는 전쟁 곧 "야웨의 전쟁"(The War of Yahweh)[85]이었는데, 이러한 '신의 전쟁'(Divine War)[86] 개념은 이스라엘 백성에게만 국한된 것이 아니었고 주변의 이방국가들, 아니 고대 중동의 모든 나라들에게도 보편적인 개념이었던 것이다.[87] 예를 들어, 이스라엘과 블레셋 사이에 전쟁이 일어났을 경우 이 전쟁은 두 국가의 군인들이 싸우는 것이라기보다는 블레셋의 국가 수호신(National Deity, 다곤 신, 삿 16:23~24; 삼상 4~6)과 이스라엘의 국가 수

---

84) 장영일, "시편에 나타난 찬양의 의미", *이스라엘의 경건과 학문*. p. 356.

85) '야웨의 전쟁기'(민 21:14); '야웨의 전쟁'(신 4:34); '야웨께 속한 전쟁'(삼상 17:47); '야웨의 싸움'(삼상 18:17; 25:28); '야웨께서 이스라엘을 위하여 싸우심'(수 10;14; 23:3); '사시는 하나님의 군대'(삼상 17:26, 36); '전쟁에 능하신 야웨'(시 24:8; 27:3; 46:9) 등의 용어를 참조하라.

86) 출 15:3; 민 21:14; 삼상 17:47; 18:17; 25:28; 대하 20:15; 시 24:8; 삼상 4:1~11 참조. '거룩한 전쟁'에 대한 총괄적 안내서로서 Sa-moon Kang, *Divine Warin the Old Testament and in the Ancient Near East(BZAW)*(De Gruyter, 1989)을 참조하라.

87) Sa-moon Kang, *Ibid.*, pp. 11~113.

88) 구약성서에서 '만군의 야웨'(יהוה צְבָאוֹת/Yahweh of Hosts/Army) 또는 '만군의 주 야웨'(시 69:3; 사 3:15; 10:23; 22:5; 28:22; 렘 2:19; 46:20; 50:25; 암 9:5) 또는 '만군의 하나님'(엘로헤 츠바옽/אֱלֹהֵי צְבָאוֹת/삼하 5:10; 왕상 19:10, 14; 시 59:5; 80:7; 렘 5:14; 15:16; 호 12:5; 암 3:13; 4:13; 5:14)라는 칭호는 본래 '거룩한 전쟁'과 관련하여 사용되었

호신('만군의 야웨'[88])이 대결하는 것으로 이해된 것이다. 이 전쟁에서 이스라엘 군대는 그 총사령관이신 야웨를 상징하는바 법궤(**사진 24**)를 앞세워 나아갔으나 전쟁이 블레셋의 승리로 끝나게 되자 그 법궤는 블레셋 군대의 포로로 잡히게 된다.[89] 블레셋 군대는 이 포로로 잡아온 이스라엘의 대장(법궤로 상징되는 야웨)을 자신들의 다곤 신전에 전리품으로 봉헌하였으나 결국은 블레셋의 신 다곤(**사진 25**)이 (마치 야웨 앞에서 애굽의 신 바로가 처참하게 패하듯이) 야웨의 법궤 앞에서 고꾸라져 팔다리가 부러질 뿐만 아니라 블레셋 백성에게 무서운 전염병(페스트?)이 발발하여 큰 환난을 경험한 뒤에야 법궤는 블레셋 방백들의 전송을 받으며 이스라엘 땅으로 되돌아오게 된다. 이 사건을 통하여 성서 저자가 간접적으로 이스라엘 백성에게 가르치는 바는, 곧 이스라엘 군대가 블레셋에게 패한 것이 다름아닌 그들의 죄, 곧 야웨를 배반하고 이방신을 섬긴 죄에 대한 야웨의 심판에서 비롯되었다는 것과 아울러 이스라엘의 하나님 야웨께서 블레셋의 다곤 신이 감히 대항할 수 없는 막강한 권세와 능력과 영광을 갖고 계신 분임을 가르치고 있다고 볼 수 있다. 이 사건은 여러 가지 의미로 해석되고 그 관점도 해석자에 따라 달라 질 수 있겠으나, 이 사건의 배경을 형성하는 고대의 전쟁 개념, 즉 '거룩한 전쟁'이 고대 중동의 역사 가운데 실제로 존재했다는 것과, 성서 해석에 있어서 이 개념에 대한 이해/인식이 필요하다는 사실에 대하여는 의심의 여

으나(삼상 4:4; 15:2; 17:45; 왕상 18:15; 왕하 3:14; 대상 11:9; 17:7; 시 24:8~10; 46:6~7, 11; 48:7~8; 사 1:9, 24; 2:12 등), 후대로 가면서 이 용어가 일반화되자 개인적으로 특히 원수의 압제와 핍박 상황에서 야웨의 도움을 청하는 경우에 빈번하게 사용되었다(삼상 1:3, 11; 삼하 6:2, 18; 7:8, 26, 27; 대상 17:24; 시 84:1, 3, 8, 12; 사 3:1; 5:7, 9, 16, 24; 6:3, 5; 8:13, 18 등). B. W. Anderson, "Hosts", *IDB*, Vol. II. pp. 654~656; S. R. Driver, "Lord of Hosts", *HDB*, Vol. III. pp. 137~138; W. F. Albright, *JBL* 67(1948), pp. 377~381.

89) 우리는 호 10:5~6에서 언급되는 바, 북이스라엘 왕국이 앗수르 군대에게 패배하자 앗수르 군대가 벧엘의 금송아지, 즉 북이스라엘의 국가 성소에서 숭배되었던 수호신의 상징인 송아지를 니느웨의 신전에 바친 사건도 이와 같은 맥락에서 이해할 수 있을 것이다.

지가 없다.

이 '거룩한 전쟁'이 안고 있는 바, 현대의 전쟁 개념과 다른, 여러 가지 특별한 요소들은 다음의 몇 가지로 요약될 수 있을 것이다.

① 우선 전쟁 개시 여부 및 그 전쟁의 결말에 대하여 예언자 또는 제사장을 통하여 (이스라엘의) 국가 신(이스라엘의 경우에 야웨 하나님)의 뜻을 물어[90] 결정해야 했다. 이러한 상황에서 이스라엘 군대가 전쟁터로 진군할 때에는 제사장(신 20:2~4) 또는 예언자(삿 4:8)가 군대와 동행하거나 군대의 앞장에 서야 했다(수 6:4, 8).

② 거룩한 전쟁에서 총사령관으로 인식되는 국가적 수호신이 군대와 함께 — 또는 군대에 앞장 서서 — 나아가도록 되어 있었는데, (삼상 4장에 나오는 블레셋과의 전쟁 사례에서 보는 바와 같이) 이스라엘의 경우에는 야웨의 임재 또는 야웨의 보좌(Throne)를 상징하는 법궤가 이스라엘 군대 앞에서 행진하거나 이스라엘 군대 또는 진의 중앙에 위치하게 되는 것을 볼 수 있다(수 6:1~11; 삼상 4:3~8; 14:18; 삼하 11:11). 신(神)을 우상으로 만들어 섬겼던 이방국가의 경우 전쟁터에 신상을 앞세우거나 신상이 그려진 깃발을 앞세워 행진했을 가능성도 있다.

③ 전쟁의 성패는 군인의 숫자나 무기의 강약과는 상관없었고(삿 7; 왕상 20:15) 전적으로 그 전쟁의 대장으로 간주되는 국가 신의 능력에 달려 있다고 생각했고, 그런 의미에서 전쟁에 참여하는 백성이 자신의 능력보다 자신들의 하나님을 얼마나 전적으로 의지하고 신뢰하느냐에 따라 전쟁의 성패가

90) '거룩한 전쟁'에서 신의 뜻을 묻는 행위를 표현할 때 구약성서 저자는 다음의 두 용어를 사용하였다: 다라쉬/דָּרַשׁ/왕하 3:11; 대상 10:14; 대하 18:4, 6; 샤알/שָׁאַל/수 9:14; 삿 1:1; 18;5; 20:18, 23, 27; 삼상 14:37; 22:10, 13, 15; 23:2, 4, 9~12; 28:6; 30:8; 삼하 2:1; 5:19, 23; 왕상 22:5~28; 대상 14:10 등. 아울러 삿 4:4~7; 6:11~14, 36; 왕하 19:4 등도 참조하라. 다윗이 사울에게 쫓길 당시 수행한 제사장 아비아달이 소지한 에봇을 통하여 야웨 하나님의 뜻을 물은 것은 성경의 난해구절 가운데 하나로 간주된다(삼상 23:6~11).

91) "거룩한 전쟁'이 현대의 성도들에게 주는 여러 교훈들 가운데 하나는, 영적 싸움의 승리는

좌우되었다.[91] 이스라엘의 경우, 전쟁의 최고 사령관은 야웨이며, 여호수아나 기드온 같은 대장/장수의 역할은 그 최고 사령관인 야웨의 이름으로(삼상 17:45, 43) 야웨께서 그의 손에 붙여주신 바(민 21:2; 수 10:8, 12, 19…… 11:6, 8; 21:44; 삿 1:2, 4; 2:23; 11:9; 삼상 14:10, 12; 17:47; 23:4, 7, 14; 24:10; 30:23; 삼하 5:19 대상 14:10 등) 적장과 적군을 치는 것에 불과했다. 기드온 장군이 미디안과 전쟁할 때 야웨의 명령에 따라 수만 명의 군대를 고향으로 돌려보내고 오합지졸에 불과한 소수(300명)의 군사로, 그것도 볼품없는 무기 곧 질그릇(항아리)과 횃불을 사용하여 '야웨의 칼이여, 기드온의 칼이여'라고 소리치는 것으로 승리하게 되었다는 사실(삿 7:1~23), 그리고 이스라엘이 아말렉과 전쟁할 때 여호수아와 그 군대의 능력보다는 산에서 두 손을 들고 기도하는 모세의 자세에 따라 전쟁이 좌우되었다는 사실(출 17), 그리고 이스라엘 백성이 요단강을 건너 여리고 성을 함락시킬 때 다만 법궤를 군대 앞에 세우고 그 법궤 앞에는 일곱 양각 나팔을 부는 제사장이 앞장 서서 뒤따르는 군사들과 함께 하루에 한 번씩 7일 동안 여리고 성 주위를 돌다가 7일째에 같은 방식으로 성 주위를 일곱 바퀴 돌며 큰 소리("야웨의 칼이여, 여호수아의 칼이여"?)로 외쳤을 때 그 큰 여리고 성이 무너진 사건(수 6장), 여호사밧이 모압과 암몬의 연합군을 대항하여 싸울 때에 성가대로 하여금 야웨를 찬양하며 군대 앞에서 행진하게 함으로써 브라카(송축) 골짜기에서 대승을 거둔 사건(대하 20:1~26) 등이 이와 같은 거룩한 전쟁 개념을 반영한다. 야웨의 명령을 어기고 야웨를 온전히 신뢰하지 아니함으로써 전쟁에 패한 경우는 아이 성을 공격할 때 발생한다(수 7장).

④ 거룩한 전쟁 또는 성전(聖戰)은 그 자체가 거룩하신 하나님께서 주도하

인간의 능력이나 지식에 달려 있는 것이 아니라 오히려 인간의 무능력과 무지함을 하나님께 겸손히 시인하는 신앙적 자세에 달려 있다는 사실이다. 영적 전쟁은 인간이 약해질수록 이기는 싸움이며 동시에 적군이 강할수록 하나님의 영광이 드러나는 싸움이다. 31명의 막강한 가나안 군주들을 정복한 여호수아의 승리(수 12:24)의 비결이 여기에 있었다.

시는 전쟁이므로 전쟁에 참여하는 군인과 그 군인들이 머무르는 진지는 당연히 지고의 거룩과 청결을 유지해야 했다(신 23:9~14). 이 전쟁 기간 동안 군인들의 성(性)행위가 금지되었을 뿐만 아니라 군대의 주둔지 주위의 오물은 철저히 제거되어야 했다. 다윗이 밧세바와의 관계를 은폐하기 위해 밧세바의 남편이자 그의 부하 장수인 우리아를 전쟁터에서 예루살렘으로 소환하여 밧세바와 동침하기를 기대하였으나 우리아가 이를 사양한 것은, 암몬과의 성전(聖戰)을 수행하고 있었던 이스라엘 군대의 장수로서 거룩한 전쟁의 규범에 충실하려 했던 그의 철저하기 그지없는 군인 정신 때문이었을 것으로 보인다(삼하 11:11).

⑤ 거룩한 전쟁의 가장 특징적인 규례는 곧 헤렘(Cherem/חֵרֶם)으로서 전리품을 최고 사령관인 신에게 바치는 것이었다(삼상 21:9; 31:9~10; 대상 10:10; 대하 24:7; 단 1:1~2; 욜 3:5). 그러므로 모든 전리품은 신상이든(사 46:1~2; 렘 48:7; 호 10:6) 사람이든 신전의 기물이든(왕하 25:15; 스 1:7) 땅이든 간에 승리한 신의 소유로 돌려야 했으며, 이스라엘의 경우에 성전(聖殿)에 바쳐야 했다. 전리품의 분배에 있어서도 그 전리품이 땅이든 물질이든 사람이든 간에 군대의 총사령관인 신(神)의 소관에 속하는 것으로서, 이스라엘의 경우 가나안 땅은 야웨께서 이스라엘 12지파에게 분배하셨고, 사람은 성전(聖殿)의 노예로 봉헌되었으며(수 9:16~21,23), 금과 은과 철기는 불을 통과하게 함으로써 성전 비품 또는 건축재료로 바쳐졌던 것이다. 출애굽한 이스라엘 백성이 시내산에서 성막(이동식 성전)을 제조할 때 바친 금은과 기타 재료들은 사실상 (히브리인의 하나님 야웨와 애굽의 신(神) 바로와의 성전(聖戰)에서 야웨가 승리함으로써) 이스라엘이 애굽을 떠날 때 애굽인들로부터 탈취한 전리품이었으며(출 3:22; 11:2; 12:35~36), 역시 솔로몬의 성전 건축을 위하여 다윗이 비축했던 재료들도 다윗이 전쟁을 통하여 이방 민족에게서 탈취한 것(삼하 8:11~12; 대상 18;10~11)이었다는 사실은 이스라엘 백성이 이 헤렘의 관습에 일찍부터 적응되어 있었음을 암시

한다고 볼 수 있다.

⑥ 헤렘 제도가 안고 있는 대단히 흥미있는 것 하나는, 마땅히 헤렘에 부쳐져야 할 전리품을 탐내어 그 전리품에 손을 대는 사람이 있으면 그 손 댄 사람까지도 하나님의 헤렘의 대상('바친 것'/수 7:12)으로 간주되어 끝까지 추적을 당하여 결국은 죽임을 당하게 된다는 사실이다. 그 유명한 아간의 죽음과 사울 왕의 비극적 최후는 이 관습의 대표적 실례라 할 수 있을 것이다(수 7:1, 11~21; 삼상 15:3, 18, 21, 24).

거룩한 전쟁의 풍습 가운데 가장 특징적이라 할 수 있는 '헤렘' 제도는 고대 중동 사람들로 하여금 그 어느 시대의 사람들보다 전쟁이 일어날 때마다 고난의 극치를 맛보게 했던, 가장 잔인한 요소 가운데 하나였다. '헤렘'(חֵרֶם)이라는 전문용어(a technical term)는 글자 그대로 '멸망/진멸시켜 (신에게) 봉헌하는 것'(devotion to destruction)[92] 즉 거룩한 전쟁에서 획득하는 전리품 또는 이 전리품을 신 또는 신전에 봉헌하는 행위를 의미하는데, 이 전리품이 사람일 경우에 모두 죽이거나 불태워 신에게 바쳤다. 만약 어느 성읍을 향하여 '거룩한 전쟁'을 선포하고 그 성을 함락시켰을 경우, 정복자는 그 성의 모든 거민을 무차별 살해하여 신에게 봉헌하였으니, 현대의 인도주의적 견지에서 생각해 볼 때 이해하기 힘들 정도로 당시의 그 성의 거주자들이 겪은 비극적 상황은 상상을 초월한 것이었다. 이스라엘이 가나안을 정복할 때 야웨 하나님께서 이스라엘 군대에게 내린 헤렘의 명령, 즉 '호흡이 있는 자를 하나도 남기지 말고 진멸하라'(신 20:16; 수 10:40; 11:11,

---

[92] David J. A. Clines, (ed.), *The Dictionary of Classical Hebrew*. Vol. III. (Sheffield: Sheffield Academic Press, 1996), p. 319. 헤렘(명사)이라는 용어가 출현하는 성구들 가운데서 특별히 유의해야 할 구절들은 다음과 같다: 신 13:17; 수 6:17, 18; 7:1, 11, 12, 13, 15; 22:20; 삼상 15:21; 왕상 20:42; 대상 2:7; 슥 14:11; 말 4:6. 이 용어의 동사형(하람/חָרַם의 히필형)으로서 다음 구절을 참조하라: 민 21:3(호르마); 신 2:34; 3:6; 7:2; 13:15; 20:17; 수 2:10; 6:21; 8:26; 10:1, 28, 35, 37, 39, 40; 11:11, 12, 20, 21; 삿 1:17; 21:11; 삼상 15:3, 8, 9, 15, 18, 20; 왕상 9:21; 왕하 19:11; 대상 4:41; 대하 20:23; 사 11:15; 34:2; 37:11; 렘 25:9; 50:21, 26; 51:3.

14)는 명령은 이스라엘 군대만이 받들어 수행했던 명령이 아니었다.[93] 고대 중동의 거의 모든 국가의 전쟁에서 군사들은 자기들의 신으로부터 이와 비슷한 명령을 받아 수행하였음을[94] 알 수 있는바, 이와 같이 헤렘의 관습이 고대 중동의 모든 나라들에서 보편적으로 수행되었음을 고려할 때, 우리는 다윗 시대를 제외한 이스라엘의 전 역사 기간 동안 끊임없이 강대국들의 전쟁터 노릇을 했던 이스라엘의 고난과 비극이 얼마나 진하고 힘든 것이었나를 짐작해 볼 수 있다.

B. '지혜의 백성'(이스라엘)

이와 같은 부정적인 지리적 조건 즉 가난과 전쟁과 눈물로 가득찬 '고난의 용광로'를 수없이 통과하면서 이스라엘 백성들이 터득하고 배운 삶의 철학과 신학은 무엇인가? 아니 더 본질적으로, 하나님의 (역사) 섭리(Divine Economy)를 믿는 신앙인의 입장에서 우리는 다음과 같은 질문을 제기할 수 있을 것이다. 전지전능하시고 유일하신 야웨 하나님 곧 인간의 생사화복을 주관하시며 인간의 모든 역사를 분명한 목표하에 운영하시는 야웨 하나님께서 이스라엘 백성을 천하의 만백성 가운데서 친히 선택하시고 그들에게 가나안 땅을 기업으로 주시마고 약속(언약)하시고 마침내 그 가나안 땅 곧 엄청난 지리적 악조건으로 가득 찬 이 고난의 땅으로 인도하시사 자기 백성,

[93] 여기에서 우리는 성서 저자의 관점, 즉 가나안 원주민의 죄악이 극에 달하여, 다시 말하면 지고의 거룩함 가운데 거하시는 야웨께서 더 이상 참을 수 없을 정도로 악취가 나는 가나안 땅과 그 원주민을 심판/제거하시고 그 자리에 성화된 새 백성 이스라엘을 심으시며 그 백성 가운데 동거하시기 위하여, 이스라엘 군대로 하여금 죄악으로 오염된 가나안 원주민을 멸망시키도록 조치하셨다는 성서 저자의 메시지를 비판하려는 것이 아니라, 오히려 이러한 조치의 문화적 배경에 고대 중동의 보편적 전쟁 풍습이었던 '헤렘'이 존재했었음을 강조하려는 것이다.

[94] 모압과 암몬(대하 20:23) 그리고 앗수르(사 37:11)와 바벨론(렘 25:9)과 메데와 페르샤(렘 50:21, 26; 51:3~4)도 전쟁시에 헤렘을 행하였다.

즉 이스라엘 백성에게 가르치고 훈련하시려 했던 그 목표는 무엇이며, 베푸시려 했던 그 은혜는 무엇인가? 이 질문에 대하여 우리는 한 마디로 '지혜'라고 대답할 수 있을 것이다.

이 대답을 더 구체적으로 설명하기 위해서 우리는 다시 한번 가나안 땅이 안고 있는 부정적 여건이 이스라엘 백성으로 하여금 터득케 한 바 그 의미를 음미해 볼 필요가 있다. 가나안 땅은 우리가 앞서 고찰한 바와 같이 전쟁과 고난과 눈물로 얼룩진 비극의 현장임이 분명하나, 또 한편으로 (신학적/신앙적 안목으로 볼 때) 이 가나안 땅은 이스라엘 백성에게 있어서 '야웨 하나님께서 권고하시는 땅이요, 세초에서 세말까지 야웨 하나님의 눈이 항상 그 위에 머물러 계신'(신 11:12) 땅으로서, 샬롬을 동경케 하는 땅이요,[95] 죽음의 의미를 숙고하게 하는 땅이요, 눈물에 젖은 빵을 먹어 보게 하는 땅이요,[96] 그래서 결국 사람의 마음을 가난하고 온유하고 애통하게 만드는(마 5:3~5) 땅이었던 것이다. 그러므로 구약성경이 쓰이기 시작하여 오늘의 형태로 완성되기까지, 다시 말하면 출애굽 사건과 가나안 정복(주전 13세기)

---

[95] '샬롬'(שָׁלוֹם), 즉 '전쟁이 종식되고 모든 외적으로부터 보호를 받는 상태'로서의 샬롬은 가나안에 거주한 사람이라면 필연적으로 희구하고 사모한 삶의 우선적 가치였고, 그런 의미에서 가나안 땅은 샬롬을 동경케 하는 땅이었던 것이다. 현대 이스라엘 사람들이 즐겨 부르는 전통적 가요 가운데 '샬롬'에 대한 기대를 표현한 가사가 빈번하다는 사실은 아직도 이 가나안 땅이 샬롬을 기다리게 하는 땅임을 암시한다: (1) "샬롬 하베림, 샬롬 하베림, 샬롬 샬롬, 르히트라옽 르히트라옽, 샬롬 샬롬; (2) 헤베누 샬롬 알레켐, 헤베누 샬롬 알레켐, 헤베누 샬롬 알레켐, 헤베누 샬롬 샬롬 샬롬 알레켐; 그리고 이스라엘 백성들이 다윗의 통치 시대 이후에 끊임없이 기다린 '다윗 같은 왕'의 이상, 즉 메시야 사상은 무엇보다도 다윗 시대에 누렸던 샬롬, 곧 지략과 용맹이 구비된 백전백승의 장수로서 모든 외적들을 물리치고 백성들에게 안전과 풍요를 안겨주었던 위대한 지도자 다윗의 통치하에서 누렸던 바, 그 샬롬에 대한 회상에서 비롯된 것이었음이 분명하다.

[96] 이 명언의 출처에 대하여는 여러 가설이 있는데, 필자는 괴테를 선호하고 싶다. 세인들의 존경을 받는 인물들, 즉 인류 역사의 발전에 공헌함으로써 위대한 업적을 이룩한 위인들은 한결같이 '눈물에 젖은 빵'의 경험을 가진 사람들임을 생각할 때, 이 명언이 진리임을 (눈물에 젖은 빵을 먹어 본 경험이 없는 사람 외에는) 부인할 사람이 없을 것이다.

에서 시작하여 포로 이후 제2성전 시대 또는 헬라 제국시대(주전 3세기)까지 약 1000년 동안,[97] 이 가나안 땅에 거주했던 이스라엘 백성들이 전쟁과 가난과 눈물로 얼룩진 역사를 이어가면서 터득하고 배운 것이 있다면 그것은 무엇보다도 먼저 생존을 위한 삶의 지혜와 그 지혜의 최고 가치였던 것이다. 끊임없이 다가오는 전쟁과 죽음의 위기 앞에서 그들에게 정작 필요한 것은 군대와 무기와 풍성한 물질이기에 앞서 그 위기에 대처할 수 있는 삶의 지혜와 용기였던 것이다. 이 지혜를 통하여 이스라엘 백성들은 끊임없이 이어지는 전쟁의 소용돌이 속에서도 샬롬을 동경하며 누리는 방법을 배웠고, '눈물에 젖은 빵'을 먹으면서도 마음의 평화와 부유함을 지키는 길을 터득하였으며, 죽음의 위기에 직면하면서도 종말에 대한 소망과 용기를 잃지 않는 비결을 숙고하였던 것이다. 결국 부정적인 지리적 여건, 곧 고난의 용광로를 통하여 지혜의 백성 이스라엘은 태어나고 연단받고 성숙할 수 있었던 것이다.

이스라엘의 지혜는 인류 역사상 가장 강도 높은 고난의 용광로에서 생산된 것이기에 그만큼 이스라엘 백성들은 자신들의 지혜를 세상에서 가장 우수하고 가치 있는 것으로 자부하며,[98] 이 지혜야말로 그 깊이와 넓이와 높이에 있어서 세상의 그 어떤 사상과 철학도 따를 수 없는 가장 고귀한 것이기에, 수천 년 동안 이스라엘 백성들은 이 지혜를 자신들의 자손들에게 부지

---

97) 구약성경의 집필 시기를 주전 13/12세기의 출애굽 시대(또는 모세 시대)부터 주전 3/2세기의 헬라제국 시대(또는 마카비 혁명 시대)까지로 보는 견해에 대하여는 다음의 책들을 참조하라. 문희석, *구약성서지침*(대한기독교서회, 1985), 29; 최종진, *구약성서개론*(도서출판 소망사, 2000), p. 24; Samuel J. Schultz, *구약총론*, 송인규 역(생명의 말씀사, 1985), 14; B. W. Anderson, *Understanding the OT* (Prentice-Hall, 1986).

98) 유대인이 얼마나 자신들의 지혜를 가치 있고 소중한 것으로 여기고 이 전통을 보존하려 노력했던가는 소위 유대인의 지혜 예찬 시리즈에서 빈번하게 엿볼 수 있는데, 이 중 몇 가지를 소개해 본다: (1) 다리오 1세의 죽마고우이자 그의 충신인 스룹바벨이 중단된 (제 2의) 예루살렘 성전 건축을 완성하기 위하여 페르샤로 돌아가 다리오 왕에게 성전 재건에 필요

런히 가르쳐 전수하였고(신 6:4~9), 그 결과 오늘에 이르기까지 이 지혜와 함께 이스라엘 백성은 생존하게 된 것이다. 유대인들이 21세기의 발전된 과학시대를 살면서도 이 지혜가 집결된 토라를 세상에서 가장 소중하고 고귀

한 자금을 요청하게 되는데, 다리오 황제는 지혜가 출중한 자신의 죽마고우 스룹바벨을 자신의 모사로 붙잡아두기 위하여 그가 예루살렘으로 돌아가는 것을 만류하면서 어느 날 페르샤의 만조백관이 모인 자리에서 수수께끼 하나를 내어 이를 맞추는 자에게만 그 소원을 들어줄 것을 약속하게 되는데, 그것은 "세상에서 가장 강한 것이 무엇인가?"라는 수수께끼였다. 어떤 신하는 "사자가 세상에서 가장 강합니다"라고 대답했고, 다른 신하는 (왕에게 아첨하는 어조로) "왕이야말로 세상에서 가장 강합니다"라고 대답하였다. 여러 대답들이 있은 뒤에 스룹바벨의 차례가 되자, 그는 "세상에서 가장 강한 것은 진리입니다"라고 대답했고, 다리오 왕은 이 대답이 가장 훌륭한 대답이라 판정, 결국 스룹바벨의 소원을 들어주게 되어, '스룹바벨 성전'을 완성하게 되었다는 것. (2) 자신의 외아들을 먼 나라에 유학을 보낸 한 아버지가 어느 날 갑자기 임종을 맞이하게 되자 종을 불러 유서를 받아적게 하였다. 그 유서의 내용인즉 주인의 모든 재산을 그 충성스런 종에게 유산으로 물려주되, 그 아들에게는 원하는 것 한 가지만을 유산으로 물려준다는 것이었다. 얼마 후 그 아들이 타국에서 돌아와 그 유서를 보고 너무나 아버지가 원망스럽고 분하여 동네의 지혜로운 랍비를 찾아가 불평을 하자, 그 랍비는 무릎을 치면서 돌아가신 그의 부친의 지혜를 감탄하면서, 아버지가 남긴 단 한 가지의 유산은 곧 모든 재산을 보호하고 있는 바로 그 종이었음을 일러주었다. 그 아들은 랍비의 말대로 그 종을 소유함으로써 그 종이 주인으로부터 물려받아 관리하고 있는 모든 재산까지 소유하게 되었고, 모든 재산의 처리가 끝나자 그 종을 자유케 하여 내어보냈다는 것이다. 아버지의 지혜는 그 종이 혹시 탐심을 품고 유서를 위조하여 아들의 재산을 모두 탈취할 가능성을 미리 내다본 데 있었던 것이다. (3) 어느 세계적 재벌이 임종을 맞이하였으나 내세와 영생에 대한 확신이 없어 신부와 목사와 랍비를 불러 설교를 듣고 기도를 받은 후 은혜를 받고 그 대가로 자신의 재산을 3등분하여 그 세 사람에게 나눠주면서 자신의 재산이 선하게 쓰이기를 부탁하게 된다. 그러나 임종의 시간이 다가오면서 그 부자는 아무래도 죽은 뒤의 영생의 나라로 가는 여행 길에 노잣돈(여행 경비)이 필요하겠다는 생각이 들어 다시 그 세 사람을 불러 자신이 죽으면 장례식 때 자신의 관 안에 사자(死者)의 여행경비를 위하여 각각 5천달러씩 넣어달라고 부탁하였고 그 세 사람 모두 그 부탁을 반드시 이행하겠다고 서약하였다. 이윽고 그 부자는 죽었고 장례식장에 목사와 신부와 랍비가 어김없이 참석하여, 먼저 목사와 신부가 그 부자의 관에 각각 5천달러씩 현금으로 넣었다. 이를 물끄러미 바라보던 랍비는 지갑에서 종이 쪽지 한 장을 꺼내어 거기에 1만 5천달러이라 쓰더니 그 종이 쪽지를 관 안에 밀어넣은 다음 신부와 목사가 이미 넣어둔 현금(만 달러)을 모조리 꺼내 갖고 가버렸다. 그 종이 쪽지는 그 랍비의 개인수표(Personal Check/ cheque)였던 것이다. 랍비는 (지혜롭게) 현금 대신 수표로 그 부자의 여행 경비를 지불함으로써 목사와 신부가 지불한 현금까지 차지한 것이다.

한 것으로 간주하는 근거는[99] 결국 이 지혜야말로 이스라엘 백성으로 하여금 세상의 어떤 역경과 고난도 능히 극복하고 세상을 지배할 수 있는 능력과 힘의 원천이라 생각하기 때문이다. 유대인들이 유다 왕국의 멸망 이래(주전 587/6년) 2500년 이상 세상의 떠돌이로 방황했으면서도 결코 소멸되지 않고 살아 남을 수 있었던 비결이 곧 이 지혜였음을 감안할 때,[100] 우리는 이스라엘 백성이 소유했던 그 지혜의 위력과 가치를 인정하지 않을 수 없다.

---

[99] 토라(Torah/תּוֹרָה)라는 용어는 "가르침, 교훈"을 의미하며, 유대교에서 말하는 토라는 (좁은 의미에서 구체적으로) '오경'을 가리키나, 넓은 의미에서 구약성경 전체를 가리킨다. 유대인들이 익히 알고 있는, 토라의 가치에 대한 유명한 일화 하나를 소개한다. 어느 날 랍비 엘리에셀이 여행을 하던 중 어느 마을에 들르게 되어 그 마을의 유지를 만나게 되었고 그 사람으로부터 자기 마을에 함께 살자는 요청을 받았다. 아울러 만약 자기들의 마을에서 함께 거주해 준다면 천 냥의 금과 보석과 진주를 주겠다고 말했다. 이 요청을 거절하면서, 랍비 엘리에셀은 다음과 같이 말하였다: "당신이 내게 세상의 모든 금과 은과 진주를 다 준다 해도 나는 '토라'라는 장소/마을 외에는 거주하지 않을 것입니다.…우리가 죽을 때 우리와 함께 영원히 동행해 주는 것은 금이나 은이나 진주가 아니라 오직 토라와 선행만이 우리와 함께 영원히 동행해 줄 것이기 때문입니다." Philip Novak, *The World's Wisdom* (NY: HarperCollins Publishers, 1994), pp. 212~215.

[100] 저 악명 높은 히틀러(Adolf Hitler, 1889~1945)가 600만 명의 유대인을 학살했던 그 중요한 이유와 동기 가운데 하나로서, 세계를 지배할 지혜에 있어서 게르만 민족이 결코 유대인들을 능가할 수 없으리라는 생각, 다시 말하면 유대인들의 지혜에 대한 일종의 질투심 때문이었다는 가설은 그럴듯한 것이라 할 수 있을 것이다.

[101] 텔아비브의 다이아몬드 공장에서 안내자가 보여 준 비디오 테이프는 다이아몬드의 가격을 결정하는 네 가지 요소(4C)에 대하여 소개하였다: (1) Color; (2) Clarity; (3) Carut; (4) Cut; 이 가운데서 가장 중요한 것이 네 번째, 즉 자른 단면이 얼마나 정교하고 많으냐에 따라 다이아몬드의 가격이 좌우된다는 것. 이것은 인간에게도 적용될 수 있는 좋은 비유라 할 수 있다. 고난의 경험이 많은 사람일수록 그래서 자기를 부인하고 십자가를 지는 삶을 영위하는 사람일수록 그의 인격과 사상이 고귀해지고 빛나게 되고 존경받게 되는 사례를 우리는 인류의 역사 속에서뿐만 아니라 현실 사회에서도 수없이 확인하게 된다. 링컨의 삶이 그랬고, 김구 선생과 조만식 장로의 삶이 그랬다. 나이테가 많은 나무일수록 고귀한 가구의 재료로 쓰이고, 수석가들의 손에 들어와 사랑을 받는 값진 돌들도 오랜 세월 강바닥에서 물결의 연단을 받아 생산된다. 비닐 하우스에서 자란 식물이 세상의 풍파를 견디지 못하듯이 고생을 모르고 자란 재벌 2세나 위인들의 자손이 그 인격에 있어서 별로 존경을 받지 못하는 이유가 여기에 있다.

마치 섭씨 7,000도의 고온에서 값진 다이아몬드가[101] 생산되듯이, 그리고 진주 조개가 자신의 살 속으로 침입한 고통스런 모래알을 녹여내기 위하여 오랜 세월 동안 나카로라는 진액을 분비함으로써 마침내 아름다운 진주를 생산하는 것처럼, 이스라엘 백성은 그 혹독한 전쟁과 고난의 풀무(신 4:20; 왕상 8:51; 렘 11:4; 사 48:10; 창 15:17; 잠 17:3)를 거치면서 이 세상의 모든 가치에 우선하는 삶의 지혜를 터득하고 생산하였던 것이다. 앞서 언급된 사마리아와 예루살렘의 멸망 사건에서 보는 것처럼, 이스라엘 백성이 들어가 보았던 고난의 용광로보다 더 뜨거운 용광로는 없었을 것이며, 그런 의미에서 이들의 사상과 지혜의 결정체라 할 수 있는 성경(또는 토라) 보다 더 깊고 우수한 사상과 지혜는 세상의 그 어느 책에서도 찾아볼 수 없을 것이다. 인류 문명의 최고 정상이요 모든 철학과 사상과 신학의 정상으로서의 이스라엘의 지혜 곧 구약성경은, 그러기에 지구의 종말이 올지라도 결코 소멸되지 않고 끝까지 생존할 사상과 진리로서의 신언(神言)이 된 것이다.

지혜의 백성 이스라엘이 고난과 역경을 통하여 터득한 지혜 곧 구약성경에 집약되어 있는 지혜의 내용은 구체적으로 무엇을 말하는가? 이를 중요한 항목 몇 가지로 요약한다면, 그것은 유일신 하나님에 대한 신앙과 그 신앙의 가치, 인간과 생명의 존엄성, 인격과 사상과 정신의 가치, 개인의 죽음과 종말에 대한 이해, 메시야 사상과 유토피아적 이상주의 등이라 할 수 있을 것이다.

C. '궁극적 지혜'의 발견

이스라엘 백성이 고난과 역경을 통해 터득한 삶의 지혜 가운데 가장 가치있고 소중한 지혜 곧 영원하고 참된 궁극적인 지혜는 다름아닌 '신앙의 지혜'이다. 이러한 이스라엘의 궁극적인 지혜는 구약성서 안에 집결되어 있는 바, 이 세상의 어떤 사상과 철학과 종교도 가르쳐 본 적이 없는 지혜 중의 지혜요, 세상의 그 어떤 보화나 재물과도 바꿀 수 없는 값진 지혜인 것이다. 이 궁극적 지혜는 가장 강력한 원수들의 압제하에서 가장 강도 높은 고난을 체험했던 가나안 땅의 이스라엘 백성들만이 터득할 수 있었던 가장 강력한 효능을 갖고 있는 지혜인바, 천지 만물을 창조하신 유일하신 하나님 곧 궁극적 하나님께 대한 궁극적인 신앙 그 자체를 가리킨다. 그런 의미에서 이 세상의 모든 구원의 수단을 포기한 사람, 곧 사방으로 모든 구원의 길이 막혀 있어 오직 하늘을 향하여 전적으로 생명을 걸고 부르짖는 길(렘 33:2~3)[102] 밖에 없는, 하나님 앞에서 가난하고 연약해진 사람만이 발견할 수 있는 궁극적 지혜였던 것이다.

이스라엘 백성의 궁극적 고난 속에서 생산된 이 궁극적 지혜는 궁극적 구원으로 인도하는 지혜로서, 이를 더 부연하여 설명한다면, 가장 큰 고난으로 인하여 가장 연약해진 존재가 가장 큰 능력을 소유한 궁극적 존재 곧 창조주 하나님을 의지하는 지혜요, 이 하나님의 백성 또는 자녀로 새롭게 태어나고 중생하게 하는 지혜요, 따라서 결국 인간의 궁극적 원수인 죽음까지도 극복할 수 있는 지혜 곧 죽음과 부활과 영생의 궁극적 종말까지 바라보며 믿는 지혜라 할 수 있다. 다시 말하면, 이 궁극적 신앙의 지혜는 가장 연약하고 무지하고 죄된 인간이 아무 공로 없이 다만 영원히 살아 계시고 전능하시며 홀로 하나이신 창조주 하나님 야웨를 구원자로, 왕으로, 목자로, 그리고 최고 사령관으로 의지하고 믿고 고백하고 영접함으로써 그 야웨 하나님의 백성이 되고 신하가 되고 종이 되고 어린 양이 되고 군사가 되어, 세상에서 가장 큰 능력과 은혜와 구원을 누리는 지혜, 즉 모든 원수와 죄와 사망과 고난으로부터 구원을 받는 지혜인 것이다.

동시에 이 궁극적 신앙의 지혜는 한 걸음 더 나아가 가장 가난한 인간(이스라엘)이 세상에서 가장 부유하신 하나님, 곧 만물의 창조주이자 주인이신

[102] 유대인 지혜의 보고로 알려진 탈무드에는 다음과 같은 내용이 담겨있다 한다: "앞 길이 막히면 뒤를 보고, 뒤가 막히면 옆을 보며, 옆이 막히면 하늘을 보라."

야웨 하나님의 아들 또는 딸이 되어(출 4:22, 23) 그분과 그분의 모든 재산을 함께 유업으로[103] 물려받는 지혜라 할 수 있다. 그런 의미에서 이 지혜는 창조주(왕하 19:15) 하나님이신 야웨를 소유하면 만물을 소유하는 것이요, (반대로) 야웨 하나님을 상실하면 곧 모든 것을 상실한다는 것을 깨닫는 지혜이다.[104] 20세기의 가장 탁월한 미래학자로 꼽히는 앨빈 토플러(Albin Toffler)조차 깨닫지 못했던 제4의 능력, 곧 세상의 그 어떤 무력(군대와 무기)과 경제력(돈)과 지력(지식)도 당할 수 없는 궁극적 능력으로서의 이 '신앙적 지혜'를 이스라엘은 일찍부터 터득하고 있었던 것이다.

지구상에서 이러한 궁극적 지혜 곧 신앙의 지혜를 추구하고 발견할 수 있는 땅이 가나안 말고 그 어디에 있으며, 이러한 지혜를 이스라엘보다 먼저 터득한 백성이 세상에 어디 있겠는가?[105] 최신 철제 무기로 중무장한 무적의 장수 골리앗을 두려워하지 않고 물맷돌 하나로 그 거인을 넘어뜨릴 수 있었던 나이 어린 목동 다윗의 용기와 능력이 다름아닌 이 궁극적 지혜에서 비

---

[103] **가나안 땅과 열방을 유업과 분깃으로**: 출 6:8; 레 2: 24; 14:34; 신 2:12; 3:20, 28; 4:21, 38; 9:6; 12:10; 15:4; 19:3, 10, 14; 20:16; 21:23; 24:4; 25:19; 26:1; 대상 16:18; 대하 20:11; 시 2:8; 61:5; 135:12; 136:21, 22; 렘 3:18; 17:4; 겔 11:15; 33:24 등; **야웨를 유산과 기업과 분깃으로**; 민 18:20; 신 32:9; 시 16:5; 73:26; 119:57; 142:5; 렘 10:16; 51:19; 애 3:24 등.

[104] 이 말은 저 유명한 종교개혁자 마르틴 루터(Martin Luther)가 한 말을 인용한 것이다: "When you have Him, you have all; but you have also lost all when you lose Him." 이 명언은 필자가 2001년 1월 27일 토요일에 미국 일리노이주의 휘튼 대학(Wheaton College) 내에 설립된 빌리그레함 센터(Billy Graham Center)를 방문했을 때 그 연구소의 첫 방에 게시된 것을 옮긴 것이다.

[105] 현존하는 모든 역사적 종교 가운데 유대교, 즉 구약성경 또는 토라로 대변되는 유대교가 가장 오래된 지혜요 종교라는 사실은 유대인 출신이 아닌 종교학자들도 인정하는 사실이다. Philip Novak, *The World's Wisdom* (New York: HarperCollins Publishers, 1994), p. 175.

[106] "너는 칼과 창과 단창으로 내게 오거니와 나는 만군의 야웨의 이름 곧 네가 모욕하는 이스라엘 군대의 하나님의 이름으로 네게 가노라"(삼상 17:45).

롯된 것이며(삼상 17),[106] 고대 중동의 모든 나라 위에 군림하고 호령했던 대앗시리아 제국의 황제 산헤립(Sennacherib)의 침공을 받은 유다 왕 히스기야가 중과부적(衆寡不敵)의 막강한 앗시리아 대군 앞에서 감히 굴복하지 않고 끝까지 맞서 저항함으로써 마침내 산헤립과 앗시리아 군대에게 치욕적인 패배를 안겨 줄 수 있었던 비결이 이 신앙적 지혜에 기초한 것이었다(왕하 18~19). 또 6일 전쟁(1967년) 당시 (군장비와 군사의 수에 있어서) 400대 1의 열세를 안고 싸우면서도 오히려 아랍 군대를 굴복시킨 모세 다얀[107] 장군의 승리의 비결이 역시 이 궁극적 신앙의 지혜에서 비롯된 것이었다.

이와 같은 궁극적 신앙의 지혜 곧 '하나님께 부르짖는 지혜'에 대하여 특별히 강조한 사람 가운데 하나는 선지자 예레미야였다. 예레미야는 유다 왕국과 예루살렘이 바벨론 군대에게 처참하게 멸망당하는 장면 곧 이스라엘 역사상 가장 참혹하고 비극적인 고난의 장면을 가장 가까이에서 목격하면서 이스라엘 백성과 함께 가장 많은 눈물로 하나님께 부르짖었던, 그야말로 '탄식과 눈물의 예언자'이다.[108] 그가 이러한 궁극적 위기상황에서 이스라엘에게 선포한 하나님의 말씀의 요지는 하나님께 부르짖는 지혜, 곧 궁극적 신앙의 지혜였던 것이다.

> "너는 내게 부르짖으라 내가 네게 응답하겠고 네가 알지 못하는 크고 비밀한 일을 네게 알게 하리라"(렘 33:3).

구약의 여러 책들 가운데서 특별히 이와 같은 이스라엘 백성의 지혜 곧 신

[107] 6일 전쟁 당시 모세 다얀 장군이 "이스라엘 군대는 비장의 무기를 갖고 있기에 반드시 승리한다"라고 장담하자 아랍 국가들은 이스라엘이 핵무기를 갖고 있는 줄 오해하였다 한다. 그러나 모세 다얀이 말한 그 비장의 무기는 모든 이스라엘 병사들의 호주머니마다 들어 있는 성경이었던 것이다.

[108] 박동현, *탄식하는 하나님, 탄식하는 인간*.

앙적 지혜가 가장 구체적으로 분명하게 표현되어 있는 책을 들라 하면 우리는 이스라엘의 시편, 특히 탄식시(또는 탄원시)를 들 수 있을 것이다. 현대 구약학자들이 공통적으로 인정하는 바, 고대 중동의 그 어느 서정시(抒情詩)에서도 발견할 수 없는 이스라엘 서정시의 독특성 가운데 하나는 탄원시의 구조이며, 특히 이 탄원시의 구조 가운데 나타나는 소위 '분위기의 전환'(Change of Mood)은 세계 역사상 그 어느 나라의 서정시에서도 찾아보기 힘든 요소라 할 수 있다. 이스라엘의 탄원시에 보편적으로 나타나는[109] 이 '분위기의 전환'은 다름 아닌 시의 전반부에서 시인이 하나님께 자신이 처한 비극적 상황에 대하여 울며 부르짖다가 후반부에서 갑자기 분위기를 전환하여, 전반부에서 언급한 어둡고 침울한 분위기를 잊어버린 듯이, 오히려 야웨 하나님의 응답과 구원을 기정 사실로 확신하고 찬양하고 감사한다는 사실이다. 이러한 '분위기의 전환'에서 드러나는 이스라엘 시인의 탁월한 시 구성법과 기교는 전반부에서 언급되는 바 시인의 고난과 역경의 상황이 비참하면 비참할수록 후반부에서 언급되는 시인의 기쁨과 감사와 찬양의 정도가 극적으로 상승한다는 점에 있다.

이스라엘의 탄원시에서만 엿볼 수 있는 이러한 시적 구조는 이스라엘 시인의 탁월한 시적 창의력에서 비롯된 것이며, 그런 의미에서 이러한 이스라엘 시인의 창의성은 곧 이스라엘 시인의 궁극적 신앙에서 비롯된 것이라고 볼 수밖에 없다. 다시 말하면, 이스라엘 시인(또는 이스라엘 백성)은 이 신앙적 지혜 가운데서 자신의 고난이 깊으면 깊을수록 하나님께 대한 부르짖

[109] 탄원/탄식시편에 나타나는 '분위기 전환'의 대표적인 사례는 시 22편 22~31절이며, 기타 다음 시편들을 참조하라: 4:7~9; 6:8~10; 7:17; 28:6~9; 31:19~24; 56:10~13; 57:7~11; 69:30~36; 85:9~13; 94:22~23; 추가로 참조할 시편: 대하 20:18~19. Young-Ihl Chang, *The Theme of Oppression in the Psalms in Relation to Its Occurrence in Prophecy and Ritual* (Ann Arbor, MI: UMI, 1987), pp. 302~303. 우리는 여기에서, '확신의 시'(시 23 편, 등)는 본래 탄원시의 후반부, 즉 '분위기 전환'에 속했던 것이 후대의 시편 편집자에 의하여 별개의 시로 독립하게 되어 현재와 같은 확신의 시가 나왔다는 주장을 하는 주석가들의 견해를 참조할 필요가 있다.

음도 깊고 높아질 수밖에 없고, 하나님께 대한 자신의 부르짖음이 깊고 높아질수록 자신이 체험하는 하나님의 능력과 구원의 기적도 더욱 깊고 높은 의미를 갖게 된다. 또한 그만큼 자신 또는 이스라엘 백성의 기쁨과 감사와 찬양도 커진다는 사실을 기정 사실로 시인하고 고백하고 있다는 사실이다. 그러므로 거의 모든 이스라엘의 탄원시의 전반부에서 시인은 가능한 한 가장 비참한 상황으로 자신의 처지를 낮추어 하나님께 부르짖게 되고, 그 고난과 부르짖음의 크기에 비례하여 후반부에서 자신이 경험하게 되는 하나님의 응답과 기적을 가능한 한 크고 놀라운 것으로 묘사하게 되는 것이다. 고난 가운데서 오히려 하나님을 찬양하고 감사하고 기뻐한다는 것, 그리고 고난의 크기에 정비례하여 하나님께 대한 부르짖음과 동시에 하나님의 구원의 은총도 커진다는 것, 이것은 이스라엘의 시인만이 생각할 수 있는 (탄원)시의 구조요 이스라엘 백성만이 알고 있는 (신앙적) 지혜라고 볼 수밖에 없다.

고난의 용광로를 통하여 생산되는 이스라엘의 신앙적 지혜를 말함에 있어서 빼놓을 수 없는 주제 가운데 하나는, 앞에서 잠시 언급한 바, 부활 사상 또는 부활 신학이다. 이 부활 신학이야말로 이스라엘의 고난과 역경이라는 토양에서 자라고 꽃피운 하나의 찬란한 신학적 클라이막스라 볼 수 있는바, 출애굽 사건 이후의 이스라엘 역사 가운데서 그 어느 때보다도 더 길고 짙게 시련과 고통을 맛보았던 바벨론 포로기와 헬라 제국의 혹독한 시련 속에서 탄생되는 신학이며, 따라서 포로 이후의 문학들, 특히 욥기와 시편과 묵시문학(이사야, 에스겔, 다니엘)에서 두드러지게 나타난다. 부활과 심판과 영생 등의 주제는 보편적으로 — 무사안일 속에서 부귀영화와 평안과 번영을 누리는 부자나 권세자나 강자가 생각하고 말할 수 있는 주제가 아니라 — 자신들이 받는 혹독한 고난과 핍박이 하나님 나라와 진리를 위한 것임을 확신하는 의인들에 의하여 그리고 순교와 같은 신앙의 고차원적 경지에서 생각하고 말하고 선포되는 주제인 것이다. 그런 의미에서 부활신학과 아울러 메시야 사상 또는 하나님 나라의 도래에 대한 신앙이야말로 고난과 눈물의

역경 속에서 발전한 이스라엘 지혜의 최고봉이요 최후 종착역이라 부를 수 있을 것이다.[110]

이와 같은 맥락에서 다시 한번 확인하는 사실은, 우리가 이 책의 서두에서 설명한 바,[111] 이스라엘의 지혜에 대한 정의(定義), 곧 "야웨를 경외하는 것이 지혜의 근본이요 거룩하신 자를 아는 것이 명철"이라는 실천신학적 정의는 잠언서의 저자가 어느 날 아침에 갑자기 하나님께로부터 계시를 통해 받아적은 시구(詩句) 또는 경구(警句)라기보다는 적어도 천년 이상 가나안이라는 고난의 용광로 안에서 이스라엘 백성이 시련과 연단을 거쳐 터득한 지혜요 진리요 신학이라는 사실이다. 이와 같은 맥락에서 우리는 고난과 지혜가 ― 그리고 예수님의 산상보훈의 표현을 빌린다면, 가난과 신앙이 ― 불가분의 관계에 있음을 재삼 확인하게 된다. 야웨 하나님께서 이스라엘에게 지정해 주신 가나안 땅의 부정적 여건이야말로, 결과적으로, 부정적 여건이라기보다는 오히려 이스라엘 백성에게 베푸신 하나님의 섭리요 예정이요 은총이었다고 말해야 마땅할 것이다. 영적 진리의 차원에서 헤아려 볼 때, 이 가나안 땅은 가난과 고통의 땅이 아니라 궁극적 지혜와 구원의 말씀을 생산하는, 그야말로 신령한 '젖과 꿀이 흐르는 땅' 이었던 것이다.

엄밀한 의미에서, 이스라엘 백성이 거주했던 가나안 땅의 부정적 여건이야말로 이스라엘로 하여금 참 이스라엘이 되게 했던 요소였다고 말할 수 있다. 다시 말하면, 가나안 땅이 안고 있는 부정적 여건이 있었기에 이스라엘은 하나님께서 기대하신 바의 세계 열방을 위한 '제사장 나라'(출 19:6)가 될 수 있었던 것이다. 본래 제사장은 하나님과 인간 사이의 중보자로서 하나님과 인간 사이를 가로막고 있는 죄악을 제거함으로써 하나님과 인간이 가까이 만나도록 중보/매개하는 역할을 위하여 선택된 자였다. 그러므로 제사장

---

110) 부활 신학이 이스라엘의 고난의 역사의 산물이요 열매라는 견해에 대하여는 필자의 논문, "구약의 종말론 II, 부활 신앙", *이스라엘의 경건과 학문*, 181~206쪽을 참조하라.

111) 이 책의 12~24쪽 참조.

의 우선적 임무는 인간의 죄값이라 할 수 있는 죽음과 고난을 자발적으로 대행함으로써 신과 인간의 관계가 회복될 수 있는 길을 열어놓는 것이었다. 물론 구약성경에서 이러한 제사장의 역할은 상징적으로 제사장의 피 대신에 짐승에게 죄를 전가시켜 짐승이 피를 흘리고 죽음으로써 그리고 제사장은 그 짐승의 피를 몸에 지니고 하나님 앞에 나아가 그 피를 제단에 뿌림으로써 대행되고 있음을 볼 수 있다.

그러므로 전세계 만국 백성의 구원을 위하여 이스라엘이 제사장 나라로 선택되었다는 것은(출 19:5~6) 이스라엘이 전세계 만백성과 야웨 하나님 사이의 제사장적 중보자로 선택받았음을 의미하며, 결국 이 선택은 제사장적 중보자로서의 이스라엘이 필연적으로 전세계 만민의 죄를 대신해야 할 희생 제물로서 고난을 당해야 할 것을 예고한 것이라 할 수 있는 것이다. 결과적으로 이러한 하나님의 구원 섭리에 따라 아브라함이 갈대아 우르에서 부름받은 그날부터 아브라함의 자손인 이스라엘 백성은 자신의 고난과 희생을 통하여 인류의 죄값을 치르도록 예정되었던 것이었고,[112] 그들은 가나안 땅에서의 고난과 눈물로 얼룩진 천년의 역사를 지탱함으로써 이 중차대한 역할을 성실하게 감당하였다고 볼 수 있는 것이다. 전세계 백성의 죄를 대신 지는 역할이었기에 그만큼 이스라엘의 고난은 크고 힘들 수밖에 없었으며, 이 크나큰 고난을 짊어지기 위해 이스라엘 백성은 지구상에서 가장 고난이 극심한 가나안 땅으로 인도되었던 것이다. 이런 의미에서 이스라엘의 고난은 (하나님의 구원의 도구로서의) 영광스런 고난이었다고 볼 수 있고, 이들의 고난을 통하여 세계 만민이 구원을 받고 거룩하신 하나님을 만날 수

[112] 어떤 구약성서 주석가들은 아브라함 때부터 야웨 하나님의 명령에 의하여 시작된(창 17:9~14) 유대인의 할례의식, 즉 유대인의 남자 아이는 누구든지 태어난 지 8일 만에 반드시 그의 양피를 베고 피를 흘리게 하는 의식은 야웨와 아브라함의 자손 사이에 맺어진 언약/계약을 상징할 뿐만 아니라, 이 민족이 인류를 위해 당해야 할 대속적 고난 그리고 더 나아가서는 이들에게서 태어날 메시야/그리스도 예수의 인류를 위한 대속적 죽음을 예고하고 상징하는 것이라고 해석한다.

있는 길이 열리게 되었던 것이다. 이스라엘이 만민에게 소개해 준 궁극적 구원의 길, 즉 궁극적 지혜란 다름 아닌 성경 안에 소개된 신앙의 지혜이며, 이 놀라운 신앙의 지혜를 성경 안에 기록해 놓기 위하여 이스라엘은 천년이 넘도록 하나님께서 지정해 주신 고난의 땅에서 그토록 혹독한 고난을 당하고 그토록 쓰디쓴 눈물을 흘려야 했던 것이다.

[해석적 첨가] 한 걸음 더 나아가서, 가나안의 지형적 조건이 안고 있는 부정적 여건이 이스라엘에게 준 이와 같은 놀라운 의미는 21세기를 사는 현대인에게도 하나의 강력한 영적 도전이 아닐 수 없다. 이스라엘이 깨닫고 발견했던 그 궁극적 지혜, 그리고 그들이 느끼고 체험했던 그 놀라운 영감과 환희와 감격을 맛보지 못하고 한낱 동물에 불과한 무가치한 삶을 영위하고 있는 현대인에게, 즉 풍요와 여유와 무사안일 속에서 영적 기쁨도, 감사도, 놀라운 능력도, 기적 같은 것도 없는 현대의 지성들과 명목상의 신앙인들에게, 이스라엘 백성이 지리적 악조건 속에서 오히려 궁극적 구원의 기쁨과 환희를 발견할 수 있었다는 스토리는 하나의 경고와 자극이 될 수 있고, 한 걸음 더 나아가 21세기의 현대인들로 하여금 이스라엘 백성처럼 궁극적 지혜와 환희와 영감을 맛보고 하나의 신령한 인간으로 새롭게 태어나게 할 수 있는 하나의 결정적 안내가 될 수 있다는 사실이다. 현대인의 문제는 그들의 삶 가운데 그 어떤 고난도 희생도 결여되어 있다는 것이고, 그 해결책은 다름아닌 의와 거룩과 섬김의 삶을 통하여 그들 스스로 고난과 희생의 삶을 경험하는 것이다. 다시 말하면, 이스라엘이 부정적 여건 속에서 약자가 될 때 터득했던 궁극적 지혜와 영감, 곧 세상의 그 어떤 철학이나 사상이나 풍요 속에서도 결코 발견할 수 없었던 이 놀라운 지혜와 영감을 현대인의 삶 속에서 나의 경험으로 동시대화하는 길은 다름아닌 현대인 스스로가 실제로 가난한 자가 되고 고난당하는 자가 되는 것이다. 정의와 성결과 진리를 위해 일어날 때 교만한 권세자와 억압자는 의인을 핍박하게 되어 있고, 가난

한 자에게 재산을 나누어 줄때 필연적으로 가난과 궁핍은 경험하게 되어 있는 것이다. 이것은 어떤 의미에서 모세와 예수 그리스도와 사도 바울과 베드로를 비롯한 11명의 제자들의 삶을 따라 인류 구원을 위해 고난과 역경을 자취하는 것이라 할 수 있다. 고난을 경험하기 위한 가장 빠른 지름길은 복음을 듣지 못한 세상 사람들을 찾아가 친히 예수 그리스도의 구원의 복음을 전해 보는 것이다. 당신이 지금 곧바로 광장동의 사거리 광장에 나가 "당신의 죽음과 인류 역사의 종말이 가까웠으니 회개하고 예수를 믿고 구원과 천국과 영생을 얻으시오"라고 외쳐 보라. 그러면 당장 온 세상이 당신을 핍박하러 몰려들 것이고, 이때 받는 멸시천대와 고난 속에서 당신은 하나님께 부르짖게 될 것이다. 그 부르짖음 가운데서 당신은 (스데반 같은) 순교자가 맛보았던 영적 기쁨, 곧 이 세상의 그 어떤 것도 당신에게 주지 못했던 크고 놀라운 구원의 기쁨과 환희를 맛보게 될 것이다. 이런 고난이 역겨우면 혼자서 산속 토굴 속에라도 들어가 생수에 메마르고 영감이 떨어진[113] 무력하기 그지없는 자기 자신을 위해, 그리고 진리를 찾지 못해 어둠 속에서 방황하며 죽음을 향해 달려가는 수억만의 불쌍한 영혼들을 위해 하나님께 울며 금식하며 기도해 보라. 할 수 있다면 중병을 앓아보라. 할 수 있다면 실연을 당해 보라, 그리고 할 수 있다면 많은 사람으로부터 미움을 받아 보라, 할 수 있다면 눈물에 젖은 빵을 많이 먹어 보라. 그때 당신은 진정으로 하나님께 부르짖게 되고 그때 하나님을 의지하는 궁극적 신앙의 지혜를 터득하게 될 것이고, 그때 희열과 감격의 눈물은 주어질 것이다.

포로기의 이스라엘 백성처럼, 당신이 소유한 모든 재산과 명예와 권세, 당신의 가장 소중한 생명까지도 하나님께 드리고 하나님 앞에서 철저히 그리

113) 음대 성악과를 우수한 성적으로 졸업한 어느 학생이 한 성악의 대가를 찾아가 자신의 실력을 점검받게 되었다. 그 학생의 노래를 들어 본 성악가가 준 한 마디 충고: "자네의 노래는 잘 짜여진 식탁처럼 모든 음악적 기교를 훌륭하게 구사하고 있으나 한 가지가 빠져 있네. 그것은 음식의 소금과 같은 것인데…… 가서 고생 좀 해보게."

고 온전한 무소유자(無所有者), 온전한 가난한 자, 온전한 약자가 되어 부르짖어 보라. 그리고 그리스도 예수 주님 외에는 그 어떤 재산도 갖지 않은 가난한 자와 약자가 되어, 오직 주님만 의지하고 오직 주님의 구원만을 기다리며 오직 주님만을 사랑하며 오직 주님 한 분만으로 만족하겠노라고 고백해 보라. 그때 당신은 진정한 평화와 만족을 맛보게 될 것이고, 따라서 진정한 안식과 평화란 이 땅에서 찾을 수 있는 것이 아니라 다만 위로부터 주어지는 것이며, 철저하게 가난하고 약한 자가 되어 하늘을 향하여 부르짖을 때 얻는 것임을 깨닫게 될 것이다. 하늘로부터 내려오는 평화 곧 영적/정신적 평화만이 진정하고 영원한 평화이며, 이러한 평화는 하나님과의 관계에서만 가능한 것임을 그때 당신은 터득하게 될 것이다.

■ 지리적 배경에 대한 결론적 소감

이스라엘 백성들은 자신의 지리적 배경에서 두 가지 눈물을 경험했다고 볼 수 있다.[114] 그 하나는 긍적적 여건, 즉 고대 중동의 찬란한 3대 문명권 사이에서 맛본 환희와 기쁨의 눈물이고,[115] 또 다른 하나는 부정적 여건, 즉 3대 제국의 무력적 충돌의 틈바구니에서 겪어야 했던 고통과 한숨의 눈물이었다. 이 두 가지 눈물은 마치 천국과 지옥의 차이 만큼이나 극적인 대조를 보여 준다. 전자는 해발 3천m의 높이를 자랑하는 헬몬산에 비유될 수 있고, 후자는 수심 1천m의 깊이를 자랑하는 사해바다에 비유될 수 있다. 이 극과 극의 경지에서 이스라엘 백성이 체험한 두 가지의 눈물을 엑기스 형태로 집약하여 담고 있는 책이 성경이며, 그런 의미에서 성경이 가르치는 지혜의 폭

114) 홍성고등학교 1학년 재학시절(1963년) 홍성의 구민회관에서 단체로 관람했던 영화 "쌍무지개 뜨는 언덕"을 회상하게 되고 그때 흘린 (하나님의 사랑에 대한) 감사의 눈물을 생각하게 된다.

115) 우리가 베토벤과 모짜르트의 작품이나 영화 벤허를 감상했을 때 맛보는 감동과 환희의 눈물을 이에 비교할 수 있을는지……

은 하늘보다 높고 음부보다 깊은(욥 11:8) 것이다. 이것은 하나님의 사랑[116]과 지혜가 포괄하고 있는 무한대의 폭, 곧 그 높이와 깊이와 넓이의 무한대성을 암시하는 것인 동시에 그 하나님의 지혜를 조금이나마 경험하고 터득하고 전수받았던 이스라엘 백성의 지혜의 폭을 대변하는 것이라 할 수 있다. 성경을 능가할 높이와 깊이를 갖고 있는 지혜의 책은 이 세상에 나온 적이 없고 앞으로도 나오지 않을 것이다.

116) 북극의 탐험자인 (노르웨이 출신) 난센(Fridtjof Nansen, 1861~1930)이 북극의 한 빙해에서 얼음을 뚫고 바다의 깊이를 재려 했으나 줄이 모자랐고, 이때 그가 독백처럼 중얼거린 의미있는 말 한 마디를 생각해 보자: "이 북극 바다의 깊이는 하나님의 사랑과 같군."

제 3 장 역사적 배경과 구약신학

제3장 역사적 배경과 구약신학

1. 역사적 배경의 개괄적 안내

A. 이스라엘 역사의 근간으로서의 엑소더스

이스라엘의 역사를 흔히 두 개의 강 곧 유프라테스강과 나일강(홍해 또는 애굽강) 사이에 존재하는 역사 또는 두 개의 전환점 사이에 존재하는 역사라고 (단순화시켜) 부른다. 그 이유는 우선 이스라엘 백성이 그 역사의 전환점을 이루는 이 두 강을 여러 차례 건너는 동안 이스라엘 역사가 형성되고, 무엇보다도 이스라엘이라는 한 나라가 홍해라는 강을 건넘으로써 태어나고, 유프라테스강을 건넘으로써 막을 내리게 되기 때문이다(이스라엘의 국기 모양: **사진 26** 참조[1]).

[1] 이스라엘 국기에 대한 해설은 설명하는 사람에 따라 다르다. 여러 가지 해설을 참고로 하여 필자 나름대로 다음과 같이 설명해 본다. 즉 가운데 별(마겐 다윗/מָגֵן דָּוִד: '다윗의 방패'에 그려져 있었던 별)을 중심으로 위와 아래의 굵은 청색 線은 강 또는 바다를 상징하며, 위의 청색 線은 유프라테스 강을, 아래 것은 홍해(나일강 또는 애굽강)를 상징하는 것으로 본다. 그래서 일차적으로 홍해를 건넘으로써 태어나는 이스라엘 국가는 다윗 시대에 이르러 그 영

이스라엘 백성의 첫번째 도강(渡江)은 그들의 조상인 아브라함의 소명과 관련된 것이다. 그는 갈대아 우르에 살다가(창 11:31) 하나님의 소명을 받고(창 12:1~3) 하란을 경유하여 유프라테스강을 건너와 가나안 땅에 도착, 세겜을 경유하여 벧엘에 거주하다가 가나안 땅의 기근으로 애굽에 피난(창 12:6~20), 그곳에 한동안 체류하던 중 그 아내 사래의 일로 위기를 당하게 되고 하나님의 간섭으로 그 위기를 모면한 후 다시 나일강 또는 애굽강을 건너 가나안으로 돌아와 여생을 마치게 된다(아브라함의 이주 경로, **지도 2**[2] 참조).

이와 같은 도강의 발자취를 아브라함의 손자이자 이스라엘 민족의 조상(신 26:5)이라 할 수 있는 야곱이 답습하는데, 야곱도 그의 형 에서의 미움을 받아 유프라테스강을 건너 하란에 피난, 약 20년간 하란에 체류하다가 다시 유프라테스강을 건너 가나안 땅으로 돌아와(창 28~33) 얼마 동안 지내던 중 그의 나이 130세 무렵에(창 47:9) 또다시 애굽의 총리대신이 된 요셉의 초청으로 나일강[3]을 건너 애굽으로 이주, 그곳에서 임종을 맞는다.

광의 절정에 도달했다가 점점 나라가 쇠퇴해지고 결국은 바벨론 포로기를 맞아 유프라테스강 저편으로 끌려가 포로생활을 지내다가 다시 고레스 왕의 칙령으로 풀려나 유프라테스강을 건너 고국으로 돌아와 또다른 역사의 클라이막스인 메시야 시대 곧 다윗 같은 메시야의 도래와 함께 성취될 메시야 왕국을 바라본다는 것이다. 또한 이 국기는 다윗 시대에 차지했던 이스라엘의 영토(창 15:18; 출 23:31; 민 34:5; 신 1:7; 수 1:4; 15:4; 왕상 8:65; 왕하 24:7; 대상 13:5; 사 27:12), 곧 애굽 강(또는 나일강/시홀)에서 유프라테스강까지에 이르는 영토를 상징하며, 메시야 왕국이 도래할 때 이 영토들도 회복될 것이라는 현대 이스라엘 백성의 꿈을 상징한다.

이스라엘 국기에 대한 전통적 해설은 '다윗의 별' 위 아래의 청색 線을 유대인이 기도할 때 두르는 후드(**사진 27**)의 양쪽 술(치칠/**צִיצִת**) 또는 옷단 귀에 달게 되어 있는 술(민 15:38; 신 22:12)을 상징하는 것으로 보는 것이다. 이와 같은 술은 곧 하나님이 주신 율법을 상징하므로, 이 국기는 곧 모세의 율법 위에 세워진 이스라엘과 이 이스라엘의 메시야 이상을 표현한 것으로 보는 것이다.

[2] **지도 2**: 고대 중동의 비옥한 초생달 지역

[3] 아브라함과 야곱이 어느 경로를 거쳐 애굽에 도착했는지는 알 수 없으나, 그들이 당시(아브라함은 대략 주전 19~18세기 중왕국 시대, 수도는 일타위/It-tawi; 야곱은 주전 18~17세

그 후 그의 자손 이스라엘 백성은 요셉을 모르는 바로가 등장한 때로부터 수백 년 동안 애굽에서 종살이를 하다가 모세의 인도 아래 홍해를 건너 시내산과 가데스 광야를 방황한 지 40여 년 만에 다시 하나님의 약속의 땅 가나안으로 돌아오게 되고, 그 후 사사 시대와 통일왕국 시대(사울, 다윗, 솔로몬)를 거쳐 나라가 남과 북으로 분열되어, 북왕국 이스라엘은 여로보암(1세) 이후 약 200년간 왕국이 유지되다가 앗수르에게 망하여 세계 각처로 흩어져버렸고, 북이스라엘이 망한 뒤에도 남왕국 유다는 약 140년간 역사를 지탱하다가 당시 중동 세계의 종주국이었던 바벨론에게 망하게 된다(부록: **이스라엘 역사 연대표** 참조). 바벨론의 포로가 되어 유프라테스강 저편으로 끌려간 이들 유다인 또는 유대인들은 — 앗수르의 강압적인 식민지 정책에 따라 이방인들과 피가 섞이고 세계 각지로 흩어짐으로써 사실상 그 정체가 지상에서 사라져버린 북이스라엘과는 달리 — 바벨론 제국의 비교적 신사적인 포로 우대 정책하에 신앙과 혈통을 유지하며 약 50년 또는 70년의 유배 생활을[4] 지낸 후, 바벨론을 무너뜨린 페르샤(바사) 제국의 초대 황제 고레스의 (해방)칙령(538 B.C.)으로 유프라테스강을 건너 다시 고향 땅 가나안으로 돌아와 성전(소위 제2성전 또는 스룹바벨 성전:[5] **사진 28**)을 재건하고 구약성경을 완성하게 되며, 이로써 이스라엘의 역사는 막을 내리게 된다. 그러므로 이스라엘 또는 유다/유대의 역사는, 처음부터 끝까지 요약하여 말하

기 힉소스 시대, 수도는 타니스/아바리스; 부록: **애굽 역사 연대표** 참조)의 바로를 알현한 것이 사실이라면, 비록 그들의 애굽 내 정착지가 고센 땅이었다 할지라도 델타 지역의 여러 나일강 지류를 건넜을 가능성은 충분하다.

[4] 남유다(Judah) 백성(또는 유대인/Jew[영어]/Jude[독어]))이 바벨론에서 몇 년간 종살이를 했는지에 대하여는 해석자에 따라서 다를 수 있다. 우선 예레미야의 예언(렘 25:11, 12; 29:10; 단 9:2; 슥 1:12; 7:5; 대하 36:21)대로 환산할 경우 예루살렘 성전의 파괴(587/6)에서 예루살렘 성전의 재건(516)까지로 볼 때 70년이 되고, 예루살렘의 멸망(587/6)부터 고레스 왕의 해방령(539/8)까지로 볼 때 안식년의 7배인 49/50년이 된다.

[5] 제2성전 모형도, 축소판

건대, 두 강 사이를 오간 역사이며, 이 두 개의 강을 건널 때마다 역사의 전환점을 맞이함으로써 결국 두 개의 전환점 사이에 존재하는 역사가 된 것이다.

이와 같은 엑소더스 사건을 골격으로 하여 독특한 구조를 형성하고 있는 이스라엘의 역사를 바라보는 구약성서 해석자들의 견해는 다분히 논리적이고 도식적이라 할 수 있다. 그것은 첫 번째 엑소더스(Exodus I)인 출애굽 사건을 컴퓨터의 하드웨어(Hardware)에 비유하고, 두 번째 엑소더스(Exodus II)인 출바벨론 사건을 소프트웨어(Software)에 비유함으로써 후자에게 더 큰 가치와 비중을 부여한다는 사실이다.[6] 구약학자들이 출바벨론 사건에 더 큰 의미를 부여하는(사 43:18~21; 렘 23:7~8) 이유는, 비록 첫 번 엑소더스인 출애굽 사건을 통하여 하나의 노예이자 오합지졸에 불과했던 야곱의 자손들이 이스라엘이라는 국가 형태(하드웨어)로 태어난 것이 사실이지만, 이스라엘 백성들이 진정 그 엑소더스를 회고하고 그 사건의 가치와 중요성을 깨닫고 재해석하여 그 신학적 의미(소프트웨어)를 구약성경, 특히 오경에 투입하고 부각시키게 된 것은 두 번째의 엑소더스, 즉 출바벨론 사건을 경험한 이후이기 때문이다. 물론 첫 번째 엑소더스 이래 이스라엘 백성들이 자신의 뿌리(정체성)를 이 출애굽 사건에서 찾고 그 신앙의 토대 위에서 자신의 역사를 지속적으로 조망해 온 것이 사실이지만, 대부분의 구약성경, 특히 현재 우리가 읽고 있는 바 (바벨론 포로 이후 제2성전 시대에 그 편집이 완료된 것으로 보이는) 토라/오경에서 엑소더스의 의미가 (오늘 우리가 읽

[6] 이와 같은 맥락에서 구약학자들은 출애굽 사건을 통하여 외형적이고(external) 정치적이고 물리적(physical)이고 가시적(visible)인 이스라엘이 태어난 반면에, 출바벨론 사건을 통하여는 내용적(internal)이고 영적(spiritual)이고 불가시적인(invisible) 이스라엘이 완성되었다고 본다. 한 걸음 더 나아가, 출애굽 사건을 통하여 건국된 이스라엘이 처음으로 지어진 첫 번째 집이라면, 출바벨론 사건을 통하여 이룩된 이스라엘은 그 첫 번째 지은 집을 고쳐서 확장하고 개선한 새 집에 비유함으로써 출바벨론 사건의 의미를 부각시키는 경향이 있다.

고있는 바와 같이) 그토록 의미심장하게 신학화된 것은 이 출바벨론 사건, 즉 이스라엘 역사의 마지막 부분에서 두 번째 엑소더스를 경험한 유대인들, 다시 말하면 제2성전 시대에 유대인들의 자각과 신학적/계시적 각성에 의한 것으로 보기 때문이다. 오늘 우리가 읽고 있는 오경이 그 바탕에 깔고 있는 문화, 즉 언어(히브리어 또는 아람어, 애굽어 등)와 달력과 도량형 등이 제2성전 시대의 바벨론적 문화를 반영한다는 사실은 오경이 마지막으로 완성/편집된 때가 다름아닌 제2성전 시대이며, 그 독자층도 제2성전 시대의 유대인들이었음을 의미한다고 볼 수 있다. 이와 같은 맥락에서, 즉 첫 번째 액소더스 이래 수백 년 동안 재해석되고 신학화되어 온 엑소더스의 전승사에 있어서 출바벨론 사건이 그 마지막 단계에 속하는 결론이라는 관점에서 구약성서를 연구하는 신학도들은 출바벨론 사건에 더 큰 의미를 부여하고 중요시하게 된다고 볼 수 있다.

B. 엑소더스와 이스라엘의 정체성

구약성서에서 '대사'(大事), '큰 이적/표적'(sign), '크고 두려운 일', '기사/놀랍고 기이한 일'(wonder)[7] 등으로 불리는 출애굽 사건, 즉 '제1 엑소더스'는 이 사건 이후에 태어나는 모든 이스라엘 백성들의 정신세계를 지배하게 되는 사상으로서 이스라엘의 정체성(Identity)을 확립해 주는 뿌리 경험(Root Experience)[8]일 뿐만 아니라 동시에 거의 모든 구약신앙/신학의 모체가 된 사건이기에 우리는 이 사건을 구약신학의 다양한 사상들 가운데서

[7] 출 14:31; 신 4:32, 34; 10:21; 11:7; 34:11~12; 시 71:19; 72:18; 78:11~12; 106:21; 126:2~3; 136:4, 7, 17; 사 11:15~16; 렘 23:7~8 등의 성구를 참조하라.

[8] 이 용어는 전 프린스턴 신학교의 구약학 교수였던 앤더슨 박사가 즐겨 사용한 용어이다. B. W. Anderson, *Understanding the Old Testament, 4th edit.* (Prentice Hall, 1984), pp. 26, 78.

가장 중요한 (역사적) 기초로 삼으려는 것이다. 마치 약방의 감초처럼, 구약의 거의 모든 저자들은 그들의 신학적 전제로서 이 사건을 직·간접으로 언급하고 있으며,[9] 구약신학의 거의 모든 사상적 강줄기들은 이 사건을 통과하여 흐른다. 결국, 이스라엘 백성은 물론 오늘의 구약 학도들까지도 이 사건을 통하여 구약신학의 거의 모든 분야, 즉 구속 신앙/신학, 계약신학, 해방신학, 창조신학,[10] 부활신학,[11] 사랑의 신학, 소망의 신학 등을 배우고 이해할 수 있게 된다. 마치 타는 숯불과 잔잔한 호수에 돌을 던지면 수많은 불똥이 튀고 수많은 물결을 일으키듯이, 이 하나의 사건, 아니 이스라엘이 그들의 역사의 시작과 끝에서 반복하여 겪은 이 뿌리 경험을 통하여 수많은 사상과 신학들이 잉태되고 태어났다고 보는 것이다.

이 출애굽 사건이 이스라엘 백성에게 자신의 정체성을 확인케 해주는 뿌리 경험이 되었다는 사실은 이들이 수천 년 동안 잊지 않고 지켜 온 유월절에서 분명하게 확인된다.[12] 오늘날 유대인 가정에서 유월절을 지킬 때는 '유월절 하까다'[13](Passover Haggadah)에 명시된 규례를 따르게 되어 있는데,

---

[9] 특히, 시 81:8~10; 겔 20:5~6; 단 9:15; 호 11:1; 13:4; 암 2:9~11; 3:1~2 등을 참조하라.

[10] 다수의 구약학자들이 오경의 성장과정을 서술할 때, 출애굽 전승이 제일 먼저 형성/집필되었고, 이어서 시내산 계약과 광야 방랑 전승과 가나안 정착 전승이 형성되었으며, 그 다음에 출애굽 사건이 있기 이전의 역사, 즉 족장(아브라함, 이삭, 야곱) 전승과 그 이전의 창조 및 홍수 전승이 출애굽 사건의 보조 자료로서 집필되고 추가되었다고 생각한다.

[11] 장영일, "구약의 종말론(II): 부활 신앙", *이스라엘의 경건과 학문*, pp. 181~206 참조.

[12] 출애굽 사건을 그 주요 동기로 삼는 절기는 유월절에 국한되지 않는다. 유대인들은 오늘까지도 그들의 3대 절기를 출애굽 사건의 빛에서 그 동기를 설명하고 있다. 유월절이 애굽에서의 열 번째 재앙의 빛에서 설명된다면, 오순절은 출애굽한 이스라엘이 시내산에서 모세를 통하여 율법을 받은 사건을 그 주요 동기로 삼고 있으며, 초막절은 이스라엘 백성이 시내산에서 야웨 하나님과 맺은 계약/언약을 기념할 뿐만 아니라 그 조상들이 광야 40년 동안 초막/천막에 거하던 일을 기억하는 절기/축제인 것이다.

[13] 유월절을 어떻게 지켜야 하는지에 대하여 설명해 놓은 주석 또는 설명서로서 다음 책을 참조하라. Nahum N. Glatzer, *Passover Haggadah* (New York: Schoken Books, 1996).

이 규례에 의하면 유월절 저녁에 온 가족이 둘러앉아 무교병과 쓴나물과 양고기를 먹을 때('한 유대인의 유월절 식사 장면' **사진 29**) 반드시 부모와 자식간에 정해진 전통에 따라 대화를 나누어야 한다. 그 전통이란 다름아닌 이 대화를 열기 위해서 그 가정의 장자 또는 막내아들이 아버지에게 먼저 "우리가 양고기와 무교병을 먹고 쓴나물을 씹는 등의 이와 같은 행사를 치르는 이유가 무엇입니까?(신 6:20; 출 12:26; 13:14a)"라고 먼저 물으면, 그의 아버지는 반드시 다음과 같은 문장으로 시작하면서 그 이유를 설명해야 한다는 것이다: "우리는 본래 애굽에서 바로의 종이었다…… 우리 주 하나님께서 크신 권능으로 우리를 애굽의 종살이에서 자유케 하셨다(신 6:21~24; 출12:27; 13:14b~16)…… 이제 우리는 자유인이다. 그 누구의 종도 되어서는 안 된다."[14] 이와 같이 이스라엘 백성은 매년 지키는 유월절 축제를 통하여 조상의 경험을 자신의 경험으로 재현하고 확인할 뿐만 아니라,[15] 어떠한 상황에서도 야웨 하나님의 택한 백성이요 구속한 백성으로서의 감사와 긍지와 사명을 잊지 않았으며, 또다른 종살이와 억압에 처할지라도 하나님이 주신 자유를 회복하기까지 끝까지 저항하고 투쟁하는 민족이 되었던 것이다.

[14] 아버지의 설명 가운데 끝부분은 유대인이 현재 어느 처지에 있느냐에 따라 달라질 수 있다. 만약 유월절을 지키는 가정이 이스라엘 땅이 아닌 이방 땅에서 나그네로 지낼 경우에는 "오늘은 여기에서, 다음 유월절은 예루살렘(또는 이스라엘 땅)에서"라는 말로 끝맺게 된다. 사도 바울이 갈라디아 교회에 보낸 편지에서 "그리스도께서 우리로 자유케 하려고 자유를 주셨으니, 그러므로 굳세게 서서 다시는 종의 멍에를 메지 말라"(갈 5:1)고 권고한 것을 보면, 사도 바울도 유월절 하까다를 알고 있었음을 암시한다.
유대인이 유월절에 자신의 정체성을 확인하듯이 필자도 이따금 자신의 정체를 두 가지로 정의하곤 한다: 그 하나는 '죽은 개만도 못한 놈'이요, 또 하나는 '에베드 야웨' 곧 '야웨의 종'이다. 첫 번째 정체성은 필자('개 띠')를 겸손하게 만들고 두 번째 정체성은 필자로 하여금 사탄의 권세에서 나를 자유케 하사 주님의 종으로 불러주신 하나님 앞에서 감사/감격하게 만들고 사람들 앞에서 사명과 긍지를 느끼게 한다.

[15] 현대 유전학에 의하면, 이와 같은 조상의 경험의 현재화는 생물학적으로도 가능한 것으로 입증된다는 것이다. 즉 2천 년 전 조상의 유전자 속에 2천 년 후에 태어날 후손이 들어 있었으므로, 결국 출애굽 당시의 유대인의 뱃속에 들어 있던 (2천 년 후의) 후손들도 조상과 함께 애굽의 종살이와 홍해 도강 사건을 이미 경험했다는 것이다.

이와 같은 엑소더스에 기초한 가정교육을 통하여 자신의 정체성을 확립한 유대인은 (앞 장에서 강조한 바와 같이 어느 민족보다 역경과 고난을 더 많이 겪었으면서도) 세계 여러 민족들 가운데 정신 면에서 가장(?) 강인한 민족이 될 수 있었다.[16] 특별히 이들이 보존하고 지켜온 자유와 독립 정신은 세계 어느 민족의 독립/자유 정신보다도 끈질기고 유명한(?) 것임을 인정하지 않을 수 없다. 로마 제국 시대에 로마가 정복한 모든 식민지의 백성들이 로마 정부에게 굴복하고 로마의 법을 기꺼이 따랐으나 유독 유대인만이 끝까지 반항하게 되므로 로마 제국은 결국 유대인들로 하여금 예루살렘과 가나안에 살지 못하도록 이들을 추방했을 뿐만 아니라 한 걸음 더 나아가 그 땅 이름을 '유대인의 땅(Judah)' 혹은 '가나안 땅(Canaan)'이 아니라 (유대인이 가장 치욕적으로 생각하는 바) '팔레스티나'(Palestina) 곧 '블레셋 사람의 땅'(the land of the Philistines)이라 고쳐 부르도록 명령하는 것을 볼

16) 자아에 대한 정체의식이 개인이나 민족에게 얼마나 중요하고 삶에 미치는 영향이 얼마나 엄청난 것인가에 대하여는 여러 설명이 필요 없을 것이다. 필자 개인에게 있어서도 자신의 정체성 의식은 필자의 실생활에 엄청난 영향을 끼치는 것임을 느낀다: 필자는 언제부터인지 아마도 예수 그리스도의 종이 되기로 결단한 그 순간부터 자신의 정체를 많은 사람들 앞에서 "죽은 개만도 못한 놈"이라 공언해 왔다. 우선 필자가 태어난 해가 '개 띠'(1946년 음력 12월 7일)이고, 또 언제부터인지 그리스도를 본받아 살겠다는 결심을 더욱 굳게 한 그때부터 나 자신에 대한 성찰이 깊어졌고, 그 성찰의 때마다 예외없이 나 자신의 마음과 생각이 교만과 음란과 거짓과 증오 등으로 가득 차 있어서 개보다도 더 더럽고 추하고 무질서하다는 깨달음을 갖게 됨으로써 그와 같은 정체 의식을 고백하게 되었던 것 같다. 이와 같은 정체성 의식은 모든 사람 앞에서 ('죄인 괴수'라고 고백한 사도 바울처럼/딤전 1:15, 그리고 자신을 가리켜 '세리 마태'라고 부르며 자기가 과거에 세리였음을 강조한 마태처럼/마 10:3) 나를 겸손하게 만들고 남을 높이 우러러보게 하며, 더 나아가서 "그러나 나는 이제 하나님의 자녀요 종이다"로 이어지는 후속적 정체의식을 통하여 하나님 앞에 한없이 감사하게 된다. 적어도 이러한 정체의식을 망각하지 않는 한 매사에 원망 없이 그리고 더욱 온유하고 겸손한 맘으로 하나님과 이웃을 경외하며 섬기게 되었음을 간증한다.

17) 유대인의 '자유 정신'이 드라마틱하게 표현된 사건은 소위 '마사다 사건'으로서, 로마의 실바 장군과 3년을 대치하던 마사다 요새의 유대인들이 함락당하기 전날 밤 그 대장이었던 엘르아살의 제안대로 969명이 '야만인에게 살해당하는 수치보다는 자유인으로서 자결하는 명예'를 선택하여 집단 자결한 사건이었다.(마사다 요새 **사진 30**) 이와 같은 유대인의 '자

수 있다.[17] 구약성경의 자유/해방 정신은 신약성경에서 그대로 계승되어 예수 그리스도의 십자가 사건에서 가장 완벽하게 만발하게 되며,[18] 이 자유 사상을 청교도가 이어받아 지상에서 가장 자유가 존중되는 미국을 건설하게 되는 것을 본다.[19] 그만큼 구약의 엑소더스는 이스라엘과 유대인의 역사는 물론 예수 그리스도 이후의 인류의 역사에까지 (일파만파의) 영향을 미치고 그 역사를 이끄는 견인차가 되었다는 점에서 위대하고 놀라운(great and wonderful) 사건이 아닐 수 없는 것이다.

유' 교육은 현재까지도 지속되고 있는데, 그 대표적인 예가 이스라엘 군대가 정훈교육 장소로서 반드시 거치는 이 마사다에서의 "Never again Masada" 복창(復唱)이요, 또 다른 하나는 통곡의 벽에서 거행되는 '성인식'이다. 이 성인식에서 12세가 되는 유대인 소년은 율법 두루마리를 전수받아 낭독하게 되고 그 순간부터 자신의 일을 자신이 결단하고 책임을 지는 자유인으로서의 삶이 시작되는 것이다(성인식 장면: **사진 31**).

[18] 예수 그리스도의 십자가 사건은 하나님의 아들 예수께서 속죄양으로 세상에 내려오셔서 아담 이후의 모든 인간의 죄를 대신하여 피흘리고 죽으시고 부활하심으로써 그를 믿는 자 곧 그 마음의 문설주에 예수의 피를 바른 자는 누구든지 (애굽의 바로 황제보다도 몇천 배나 더 참혹한 죄/사탄/죽음의 억압에서) 자유와 구원과 영생을 얻는 길을 열어놓으셨다는 점에서 인류 역사상 전무후무한 가장 큰 엑소더스 사건이라 할 수 있으며, 그런 의미에서 갈보리 십자가 사건은 출애굽 사건의 계승이요 완전한 성취라 할 수 있는 것이다.

[19] 오늘의 미국이 세계의 정치와 경제(Dollar)와 군사와 문화, 특히 언어(English)의 지도자적 위치(?)를 차지하게 된 비결은 그 무엇보다도 이들의 역사 가운데 그들의 조상 청교도들이 전해 준 성경적 또는 기독교적 인간 평등사상, 즉 '자유'에 대한 가치의 발견과 존중과 희구에 있었다고 볼 수 있다. 뉴욕 맨해튼의 '자유의 여인상'(Statue of Liberty Woman)과 함께 워싱턴 D.C.에 나란히 세워진 네 개의 상징물(링컨 기념관, 자유의 호수, 워싱턴 기념탑, 국회의사당)은 글자 그대로 오늘의 미국을 이끌어낸 미국 정신을 대변하는 것으로서 그 주제는 한 마디로 '자유'이다.

2. 출애굽 사건(Exodus I)과 구약신학

A. 출애굽 사건의 예고

이스라엘 백성이 애굽에 체류한 기간이 얼마인지 그리고 그들이 애굽인의 억압 속에서 종살이를 한 기간이 얼마인지는 성서에서조차 분명치 않으나[20], 한 가지 분명하게 말할 수 있는 것이 있다면 그것은 이스라엘, 백성 즉 히브리인들의 대탈출(大脫出) 사건으로서의 출애굽 사건은 필연적으로 일어날 수밖에 없는 기정 사실로 예정되어 있었고(창 15:13~16), 어쩌면 이 출애굽의 대서사시적 드라마는 이스라엘 백성들이 고난의 용광로를 통과하면서 완성해야만 했던 하나의 과제이자 사명이었다는 사실이다. 우선, 애굽에서 야곱의 자손들의 정체(identity)가 히브리인(עִבְרִים/Hebrews, 강/국경[21])을

20) 성서 저자들은 이스라엘의 애굽 체류 기간을 두 가지로, 즉 어떤 곳에서는 400년으로(창 15:13; 행 7:6), 어떤 곳에서는 430년(출 12:40~41; 갈 3:17)으로 제시한다. 이에 대한 유대교 랍비들의 해석도 다양하다. 어떤 랍비는 아브라함 또는 이삭부터 모세까지를 400년으로 보기도 한다.

이스라엘 백성이 바로의 압제하에서 종살이를 한 기간도 학자에 따라 다양하게 제시되었다. 성서는 요셉을 알지 못하는 바로/파라오(Pharaoh) 때부터 종살이가 시작된 것으로(출 1:8)기록하고 있는데, 그 바로가 누구인지에 따라 이스라엘 백성의 종살이 기간도 달라질 수밖에 없다. 만약 어떤 학자들의 주장대로 '요셉을 알지 못하는 바로'를 힉소스족을 몰아낸 아모세 1세 (Ahmose I, 1552~1527 B.C.)로 보고 이때부터 이스라엘의 종살이가 시작되어 람세스 2세(1304~1237 B.C.) 때에 (더 구체적으로 주전 1280년에; 부록: **애굽 연대표** 참조) 출애굽 사건이 일어난 것으로 본다면, 그 종살이 기간은 약 250여 년으로 환산된다. 그러나 이 종살이 기간을 아모세 때부터 투트모세 3세(Tutmose III, 1490~1436) 때까지로 본다면, 즉 (왕상 6:1을 문자적으로 해석하는) 일부 학자들의 견해에 따라 투트모세 3세 때에 (정확히 말하여 B.C. 1438) 출애굽 사건이 일어난 것으로 볼 때는, 그 종살이 기간이 약 100년(1552~1438)으로 환산될 수도 있다. 그러나 창 15:13과 행 7:6에 의하면, 이스라엘의 종살이 기간은 400년이었다. 출애굽 연대를 람세스 2세 때로 잡는 학자들의 견해에 대하여는 브라이트와 앤더슨의 책을 참조하라. J. Bright, *A History of Israel* (Philadelphia: Westminster Press, 1976); B. W. Anderson, *Understanding the Old Testament (Englewood Cliffs,* NJ: Prentice-Hall, 1986).

건너는 자)으로 불렸다는 사실 하나만으로도(출 1:15, 2:11, 13; 3:18; 5:3; 등) 출애굽은 예정된 사건이었음을 암시한다. 왜냐하면 그 정체성이 '강/국경을 건너는 자'로 규정된 사람들은 국경을 건널 때에야 비로소 자신의 존재의 가치를 느끼게 마련이고 자신들의 (역동적) 정체에 부합한 사명과 목적을 이루는 것이 되기 때문이다.[22] 더욱이 그들이 자신들의 하나님을 '히브리인의 하나님'(출 3:18; 5:3)으로 고백하고 있었다는 사실은 자신들이 필연적으로 역동적 성품을 지니신 야웨 곧 '히브리인의 하나님'의 구원 역사(役事)를 통하여 언젠가는 반드시 애굽에서 떠나게 될 것을 알고 있었음을 암시한다. 결국 그들의 고역이 심화되면 심화될수록 그들의 탈출의 결정적 순간(D-day)은 더욱 가까워 오고 있었던 것이다.

고대 중동 사회에서 '히브리인'은 본래 사회·경제적으로 천민 계층 즉 사회 구조의 변두리(margin)에서 한 곳에 정착하지 못하고 호구지책을 위하여 국경을 넘나들 수밖에 없었던 가난한 사람들을 가리키던 용어였던 것으로 보인다.[23] 특히 이들 가운데는 국제적 용병과 노무자 그리고 양떼의 이동을 따라 천막 생활을 할 수밖에 없었던 베두윈 목동들이 포함되었으며, 이스라엘의 족장들(아브라함, 이삭, 야곱)이 히브리인으로 불린 것도 이와 같은 맥락에서 이해될 수 있다. 그러나 이 용어는 시대가 변함에 따라 그 본래의 부정적 이미지(경제·사회적 천민 계층에 대한 지칭)를 벗어버리고 이스라엘 민족만을 가리키는 고유한 정체성 명칭으로 발전하였다고 본다.

고대 유목민이 천막을 들고 목초지를 찾아 국경을 넘나드는 이주/이민의 삶을 영위할 수밖에 없었던 것은 순전히 양들만이 갖고 있는 독특한 생태 때문이었다. 광야에서 이따금씩 볼 수 있는 풀포기와 나뭇 가지는 물론 풀뿌

---

[21] 고대나 현대나 국가간의 경계는 대개 강 또는 바다이었음에 유의하라(**지도 2** 참조).

[22] 마치 '목사'라는 직함을 가진 사람이 목사로서의 일을 할 때에만 의미와 보람을 느끼게 되는 것과 같다.

[23] B. W. Anderson, *op. cit.*, pp. 39, 57.

리까지 캐먹는 양의 철저한 식성[24] 때문에 베두윈들은 한 장소에 한 달 이상 멈춰 있을 수 없어(**사진 32**: '유대 네게브의 양떼와 베두윈'; **사진 33**:네게브 광야), 새로운 목초지를 향하여 양떼를 이끌고 이동할 수밖에 없었던 것이다.[25] 아울러 목동이 양과 함께 동거동행하면서 천막을 치고 광야에 머물 수밖에 없는 이유는 양의 타고난 온순함[26]과 무지함(멍청함)과 연약성 때문이다. 사자나 늑대와는 달리 공격무기가 전무한 신체구조를 갖고 있는 양들은 자기보다 작은 오소리에게도 물려갈 정도로 무지하고 무방비 상태이며, 10m 이상을 보지 못하는 근시(近視)와, 가시에만 찔려도 충격을 받아 상처를 입고 청각을 상실할 정도로 약하고 여린 성품을 가진 양이기에[27] 목자는

[24] 현대 베두윈들의 고민거리 가운데 하나가 바로 이 양들의 철저한 식성이다. 관광객들이 버리고 간 플라스틱 병까지도 먹어치우기 때문에 뱃속에 들어간 플라스틱 조각이 양들의 내장을 찢어 결국은 양들의 생명까지 앗아가는 사태가 빈번하기 때문이다.

[25] 이와 같은 맥락에서 목동과 농부는 정반대의 생활 방식과 이념을 갖지 않을 수 없다. 목동은 땅에 정착하는 순간 양과 함께 자멸하는 존재이나, 그 반대로 농부는 땅을 떠나는 순간 생존의 기반을 상실하고 망하는 존재가 된다. 집을 짓더라도 목동은 이동식/조립식 천막을 지어야 하나, 한 곳에 정착해 살아야 하는 농부는 가능하면 석재(石材)와 같은 반영구적인 재료로 견고하게 집을 지어야 한다. 이와 같은 생활 방식의 차이가 목동으로 하여금 내세적이고 진취적이고 역동적인 이념을 갖게 하는 반면에, 농부로 하여금 현세적이고 정착적인 이념을 갖게 한다고 볼 수 있다.

[26] 모든 짐승 가운데서 온순하기로 유명한 양의 성품에 대하여 성경 저자는 다음과 같이 묘사한다: "그가 곤욕을 당하여 괴로울 때에도 그 입을 열지 아니하였음이여, 마치 도수장(屠獸場)으로 끌려가는 어린양과 털 깎는 자 앞에 잠잠한 양 같이 그 입을 열지 아니하였도다"(사 53:7). 목자가 양들의 목에 칼을 대는 순간에도 반항하기는커녕 한 마디의 신음 소리조차 내지 않는 천성적 온유를 지닌 동물이 곧 양이다. 하나님께서 모든 짐승들 가운데 양을 가장 기뻐하시는 희생제물로 선호하시는 이유는 아마도 절대로 반항할 줄 모르고 자신을 온전히 주인의 처분에 맡기는 양의 온유한 성품 때문일 것이다.

[27] 이와 같은 약점투성이인 양에게도 남다른 장점과 강력한 무기가 있으니 그것은 목자를 의지하고 따르는 온유와 지혜와 순종이다. 목자를 따르는 양에게 있어서 필수불가결의 장비이자 그 어떤 짐승보다도 발전된 도구가 하나 있는데, 그것은 아주 세미한 목자의 음성까지도 알아들을 수 있는 탁월한 청력이다. 양들은 자기 목자의 음성과 타인의 음성을 분별하는 놀라운 지혜도 구비되어 있다. 그러나 양들은 작은 가시에만 찔려도 청력을 상실하는

밤낮없이 항상 양떼 곁을 떠나지 못하고 동거할 수밖에 없다. 이와 같은 목동의 주어진 환경 속에서 히브리인 목자는 역동적 이주의 삶을 영위해야만 하였고, 여기에서 히브리인 특유의 정신이라 할 수 있는 낙천주의,[28] 이민정신, 개척정신, 이상주의, 유토피아 사상, 희망/소망의 신학 등의 사상들이 꽃을 피우고 열매를 맺었던 것이다. 어떤 의미에서 그들은 과거에 미련을 두지 않고 끊임없이 더 나은 초장을 찾아 미래를 향하여 부단히 현재를 떠나는 일종의 모험자/이민자들이었다.[29] 그들은 유토피아를 향하여 언제나 떠날 준비가 되어 있는 이상주의자들이었고, 그들에게는 언제나 새로운 출발이 가능한 용기가 있었다. 그들은 이삿짐이 가벼운 사람들이었다. 그들은 한 사코 공룡 또는 무거운 새의 운명[30]을 거부한다. 땅에 고착되지 않고 부단히 땅을 떠남으로써 (개척/개혁의 정신 속에) 생존하는 사람들이었다. 그들에게 절망은 없었다.

약점을 갖고 있다. 그러므로 양에게 있어서 강하고 선한 목자가 그의 곁에 있다면, 그리고 그 양의 귀가 건강하고 그의 귀가 목자에게만 향하여 있다면, 이러한 양이야말로 세상에 부족함이나 두려울 것이 없는, 푸른 초장과 잔잔한 물가로 인도함을 받는, 세상의 그 어느 짐승이나 가축보다도 안전과 평안을 누리는, 사자보다 강하고 잉꼬보다 행복한 존재가 되는 것이다. 양들이 목자 곁에 붙어 있을 때는 맹수도 무섭지 않고 모든 것을 가진 자처럼 부유하게 되지만, 그 반대로 양들이 목자를 떠날 때 그것은 모든 것을 잃어버리는 것이고 그때 세상에서 가장 약하고 가난하고 비참한 상태로 전락하는 것이다.

28) 유대인의 낙천주의를 가장 잘 반영한 현대 영화 가운데 하나는 '지붕 위의 바이올린(Fiddler on the Roof)'이다.

29) 오늘의 영적 순례자로 자처하는 독자들로 하여금 나그네와 목동 같은 삶 속에서도 약속의 땅을 바라보며 소망과 용기를 갖게 하기 위하여 '순례자의 노래'를 소개해 본다: (1절) 하늘의 곡조 울리니 내 마음 기쁘도다. 아름다운 멜로디로 날마다 주 찬양해; (후렴) 노래하는 순례자 주님의 손 잡고, 약속의 땅 찾아서 길가는 순례자; (2절) 주께서 내 짐 지시니 발걸음 가벼웁다. 주님의 그 크신 은혜 날마다 찬양하리; (3절) 언젠가 강건너 주를 기쁘게 만나리니 순례자 나가는 길엔 두려움 없으리라.

30) 지구상에 한때 존재했던 공룡이 지구상에서 사라진 이유에 대하여 여러 가지 가설이 제기되었었다. 그 가운데 대표적인 한 가설은, (최근 1995년도에 세상을 떠들썩하게 했던 슈메이커 레비 혜성보다는 작은) 한 혜성이 지구에 떨어졌고, 그 충격으로 지구상의 모든 공룡들이 넘어졌는데 그 덩치가 너무 큰지라 스스로 일어나지 못하고 전멸하였다는 것이다.

그러면, 하나의 민족적 대이동(이민) 사건이라 볼 수 있는 이 출애굽 사건의 실상은 어떠했으며, 이스라엘 백성들이 이 애굽 탈출 경험을 통해 터득한 신학은 무엇이었으며, 그들의 탈출의 궁극적 목적 또는 사상적 고지로서의 목표는 무엇이었는가?

B. 출애굽의 실상[31]과 의미

(1) 바로(Pharaoh)로부터의 탈출:

출애굽 사건은 무엇보다도 먼저 애굽 왕 바로(Pharaoh)로부터의 탈출 사건이었다. 그러면, 이 바로[32]가 누구였기에 하나님께서는 이스라엘 백성에게 그로부터의 탈출을 명령하시는 것일까? 애굽의 수많은 석상과 신전과 무덤의 벽화에서 볼 수 있는 것처럼, 태양 또는 나일강, 뱀(코브라[33]), 황소, 매, 등으로 상징되는 바로는, 성경적 문맥에서, 즉 이스라엘 백성의 입장에

---

25) 여기에서 제시하는 애굽의 문화에 대한 해석은 세속적인 관점에서의 문화사적 의의나 고대 애굽인의 놀라운 업적에 대한 문화적 평가/치하를 배제한 것임을 밝힌다. 우리가 인류문화사에서 7대 불사가의 가운데 하나로 꼽히는 피라미드의 문화사적 가치나 룩소르(고대 애굽의 수도 테베)에 가면 볼 수 있는 바, 엄청난 크기 (**사진 6A, 6B**: 돌기둥 하나의 두께가 장정 10명이 팔을 두를 정도의 크기)의 카르낙 또는 룩소르 신전들을 짓는 데 있어서 애굽인들이 보여준 놀라운 건축학적·기하학적·수학적·천문학적 지식을 과소평가하자는 것이 아니다. 필자가 제시하는 애굽 문화에 대한 (다소 부정적인) 시각은 구약성서 저자의 주관적이고 영적이며 신학적인 안목을 대변해 보려 한 것임을 유의하기 바란다.

32) '바로'/Pharaoh는 본래 애굽어로 '페르-아아/per-aa'였고, 이것을 히브리어 또는 헬라어로 음역할 때 '파르오/פַּרְעֹה' 또는 '파라오'라 발음하게 되었다. per-aa의 본래 뜻은 '큰 집'(Great House), 즉 애굽 왕의 궁전을 가리켰고, 애굽의 신왕국(New Kingdom)시대부터 이 말이 애굽 왕 자신을 가리키는 말로 발전하였다. 현대적 의미에서 이 용어는 하나의 직함으로서 애굽의 '황제-왕'을 가리킬 때 사용된다. I. Shaw & P. Nicholson, The Dictionary of Ancient Egypt (New York: Harry N. Abrams, Inc. , Publishers, 1995), p. 222.

33) 특히 애굽의 석상 또는 벽화에서 볼 수 있는 바, 모든 바로의 왕관의 이마 부분에 틀림없이 매달려 있는 뱀의 머리를 참조하라(**사진 34** 참조: 투탕카문과 왕비).

서 볼 때 다름아닌 거짓 신, 잔인한 폭군, 사탄의 화신이었다.

물신숭배 사상(animism)이 세계를 지배하던 시대의 고대 애굽에서 엄청난 위력을 과시하고 있는 태양과 나일강과 뱀 그리고 바로는 다같이 신격화되어 있었다. 이들이 애굽인들의 눈에 신(神)으로 보인 것은 결코 우연한 일이 아니다. 무엇보다도 먼저 애굽은, 헤로도투스(Herodotus)의 표현대로 '나일강의 선물'(the gift of the Nile)로서, 나일강이 없이는 존재할 수 없는 나라였다. (상황은 현재도 마찬가지이다.[34]) 일년 내내 거의 비가 한 방울도 내리지 않는 사막에 불과한 애굽 땅에서 이 나일강은 사시사철 중단없이 무한대의 생수를 공급해 주는 거대한 물탱크로서 애굽인 전체를 먹여 살리는 생명의 젖줄이요 신비하기 그지없는 생명의 근원이었던 것이다. 이 나일강과 그 주기적인 범람이 있었기에 하나의 거대한 광야이자 사막에 불과한 애굽 땅은 기름진 옥토가 되어 애굽인에게 무한대의 식량을 공급해 주었던 것이다. 이렇게 애굽 백성을 낳은 어머니요 무한대의 생산력을 소유한 힘으로 간주된 나일강이 고대 애굽인들의 눈에 위대한 신으로 보인 것은 물신숭배가 만연했던 당대의 정황으로 보아 당연한 일이었다. 한 걸음 더 나아가 (애굽의 지도를 보면 알 수 있듯이) (**지도 3** 참조: 출애굽 경로) 이 나일강의 모습은 꼭 뱀/코브라를 닮았다. 적도 지역에서 출발하는 나일강의 상류는 뱀의 꼬리 모습이고, 하류에 속하는 지중해 쪽 델타 지역은 뱀의 머리처럼 보인다. 여기에서 애굽인은 무한대의 생산력의 소유자로서 신비하기 그지없는 나일강과 역시 무한대의 힘을 소유한 자로 보이는 뱀을 동일시하는 것을 볼 수 있다. 지구상의 그 어떤 짐승보다도 신비하고 지혜로운 동물로서[35] 발

[34] 몇 년 전에 나일강의 상류를 차지하고 있는 수단의 대통령이 나일강을 막아 댐을 건설하겠다고 발표하자, 이집트의 무바락 대통령이 "만약 이와 같은 사업을 추진한다면 이것은 이집트에 대한 선전포고로 간주하겠다"고 경고한 일련의 사건은 이와 같은 나일강의 강물이 없이는 존재할 수 없는 이집트의 상황을 잘 대변해 준다.

[35] 고대의 애굽 사람들은 뱀이 생과 사의 모든 비밀을 알고 있을 뿐만 아니라 죽은 자가 영생의 세계로 들어가는 길을 알고 있는 지혜의 왕이라고 생각했다.

도 없이 소리도 없이 은밀하게 배로 기어다니면서 땅과 바다를 동시에 지배하는, 그리고 지구상의 모든 짐승 가운데 그 생식력이 가장 강할 뿐만 아니라 동시에 그 입에는 모든 생명을 죽일 수 있는 무시무시한 독을 소유한, 말하자면 막강한 풍요의 힘과 지혜와 권세를 자랑하는 뱀/코브라를 나일강과 함께 신격화한 것도 당대의 상황에서 지극히 자연스런 일이었다고 볼 수 있다.

무한대의 생식력을 소유한 태양을 신격화한 것도 같은 맥락에서 이해할 수 있다. 태양이 있으므로 만물이 그 빛을 받아 태어나고 성장하고 결실한다는 사실은 옛날이나 지금이나 하나의 상식이었다. 애굽인들이 세상에서 가장 위대한 존재로 숭배한 신이었던 태양 곧 매일 아침 어김없이 떠올라 온 세상을 지배하다가 저녁이 되면 서쪽 죽은 자의 땅으로 내려갔다가 새벽이면 다시 부활하는 위대한 태양신, 그 태양신의 이름이 하애굽(Lower Egypt)에서는 라/레(Ra/Re)였고, 아마르나(Amarna) 지역에서는 아톤(Aton)이었으며, 상애굽(Upper Egypt)에서는 아몬/아문(Amon/Amun)이다(**지도 2** 참조). 애굽의 바로들은 이 태양신으로부터 힘과 능력을 전수받은 신의 아들들이었고, 더 나아가 이 태양신이 인간의 옷을 입고 지상에 내려온 신의 화신(incarnation)이 곧 바로이기에 신으로 간주되어 숭배를 받았던 것이다.[36]

애굽 왕, 즉 바로에 대한 신격화는 고대 사회의 원시적 사고방식에 기인한

---

36) 애굽의 바로들의 이름을 보면 바로가 곧 성육신한 신의 아들이요 신 자체로 인식되고 있었음을 분명히 알수 있다. 우선 19왕조(주전 14~13세기)와 20왕조(13~11세기)에 유명했던 람세스(Ra-meses)라는 바로의 이름은 '(태양신) 라(Ra)가 태어났다(mose)'를 의미하고, 18왕조(주전 16~14세기) 때에 유명했던 '투트모세'(Tut-mose, 1490~1436 B.C.)도 '투트 신이 태어났다'를 의미하며, 아켄아톤(Akhen-aton, 1364~1362 B.C.)도 '아톤 신의 사랑을 받는 자'라는 뜻이고, 투탕크아문(Tutankh-amun, 1361~1352 B.C.)도 '아문 신의 살아 있는 형상'(living image of the Amun)을 의미한다(**애굽 연대표** 참조). I. Shaw & P. Nicholson, *The Dictionary of Ancient Egypt* (New York: Harry N. Abrams, Inc., 1955).

것이라고 볼 수 있으나, 또 한편으로 현대 정치학적 관점에서 보면, 나약한 백성 또는 민중을 영원히 수탈하고 억압하기 위한 통치계급(왕과 결탁한 제사장 계층)의 계획적인 의식화 작업의 일환이었다고도 말할 수도 있다. 즉 무한대의 힘과 풍요/생식의 근원인 나일강 및 태양과 뱀을 바로와 동일시하고 함께 신격화함으로써 바로를 비롯한 통치계급은 무한대의 권력 소유를 정당화하고 백성들을 영구적으로 노예화하고 민중에게 무조건적인 복종과 숭배를 강요할 수 있었던 것이다. 이러한 의식화 작업을 통하여 애굽 땅은 바로의 소유로 인식되었고, 백성들은 바로를 신으로 인식하여 그가 죽어도 다시 부활한다는 신념을 가지고 바로의 시체를 (영구보존할 목적으로) 미라로 만들고 태양광선을 본딴 거대한 피라미드(**사진 3** 참조)[37] 또는 거대한 오벨리스크[38](obelisk, **사진 7** 참조)를 만들고 그 안에 바로의 미라를 안치하고 바로의 무덤인 그 피라미드 앞에서 매년 주기적으로 경배하였던 것이다.

바로의 무덤인 피라미드는, 기제(Gizeh)에 있는 쿠푸(Khufu/부록: **애굽 연대표** 참조) 왕의 피라미드의 경우에, 평균 2.5톤의 돌 200만 개를 쌓아올려 만든 것으로, 18톤 트럭으로 37만 대의 분량의 무게에 해당하는 이 엄청난 돌덩이들을 700여 km나 떨어진 룩소르(테베)에서 운반해 왔으며, 이 피라미드를 세우는 데 동원된 노동자는 20 여년에 걸쳐 연인원 20만 명이 넘었다. 여기에서 우리는 당시의 바로의 권세와 위력에 잠시 감탄(?)하게 된다. 하나의 인간에 불과한 이 바로를 신격화하여 생명을 바쳐 충성한 애굽

---

[37] 피라미드에 대한 이해는 다양하고 이에 대한 참고서도 수없이 많다. 무엇보다도 먼저, 피라미드는 바로의 무덤이자 신격화된 바로의 신전으로 이해되었음이 분명하다. 바로는 태양의 화신(化身)이기에 그의 무덤 모양은 태양광선을 본딴 것이며, 이 태양신의 신전을 수호할 수호신으로서 스핑크스(머리는 인간, 발은 사자의 발)가 피라미드 앞에 세워지게 된 것이다.

[38] 룩소르의 카르낙신전과 룩소르신전에 세워진 검(obelisk) 모양의 거대한 돌비들은 그 높이가 무려 20~30미터나 되며, 돌 한 켜로 만든 이 석비의 무게는 몇백 톤에 해당한다. 어떤 해석자는 이 오벨리스크가 태양의 화신인 바로의 권위는 물론 그의 무한대의 생식력(또는 생식기)을 상징하는 것이라고 말한다.

인들의 희생과 노력도 대단하지만, 이들 (무식한) 민중을 의식화하여 그토록 엄청난 노동력을 동원할 수 있었던 바로 및 통치계급의 설득력과 기만술도 실로 대단했다고 볼 수 있다.[39)]

대부분의 구약학자들은 출애굽 사건 당시의 바로를 람세스 2세(Ramses II the Great, 1304~1237 B.C.)와 동일시하는데, 이 람세스가 바로 출애굽 사건에 등장하는 그 바로(Pharaoh)였다면 우리는 어느 정도 출애굽 사건의 실제 상황을 그려볼 수 있다. 람세스 2세, 그는 백전백승의 장수로서 애굽 역사상 가장 부강하고 가장 영토가 넓은 나라를 건설했던, 그리고 신도시 피-람세스('람세스의 집')와 비돔(피-아툼: '아툼의 집'[40)]) 그리고 기타의 여러 신전을 비롯한 애굽에서 가장 규모가 큰 토목사업을 가장 많이 추진했던, 그리고 수많은 애굽 왕들 가운데서 가장 강력한 생식력을 가지고 가장 많은 자녀(108명)를 낳아 중왕국과 신왕국의 그 어느 왕보다도 장기간(66년) 통치했던, 애굽의 모든 바로들 가운데 가장 위대한 왕으로 불린, 따라서 애굽 백성들에 의하여 가장 신격화되고 가장 구체적인 신(神)의 화신으로 숭배된 왕이었다.[41)]

여기에서 우리는 주전 18세기의 아브라함이 (우상으로 만연된) 갈대아 땅 우르를 떠날 수밖에 없었던 상황이 약 500년 후에, 즉 주전 13세기의 모세

---

39) 이와 같은 애굽인의 삶은 마치 3천 명의 기쁨조를 거느리고 40여 년의 절대 권력과 영화를 누리면서 수십만 명의 민중을 학살했던 김일성의 공산주의 의식화 교육에 속아 그 잔인한 악마를 '아버지'로 믿고 그를 위해 생명을 바치며 신처럼 숭배하고 헌신했던 북한 동포들의 허무하고 무가치한 삶에 비교할 수 있으리라.

40) 애굽의 신들의 계보(pantheon)에서 아툼(Atum)신은 최고 신의 위치를 차지하고 있다. 그의 자위 행위로 수(Shu/공기/남신)와 테프눗(Tefnut/습기/여신)이 태어나고, 다시 이 둘에게서 게브(Geb/땅/남신)와 누트(Nut/하늘/여신) 신이 태어나며, 여기에서 다시 오시리스(Osiris)와 이시스(Isis)와 세트(Seth)와 네프티스(Nephthys)가 태어나고, 이시스와 오시리스 사이에서 애굽의 수호신이자 태양신인 호루스(Horus)가 태어난다.(**사진 35**: 창조 신화 참조)

41) 크리스티앙 자크, *람세스, I-5권*, 김정란 역 (서울 문학동네, 1997) 참조.

와 이스라엘 백성에게 다시 재연되고 있음을 직시하게 되며, 마치 하나님께서 아브라함에게 우르를 떠나라고 명령하신 것과 같이 모세에게도 이스라엘 백성을 인도하여 거대한 우상의 나라요 거짓 신의 나라요 무가치한 삶을 강요하는 사기꾼 바로의 땅 애굽을 떠나라고 명령하시게 된 이유를 헤아려 보게 된다. 그 이유는 다음 항목에서 더욱 분명해진다.

(2) 애굽문화(=우상문화)로부터의 탈출:

헬라어로 아이구-프토스/Αιγυπτος를 음역한 데서 유래한 '애굽'이란 용어의 본래 의미는 '프타/Ptah의 영혼의 집'이다. '프타'는 한 때 애굽의 수도였던 멤피스에서 숭배한 또 다른 태양신이었으며, 특별히 그 생산과 풍요의 능력을 강조하기 위하여 황소 또는 암소로 상징되었다.[42] (멤피스에 가까운 사카라에는 지금도 황소를 미라로 만들어 보관한 황소의 무덤/신전이 있다, **사진 36** 참조). '프타의 영혼의 집'이라는 이 말 자체가 (야웨 하나님만을 참 하나님으로 인정하는 성서 저자에게 있어서) 애굽의 문화는 '다른 신'의 문화이자 우상문화(레 18:3; 신 29:17; 겔 20:7~8; 30:13; 사 19:1; 왕상 12:28)임을 가리킨다고 볼 수 있다. 애굽인들은 당대에 유포된 수많은 신들의 활동을 말하는 신화(예, 오시리스 신화,[43] 천지창조 신화; **사진 35**:[44] 사

---

[42] 창세기 41장에 언급된 것처럼 바로의 일곱 암소들에 대한 두 번의 꿈과 이 꿈에 대한 요셉의 해몽은 어떤 의미에서 이들 신으로 숭상된 암소들이 한낱 하나님의 역사 운행의 도구에 불과할 뿐 결코 신이 될 수 없음을 가리킨 것이라 할 수 있다.

[43] 오시리스 신화의 줄거리는 다음과 같다: 애굽을 통치할 권세를 가진 오시리스를 시기한 그의 동생 세트가 오시리스를 살해하여 그 시체를 천지 사방에 흩어버리자 오시리스의 여동생이자 아내인 이시스가 그의 자매인 네프티스의 도움으로 오시리스의 시체를 찾아 부활시켜 오시리스가 애굽 통치의 왕권을 회복하게 된다. 그 후 죽음에 임박하여 오시리스는 자신의 왕권을 그의 아들 호루스에게 물려주고 오시리스 자신은 사후세계의 왕으로 등극하여 죽은 자들을 심판하고 다스리는 신이 된다(**사진 37B** 참조).

[44] 이 그림에서 보는 바와 같이, 본래 땅을 상징하는 게브(Geb)와 하늘을 상징하는 눝(Nut) 여신이 결합된 상태에 있었으나, 이 둘 사이를 질투한 공기의 신 수(Shu)가 간섭하여 둘 사이를 분리시킴으로써 하늘과 땅이 분리되었음을 이 그림 속의 신화는 설명하고 있다.

후 세계의 심판 신화,[45] 등)들을 사실인 것처럼 믿고 있었고, 이들 수많은 신들과 신격화된 바로들을 위해 엄청나게 크고 방대한 석조(石造) 신전(**사진 6A, 6B**: 카르낙 신전)을 짓고 석상을 세우고, 바로의 시체를 묻기 위해 수많은 바위 동굴을 파고[46] 이 신전과 석상들과 무덤을 유지하는 일에 모든 애굽 백성들이 동원되고 그들의 고귀한 재산과 시간이 바쳐졌던 것이다. 현대인의 관점에서 볼 때, 평생을 돌을 다듬고 운반하고 세우면서 돌과 함께 살아야 했던, 그리고 그 돌 앞에서 절하며 살아야 했던 애굽인들의 일생은 (성서 저자의 입장에서 볼 때) 속고 기만당한 삶 그 자체였다. 그러기에 헛되고 허무한 일에 고귀한 삶을 낭비한, 실로 무가치한 삶이었던 것이다. 그만큼 애굽의 우상문화는 사기와 허무와 무가치의 문화였다.

유일신 사상을 견지하는 성서 저자의 시각으로 볼 때, 신격화된 바로를 비롯하여, 하애굽의 라(Ra) 신과 상애굽의 아문/아몬(Amun/Amon) 신을 상징하는 태양, 세트(Seth) 신을 상징하는 악어, 상애굽의 수호신으로서 호루스(Horus) 신을 상징하는 매(Falcon), 하토르(Hathor) 여신을 상징하는 암소, 헤카(Heka) 신을 상징하는 개구리, 하애굽의 수호신으로서 우레우스(Uraeus) 또는 왜젯(Wadjet) 여신을 상징하는 코브라, 무트(Mut) 신을 상징하는 독수리, 토트(Thot) 신을 상징하는 원숭이 또는 따오기, 기타 태양과 바로의 풍요의 능력을 상징하는 풍뎅이,[47] 피라미드를 비롯한 수많은 바로들의 무덤, 신전, 석상 등 애굽인들이 숭배하고 소중하게 여겼던 모든 것

[45] 이 신화에서 죽은 자의 심장은 저울에 달리어 깃털보다 가벼울 때만 영생의 세계로 인도함을 받게 된다(**사진 37**).

[46] 18~19왕조 때에는 바로의 무덤이 피라미드 대신 바위 동굴로 바뀜, 룩소르의 왕들의 무덤(**사진 38**).

[47] 풍뎅이/쇠똥벌레를 신으로 간주한 근거는 이 곤충이 태양처럼 둥글고 무한대의 생식력을 갖고 있었기 때문일 것이다. 풍뎅이는 자체 안에 암수가 공존함으로써 무한대의 생식이 가능하다. 지금도 카르낙 신전 곁에 대리석으로 만든 거대한 풍뎅이 석상이 세워져 있고, 투탕크아문의 가슴 장식 중앙에는 보석으로 만든 풍뎅이가 자리하고 있다. 바로의 인장도 풍뎅이 모양으로 조각된 것이 많다.(**사진 39A와 43 참조**)

들이 (성서 저자의 눈에는) 한낱 무가치한 우상들에 불과했다(출 20:3~5; 사 40, 44, 46). 이렇게 무가치하고 헛된 우상과 거짓 신을 위하여 수천 수만 명이 공을 들이고 수억 번의 절을 한들 결코 한 사람의 생명도 구원하지 못한다는 생각을 할 때, 이러한 우상으로 가득 찬 땅 애굽이야말로 (성서 저자에게 있어서) 무질서(카오스/chaeos)와 흑암의 땅, 반드시 떠나야 할 땅이었던 것이다. 우상문화 특히 월신(月神) 진(Ṣin)숭배로 가득찬 우르(Ur)로부터의 아브라함의 탈(脫)우르가 필연적이었듯이 아브라함의 자손 이스라엘 백성의 탈애굽 역시 필연적인 것이었다.

(3) 종/노예 문화(Slave Culture)로부터의 탈출

또 한편으로, 이스라엘 백성에게 있어서 출애굽은 (정치·사회학적으로 볼 때) '종살이'(**사진 39B**)[48] 즉 노예 제도로부터의 탈출이었고, 또한 (문화사적으로 볼 때) 적어도 100년 이상의 긴 종살이 기간 동안 길들여진 종/노예 문화로부터의 탈출 사건이었다고 볼 수 있다. 종살이를 오래 하다 보면 차츰 굴종과 무지와 천박함에 길들여지고, 그 성품도 자신도 모르는 사이에 원망과 불평, 불안과 두려움/공포, 자책감, 절망과 비관 등으로 일그러질 수밖에 없다. 자연히 이 과정에서 하나님께서 본래 인간에게 주신 적극적이고 긍정적인 인간성, 즉 자유와 창의, 용기와 긍지, 기쁨과 감사와 찬양 등의 아름답고 고귀한 인간성을 모두 상실한 채, 지극히 부정적이고 소극적인 인간, 무기력하고 의존적/모방적이며 반항적이고 원망적인 인간으로 전락하게 된다. (400여 년의 애굽생활에서 우상문화와 종/노예의 문화로 길들여진 이스라엘 백성의 성품을 교화/세척하는 데 광야 생활 40년이나 걸렸던 것이다.) 또한 노예 생활을 오래 하다 보면 창조주 하나님께서 태초부터 인간에게 부여하신 만물의 영장으로서의 권위와 책임을 망각하게 되고, 또한 무지와 몽

48) 벽돌을 만드는 애굽 노예들; 상체가 검은 사람은 애굽의 강제노동 감독관.

매 가운데 온갖 거짓 신과 우상에게 굴복하고 복종하는 신세로 전락한 상태에 있으면서도 그러한 비인간화된 현실을 당연시하고 그러한 현실에 안주하려는 태만에 빠지게 된다. 다시 말하면, 애굽에서의 종살이의 결과는 고귀한 인간성의 상실이요 '하나님의 형상'의 파괴였던 것이다.

'하나님의 형상'(צֶלֶם אֱלֹהִים/Image of God, 창 1:27; 5:1; 9:6)이 무엇을 의미하는지에 대하여는 여러 가지 해석이 시도되어 왔다. (필자의 소견으로는) '하나님의 형상'은 다름아닌 하나님과 (사랑과 대화의) 관계를 누릴 수 있는 자격과 성품을 가리킨다. 창조주이시며 동시에 인격자이신 하나님과 (자주/자발적인 사랑의) 관계를 누릴 수 있도록[49] 하나님께서 친히 인간에게만 부여하신 하나님의 형상은 그런 의미에서 하나의 신적인 능력이요 품성이라 할 수 있는바, 이것은 무엇보다도 먼저 하나님만이 소유하시는 자유(또는 자주성)와 이 자유에서 기인하는 창의성 곧 창조주 하나님의 창조역사에 참여할 수 있는 제2의 창조자로서의 창조 능력을 가리키는 것이라 할 수 있다. 애굽에서 신의 화신으로 신격화되어 애굽의 거의 모든 신전 입구마다 세워져 있는 바로의 거대한 석상(**사진 39C 참조**)[50]또는 동상이 '하나님의 형상'이 아니고,[51] 오히려 모든 인간이 만물의 영장으로서 이 고귀한 하나님의 형상을 부여받았다는 사실을 이스라엘은 출애굽의 경험을 통하여 확인할 수 있었던 것이다.[52]

---

49) 이와 같은 사랑을 통하여 서로를 알게 되는 관계에 대하여 구약성경은 칼 동사형 '야다아'(יָדַע)와 그 명사형인 '다앝'(דַּעַת)을 적용하고 있다(창 4:1; 호 2:20; 4:1, 6; 6:3, 6; 등). 그러므로 '하나님의 형상'의 또다른 의미는 '사랑의 관계를 통하여 하나님을 알고 인식할 수 있는 능력'까지 포함하는 것이라 말할 수 있다.

50) 룩소르(고대의 애굽의 수도 노 또는 테베: 렘 46:25; 겔 30:14, 15, 16)에 있는 카르낙/아몬 신전 입구의 람세스 석상

51) Edward M. Curtis, "Image of God", *ABD*. Vol. III. p. 391.

52) 현대의 대부분의 역사비평적 주석가들은 '하나님의 형상'에 대한 사상은 바벨론 포로기 이후에 등장한 사상이요, 그 전승사에 있어서 제사장적 전승에 기원한다고 생각한다. W. H.

인간의 사랑도 그 사랑의 대상 사이에 서로 비슷하고 대등한 지위가 주어졌을 때, 즉 성품과 모양이 비슷한 인간끼리 만날 때 사랑의 관계가 성립되는 것처럼,[53] 본래부터 '사랑의 하나님'이신 야웨께서도 사랑의 대화를 나눌 대상이 필요하셨고, 그 대상으로서 인간을 만드실 때 (그 어떤 식물이나 짐승의 형상이 아닌) 바로 하나님의 모습/형상을 닮도록 창조하셨던 것이다. 진정한 의미에서 인간으로서의 권위와 영광은 이 하나님의 형상, 즉 창조주 하나님과 자발적인 사랑의 대화를 나눌 수 있는 자질과 성품을 회복하는 데 있는 것이요, 창의성과 독립의지를 상실한 채 매일같이 바로의 형상/석상을 바라보면서 사는 굴종적 노예의 삶은 하나님의 창조 섭리에 역행하는 삶이었던 것이다.

이와 같은 맥락에서 '하나님의 형상'의 문제는 선악과의 문제와도 무관하지 않다. 하나님과 자발적인 사랑의 관계를 누릴 수 있는 성품을 갖게 하기 위하여 인간을 하나님의 형상대로 창조하셨다면, 하나님께서 그 인간에게 하나님의 사랑에 자발적으로 응답할 수 있는 자유의지를 부여해야 함은 당연한 논리이기 때문이다. 다시 말하면, 이스라엘의 하나님 야웨께서는 사랑과 자비의 하나님으로서 지극히 인격적인 하나님이시기에, 다시 말하면 결코 ('춘향전'에 나오는 변사또 같이) 폭군이 되어 강압적으로 인간에게 사랑을 요구하실 분이 아니시기에, 에덴동산 중앙에 선악과를 설치해 놓으신 다음 (순수한 사랑의 동기 가운데서 이 도령의 구애에 자발적으로/자유의지를 가지고 응답한 성춘향처럼) 인간들이 자발적으로 하나님께 사랑의 응답을 할 수 있도록 창조하셨다는 것이다. 하나님의 명령을 거역하고 선악과를 따

Schmidt, *Die Schopfungsgeschichte der Priesterschrift* (WMANT 17)(Neukirchen-Vluyn, 1967). M. Miller, "In the 'Image' and 'Likeness' of God", *JBL* 91(1972), pp. 289~304.

[53] 간혹 (서양인들 가운데) 인간이 아닌 개나 고양이를 사랑의 대상으로 삼는 경우가 있으나 그것은 진정한 의미에서의 사랑의 관계라 볼 수 없다.

먹든지, 아니면 하나님의 말씀을 믿고 순종하든지 간에 선택의 자유는 인간에게 있었다. 하나님의 말씀을 거역하는 쪽을 택함으로써 결국 인간은 하나님과 사랑의 관계를 누릴 수 있는 권리와 영광을 스스로 저버린 결과를 초래하게 되었고 그와 더불어 자연히 '하나님의 형상'에 손상(?)을 입게 되었던 것이다. 이것은 어떤 의미에서 간교한 뱀의 말을 따르고 뱀(사탄 또는 마귀)의 종이 됨으로써 초래된 결과였다. 애굽에 체류한다는 것은 (뱀으로 상징되는) 바로의 종으로 전락하는 것이었고 동시에 하나님의 형상을 상실한 상태의 기만당한 삶을 의미한다. 그런 의미에서 출애굽은 이와 같은 굴종과 수치와 억압의 비인간화된 문화로부터의 탈출이었고, 그것은 결과적으로 하나님의 형상의 회복을 향한 탈출이었다고 볼 수 있다.

하나님의 형상으로서의 인간이 본래부터 부여받은 자유의지의 본질은 창의성, 즉 만물의 영장[54]이자 창조주 하나님의 대리로서 창조 사역에 동참할 수 있는 (제한적인) 창조 능력에 있다고 말할 수 있다. 이와 같이 하나님의 창조능력에 버금가는 인간의 창의성의 신비는 곧 슈퍼 컴퓨터 천억 개에 해당하는 인간의 두뇌와[55] 이 두뇌의 명령에 일사불란하게 복종하여 온갖 신비한 작품과 기계들을 만들어 내는 인간의 손가락만 보아도 부인할 길이 없다.[56] 노예문화는 한 마디로 이와 같은 인간의 창의성을 억압하고 마비시킴

54) 창세기 1장에서 강조된 창조의 순서는 어떤 의미에서 피조물의 권세와 능력의 서열을 가리킨다고 볼 수 있다. 다시 말하면, 앞에 창조되는 것보다 뒤에 창조되는 피조물이 더 권세와 능력에 있어서 우위를 차지하도록 되어 있기에, 모든 피조물의 마지막 단계에서 창조되었을 뿐만 아니라 하나님의 형상까지 부여받은 인간이야말로 만물의 영장이자 만물을 관리하고 지킬 능력이 있는 청지기(매니저)가 되기에 충분하였던 것이다.

55) 인간의 두뇌는 140억 개나 되는 뇌세포를 가진 엄청난 가능성의 보고(寶庫)이나, 보통 인간들은 이 가운데 3% 정도만 사용하고 죽으며, 에디슨과 같은 발명가의 경우에도 18% 정도밖에 사용하지 못했다는 것이다.

56) 로마의 시스틴 성당에 보관된 미켈란젤로의 그림 '천지창조'에서 하나님의 손과 아담의 손이 서로 닿을 듯이 접근된 상태로 묘사된 것은 하나님의 창조의 손가락과 인간의 창의적 손가락 사이의 닮은 점을 암시한 것이 아닌지…… 미술(도자공예)을 전공하는 필자의 둘째

으로서 창조질서를 방해하는 하나의 엄청난 카오스(chaos) 세력이라 할 수 있다. 우선 노예/종의 문화 속에서 노예는 (마치 잘 훈련된 곰처럼) 주인의 명령에 따라 모방하고 시키는 대로 행하기만 하면 되는 것이기에, 자신의 창의력을 발휘하고 발전시킬 기회가 전혀 주어지지 않는다.

이와 같은 노예문화 속에서 길들여지는 또 다른 폐단은 노예의 소극적인 품성 곧 주인에 대한 두려움과 명령을 완수하지 못했을 때 당하게 될 꾸중과 책망에 대한 두려움, 공포심과 걱정과 불안이다.[57] 잘못하고 실수해도 아버지 앞에 떳떳한 아들과 일도 시작하기 전에 혹시 실수하여 주인의 꾸중을 듣지 않을까 앞서 걱정하고 두려워하는 머슴/종/노예 사이의 분명한 차이는 노예문화의 폐단을 가르쳐 주는 좋은 비유라 할 수 있다. 육체적이든 정신적이든 간에 자유가 제한받는 어떤 억압적 분위기에서도 인간의 창의성은 충분히 발휘될 수 없다는 사실을 고려할 때,[58] 출애굽 사건은 이와 같은 인간의 창의성을 고갈시키고 인간의 존엄성을 파괴하는 비인간적 억압의 문화

딸(예종)의 그 짧지만 굵은 손가락도 이러한 하나님의 창조적 손가락을 생각게 한다. 필자의 능력으로서는 도저히 만들 수 없는 그런 미술 작품들을 만들어내는 그 애의 그 작은 손가락이 정말로 놀랍고 신비로울 뿐이다.

57) 노예문화의 폐단을 가리키는 예화는 수없이 많다. 우선 1988년에 무너진 소련 공산주의는 노예문화의 종말이 얼마나 비극적인가를 보여 주는 좋은 실례라 할 수 있다. 유물론을 신(神)처럼 숭배하는 공산주의 사회의 특징은 무엇보다도 먼저 자유가 없다는 것이다. 공산주의에서는 누구든지 공산당의 명령만 따르면 되며, 그러기에 개인의 자유나 개인의 소유는 허락되지 않는다. 따라서 개인의 창의를 발휘할 기회도 주어지지 않는다. 볼셰비키의 혁명(1918년) 이래 70년 동안 이러한 공산주의라는 혹독한 비인간화 문화 곧 노예문화 속에 살아온 소련 인민이 결과적으로 얻은 것은 3다(多)의 행복이 아니라 3무(無)의 비극뿐이었다; 즉 땅은 넓으나 식량이 없고, 나무는 많으나 종이가 없으며, 석유 매장량은 많으나 석유가 없는 비극이었다. 공산주의를 폐지하기 위해 페레스트로이카를 외쳤던 고르바초프가 당서기로 재직할 당시 식량을 배급받기 위해 수천 명이 줄 서 있는 상황에서 한 청년이 기다림을 참다 못해 "고르바초프를 죽여버리겠다"고 달려가더니 그냥 돌아왔다. 옆에서 그 모습을 지켜본 한 친구가 "왜 그를 죽이지 않고 그냥 돌아왔느냐?"고 물었고, 그 청년이 다음과 같이 대답하였다 하지 않는가? "고르바초프를 죽이려고 줄 서 있는 사람들이 배급 타기 위해 줄 서 있는 사람보다 많더라."

곧 카오스적(chaotic) 노예문화로부터 하나님의 자녀로서의 존엄성과 창의적 자유가 보장된 영광스런 인간 곧 '하나님의 형상'의 회복을 향한 탈출이었던 것이다.

(4) 나일(Nile)문화로부터의 탈출:

애굽은 '야웨의 동산' 에덴에 비교될 정도로(창 13:10) 그리고 '하나님의 동산 에덴의 모든 나무가 다 질투'할 만큼(겔 31:9)[59] 기름지고 풍요로운 땅이었기에 고대로부터 중동 사람들의 동경의 대상이었다(**사진 41**: 풍요로운 나일강변). 그 애굽이 누렸던 그 풍요의 배후에는 두말할 나위없이 나일강이

---

[58] 창의력과 자유 사이의 긴밀한 관계를 시사해 주는 예화가 또 있는데, 그 중 두 가지를 소개해 본다. 우선 조류학자들의 연구 결과에 의하면, 시골 집의 마당과 들판에서 자유로이 먹이를 주워먹은 토종닭이 낳은 계란과 양계장에서 닭장에 갇혀서 물과 모이를 받아먹고 자란 닭이 낳은 계란 사이에는 엄청난 차이가 있다는 것이다. 그 양분에 있어서 전자가 훨씬 더 풍요롭다는 사실은 두말할 나위가 없다.

또 하나의 예화는 피아노의 대가인 루빈스타인과 관련된 일화이다. 그의 절친한 친구에게 피아니스트가 되기 위해 노력하는 한 딸이 있었는데, 그 소녀가 그동안의 쌓은 실력을 선보이기 위하여 연 연주회에 루빈스타인이 초청을 받아 기꺼이 참석하기로 약속하였다. 그러나 갑자기 발생한 어떤 일로 그 연주회에 갈 수 없게 된 루빈스타인이 그의 친구에게 이 사실을 알렸고, 바야흐로 연주회 날은 다가와 그 소녀는 자신의 솜씨를 충분히 발휘하여 처음 몇 곡을 훌륭하게 연주할 수 있었다. 그런데 어느 순간부터인지 그 소녀의 가슴과 손이 떨리기 시작하였고 결국은 연주를 중단하기에 이르렀다. 그 이유인즉 그 소녀가 어느 순간 관중석을 돌아보다가 맨 뒷자리에 앉아 있는 피아노의 대가 루빈스타인을 목격하게 되었던 것이다. 연주회에 참석할 수 없었던 루빈스타인이 갑자기 닥친 그 일을 속히 끝내고 친구와의 약속을 이행하기 위하여 늦게나마 연주회에 도착하였던 것이다. 피아노의 대가가 자기의 연주를 지켜보고 있다는 두려운 생각이 소녀의 가슴과 손을 얼어붙게 만들었고, 이러한 감정적 억압 속에서 그 소녀는 자신의 창의력을 발휘할 수 없었던 것이다. 두려워 떠는 소녀를 향하여 무대 앞으로 나아간 루빈스타인이 그 소녀의 어깨에 손을 얹고 다정하게 들려준 말 한 마디가 공포에 떠는 그 소녀의 마음을 풀어주었고 그 소녀의 창의성은 회복되었다: "딸아, 두려워 말고 앞서처럼 침착하게 잘 해 보렴. 너는 어리지만 훌륭한 피아니스트가 되기에 조금도 손색이 없는 연주를 하고 있단다."

[59] 애굽의 나일 강변을 따라 펼쳐지는 짙푸른 논밭과 거기에서 자라는 무성한 채소와 사탕수수와 종려나무들은 애굽의 풍요를 과시하고도 남는다(**사진 40**).

존재한다. 앞에서도 언급한 바와 같이, 애굽은 '나일강의 선물'(the gift of the Nile)이었고, 그 나일강은 애굽 사람을 먹여 살리는 '무한대의 젖줄'이었다. 그만큼 나일강은 풍요와 생명의 상징으로서 신성시(神聖視)되었고, 광야를 통과하던 이스라엘 백성들이 배고프고 목마르고 정력이 쇠약할 때면 우선적으로 '애굽의 고기 가마'와 애굽의 풍성한 야채(외와 수박과 부추와 파와 마늘[60])를 연상했을 정도로(출 16:3; 민 11:5; 겔 16:26) 나일 강변의 논밭은 풍성한 식량의 보고(寶庫)였던 것이다. 태양/나일강/뱀으로 상징되는 바로를 이 풍요의 제공자로 인식토록 백성들을 의식화한 것도 이와 같은 풍요가 지척에 존재했기에 가능했을 것이다. 지금도 애굽에서는 10달러($) 어치의 오렌지나 수박이나 포도 또는 아이스크림을 사면 10여 명의 장정이 실컷 먹고도 남을 만큼 농산물이 풍요롭다. 성경에는 애굽 사람을 성(性)적인 동기에서 부각시켜 묘사한 부분이 많은데,[61] 이와 같은 묘사가 결코 과장으로만 지나칠 수 없는 근거가 곧 애굽 땅의 풍요로움이다.

물질의 풍요는 좋은 것이지만, 이 풍요의 맛에 길들이게 되면 풍요주의/쾌락주의에 빠져 풍요와 쾌락을 숭배하게 된다. 룩소르의 거대한 돌기둥 오벨리스크는 태양을 상징할 뿐만 아니라 동시에 바로의 무한대의 생식력을 상징하여 기억하기 위해 세워진 것이었다. 무한대의 번식력을 가진 풍뎅이(**사진 43**)와 풍요를 과시하는 암소(**사진 44**[62])를 신격화한 동기도 이 풍요주의에 기인한다. 풍요주의에 빠지면 조상에게 약속된 땅 가나안을 잊어버리

---

60) 부추와 파와 마늘 등의 야채가 남성의 정력을 북돋우는 식물이라는 사실은 현대 영양학자들도 이구동성으로 인정하고 있다. 이스라엘 백성들 못지 않게 21세기의 한국인들도 풍요는 물론 정력제에 대하여 지대한 관심을 표출하는 시대에 우리가 살고 있다. 뱀의 유혹을 받아 선악과를 따 먹었던 하와와 아담이 만약 한국인이었다면 인류 역사는 달라졌을 것이라는 어느 목사님의 말 가운데는 유머 아닌 경고도 담겨 있다.

61) 특히 에스겔 16장 26절에서 애굽 남자를 가리켜 '하체가 큰 애굽사람'이라 표현하고 있음이 특징적이다. 룩소르 신전의 탑문 앞에 세워진 거대한 오벨리스크는 말할 것 없고, 카르낙 신전의 벽화에 등장하는 바로의 모습들도 빈번하게 하체가 큰 모습으로 그려져 있다(**사진 42**)

고 결국 물질만 풍성하면 종살이라도 괜찮다는 생각까지 하게 된다(출 16:3; 민 11:5; 20:5). 풍요주의는 그러므로 이스라엘 백성으로 하여금 애굽을 떠나지 못하게 할 뿐만 아니라, 설령 애굽을 벗어났다 할지라도 이 풍요에 대한 동경을 버리지 못하는 한 약속의 땅 가나안을 향한 전진은 불가능하게 된다. 풍요는 좋은 것이고 그러기에 하나님의 백성에게 가나안 땅에서 이 풍요('젖과 꿀')를 주실 것을 약속하시지만, 그 풍요가 하나님의 약속과 말씀보다 우선하고 우상화될 때, 그것은 사탄의 지배하에서 종살이하면서 산해진미를 맛보는 것이나 다를 바 없다. 숱하게 많은 성도와 성직자들이 주님의 약속하신 바 영원한 기업을 포기하고 일시적인 풍요주의와 향락주의(돈, 명예, 권세, 인기, 쾌락, 등)에 그토록 쉽게 걸려 넘어지는 것을 보면, 고대 이스라엘 백성에게나 현대 21세기의 기독교인들에게나 풍요주의와 향락주의는 단절하기 힘들고 떠나기 힘든 엄청난 세력의 애굽문화이자 유혹거리임에 틀림없다.

출애굽은 이러한 물과 양식이 풍족한 풍요주의/물질주의/향락주의로부터 광야에로의 탈출이었다. 광야에는 풍성한 떡과 고기가 없는 지역이나 거기엔 야웨 하나님의 사랑과 창조적 말씀이 있는 곳이었다. 출애굽은 광야에서 하나님을 만나기 위한 탈출, (눈에 보이는 일시적인) 떡으로만 사는 것이 아니라 (무한대의 풍요의 근원이며 영원토록 썩지 않는) 하나님의 말씀으로 살기 위한, 철저히 하나님의 은혜와 사랑만을 의지하는 신앙의 땅으로의 탈출이었다. 그것은 (예수 그리스도의 보혈의) 강(홍해) 하나만 건너면 단절되는 문화였다.

[62] 시내 광야에서 이스라엘 백성이 시내산에 올라간 모세를 기다리다가 지쳐서 금송아지를 만든 사건(출 32장)은 이스라엘 백성들이 애굽의 풍요의 신과 풍요주의를 거부하는 이스라엘의 하나님 야웨 사이에서 여전히 갈등을 겪고 있었음을 암시한다.

C. 출애굽의 목적과 시내산 계약

이스라엘 백성이 애굽을 떠날 때 목적지 없이 정처 없는 나그네 길을 떠난 것은 아니었다. 출애굽은 분명한 목적과 목적지가 있는 떠남이었다. 그것은 일차적으로는 시내산(**사진 45**: 시내산 정상)을 향한 것이었고 그 산에서 구원의 주 야웨와 계약/언약을 맺고 야웨의 백성이 되어 야웨를 경배하기 위함이었으며,[63] 이차적으로는 광야의 훈련을 거쳐 야웨께서 그들의 조상 아브라함에게 약속한 가나안 땅에 도착하여 이방종교로 더럽혀진 그 땅을 청소하고 결국은 야웨께서 아브라함에게 지시하셨던 그 산 곧 예정된 또 하나의 하나님의 산 모리아산(후에 시온산 또는 예루살렘으로 불린 산)까지 나아가 그곳에 성전을 짓고 그곳에서 영원토록 야웨를 찬양하고 경배하기 위함이었던 것이다.[64] 만약 출애굽 사건이 그 후속 사건인 시내산 계약 사건(그리고 그 이후의 다윗 계약 사건)으로 이어지지 않는다면 그것은 마치 목적지 없이 떠난 출발과 같고 미완성 작품과도 같이 불완전한 것이며, 달리기 선수가 결승점에 도달하기 전에 그만둔 것처럼 공허한 것이었다. 그러므로 이 둘 사이의 관계는 시작과 끝 그리고 출발지와 목적지의 관계처럼 불

---

63) "하나님이 가라사대, 내가 정녕 너와 함께 있으리라. 네가 백성을 애굽에서 인도하여 낸 후에 너희가 이 (시내) 산에서 하나님을 섬기리니, 이것이 내가 너를 보낸 증거니라"(출 3:12). "나의 애굽 사람에게 어떻게 행하였음과 내가 어떻게 독수리 날개로 너희를 업어 내게 인도하였음을 너희가 보았느니라. 세계가 다 내게 속하였나니, 너희가 내 말을 잘 듣고 내 언약/계약을 지키면 너희는 열국 중에서 내 소유가 되겠고 너희가 내게 대하여 제사장 나라가 되며 거룩한 백성이 되리라"(출 19:4~6).

64) "이 백성은 내가 나를 위하여 지었나니, 나의 찬송을 부르게 하려 함이니라" (사 43:21).

65) 오경을 형성하는 5대 전승(족장들에게 주어진 약속, 애굽 탈출, 시내산 계약, 광야 방랑, 가나안 정착) 가운데 시내산 계약의 주제는 후대의 삽입으로 간주함으로써 그 중요성을 격하시킨 폰라트를 비롯한 다수의 학자들이 있었으나 우리는 이들의 주장을 수용할 수 없다. 폰라트는 소위 '역사적 신앙고백'(신 26:5~10) 가운데 시내산 계약에 대한 언급이 없음을 중시하여 시내산 계약 전승은 포로 후기에 삽입된 신학이라고 주장하였다. G. von Rad, The Problem of the Hexateuch.

가분의 관계라 할 것이다.[65]

이와 같은 관점에서 필자는, 뒤에서 더 자세히 다루게 될 구약신학과 그 신학의 핵심이라 할 수 있는 엑소더스 신학을 좀더 쉽게 이해하기 위하여는, 그 신학을 떠받치고 있는 두 기둥 곧 출애굽 사건과 (출애굽의 일차적 목적지라 할 수 있는) 시내산 계약 사건 사이의 불가분의 관계를 염두에 둘 필요가 있음을 강조하고 싶다. 왜냐하면, 이 두 기둥 사이의 긴밀한 연속성 속에서 출애굽 사건을 바라볼 때 엑소더스 신학의 패러다임(Paradigm/전형)은 더욱 분명하게 드러나며, 더 나아가서 '탈출(Exodus I, II)과 언약/계약(Covenant I, II)'이라는 구조/틀의 반복 속에서 전진하는 이스라엘 역사와 그 역사에 기초한 구약신학도 아울러 통전적으로 그리고 거시적인 안목으로 파악할 수 있게 되기 때문이다. 그런 의미에서 출애굽 사건에 대한 고찰에 뒤이어 결코 생략할 수 없는 것이 곧 시내산 계약 사건인 것이다.

시내산 계약과 성막 설립의 의미

출애굽의 일차적 목적지는 '하나님의 산'(출 3:1; 4:27; 18:5; 24:13; 민 10:33; 왕상 19:8) 또는 '성소'(출 15:13,17; 시 68:17; 78:54?)로 불린 호렙산(또는 시내산[66])이었다. 그 시내산으로의 탈출의 목적은 그곳에서 구원자 야웨의 놀라우신 구원과 은혜와 사랑을 확인하고 찬양하고 그분을 왕으로 추대하고 그분과 계약을 맺음으로써 명실공히 야웨는 이스라엘 백성의 왕이 되고(출 15:18) 구속함을 받은 야곱의 자손은 그분의 백성으로서의 '이스라엘' 곧 신정국가(Kingdom of God)가 되어 그분과 함께 동거하는 것이었다(시 68:18; 출 29:45~46; 25:8; 레 26:12). 여기에서 우리는 잠시 시내산

[66] 하나의 산을 놓고 두 가지 이름으로 부르게 된 연유에 대하여, 주석가들은 다음과 같이 설명한다; 즉 북왕국 이스라엘에서는 '호렙산'이라는 이름을 선호하였고, 남왕국 유다에서는 '시내산'이라는 이름을 선호하였다는 것이다. 또 한편, 역사비평적 주석가들은 E 전승(주전 8세기, 에브라임 전승)과 D 전승(주전 7세기)에서는 '호렙산'으로, J 전승(주전 10세기, 유다 전승)과 P 전승(주전 6~5세기)에서는 '시내산'으로 불렀다는 것이다.

에서 이스라엘 백성이 야웨 하나님과 맺은 계약이 고대 중동, 더 나아가서는 이스라엘의 역사 속에서 어떤 의미를 갖고 있는지에 대하여 살펴볼 필요가 있다.

고대 중동의 왕에 대한 개념은 대체로 세 가지의 유형으로 설명 되는데, 그것은 신의 아들이라는 개념과, 신과 백성 사이의 중보자 또는 대표라는 개념, 그리고 백성의 구원자/장수라는 개념이다. 대체로, 애굽의 바로는 첫 번째 유형에 속하고, 메소포타미아/바벨론의 왕들은 두 번째 유형에 속하며, 가나안의 도시국가의 군주들이 세 번째 유형에 속하는 것으로 간주된다. 물론 중동의 여러 왕들 가운데에는 어느 한 가지 유형만으로 정의하기가 어려운 왕들도 빈번히 등장한 것이 사실이다. 출애굽 사건을 통하여 성서 저자가 이스라엘 백성과 야웨 하나님의 관계를 묘사할 때 적용하는 개념은, '바다의 노래'(출15:1~8)에도 나타나는 바와 같이, 다분히 세 번째 개념에 속한다고 볼 수 있다. 즉 이스라엘 백성은 자신을 바로의 억압에서 구원하여 홍해에서 바로의 막강한 군대를 수장시킨 다음(출 15:3~8) 시내산 성소까지 인도하신(출 15:13) 야웨 하나님을 막강한 권세와 능력을 가진 무적의 용사/장군(출 15:3)로 고백하고, 그 야웨 하나님의 처소인 시내산 성소로 나아가 야웨를 자신들의 왕으로 추대하고 그분과 충성서약을 통한 계약을 맺고 그분의 백성이 되었다는 것이다. 여기에서 비로소 노예 출신이자 천민이었던 히브리인들은. 그리고 애굽에서 나올 때 순수한 이스라엘의 자손이 아닌 '중다한 잡족'(출 12:38)에 속한 이방인일지라도 야웨와의 계약에 참여함으로써, 명실공히 하나님의 백성으로서의 이스라엘(국가)로 태어나게 되었으며, 여기에서부터 하나님이 이스라엘을 다스리고 통치하시는 신정체제(theocracy)는 출범하게 되었다는 것이다.

시내산에서 야웨 하나님과 이스라엘 백성 사이에 맺어진 계약의 정체에 대하여는 신학적이고 역사적인 측면에서, 그리고 정치·사회학적이고 종교사학적이며 법률적 측면에서도 많은 연구가 진행되었고, 수많은 학자들의 다양한 가설들이 제기되었다.[67] 우리는 여기에서 정경적인 관점에 국한하여 시내산 계약의 의미를 고찰하고자 한다.

성서에서 제시하는 시내산 계약사건의 실상과 그 중심 내용은 다음과 같다: 이 시내산 계약을 통하여 우선 이스라엘 백성들 쪽에서 야웨 하나님을 구원의 하나님이시며 동시에 창조주 하나님으로 인식/고백하고 그분과 단독적인(exclusive) 계약을 맺고, 모든 다른 신들을 버리고 오직 그분만을 섬기고 그분에게만 충성을 바치기로 서약한다. 또 한편으로, 이미 수많은 민족 중에서 이스라엘 백성을 선택하시고 애굽의 종살이에서 그들을 구원하심으로서 그들의 조상과 맺은 언약에 대한 성실성을 증명해 주신 야웨 하나님 편에서는 자신에게 충성을 서약한 이스라엘 백성 가운데 거하시기로 약속하시고 하나님의 임재의 처소로서 성막/회막을 지을 것을 명령하신다(출 25~30). 아울러, 야웨께서는 만약 이스라엘이 야웨 하나님만을 섬기고 그분이 주시는 계명에 성실히 순종하면 그들을 당신의 소유로 삼으실 뿐만 아니라 그들을 열국 중에서 제사장 나라로 삼아(출 19:6~9) 세계 열방 모든 민족들의 구원의 도구로 삼을 것을 약속하신다. 이와 더불어 이스라엘을 세상에서 으뜸가는 가장 복받은 민족으로 만들어 주실 것을 약속하시고(신 28:1~14; 레 26:3~13), 만약 그들이 야웨를 저버리고 다른 신을 섬기며 야웨께서 주신 계약법을 불순종할 경우에는 야웨께서 진노하시어 그들을 심판하시사 그들로 하여금 세상에서 가장 참혹한 저주를 받은 백성이 되도록 형벌하실 것을 예고하셨고(신 28:15~68; 레 26:14~39), 아울러 그들이 지켜야 할 계명과 율례(출 20~23)를 모세를 통해 선포하셨다.

야웨와 이스라엘 사이에 맺어진 계약은 어떤 의미에서 부부간의 결혼서약

[67] G. E. Mendenhall, "Covenant Forms in Israelite Tradition", BA 17/3(1954), pp. 50~76; ______, *The Tenth Generation*(); D. J. McCarthy, *Treaty and Covenant* (1963); _____, *OT Covenant*; J. A. Thompson, *The Ancient Near Eastern Treaties and the OT* (1964); K. Baltzer, *The covenant Formulary* (1970); M. Weinfeld, *Deuteronomy and the Deuteronomic School* (1972).

(사 54:5; 62:4, 5; 렘 3:8, 14; 겔 16:8; 호 2:7, 16)을 방불케 할 정도로 신인동형론적(anthropomorphic)으로 의인화되어 있다. 이 계약에는 하나의 조건이 강하게 요구되고 있는데, 그 조건이란 부부간의 독단적 사랑(exclusive love)의 조건으로서, 즉 야웨께서 오직 이스라엘만 선택하여 사랑을 고백하신 것처럼 이스라엘도 오직 야웨 하나님만을 사랑하고 예배해야 한다는 것이다. 그런 의미에서 계약법의 핵심은 십계명이요(출 20; 신 5), 그 십계명 가운데서도 제1-2 계명, 즉 야웨 외에 다른 신들은 물론 그들의 우상까지도 절대로 섬기거나 만들지 말 것을 명령하는 법인 것이다. 어떤 의미에서 야웨께서 풍요의 땅이요 우상의 나라인 애굽에서 이스라엘을 떠나게 하여 물도 양식도 없는 메마르고 거친 광야에서 40년 동안 지나도록 계획하신 것도 이스라엘로 하여금 다른 신들을 버리고 광야에서 오직 야웨만 바라보며 야웨의 음성만을 기다리며 야웨만을 사모하고 사랑하도록 훈련하시기 위한 배려였음을 알 수 있다. 이와 같은 이해는 예언서, 특히 호세아서에서 가장 두드러지게 나타난다. 호세아는 이스라엘이 애굽을 떠나 40년간 광야를 여행한 것을 야웨와 이스라엘의 밀월(honey-moon) 기간으로 비유하고, 이 광야기야말로 신혼 초의 두 젊은 부부와 같이 야웨는 오직 이스라엘만을 사랑했고, 이스라엘도 오직 야웨만을 생각했던 행복한 기간으로 회고한다(호 3:15; 9:10; 11:1; 렘 2:2; 겔 16:60).

시내산 계약을 야웨와 이스라엘의 결혼 계약에 비유할 때, 시내 광야에 처음 건립된 성막은 한층 쉽게 이해된다. 즉 결혼식을 거행한 두 부부가 동거에 들어가듯이 야웨께서는 하늘 보좌에서 내려오셔서 이스라엘 12지파의 정 가운데에 설치된 천막인 성막에 임재하여 거하시게 된 것이다. 성막(Tabernacle)은 일명 회막(만남의 천막, Tent of Meeting; **사진 46**: 축소 모형도)이라고도 불렸는데, 이 성막은 야웨와 이스라엘이 만나는 장소였기 때문이다. 이스라엘의 성막제도는 어떤 의미에서 비례대표제의 효시라고도 볼 수 있다. 즉 12지파의 대표는 레위 지파이고, 레위 지파의 대표는 제사장 가문인 아론의 자손이며 아론 자손의 대표는 대제사장 아론인데, 아론이 지성소에서 야웨를 만나는 것은 결과적으로 이스라엘의 12지파가 모두 성막에 나아가 야웨를 만나는 것을 의미했다. (이 성막은 가나안에 정착한 뒤에는 성전으로 바뀌었고, 신약시대에 들어와서는 하나님이신 예수께서 직접 세상에 내려와 거하심으로써 살아있는 성전(임마누엘)이 되셨으며, 다시 부활하시고 승천하신 예수께서 성령으로 내려오시어 모든 성도의 마음에 내재하심으로써 모든 성도의 몸이 성전이 되는 것을 볼 수 있다.)

D. 〈출애굽-시내산 계약〉 전승[68]의 발전과 구약신학의 형성

이스라엘 백성이 애굽의 종살이에서 해방된 후 시내산에서 야웨와 언약/계약을 맺고 야웨의 백성이 되어 그분만을 섬기기로 서약하는 데 있어서 무엇보다도 중요했던 것은 출애굽 과정에서 경험한 야웨의 정체에 대한 분명한 인식이었다. 야웨는 어떤 하나님이었기에 이스라엘 백성은 시내산에서 그분을 찬양하고 그분을 왕으로 섬기며 충성하기로 서약하였던가? 또한 〈출애굽-시내산 계약〉 사건에 참여했던 이스라엘 백성뿐만 아니라 그 이후의 오고오는 세대에서 태어날 그들의 자손들이 주기적으로 지킨 유월절과 초막절을 통하여 조상들의 〈출애굽-시내산 계약〉 경험을 동시대화하고 내면화하면서[69] 고백한 야웨의 정체(identity)는 무엇이었던가? 결국 이스라

68) 엄밀한 의미에서 구약신학의 근간이 된 이스라엘의 역사 경험과 그것에서 파생된 중심적 구약전승은 '가나안 정복/정착'사건이 내포된 〈출애굽-시내산 계약-가나안 정복〉 전승이라 말해야 옳을 것이다. 왜냐하면 출애굽의 목적과 의미는 명실공히 가나안 정복을 통하여 실현되고 완성되기 때문이다. 이와 같은 맥락에서 폰라트가 소위 육경설을 주장했다는 것은 신학도들에게 잘 알려진 사실이다. 그러나 우리는 편의상 구약신학의 핵심적 주제이면서 동시에 핵심적 전승을 〈출애굽-시내산 계약〉 전승이라 부르려 한다. 특히 이스라엘의 가나안 정착이 정복 사건이냐, 아니면 점차적인 정착 또는 이민 사건이냐는 문제에 대하여는 지면 관계상 언급을 생략한다. 이에 대하여는 앤더슨의 책을 참조하라. B. W. Anderson, *op. cit.*, pp. 137~140.

엘의 전체 역사를 총괄할 때 〈출애굽-시내산 계약〉 사건은 이스라엘 백성으로 하여금 야웨가 어떤 하나님인가를 가장 구체적이고 분명하게 경험할 수 있었던 사건이었고, 그런 의미에서 이 사건은 이스라엘에게 신학(神學: 하나님 學, 곧 하나님은 누구신가에 대한 학문/이론)의 뿌리를 경험케 한 사건이자 구약신학을 형성케 한 사건이었던 것이다. 역사의 전환점을 지날 때마다 특히 매년 유월절과 초막절을 지킬 때마다 이스라엘은 '야웨 하나님은 누구이신가?'라는 질문을 하고 이 물음에 대하여 스스로 대답하려 했을 것이며, 그때마다 조상들이 경험한 〈출애굽-시내산 계약〉 사건을 상기하면서, 그 옛날 모세가 모압 평지에서 조상들에게 준 마지막 설교의 한 구절에서처럼, 그들은 "세상에 야웨와 같이 위대하신 하나님이 또 어디에 있겠는가?"(신 4:32~34)라고 고백하였을 것임이 분명하다. 그런 의미에서 우리는 이 〈출애굽-시내산 계약〉 사건이야말로 하나님께서 이스라엘로 하여금 야웨 하나님의 정체와 이스라엘 자신의 정체를 이해하도록 자신을 보여 주신 계시적 사건 곧 신학적 사건이었다고 말하게 되는 것이다.

종교학자들이 말하는 바(S. H. Hooke의 책 참조) 모든 종교의 보편적 3대 요소, 즉 신화(Myth)와 의식(Ritual)과 정신/윤리(Ethos) 가운데서 두 번째 요소인 의식은 (신화로 표현되는) 과거 조상들의 경험을 현재화하고 이

---

69) 앞에서도 언급한 바와 같이, 출애굽-시내산 계약 사건에 참여한 적이 없는 후대의 이스라엘 백성들도 유월절과 초막절을 지킴으로써 자신들도 조상들처럼 애굽에서 해방되고 시내산에서 야웨 하나님과 계약을 맺음으로써 야웨의 백성이 되었다고 고백하고 감사하였던 것이다.

70) 종교학과 인류학에 종사하는 학자들 사이에서 통용되는 '신화'(Myth)라는 용어는 '사실성과 역사성이 결여된 허황된 이야기'라는 의미에서의 신화가 아님을 유의해야 한다. 학계에서 이 용어가 사용될 경우 그 의미는 지극히 객관적이고 포용적(inclusive)이며, 神(여기서는 이스라엘의 하나님 야웨도 포함됨)과 관련된 모든 이야기뿐만 아니라 신과 인간 사이에 일어나는 모든 이야기를 지칭한다. 그런 의미에서 창세기 1~4장에 나오는 시원사(始原史)는 물론 출애굽 사건과 시내산 계약 사건 또한 일종의 신화이며, 구약성경에 언급된 거의 모든 이스라엘 백성과 야웨 하나님 사이에 (직간접으로) 오가는 이야기와 사건 스토리들이 모두 이 신화의 범주로 분류될 수 잇다.

과거의 이야기(또는 神話化된 전승[70])를 후대에 전승시켜 주는 역할을 갖고 있다. 야웨 종교의 중심적 의식이라 할 수 있는 유월절과 초막절 의식은 〈출애굽-시내산 계약〉 전승의 확립과 발전에 가장 크게 기여했음을 부인할 길이 없다. 이 두 절기가 있었기에 오늘의 〈출애굽-시내산 계약〉 전승은 중단되지 않고 부단히 옷을 갈아입으면서 각 시대마다 새롭게 그 의미가 재해석되고 부연되었으며, 이런 전승의 발전 과정 속에서 구약신학의 내용과 깊이를 더할 수 있었던 것이다.

출애굽 1세대 이후의 새로운 세대(世代)가 가나안 땅에 정착한 후 수백 년 동안 — 아마도 바벨론에 포로로 끌려가 또다시 종살이를 시작하기 전까지 — 어떤 형태로든 거의 매년(?) 지켰을 것으로 보이는 유월절과 초막절에서 출애굽을 경험하지 못한 신세대의 이스라엘 백성은 과거 조상들이 경험한 〈출애굽-시내산 계약〉 사건을 자신들의 경험으로 동시대화하고 현재화했을

[71] 과거 조상들과 관련된 사건을 후세대가 자신들의 경험으로 동시대화하고 현재화하는 경향은 성경 곳곳에서 엿볼 수 있는데, 그 대표적인 케이스가 곧 신명기와 히브리서와 고린도전서이다. 먼저 신명기에서 신명기의 저자(아마도 주전 7세기 요시야 당시의 개혁가)는 출애굽 사건 당시 시내산에서 그리고 모압평지에서 이스라엘 백성이 야웨와 맺은 계약/언약은 당대의 이스라엘 백성들과만 맺은 것이 아니라 주전 7세기의 자신들과 그 이후에 태어날 후손들과도 맺은 것임을 고백하고 있다(신 5:1~3; 29:14~15). 히브리서의 저자는 아브라함이 멜기세덱에게 십일조를 바칠 때 그 행위 가운데에는 아브라함과 함께 이미 아브라함의 허리(뱃속)에 있었던 그의 증손자 레위와 그 이후의 모든 레위의 자손들도 함께 참여한 것을 의미한다고 동시대화하고 있다(히 7:9~10). 이와 비슷한 관점에서 사도 바울도 고린도전서에서 이스라엘 백성들이 홍해를 통과하고 반석으로부터 생수를 마신 것은 수천 년 뒤에 일어날 예수 그리스도(반석)로부터 생수를 마시는 것과 예수 이름으로 세례받을 것을 미리 경험한 것, 즉 후대의 사건을 과거 세대가 동시대화한 것임을 말하고 있다(고전 10:1~4). 이와 같은 신학적 동시대화 또는 현재화는 사상적으로만 가능한 것이 아니라 생물학적으로도 가능한 것임이 현대의 생물학자들의 연구 결과에 의하여 입증되었다. 즉 유전학적으로 한 인간의 유전자 가운데에는 수백 년 후의 후손들의 존재와 그 형태가 이미 들어 있게 되므로, 주전 1800년경의 아브라함의 유전자 속에 이미 그의 증손자는 물론 수천 대 이후의 자손들도 들어있었고, 주전 1300년경의 출애굽 세대(모세, 아론, 여호수아 등등)의 유전자 속에 수천 대 이후의 이스라엘 자손들이 들어 있었으므로, 이들 후손들도 조상들과 함께 홍해를 건넜고 함께 시내산과 모압 평지에서 야웨 하나님과 계약/언약을 맺었다는 사실이다(신 29:14~15 참조).

뿐만 아니라[71] 자신들의 어린 후손들에게 조상들의 〈출애굽-시내산 계약〉 이야기(전승)를 들려주고(told) 그 〈출애굽-시내산 계약〉 사건의 의미를 반복하여 가르치고(retold, 신 6:4~9) 당대의 상황에 맞게 재해석하여(reinterpreted) 전수하였을 것이다. 이러한 과정에서 〈출애굽-시내산 계약〉 사건을 중심으로한 전승(Tradition)은 형성되고, 이 전승의 발전과 아울러 야웨의 정체에 대한 조직화된 이론 곧 구약신학은 태동(胎動) 발전하게 되었을 것이 분명하다. 이와 같은 〈출애굽-시내산 계약〉 사건에 대한 전승화 내지는 신학화 작업은 왕정기 수백 년 동안 계속되었을 것이고, 특히 제2의 엑소더스로 불리는 출바벨론 사건을 거치면서 (현재 우리가 구약성경에서 읽는 바와 같은) 체계화된 형태의 구약신학, 곧 이스라엘 백성이 이해하고 정리하고 논리적으로 조직화한 바, 〈출애굽-시내산 계약〉 사건 하나만 보아도 야웨가 어떤 하나님인가를 확연히 알 수 있는 신학으로 완성되었다고 볼 수 있는 것이다.

(1) 두 절기와 〈출애굽-시내산 계약〉 전승의 발전

a. 초막절과 계약 신학(전승)의 형성 및 발전

앞서 언급한 바, 〈출애굽-시내산 계약〉과 관련된 전승의 발전과 그에 따른 구약신학(특히 구속신학과 계약신학)의 발전에 결정적인 동기와 여건을 제공한 것으로 보이는 두 절기, 즉 초막절과 유월절을 언제부터 어떤 형태로 지켜졌는지에 대해서는 성경의 언급 자체가 다소 애매한 것이 사실이

[72] 신명기 사가와 역대기 사가는 히스기야와 요시야 당시에 그들 이전의 사람들이 지킨 유월절과는 다른 규모와 방식으로 유월절을 지켰음을 지적하고 있다(왕하 23:22; 대하 30:26, 1~27 참조). 특히 초막절에 관하여는, 왕정기에 이 초막절을 지켰다는 구체적인 언급이 성경에 없으나 솔로몬 왕이 성전봉헌 축제를 초막절과 같은 시기인 7월(에다님월)에 거행했다는 것(왕상 8:1~2)과 포로 이후 느헤미야 당시에 유대인 공동체가 초막절을 지켰다는 기록(느 8:14~17)을 볼 때, 왕정기에도 초막절을 지켰음을 짐작할 수 있다. 그러나 초막절의

나,[72] 가나안 정착에서 가나안에서 추방되고 이방 땅으로 유배를 당하기까지, 즉 사사 시대부터 왕정기 말까지 이스라엘 백성들이 이 두 절기를 주기적으로(?) 지켰다는 사실에 대해서는 의심할 여지가 없다.

우선 고대 가나안의 농경 문화권에서 연말연시(출 23:16; 34:22; 신 31:10~11; 느 8:1~18), 즉 새해 명절인[73] 동시에 추수감사절이었던 것으로 보이는 초막절의 경우를 고려할 때, 여호수아 때(수 8: 31~35; 24: 1~28)와 솔로몬 때(왕상 8: 1~11, 65~66; 대하 7:8~9) 그리고 주전 8세기 예언자 호세아 당시(호 12:9)와 요시야 왕(왕하 23: 1~3)과 포로귀환 이후 제2성전시대(느 8:1~18)에도 모세의 법을 따라서(출 23:16; 34:22; 레 23: 33~44; 신 16: 13~15; 31: 9~13) 이 초막절을 지켰음이 분명하다.[74] 우리의 관심은 이 절기의 준수 여부에 있는 것이 아니라 가나안의 농민들이 지키던 축제와 똑같은 시기인 추분(Autumn Equinox, 한국의 중추절인 추석과 같은 기간)에 지킨 이 초막절이 어떤 관점에서 가나안의 추수감사절과 그 의미를 달리하고 있느냐 하는 데 있다. 이스라엘의 초막절이 가나안 원주민

경우에도 유월절의 경우와 마찬가지로 시대마다 초막절을 지킨 규모와 형태가 달랐음을 알 수 있는데, 특히 느헤미야와 에스라 당시에 지킨 초막절에 대한 묘사에서 "여호수아 때부터 이때 곧 느헤미야 때까지 이스라엘 자손이 이같이 행함(무성한 나뭇가지로 초막을 지음)이 없었다"(느 8:17)는 언급을 고려할 때 분명히 사사 시대와 왕정기에 지킨 초막절 형태가 달랐음을 암시한다.

73) 모세 시대 이후 3300여 년이 지난 현재(21세기)에도 이 전통은 유지되고 있으며, 오늘도 미국에서 초막절 며칠 전 곧 (바벨론 달력으로) 7월 1일 '로쉬 하샤나'(Rosh HaShanah) 절기에 유대인 회당을 방문하면 유대인들끼리 '새해에 복 많이 받으세요'(Happy New Year)라고 인사하는 것을 볼 수 있다.

74) (**사진 47**: 유대인들이 초막절을 지키는 장면)야웨 하나님과 이스라엘 사이의 계약, 즉 시내산 계약을 회고/확인하고 그 계약을 새롭게 갱신하여 내면화하는 것이 초막절의 핵심이었다면, 이스라엘과 유다의 역사 가운데서 야웨와 이스라엘 사이의 계약/언약을 확인/인준/갱신한 사건들은 모두 — 비록 그 시기에 대한 언급이 없다 할지라도 — 그 계약의 때가 초막절 무렵이었다고 볼 수 있을 것이다. 이런 관점에서 요아스 왕 때(왕하 11:17~20)의 계약 갱신 축제와 요시야 왕 때의 계약갱신 축제(왕하 23:1~3)도 초막절에 거행되었을 가능성이 있다.

의 (추수)감사절과 다른 점이 있다면, 그것은 곧 이 절기가 가나안 원주민에게는 자연의 규칙적인 순환을 통한 풍요의 유지 및 획득이 그 주요 동기였다면,[75] 이스라엘에게 있어서는 조상들의 역사, 즉 〈출애굽-시내산 계약〉 사건과 결부된 계약갱신 축제(Covenant Renewal Festival)였다는 사실이다. 다시 말하면 가나안 땅에 거주하는 이스라엘 백성이 새해를 맞이하면서 과거의 조상들(즉 출애굽 1세대)이 시내산에서 야웨 하나님과 맺은 언약/계약을 재확인하고 새롭게 갱신함으로써 과거 조상들의 〈출애굽-시내산 계약〉 사건을 통하여 확인한 야웨 하나님과의 관계를 현재화하고 자신들의 삶에 내면화하였다는 사실이다. 즉 수십 년 전 또는 수백 년 전에 조상들이 시내산에서 야웨와 맺은 계약을 오늘 다시 자신들과 맺음으로써(신 5:3) 새해를 시작하는 것과 동시에 자신들이 거룩한 야웨의 백성으로서 이방종교를 포기하고 야웨께만 충성할 것을 다짐하고 그 계약법을 지킬 것을 서약함으로써 풍요의 주인이신 야웨의 복과 보호를 보장받았던 것이다.[76]

계약갱신 축제의 유래는 모세 당시까지 소급하여 추적할 수 있다. 야웨와 이스라엘 사이의 계약이 처음 체결된 후(출 24:1~8) 모세가 시내산에 올라가 야웨께서 주시는 성막에 대한 법을 받아가지고 내려올 때 이스라엘 백성이 아론을 중심으로 금송아지를 만들고 숭배함으로써 야웨와 이스라엘 백성

75) 가나안 원주민의 두 농경 절기(춘분과 추분) 가운데 하나였던 추분(Autumn Equinox, 현대 음력으로 8월 15일경) 무렵의 추수감사 축제는 건기(3~8월)에서 우기(9~2월)로 바뀌는 시점에서 거행되었다. 비가 한 방울도 내리지 않은 죽음의 계절인 건기에서 비가 오기 시작하는 우기 곧 생명의 계절로 전환되는 이 무렵에 가나안 사람들은 순조로운 자연의 순환과 풍요를 기원하면서 가나안의 풍요 신들(바알, 아세라, 아낫 등)에게 극적으로 예배하였던 것이다. 이 책의 '바알 종교의 정체' 부분을 참고하라.

76) 구약성경에서 빈번하게 언급되는 한 어구, "나(야웨)는 그들(또는 너희)의 하나님이 되고 그들(이스라엘 백성)은 내 백성이 되리라"(출 6:7; 레 26:12; 신 27:9; 삼상 12:22; 렘 24:7; 30:22; 31:1, 33; 32:38; 겔 11:20; 37:23, 27; 호 2:23; 슥 8:8 등)는 어구는 계약갱신 축제라는 삶의 정황(Sitz im Leben)에서 기원하였음이 분명하며, 그런 의미에서 이스라엘의 역사 가운데서 이 축제가 그만큼 빈번하게 거행되었고, 거행될 것임을 암시한다고 볼 수 있다.

사이의 계약에 문제가 발생하자(출 32), 모세는 다시 시내산으로 올라가 십계명을 포함한 또 다른 법을 수령하여 이스라엘 백성에게 공포한 사실은(출 34) 야웨 하나님과 이스라엘 백성 사이의 계약이 갱신될 수 있음을 암시한 것이라 할 수 있다. 더 부연하여 설명한다면, 이 사례는 분명히 이스라엘 백성이 계약법을 어길 가능성과 그로 인한 계약 결렬의 가능성, 그리고 이스라엘 백성의 회개와 충성의 서약과 새 계약법의 공포를 통한 계약갱신의 가능성을 아울러 암시한 사례였던 것이다.

시내산에서 야웨와 이스라엘 백성 사이에 맺은 계약에 대하여 대규모적으로 확인하고 인준하는 사례에 대하여는 신명기가 증언하는 바, 곧 모압 평지에서 모세의 중재를 통하여 거행된 계약갱신 축제였다. 이 모압 평지에서의 계약갱신 축제는 가나안 정복이라는 대사건을 앞에 두고 행해진 것이라는 데 그 의미와 목적이 있었을 것이다. 마치 이스라엘 백성이 출애굽 사건이라는 엄청난 사건, 즉 애굽에서의 바로와 야웨 사이의 '거룩한 전쟁' 사건 직후에 시내산에서 이스라엘 백성들이 애굽의 신들을 모두 포기하고 야웨 하나님께만 충성할 것을 서약하는 계약의식이 거행된 것처럼, 이번에는 가나안에서의 야웨(또는 이스라엘)와 가나안의 신들(또는 가나안 원주민들) 사이의 '거룩한 전쟁'을 앞에 두고 야웨 하나님 이외의 모든 다른 신과 우상들을 포기하고(신 5:7~10) 오직 야웨께만 충성하고 섬길 것을 다짐하는 계약갱신 축제를 거행한다는 점에서 그 의미가 있었다.

이 계약갱신 축제에서 실제로 모세는 자신의 일생에 있어서 마지막으로 계약 중보자가 되어 이스라엘 백성들이 다시 한번 야웨와 자신들의 관계를 회상하고[77] 아울러 새로운 가나안에서의 전쟁 사령관이자 왕이신 야웨 하나

[77] 초막절 의식의 한 절차/과정이었던 것으로 보이는 이 과거 회상은 폰라트에 의하여 신명기 26:5~10에 언급된 '역사적 신앙고백'(A Historical Credo)과 동일시된다. G. von Rad, "The Form-Critical Problem of the Hexateuch", *The Problem of the Hexateuch & Other Essays* (NY: McGrow-Hill, 1966), pp. 1~27.

님께 대한 충성을 다짐하고 결단하도록 권고하였고, 시내산과 광야라는 환경에서 선포된 40년 전의 계약법에 대한 재천명/재해석과 아울러 그 계약법에 추가되는 또 다른 법들, 즉 가나안의 문턱이라는 새로운 상황에서 선포되는 소위 신명기법(신 12~26)을 선포했다. 아울러 자신의 후계자로서 가나안에서 '거룩한 전쟁'을 이끌고 '계약갱신 축제'의 중보자로서 서게 될 새로운 지도자 여호수아를 소개하고 백성들로부터 인준받는 절차를 밟았던 것이다.[78]

이와 같은 모압 평지에서 거행된 제2차적 계약갱신 축제는 또다시 여호수아 시대에, 즉 가나안 정복전쟁을 거의 끝낸 시점에서 세겜(**사진 48**: 세겜/나블루스 시를 사이에 둔 그리심산과 에발산)에서 거행된 제3차 계약갱신 축제(수 8)를 통하여, 그리고 여호수아 임종 직전에 또다시 세겜에서 거행

---

78) 모압에서의 계약갱신 축제를 묘사한 신명기 자체가 고대(주전 13세기) 중동의 종주국과 속국 사이에 맺어진 '봉신조약'(Vassal/Sovereign Treaty)의 형태를 그대로 빌렸다는 학자들의 주장에 대하여는 P. C. Craigie, *The Book of Deuteronomy* (NICOT) (William B. Eerdmans Pub. Co., 1976), pp. 18~32 참조하라.

79) 여호수아 24장은 이스라엘 백성이 역사의 전환점마다 또는 주기적으로 성전(또는 제단) 뜰에서("하나님 앞에", 1절) 계약갱신 축제를 거행했다는 주장에 대한 하나의 구체적 실례라 할 수 있고, 우리는 여기에서 어느 정도 이 계약갱신 축제/의식의 형태와 내용을 엿볼 수 있다. 여러 구약학자들의 연구 결과에 의해 그 정체가 비교적 선명하게 드러난 고대 헷 제국의 '주종계약'(Hittite Vassal/Sovereignty Treaty) 또는 고대 앗수르의 에살하돈 조약(Vassal Treaty of Esarhaddon) 형태와의 유사성을 보여 주는 이 세겜 계약은 다음과 같은 내용과 절차를 가지고 진행되었을 것이다: (1)서두(서언/Preamble)(수 24:2a); (2)역사적 서언 또는 역사적 신앙고백 (Historical Prologue/Credo (24:2b~13); (3)계약 중보자(여호수아)의 (계약)법(Stipulation) 선포와 순종에의 결단 촉구(24:14, 25~26a); (4)백성들의 응답(24:16~18); (5)축복과 저주(24:19~20); (6)서약/계약에 대한 증인(Witness) 언급 (24:22,26~27).
다수의 주석가들은 비록 신명기의 구조가 고대 헷 조약의 형태와 정확하게 일치하는 것은 아닐지라도 어느 정도 이들 양자 사이에 존재하는 내용과 형태의 유사성 및 영향관계를 인정할 수밖에 없다고 본다. 신명기 안에 존재하는 고대 헷 조약의 항목과 유사한 것은 다음의 다섯 가지이다.: (1) 역사적 서언 및 신앙고백(신 1~4); (2)법조문(5~11, 12~26); (3) 결단과 서약(27); (4) 축복과 저주(28); (5) 계약법을 주기적으로 읽고 가르칠 것에 대한 지시사항(31:9~13); 이와 관련된 자세한 연구에 대하여는 D. J. McCarthy, *Hittite Treaty*;

된 제4차 계약갱신 축제(수 24)[79]를 통하여, 그 정신과 의미가 계승되는 것을 볼 수 있다. 세겜에서 거행된 이 제3, 4차 계약갱신 축제를 통하여 이스라엘은 과거 조상들의 경험을 회상하여 말하면서 충성을 서약하는 데서 그치지 않고, 가나안의 농경문화와의 접촉과정에서 동화되었던 가나안의 신들을 포기하고 배척하는 일종의 결단을 시행하였던 것이다(수 24:14~15). 특히 여기에서 우리가 유의해야 할 사실은, 시내산 계약에서 이스라엘과 함께 출애굽한 잡족들(출 12:38)도 야웨와의 계약에 동참함으로써 야웨 종교로의 개종이 가능했던 것처럼, 이 초막절의 계약갱신 축제에서 이스라엘의 과거 역사와 상관이 없는 이방인과 거류민까지도 이스라엘 백성과 함께 과거의 그릇된 신앙을 포기하는 결단과 참 하나님 야웨께 대한 충성의 서약 의식에 참여함으로써 그리고 이스라엘 조상들의 〈출애굽-시내산 계약〉을 자신의 경험으로 받아들여 정신적으로 영적으로 동시대화하고 내면화함으로써 야웨 종교로의 개종 내지는 이스라엘 총회로의 가입이 가능했다는 사실이다(수 8:31~33; 24:14~15).[80] 구약성경에 언급된 바 이스라엘과 야웨 신앙에 충성을 바친 수많은 이방인들은 다름아닌 이와 같은 계약갱신 축제에

G. E. Mendenhall, *The Tenth Generation*; M. Weinfeldt, *Deuteronomy and Deuteronomic School*을 참조하라.

80) 여호수아가 거기서 모세의 기록한 율법을 이스라엘 자손의 목전에서 그 돌에 기록하매 온 이스라엘과 그 장로들과 유사(有司)들과 재판장들과 **본토인뿐 아니라 이방인까지** 여호와의 언약궤를 멘 레위사람 제사장들 앞에서 궤의 좌우에 서되 절반은 그리심산 앞에, 절반은 에발산 앞에 섰으니 이는 이왕에 여호와의 종 모세가 이스라엘 백성에게 축복하라고 명한 대로 함이라. 그 후에 여호수아가 무릇 율법책에 기록된 대로 축복과 저주하는 율법의 모든 말씀을 낭독하였으니 모세의 명한 것은 여호수아가 이스라엘 온 회중과 여인과 아이와 그들 중에 **우거하는 객들 앞에** 낭독하지 아니한 말이 하나도 없었더라(수 8:32~35).
그러므로 이제는 여호와를 경외하며 성실과 진정으로 그를 섬길 것이라. 너희의 열조가 강 저편과 애굽에서 섬기던 신들을 제하여 버리고 여호와만 섬기라 만일 여호와를 섬기는 것이 너희에게 좋지 않게 보이거든 너희 열조가 강 저편에서 섬기던 신이든지 혹 너희의 거하는 땅 아모리 사람의 신이든지 **너희 섬길 자를 오늘날 택하라.** 오직 나와 내 집은 여호와를 섬기겠노라(수 24:14~15)

의 참여를 통하여 이스라엘 백성으로 영입된 사람들이었다고 볼 수 있다.[81)]

이와 같은 계약갱신 축제의 전통 아래서 이스라엘 백성들은 주기적으로, 아마도 개인의 삶과 계절의 중요한 전환점이라 할 수 있는 초막절마다, 또는 국가적인 위기의 전환점에서,[82)] 이와 같은 계약갱신 축제를 거행하면서 과거 조상들이 경험한 야웨의 은혜를 회상했을 뿐만 아니라 과거에 일시적이나마 이방신에게 유혹되어 야웨를 배반했던 죄를 회개하고 새롭게 야웨께

81) 구약성경에는 이방인으로서 이스라엘 총회의 일원으로 영입되어 공헌한 사람들이 많았다. 그 대표적 예가 블레셋의 장수로서 다윗의 군대 장관 중 하나로 임직된 잇대이다(삼하 15:19~22). 기타 가드 사람 오벧에돔(삼하 6:10~12), 헷 사람 우리아(삼하 11:3, 6~27), 그렛(그레데) 사람과 블렛(블레셋) 사람들(삼하 15:18), 암몬 사람 셀렉(삼하 23:37; 대상 11:39), 익명의 구스 사람(삼하 18:21~33), 모압 사람 이드마(대상 11:46), 모압 여인 룻(1:16)과 기생 라합(마 1:5) 등을 참조하라. 특히 역대기 기자(대상 8:29~32; 9:35~38)에 의하면 이스라엘의 초대 왕이었던 사울과 그의 조상들은 본래 기브온 원주민이었다고 기록하고 있음에 유의하라. 또한 다수의 학자들에 의하면, 다윗과 솔로몬 당시의 제사장이었던 사독도 본래는 여부스족 출신으로서 그 조상은 (예루)살렘 왕이자 제사장이었던 멜기세덱/멜기사독과 예루살렘 왕 아도니세덱/아도니사독이었다. 사독은 다윗의 여부스 정복 당시 모종의 공헌을 하고 후에 야웨 종교로 개종하여 그의 족보도 아론의 족보로 영입되었을 가능성이 있다. 사독의 여부스족 기원설에 대하여는 장영일, "솔로몬의 즉위배경에 대한 연구", 이스라엘의 경건과 학문, pp. 127~133을 참조하라.

82) 국가적인 위기의 전환점에서 계약 갱신제를 지켰던 대표적 인물은 요시야였다. 당시 중동 전역을 통치하던 제국 앗수르는 애굽와 동맹관계를 통해 신흥 세력인 바벨론의 위협을 막아보려 안간힘을 쓰고 있었으나 붕괴일로에 있었고, 유다 왕국은 므낫세의 친앗수르 정책 이후 앗수르의 속국으로 전락하여 정치적으로나 사회적으로 극도로 쇠약해진 상황에 있었는데, 앗수르의 멍에를 벗고 다윗 왕국의 영화를 회복하기 위한 방편을 모색하고 있었던 요시야는 성전에서 발견된 (모세의) 율법책을 동기로 삼아 전 이스라엘 백성을 소집하여 그 율법을 낭독케 하고 야웨와 맺은 계약을 어기고 이방신을 섬긴 것을 회개케 하며 이방종교의 온상인 산당과 각종 우상을 파괴케 함으로써 그리고 오직 야웨만 섬길 것을 다짐하고 결단함으로써 야웨와와 맺은 계약을 갱신하는 대각성 집회를 거행하는 것을 볼 수 있다(왕하 22~23; 대하 34~35). 이 대각성 집회가 정확하게 어느 달에 거행되었는지에 대하여는 성경 기자가 침묵하고 있으나, 성전 수리 작업 중에 이 율법책이 발견된 것 — 전통적으로 성전 수리와 청소는 초막절을 전후하여 실시됨 — 그리고 책의 발견 직후 곧 이어서 계약갱신 축제를 거행한 것을 미루어 볼 때 이 집회의 때는 초막절이었을 가능성이 높다. 참조: 장영일, "요시야의 종교개혁", 이스라엘의 경건과 학문, pp. 482~496.

대한 충성을 다짐했을 것이다. 아울러 이 계약갱신 축제를 통하여 모세와 여호수아를 영적으로 계승하는 바 계약공동체 이스라엘의 새로운 계약 중보자/지도자가 인준받고 임직하였을 것이다.

초막절 곧 계약갱신 축제는 이와 같은 의식 자체에도 큰 의미가 있다고 볼 수 있으나, 우리가 여기에서 결코 지나칠 수 없는, 그리고 구약신학의 형성 과정에 있어서 대단히 중요시되는, 계약갱신 축제의 의미는 곧 〈출애굽-시내산 계약〉 전승의 부단한 재해석(Reinterpretation)과 이 재해석을 통한 전승의 발전 내지는 신학화에 있다고 할 수 있을 것이다. 더 구체적으로 말한다면, 가나안에 정착한 신세대는 새로운 가나안의 농경문화에 적응 또는 갈등해야하는 상황에서 조상들의 역사(구원사)를 재현하고 재해석하는 과정을 거칠 수밖에 없었으며, 이 과정에서 〈출애굽-시내산 계약〉 전승이 그 폭과 깊이를 더하게 되었고, 그 전승의 내용과 신학적 의미도 더욱더 풍부해지고 강화되었다는 사실이다, 우리는 이와 같은 과정을 신학화 과정 또는 전승/신학의 발전사라 부를 수 있을 것이다.

〈출애굽-시내산 계약〉의 전승의 이와 같은 발전과정을 분명하게 엿볼 수 있는 곳이 다름아닌 모세의 이름으로 선포된 모세 율법이다. 이에 대하여는 18세기 계몽주의 시대 이후 대부분의 (합리적) 주석가들이 지속적으로 연구해 왔는데, 이들 주석가들의 연구 결과에 따르면, 주전 13세기 초[83] 모세 당

[83] 필자는 아하로니와 드보의 가설에 동의하여 출애굽 사건은 적어도 두 번(15/14세기와 13세기) 이상 일어났고, 소위 오늘의 성경에서 출애굽 사건의 주역으로 나오는 모세는 13세기 초의 출애굽 사건과 관련된 사람으로 본다. 이와 같은 주장은 우선 성경에 언급된 출애굽-가나안 진입 경로가 적어도 두 가지 이상(민 33:40~49; 신 2:8~15; 삿 11:15~21)이라는 사실(**지도 3**)만 보아도 거부하기 힘들다. 출애굽 연대 책정에 있어서 구약학계에서 중도적 입장을 견지하는 브라이트와 앤더슨에 따르면, 모세의 출애굽은 애굽의 19왕조 당시 바로였던 람세스 2세 때(B. C. 1280)에 일어났다고 본다. Y. Aharoni & M. Avi-Yonah, *The Macmillan Bible Atlas* (New York & London, 1977), p. 42. R. de Vaux, *The Early History of Israel* (Philadelphia: Westminster, 1978), pp. 401~419. J. Bright, *A History of Israel* (Westmister Press, 1976), pp. 121, 478. B. W. Anderson, *Understanding the Old Testament* (Prentice-Hall, 1986), pp. 51, 52, 646.

시 시내 광야의 상황에서는 상상할 수도 없는 법들이 소위 오늘의 모세 율법으로 불리는 계약법전(출 21~23)과 신명기 법전(신 12~26)과 성결법전(레 17~26) 그리고 기타의 제사장 법전에 들어있다는 사실을 알게 된다. 이러한 다양한 법전들은 의심할 여지없이 가나안에 정착해 살게 된 이스라엘 백성들이 새로운 농경문화와 가나안 도시국가의 사회체제에 접촉하면서 (모세의 이름으로) 새롭게 선포된 법을 반영하는 것으로 볼 수 있다. 이렇게 새로운 법의 추가적 선포를 가능하게 했던 자리가 곧 이 초막절의 계약갱신 축제였고, 이 자리에서 모세를 계승한 계약의식의 중보자(집례자)는[84] 모세의 이름으로 새로운 법을 선포할 수 있었던 것으로 보인다. 이스라엘 백성이 계약갱신제를 통하여 과거의 전통을 새롭게 재해석하고 기존의 모세의 율법에 새로운 법률을 추가로 선포하여 다음 세대에게 전수하였다는 사실은 성경 스스로가 곳곳에서 우리에게 증언해 주고 있다. 그 구체적인 실례로서 우선

[84] 모세 사후에 이 계약의 중보자의 직책은 두말할 나위없이 여호수아가 이어받는다(수 8:31~33; 24:1~18). 그 후 왕, 제사장 또는 예언자들이 이 계약 갱신제의 중보자가 되었다. 예언자적 중보자의 대표적 케이스는 (아마도) 사무엘(삼상 7:3~6)이고, 제사장적 중보자의 대표적인 케이스는 여호야다(왕하 11:4~20; 대하 23:1~21)와 에스라(느 8:1~10:39)이며, 왕적 중보자의 대표적 케이스는 솔로몬(왕상 6:1~66)이고, 다윗(삼하 6~7)도 이 유형에 속한다고 볼 수 있을 것이다.

[85] 필자의 논문 "노예 해방법의 전승사" 이스라엘의 경건과 학문(장신대출판부, 2000), pp. 263~311을 참조하라. 이 논문에서 필자는 시내산에서 모세에 의하여 선포된 '노예 해방법'이라는 하나의 전승이 주전 12세기경의 계약법전(출 21장)과 주전 7세기경의 신명기 법전(신 15장)에서 재해석되어 선포되고, 마지막으로 포로 이후에 성결법전(레 25장)에서 가장 발전된 형태로 신학화되어 선포되었을 가능성에 대하여 논하였다. (이와 같은 전승의 다양한 재해석 경향은 특히 복음서에서도 두드러지게 나타난다; 예를 들어, 예수님의 40일 금식 후 시험의 순서에 있어서 마태복음[4:1~11]과 누가복음[4:1~13]은 다르며, 주님이 가르치신 기도에 있어서도 마태[6:9~12]와 누가[11:2~4]가 각각 그 내용을 달리하고 있다. 또한 마태의 8복[5:3~12]과 누가[6:20~23]의 4복의 차이, 기타 달란트 비유[마 25]와 므나 비유[눅 19]의 차이, 오병이어 기적에 대한 네 복음서 기자들 사이의 차이, 베드로의 고백에 대한 세 복음서 기자들 사이의 차이 등을 예로 들 수 있을 것이다. 예수님의 족보에 대한 재해석은 대단히 흥미있는 사례인데, 마태와 누가는 각각 다른 각도에서 전승을 재해석하고 있으며, 특히 마태는 예수님이 다윗의 위를 계승한 메시야라는 사실을 강조하면서

오경에 세 번이나 언급되는 노예 해방법을 들 수 있을 것이다.[85] 그 외에도 모세 당시의 이야기가 후대에 전해지면서 과거의 전승들이 지역에 따라 시대에 따라 재해석되고 재편집되었다는 주장에 대한 증거는 성경 안에서 다양한 방법으로 추적해 볼 수 있는데, 애굽에 내린 열 가지 재앙에 대한 여러 전승과[86] 야웨의 이름에 대한 전승, 즉 야웨의 이름을 (이스라엘) 사람들이 처음 알게 되고 예배하게 된 것이 모세 때부터였다는 전승(출 6:3)과 아담의 손자 에노스 때부터였다는 전승(창 4:26)의 차이, 이스라엘 백성들이 광야를 통과할 때 메추라기를 먹기 시작한 것이 시내산에 도착하기 전 신 광야에서부터였다는 전승(출 16:12~13)과 시내산을 떠나 기브롯하다아와에서부터였다는 전승(민 11:4)의 차이, 십계명의 안식일 조항(제4 계명)에 있어서 출애굽기 20:10~11(창조신학의 입장)과 신명기 5:12~15(구속신학의 입장) 사이의 차이, 제사장 제도에 있어서 레위 지파 출신 가운데 오직 아론의 자손만 제사장이 될 수 있다는 제사장적 전승(출 29:1~9; 민 16~18)과 레위 지파 출신이면 누구나 제사장이 될 수 있다는 신명기적 전승(신 10:8; 17:9, 18; 18:6, 7; 21:5; 27:9)의 차이 등은 — 비록 어느 전승이 오리지날 전승이고 어느 전승이 후대의 재해석 또는 수정안인지 결정하기가 쉽지 않

다윗[דוד/히브리어 철자로 4+6+4=14]의 이름에 대한 게마트리아적 환산에 따라 [하나님의 정확하고 신비스런 역사운행적 섭리에 의하여] 14대의 3주기 끝에 메시야인 예수님이 도래하였음을 암시하고 있다. 이 재해석의 과정에서 두 번째 주기에 해당하는 기간[다윗부터 바벨론 포로기까지/마 1:6b~11]에 있어서 자신의 신학적 패러다임[3/완전수 × 14대/완전수 7의 배수]에 맞추기 위하여 의도적으로 네 인물/왕, 즉 아하시야, 요아스, 아마샤, 여호야김을 생략하는 것을 볼 수 있다.)

86) 앤더슨에 따르면, 시편 78:43~51(血江, 파리, 개구리, 메뚜기, 우박, 악질, 번개, 장자의 죽음)에서와 '야웨(J) 전승'(출 7:14~18, 20, 25; 8:1~4, 8~15, 20~32; 9:1~7, 13~35; 10:1~20, 2 1~29; 11:1~8; 血江, 개구리, 파리, 악질, 우박, 메뚜기, 흑암, 장자의 죽음)에서는 8가지로, 제사장적 전승(출 7:19~22; 8:5~7, 16~19, 20~32; 9:1~35; 10:1~29; 11:9~10)과 또 다른 시편(시 105:27~36; 흑암, 血江, 죽은 고기, 개구리, 파리, 모기, 우박, 번개, 메뚜기, 장자의 죽음)의 전승에서는 10가지로 되어 있다. B. W. Anderson, op. cit., p. 70.

지만 — 구약성경 안에서 하나의 사건이 입장과 시대에 따라 재해석되고 재편집(또는 수정) 될 수 있었다는 사실에 대한 증거라 할 수 있다. 이와 같은 신학적 차이가 가장 분명하게 드러나는 곳은 신명기적 역사서(여호수아, 사사기, 사무엘서 열왕기서)와 역대기적 역사서(대상, 대하, 에스라, 느헤미야)에서이다. 예를 들어 신명기적 역사가(삼하 24)는 다윗의 (**130만 명에 대한**) 인구조사 후에 하나님의 형벌로서 세 가지 조건, 즉 **7년 기근**, 3개월 동안의 원수에게 쫓김, 3일 동안의 온역이 주어진 것으로 말하나, 역대기 사가(대상 21)는 다윗이 **사탄**의 사주에 의하여 (**157만 명에 대한**) 인구조사를 한 후에 하나님께서 3가지 형벌, 즉 **3년 기근**, 3개월 동안의 원수에게 쫓김, 3일간의 온역을 제시하는 것으로 기록하고 있다.

계약갱신 축제 때에 계약의 중보자가 전통적인 모세의 법에 추가하여 새로운 법을 선포하는 것은 바벨론 포로기 이후에도 계속된 것으로 보이는데, 그것은 제2성전 시대에 지켜진 초막절에서 에스라가 모세의 이름으로 율법을 낭독하고 선포하는 장면에서 엿볼 수 있다(느 8:1, 14). 아마도 오늘의 오경에서 보는 바와 같이, 다양한 시대의 다양한 법률이 하나로 병합된 형태로 편집되어 선포된 배후에는 제2성전 시대의 특수한 상황에서 거행된 계약갱신 축제와 이 축제의 집례자였던 에스라가 존재한다고 봐야 할 것이다.

〈출애굽-시내산 계약〉 전승의 발전사에 있어서 빼놓을 수 없는 실례는 곧 계약신학이다. 보통 조건적 계약이라고도 불리는 시내산(모세) 계약의 특징은 계약 당사자의 어느 한 쪽이 계약조건(이스라엘의 경우엔 모세의 율법)을 어기었을 경우에 양자의 계약관계가 결렬된다는 데 있는데, 여호수아가 죽은 뒤로부터 가나안 문화에 동화되기 시작한 이스라엘이 사사 시대와 왕정기를 거치면서 계약법 가운데 가장 중요한 사항인 제1 계명('야웨 외에 다

[87] 북이스라엘에서 가나안 종교가 거의 야웨 종교를 제압하고 득세하던 시대는 아합 시대였다. 이 시대의 종교혼합주의 상황에 대하여는 **부록** *"야웨의 선지자와 바알의 선지자"*를 참조하라(이 책의 262~284쪽).

른 신을 섬기지 말라'는 명령)을 범하게 됨으로써[87] 야웨와의 계약관계가 여러 번이나 위기에 봉착하게 되었다. 결국 주기적으로 반복된 계약갱신 축제의 어느 시점에서 예언자 또는 영적 지도자들 사이에서 시내산/모세 계약의 유효성 문제가 제기되었을 것이고, 이러한 과정에서 특히 주전 8세기에 이르러 아모스 같은 예언자들은 자신의 메시지를 통하여 계약 파기로 인한 북조 이스라엘의 멸망이라는 파국적 상황을 예고하기도 했다(암 8:1~3[88]). 호세아 같은 예언자들은 (그럼에도 불구하고) 하나님의 불변하는 사랑과 자비를 통하여 모세 계약이 회복될 것을 예고하였다(호 2:14~3:5).

그러나 남유다왕국 사람들을 중심으로 다윗 시대부터 본격적으로 신학화된 것으로 보이는 무조건적 계약(또는 다윗 계약)의 이념(삼하 7:5~16; 23:5; 왕상 2:4; 8:24~26; 대상 17:4~14; 대하 21:7; 시 89:3~4, 19~37; 110:1, 4; 132:11, 12)은 북이스라엘의 조건적 계약 개념과는 사뭇 다른 입장을 취하게 되는 것을 볼 수 있다. 인간의 행동과 상관 없이 야웨의 약속과 사랑이 영원토록 다윗 가문과 함께 한다는 이 다윗 계약 사상은 지파동맹 체제의 연속을 고수한[89] 북이스라엘 사람들을 중심으로 견지된 조건적 계약과 한동안 쌍벽을 이루면서 발전하더니,[90] 결국 북왕국의 멸망과 함께 후자는

[88] 주석가들은 아모스서의 끝 부분(9:8~15), 즉 북이스라엘의 회복에 대한 예언은 북이스라엘의 멸망 후 남유다에서 남유다의 신학자/예언자가 첨부한 것으로 본다.

[89] 분열왕국 시대에 왕조 체제를 따라 왕위가 세습되는 남유다와는 달리 북이스라엘에서는 왕조 체제를 따르지 않고 야웨 하나님의 카리스마(기름부음)를 부여받은 자가 왕으로 즉위하게 되는 경향을 보여 주는데, 이것은 사사 시대(지파동맹시대)의 전통을 이어받은 것이라 할 수 있다.

[90] 북이스라엘 사람들이 조건적 모세/시내산 계약을 고수하는 경향이 있었다는 사실은 북이스라엘에서 활동한 예언자 특히 아모스의 메시지에서 엿볼 수 있다. 아모스는 북이스라엘 사람들이 모세의 법(계약법)을 어길 경우 야웨와 맺은 계약이 파기되고 야웨와의 관계도 결렬되어 북이스라엘이 망할 것을 강조하였다. 이와는 반대로 남유다 예언자인 이사야와 미가는 다윗 계약 또는 무조건적 계약의 입장에서 유다가 범죄하여 나라가 망하여도 다윗 왕조는 다시 일어날 것을 예언하였다.

전자에게 자리를 양보하게 되고, 따라서 조건적 계약 사상보다 무조건적 계약사상이 우위를 차지하게 되는 것을 볼 수 있다. 이러한 상황에서 한때, 즉 남유다의 멸망 직전의 상황에서 북이스라엘의 계약 개념의 노선을 견지하던 예언자 예레미야는 호세아를 계승하여 '새계약/언약'이라는 사상을 제기하게 되는 것을 볼 수 있다.

예레미야의 새언약 사상은 구약신학에서 또 하나의 새로운 패러다임이요 계약사상에 있어서의 전환점이라 할 수 있는데, 어떤 의미에서 그의 '새 언약(계약)' 개념은 북왕국 이스라엘의 조건적 (모세)계약 개념과 남왕국 유다의 무조건적 (다윗)계약 개념의 병합(Synthese) 내지는 개선으로서, 조건적 계약에 다윗 계약을 접목시킨 것이라 할 수 있다. 다시 말하면 모세 계약의 최대 약점인 계약법 불이행과 계약에 대한 이스라엘의 망각의 폐단이 시정되는 새언약의 시대가 올 것이며, 이 새로운 시대는 이스라엘의 바벨론 포로/종살이가 끝나고 또다른 엑소더스(Exodus II) 사건 이후에 거행되는 마지막 종말적 계약갱신 축제와 더불어 시작된다. 그때 다윗 같은 왕/메시야 도래하게 되고 그의 영원한 통치 속에서 야웨의 신정통치는 실현되며, 백성들의 가슴마다 설치된 심비(心碑)에 계약법이 기록되고 누구나 (성령의 內住로) 야웨의 계약법을 지키어 영원히 야웨를 섬기게 된다는 것을 예고한 것이다(렘 30:8~11, 18~22; 31:1~14, 31~40).

b. 유월절 전승의 발전과 구속신학의 형성

〈출애굽-시내산 계약〉 사건에서 파생된 구약신학의 다양한 주제들 가운데 하나이면서 동시에 '계약사상(계약신학)'보다 우선하는 또다른 중요한 주제가 있다면 그것은 두말할 나위없이 '구속사상(구속신학)'이라 할 수 있다. 더 나아가서, 이 구속신학 또는 구원신학의 형성과 발전의 배후에 이스라엘의 3대 절기 중 하나인 유월절이 존재한다는 사실을 부인할 학자는 없을 것이다. 이스라엘 백성이 가나안에 정착한 이후로 이 유월절을 가정적 행사로 또는 국가적 의식으로, 특히 국가적인 중대한 위기에 직면했을 때 국가적 지도자의 개혁 정책의 일환으로,[91] 주기적으로 또는 간헐적으로 이 절기를 지켰다는 사실 또한 부인할 수 없다.

유월절과 무교절의 기원과 발전 과정에 대하여는 다양한 가설들이 있으나 대략 다음과 같이 요약할 수 있다. 본래 가나안 사람들이 춘분(Spring Equinox, 현대 부활절 무렵)에 지킨 봄철 축제/절기는 두 가지였는데, 그 하나는 목동/베두윈의 축제(Nomadic Festival)로서 이 베두윈의 축제는 새로운 목초지로의 이동에 앞서서 양의 피를 천막에 칠함으로써 양떼의 건강과 안전을 도모하기 위한 악귀 추방적(apotropaic) 행사에 그 특징이 있었고, 또 다른 하나는 농민의 절기(Agricultural Festival)로서 무교절이었는데, 이 무교절은 보리 추수기를 맞은 농민들이 새 곡식을 저장하기 위하여 묵은 누룩을 제거하고 무교병을 먹는 데 그 특징이 있었다. 이스라엘의 출애굽 경험을 통하여 확립된 유월절이 가나안 사람들이 지키던 위와 같은 두 절기와 같은 시기에 지키게 됨으로써 가나안에 정착한 이스라엘 백성들은 본래는 가나안 원주민들의 개별적 축제였던 이 두 절기를 하나로 병합하여 역사적 동기가 부여된 절기로 재해석하고 그 본래의 의미를 전환시켜 지키게 된 것으로 보인다. 아울러 가나안 사람들이 동시에 지키던 이 두 절기를 연속적으로 이어서, 즉 유월절은 1월 14일 저녁에, 무교절은 1월 15일부터 일주일 동안 지키게 된 것으로 보인다.

이러한 가나안 절기의 영입과 재해석이 용이했던 것은 특별히 목동이 양피를 천막 문설주에 바르는 동기와 농민이 무교병을 먹는 동기가 이스라엘의 유월절의 동기, 즉 애굽에서의 열 번째 재앙시에 양의 피를 문설주에 바르고 애굽을 떠나야 할 절박한 상황에서 그 밤에 무교병과 함께 양고기를 먹어야 했다는 동기와 일치하였기 때문이었을 것으로 보인다. 시간이 지남에

[91] 종교개혁적 의도하에서 유월절을 국가적 행사로 지키도록 주도한 대표적 왕은 히스기야(대하 30:1~27)와 요시야였다(왕하 23:21~23; 대하 35:1~17).

따라 이스라엘의 역사적 출애굽 경험이 가나안 원주민들의 목동과 농민의 동기들보다 더욱 강조되고 우선하게 됨으로써 결국 가나안적 축제의 동기와 의미는 퇴색하게 되고 점차적으로 이스라엘의 역사적 동기가 부각된 절기로 발전하였다. 아울러 점차적으로 무교절의 동기보다 유월절의 동기가 강조되면서 무교절은 유월절의 부속 절기로서 전락하게 된 것으로 보인다.

구약학자들의 연구 결과를 따르면, 이 유월절과 무교절의 발전사를 사사시대부터 포로기를 거쳐 제2성전 시대까지 다음의 네 단계로 나누어 볼 수 있다. ① 제1단계, 즉 가나안 원주민의 상황에서는 유월절과 무교절은 별개의 축제였다; ② 제2단계는 출애굽하여 가나안에 진입한 이스라엘에 의하여 두 개의 축제가 하나로 통합되어 지키게 되었고, 그 행사는 국가적이거나 순례적 행사가 아니라 가정적(Domestic) 행사였다(출 12:1~11, 15~20; 수 5:10~11); ③ 제3단계에서 유월절과 무교절은 병합된 형태로, 그리고 가정적 행사이면서 동시에 순례적 행사로 발전하며, 그 절기의 명칭은 무교절 또는 유월절로 상호교환적으로 사용되었다(출 23:15; 34:18~20, 23~26; 신 16:1~8; 왕하 23:21~23);[92] ④ 제4단계에서는 유월절과 무교절이 국가적 행사로, 즉 하나의 '성회'로 발전하여 전국민이 한 장소로 소집되어 거행된다(레 23:4~8; 민 28:16~25; 겔 45:21~24; 스 6:19~22). 이때의 절기의 명칭은 무교절이 유월절 안으로 흡수되어 유월절로 불리거나 아니면 유월절

[92] 히스기야와 요시야가 지킨 유월절과 무교절에 대한 기록(대하 30:1~27; 35:1~19)은 포로 이후 제2성전 시대의 상황에서 편집된 것이므로 히스기야와 요시야 당시의 유월절/무교절의 본래 상황을 재건하는 데 어려움이 있다. 아마도 히스기야와 요시야 당시, 즉 국가적 종교적 전환점의 위기상황에서 지킨 유월절과 무교절인지라 그리고 예배의 중앙화 교리가 대두된 상황에서 거행된 축제/절기 행사인지라 기존의 가정적이고 순례적인 행사가 점차적으로 국가적 행사로 발전하는 과도기의 상황이었다고 볼 수 있을 것이다. 역대기 역사가는 제2성전 시대의 상황에서 이 두 왕의 절기 거행이 국가적인 행사였다는 쪽으로 본래의 상황을 재해석하는 경향을 보여 준다.

[93] Baruch M. Bokser, "Unleavened Bread and Passover, Feast of", ABD, Vol. VI. (Doubleday, 1992), pp. 755~765.

과 무교절이 연이어 사용되었다.[93]

주기적으로 지킨 유월절에 이스라엘 백성들이 묵상하게 된 주제는 앞에서도 살펴본 바와 같이 인간의 자유와 해방, 더 나아가서는 애굽의 열 번째 재앙에서 경험한 바 피의 효능, 즉 죽음의 사자를 물리치는 강력한 권세를 보여 준 어린 양의 피의 효능이었고, 이러한 생명과 죽음의 문제에 대한 숙고에서 필연적으로 생각하게 되는 '부활 사상'이었다.[94] 이 부활 사상은 특히 제2의 엑소더스(출바벨론) 사건 이후에 본격적으로 등장한 것으로 보이는 종말론과 연결되면서 대대적으로 보완/발전되고 만발하게 된다.

특별한 경우를 제외하고 거의 매년 주기적으로 지킨 것으로 보이는 유월절과 무교절에서 이스라엘 백성이 재삼 깨닫고 그 가치를 음미하게 된 신학적 주제가 있다면 그것은 '하나님의 은혜'였을 것이다. 조상들의 유월절 경험을 자신의 경험으로 내면화하게 된 이 유월절 의식을 통하여 이스라엘 각 개인과 가정은 그 옛날 조상들처럼 (애굽인과 함께) 죽음의 사자(使者)에게 침입을 당하지 않고 살아있다는 것 자체만 해도 하나님의 은혜라는 사실을 음미하였을 것이며, 국가적으로도 이 유월절 사건이 있었기에 오합지졸에 불과했던 자신들이 하나의 거룩한 국가 즉 이스라엘로 태어나 하나님의 백성이 되는 영광을 누리게 되었음을 서로서로 확인하고 증거하고 대대로 자손들에게 가르쳤을 것이다.

(2) 〈출애굽-시내산 계약〉 사건과 구약신학의 핵심 주제

〈출애굽-시내산 계약〉 사건을 절기화/의식화함으로써 이스라엘 백성이

[94] 장영일, "구약의 종말론(II): 부활 사상", 이스라엘의 경건과 학문, pp. 181~206.

[95] 구약성경에서 빈번하게 언급되는 이 어구 "내가 여호와(하나님)인 줄 너희가 알리라"(출 6:7; 10:2; 14:4; 16:6, 12; 29:46; 31:13; 왕상 20:13, 28; 시 46:10; 100:3; 사 45:3; 60:16; 렘 24:7; 31:34; 겔 17:21, 24; 20:38, 42, 44; 22:16, 22; 23:49; 24:27; 25:5,

절기 때마다 "야웨께서 (참) 하나님"[95]이심을 확인하고 고백하였음을 시인할 수밖에 없으며, 우리는 이러한 숙고의 과정에서 이스라엘 백성이 터득한 야웨의 정체에 대한 이해 또는 구약신학/신앙을 다음의 여섯 가지 항목으로 체계화하여 설명할 수 있을 것이다.

a. 구원(자유/해방)의 하나님 야웨

〈출애굽-시내산 계약〉 사건을 통하여 이스라엘 백성이 시인하고 고백한 우선적 항목은 야웨는 '구원자'요 '해방자'라는 사실이었다. 이것은 십계명의 서두에서 언급된 야웨의 긴 명칭 또는 별명, 즉 "나는 너를 애굽 땅, 종 되었던 집에서 인도하여 낸 너의 하나님 야웨다"(출 20:2)라는 야웨에 대한 정체 규명에서 분명하게 확인된다(레 26:13; 시 81:10; 호 13:4 참조). 구약성경의 핵심 진리를 구원론이라 할 경우에 이 출애굽 사건보다 더 분명하고 구체적으로 야웨 하나님의 구원 및 해방 행동을 보여 주는 사건은 없다.

출애굽 사건을 통하여 야웨를 '구원의 하나님'으로 인식한 이스라엘 백성이 터득한 구원의 틀은 구약신학의 형성과정에 있어서 실로 획기적인 것으로서, 이후에도 이스라엘의 역사 가운데서 — 특히 사사시대와 왕정기에 — 두고두고 반복하여 경험하고 확인했던 하나의 패러다임(전형/paradigm)이었다. 이 구원의 전형은 **억압** 〉 **부르짖음** 〉 **구원자 파송** 〉 **표적/기적** 〉 **찬양** 〉 충성의 **서약/계약** 〉 **동거동행**으로 요약될 수 있을 것이다. 이 패러다임을

7, 11, 17; 26:6; 28:22, 23, 24, 26; 29:9, 16, 21,; 30:8, 19, 25, 26; 32:15; 33:29,; 34:27; 35:4, 9; 36:11, 23, 38,; 37:6, 13; 38:23; 39:6, 22, 28; 욜 3:17 등)는 본래 출애굽 사건과 시내산 계약 사건과의 관련 속에서 기원한 말이며, 특히 이 출애굽 사건을 절기화한 초막절(계약갱신 축제)과 유월절의 배경에서 빈번하게 사용된 관용어임이 분명하다. 이 용어가 특별히 포로기 이후의 에스겔에서 가장 빈번하게 사용된 것을 보면, 이 시대에 제2의 엑소더스에 대한 기대와 야웨 하나님에 대한 신학이 크게 발전하였음을 가리키며, 결국 이스라엘 백성은 〈출애굽과 시내산 계약〉 사건의 관련 속에서 즉 유월절과 초막절을 지킬 때마다 야웨 하나님의 정체를 숙고하였고, 이 과정에서 신학(신지식)이 발전하였음을 암시한다.

통하여 이스라엘 백성이 터득한 지식은, 곧 야웨의 구원을 경험하기 위해서는 자기가 먼저 (억압 아래 존재하는) 약자(노예, 고아, 과부, 채무자)임을 시인하여야 하고, 그 다음에는 (애타는 심정으로) 하나님께 부르짖어야 한다(출 2:23; 3:7, 9,; 22:23; 삿 3:9, 15; 6:6, 7; 10:10, 14; 삼상 7:8; 9:16; 12:8, 10; 15:11; 시 9:12 등). 이 부르짖음이 야웨께 상달되면 파토스(pathos)의 하나님은 구원자(모세, 여호수아, 사무엘 등)를 보내어 기적을 베푸시사 이 약자를 구원하게 하시며, 이 기적과 구원을 체험한 인간은 즉각적으로 야웨를 찬양하게 되고(출15) 마침내 하나님의 산(성전)에 올라가 이 구원자 하나님께 (영원히 변치 않는) 충성을 서약하고 계약을 맺음으로써 하나님과의 동거동행(성막 중심의 삶)에 들어가게 된다는 것이다.

성서 저자가 이 구원의 패러다임에서 가장 드라마틱하게 묘사하고 강조한 것은 (홍해의) 기적(표적과 기사/Sign and Wonder)[96]이라고 볼 수 있다. 어떤 의미에서 찬양이나 시내산에서의 충성 서약을 가능케 한 것도 다름아닌 이 홍해의 기적이다. 인간 역사에서 (예수 그리스도의 십자가와 부활 사건은 제외하고) 이보다 더 큰 스케일의 기적은 없다고 볼 수 있다. 또한 이 기적은 가장 많은 인원(장정만 60만, 노약자와 여성까지 계산하면 약 200만 명)이 동시에 참여했던, 아니 당대의 출애굽한 모든 이스라엘 백성이 한 사람도 빠짐없이 목격했던 사건이었다. 그래서 이스라엘 백성은 이 기적을 두고두고 잊지 못하여 이 사건을 가리켜 대사, 큰 표적(sign), 기사, 기이한 일, 크고 두려운 일이라 불렀던 것이다. 이 사건을 본 이후로 유대인은 '표적을 구하는 민족'(고전 1:22)이 되어, 이후부터 그들은 기적과 하나님의 임재(현현/Theophany)을 동일시하는 경향이 생겼다. 엄밀한 의미에서 성도의 개인적 신앙생활에서도 기적은 중요하고, 이 기적을 경험할 때 성도는 하

[96] 성경에 언급되는 기적들(miracles)은 모두 하나님께서 인간의 역사 가운데 간섭하셨다는 하나의 표시(sign)이며, 동시에 하나님께서 행하신 일이기에 놀랍고(wonder) 기이한(mysterious) 일인 것이다.

나님이 나와 함께 하신다는 확신과 함께 매일매일의 삶이 찬양과 감사로 넘치게 된다.

그러나 엄밀한 의미에서 성도가 경험하는 매일의 삶 가운데 기적 즉 하나님의 구원이 아닌 사건은 없다. 내가 지금 여기에 — 병들거나 어떤 사고를 당하지 않고 — 존재하는 것 자체가 하나님의 은혜요 기적이다. 내가 현재 이곳에 존재할 확률보다 존재하지 못할 확률이 수천 배나 더 많기 때문이다. 매일 마시는 공기의 산소가 21%로 정확하게 유지된다든지, 수많은 우주의 행성들이 정해진 궤도를 이탈하지 않고 어김없이 운행된다든지,[97] 태양 빛이 소멸되지 않고 일정량 유지된다든지 하는 모든 자연현상은 자연적 현상이 아니라 나를 보호하고 구원하시기 위해 역사하시는 창조주 하나님의 치밀한 배려요 그 사랑의 구체적인 표시이자 표적(sign)들인 것이다. 이스라엘 백성뿐만 아니라 오늘의 성도들에게 있어서 이와 같은 기적 의식은 삶에 기쁨과 희열과 감사와 용기를 공급해 주는 원천이 되기에 매사에 확인하고 의식해야 할 필수요소라 할 수 있다.[98]

---

[97] 성경통독사경회의 개척자이자 저명한 저술가이신 노우호 목사님(밀양 무안교회)의 말을 빌린다면, 만약 공기 중의 산소량이 5%만 감소되어 17%만 되어도 인류는 모두 질식해 죽고, 만약 5%가 증가되어 26%만 되어도 — 어느 끽연자가 성냥불을 켜는 순간 — 지구는 산소 폭발을 일으켜 불에 타 전멸할 것이다.

[98] 필자가 어려서 경험한 기적 사건은 필자의 일생에 희열과 감사를 불러일으켜 준 무시 못할 사건이었으므로 여기에 소개해 본다. 필자가 (홍성)고등학교 재학 시절에 충남 삽교에서 홍성까지 기차통학을 하였는데, 대개 새벽 기차를 타야만 8시경에 시작한 1교시 수업에 들어갈 수 있었으므로 매일 새벽 6시 경에 떠나는 기차를 타곤 했다. 건너삽다리에 있는 우리 집에서 삽교역까지 약 800m 거리였으므로 멀리에서 다가오는 기차 소리를 듣고 달려나가도 기차를 탈 수 있었다. 당시 기차역은 울타리가 없어 정기승차권(패스)만 있으면 논두렁을 가로질러 달려가 승차해도 별 문제가 없었다. 그런데 어느 날 새벽, 늑장을 부리다가 이미 기차가 삽교역에 도착하는 소리를 듣고서 집을 뛰쳐나와 달리기 시작하였으나 이미 기차는 역을 천천히 떠나고 있었다. 그런데도 나는 논두렁을 달리면서 속으로 "하나님, 기차를 멈춰주십시오"라고 기도하고 있었다. 그런데 놀랍게도 떠나던 기차가 한 800m 정도 지나간 뒤에 '찌이이익!' 소리를 내더니 그 자리에 서는 것이 아닌가? (나는 지금도 그 기차가 그때 왜 섰는지 모른지만) 기차를 멈춰달라고 기도했던 나에게 분명히 그것은 기적

b. 공의와 심판의 하나님

야웨께서 약자와 억압받는 자에 대하여 구원의 하나님이 되신다는 사실은 동시에 그분은 교만과 거짓과 증오의 세력, 즉 약자를 속이고 억압하는 악의 권세에 대하여 무서운 심판자가 되신다는 것을 의미한다. 출애굽 사건에서 연약한 이스라엘 백성을 거짓으로 속이고 학대하고 억압한 행악자는 다름아닌 애굽의 황제/바로였다. 하나님은 출애굽 사건을 통하여 진리로 위장한 거짓의 정체를 폭로하시고, 사랑으로 위장한 증오의 세력을 내리치시며, 겸손으로 위장한 교만의 세력을 무너뜨림으로써 이 행악자들을 심판하셨던 것이다. 이스라엘을 억압한 바로와 그를 지켜주는 애굽의 신들을 심판하시는 야웨의 모습은 마치 '거룩한 전쟁'(Holy/divine War[99])에서 이스라엘의 원수를 쳐부수는 전사처럼 묘사된다. 다시 말하면, 구약성서 저자는 출애굽 사건을 이스라엘 군대의 대장이신 야웨께서 이스라엘을 억압하는 애굽 군대의 수호신이자 사령관인 바로와 대전쟁 곧 '거룩한 전쟁'을 벌이시는 것으로 이해하고 있다는 것이다. 이 거룩한 전쟁의 절정은 곧 열 번째 재앙 직후에 일어나는 사건으로서 이스라엘 군대의 사령관이자 만군의 하나님이신 야웨

이었고 하나님께서 나를 사랑하시고 나의 기도를 들으신다는 구체적인 사인이었던 것이다. 그 즉시 열차에 뛰어올라 안으로 들어가지 않고 트랩에 선 채, 몰려오는 바람에 옷깃을 날리며, 필자는 감사와 감격의 눈물 속에서 기차가 홍성역에 닿을 때까지 (아마도 '주 하나님 지으신 모든 세계' 등의) 찬송을 불렀다. "엘리야의 하나님, 나의 하나님" 이 구호는 그 기적을 경험한 다음에 필자의 가슴에서 사라지지 않는 구호이며, 어려운 일이 있을 때마다 필자는 이 사건을 기억하며 하나님께 부르짖었고 그때마다 거의 예외 없이 하나님의 사랑과 구원을 경험하였다. 오늘의 필자가 여기까지 신앙을 잃지 않고 달려올 수 있었던 것도 이와 같은 기적의 체험, 곧 하나님 체험이 있었기에 가능했음을 생각하면, (비록 보고 믿는 것과 지나친 체험 위주의 신앙이 미숙한 신앙임을 알면서도) 역시 성도의 삶에 있어서 기적은 무시할 수 없는 영적 비타민이요 침체된 심령을 일으키는 활력소가 아닐 수 없다는 생각을 하게 된다.(이외에 알라바마 몽고메리 한인 교회에서 목회할 당시에 일어난 화재 사건도 또다른 간증거리이나 지면 관계상 생략한다.)

99) '거룩한 전쟁' 개념에 대하여는 앞 장 69~75쪽을 참조하라.

께서 애굽의 군대들을 '얌숲'('갈대의 바다'[100])에 수장(水葬)시키신 사건이라 할 수 있는데, 그만큼 이스라엘의 억압자 바로에 대한 야웨의 심판은 철저하고 극렬한 것이었다.

이와 같은 맥락에서, 애굽에 내린 야웨의 열 가지 재앙은 모두 애굽의 바로를 비롯한 모든 신들에게 벌을 내리시고 심판하신 사건일 뿐만 아니라(민 33:4;[101] 출 12:12; 사 19:1; 겔 20:8), 한 걸음 더 나아가 애굽의 바로와 우상들이 거짓신이요 무능한 존재들임을 폭로하고 이들에게 야웨 하나님만이 참 하나님이요 창조주이심을 계시하신 사건이었다고 볼 수 있다. 모세가 바로 앞에서 맨 먼저 행한 이적, 즉 자신의 지팡이를 던져 뱀이 되게 할 뿐만 아니라 그 뱀이 애굽의 마술사들의 뱀을 삼켜버린 사건은 뱀으로 상징되는 바로가 한낱 마른 막대기에 불과한 존재이며 그 뱀은 하나님의 말씀 한 마디로 얼마든지 만들 수 있는 무가치한 존재로서 모세가 만든 뱀에게 먹힐 수밖에 없는 무력한 뱀임을 가리킨 것이라 할 수 있다. 여기에서 분명히 드러난 것은 야웨 하나님만이 참 신이시고, 바로든지 코브라든지 간에 야웨 앞에서는 마른 막대기만도 못한 존재임이 폭로된 것이다. 애굽 사람들이 그토록 두려워하고 신성시하기까지 했던 그 코브라가 야웨 앞에서 마른 지팡이만도 못한 무가치한 존재로 폭로되는 사건은 차후에 다시 한번, 즉 이스라엘이 광야에서 하나님을 원망하다가 뱀에 물려 죽어갈 때 모세가 놋뱀을 만들어 장대에 매달아 저주받은 존재임을 보여 줌으로써 백성들이 이를 믿고

---

100) 본래 히브리 성경에서 언급된 용어 '얌숲'(יַם סוּף '갈대의 바다/호수')은 그 주변에 갈대가 많이 자라고 있었던 한 바다 또는 호수를 가리키는 고유명사일 것이다. 이 용어가 칠십인역에서 '홍해'(Red Sea)로 오역됨으로써 수많은 성경의 독자들에게 이스라엘 백성이 바다를 건넌 그 사건의 장소에 대하여 오해를 일으킨 것이 사실이다. 앤더슨의 주장처럼, 이 바다 또는 호수(히브리어 '얌'은 바다와 강과 호수를 모두 지칭함)는 아마도 만젤라 호수나 팀사(Timsah)호수 또는 비터(Bitter)호수였을 것으로 보며, 이 호수의 크기는 사해와 갈릴리호수를 합친 것보다도 더 컸을 것임이 분명하다.

101) "내가 그 밤에 애굽땅에 두루 다니며…… 애굽의 모든 신(들)에게 벌을 내리리라"(출 12:12); "여호와께서는 그들(애굽인들)의 신들에게도 벌을 주셨더라" (민 33:4).

치유함을 받음으로써 다시 한번 반복된다.

또한 열 가지 재앙 가운데서 첫 번째 재앙, 즉 애굽인에게 생명과 풍요를 주는 것으로 인식되어 신성시(神性視)되고 바로와 동일시되었던 나일강을 피로 변하게 한 사건도 결국 나일강이나 바로가 생명의 원천이 아니라 한낱 죽음(피)의 강이요 무가치한 존재임을 폭로하고 심판한 사건이었다. 아홉 번째의 흑암 재앙 사건도 마찬가지로, 애굽인들이 그토록 위대한 존재로 신격화한 태양(바로)을 심판한 사건이고, 열 번째 재앙, 즉 바로의 계승자로서 신의 화신으로 간주된 애굽의 왕자를 죽인 사건도 말하자면 바로에 대한 하나님의 심판이었다. 기타의 여러 재앙들도 애굽의 신들(개구리, 파리, 모기/이, 악질, 독종, 메뚜기 등)에 대한 심판이거나 이들 신들이 신이 아니라 야웨의 피조물에 불과한 존재들임을 공포한 것에 불과한 사건들이었다. 특히 출애굽 드라마의 대절정이라 할 수 있는 홍해도강 사건에서도 고대의 우주관에 따라 하나의 엄청난 세력의 괴물이자 신(神)으로 간주되었던[102] 바다가 야웨께 처형당하는 모습을 보게 된다. 결국 모든 이적/기적을 통하여 이스라엘 백성이 인식한 사실은 거짓 신 바로가 아니라 야웨 하나님만이 유일하신 창조주시요 심판자시요 역사의 주관자라는 사실이다.

c. 약자의 하나님

고대 중동 사회에서 히브리인(עִבְרִים)[103]은 사회 변두리의 약자들이었기에 사람들로부터 멸시와 천대를 받았고(창 39:14; 43:32; 삼하 29:3; 등), 그들을 보호해 줄 신(神)조차 존재하지 않았다. 고대 중동의 신들은 모두 강

---

102) 시 89:9~12; 사 51:9~11; 욥 26:12~13 (기타, 욥 9:13; 시 18:15; 29:3; 74:12~14.; 77:16; 106:9; 114:3; 사 10:26; 30:7; 렘 31:35; 합 3:8~15 등을 참조하라.)

103) 이 용어는 고대 중동에서 유통되던 하나의 사회학적 용어로서, 메소포타미아 지역에서는 하비루/Habiru로, 애굽에서는 아피루/Apiru로 불렸다. M. Greenberg, *The Hab/piru* (New Haven: American Oriental Society, 1955); Roland de Vaux, *The Early History of Israel* (Philadelphia: Westminster, 1978), pp. 105~112, 209~216.

자(장수들)와 부자와 귀족들의 신이었기 때문이다.[104] 그러나 출애굽 사건을 통하여 이스라엘은 야웨께서 기꺼이 약자의 편에 서시는 분이시며, 약자들의 부르짖음을 들으시고 약자의 억울함을 신원하시며,[105] 이 약자들을 강한 자들로부터 구원하시는, 문자 그대로 '약자의 하나님'이심을 경험하였던 것이다. 구약성경 특히 계약법전과 신명기법전에서 고아의 아버지와 과부의 남편으로[106] 그리고 나그네의 보호자와 친구로[107] 자처하시면서 이들을 보호하고 이들에게 관심을 쏟을 것을 당부하시는 야웨의 모습은 이와 같은 약자에 대한 야웨 하나님의 일관된 파토스적(pathetic) 연민을 표출한 것이다.

구약성서에 언급된 수많은 사건들 가운데서 출애굽 사건보다 더 구체적으

---

104) 이와 같은 이해의 배후에서 유유상종(類類相從)이란 말은 고대 중동사람들의 사회생활뿐만 아니라 신들과 인간의 관계에도 적용되었다. 인간사회에서 강자와 부자와 귀족들끼리 어울리고 그룹을 형성하듯 신과 인간의 관계에서도 강한 신들과 강한 사람들끼리 어울려 상호의 이익을 추구하면서 약자와 가난한 자를 제외시켰던 것이다. 현대 교회의 폐단 가운데 하나는 교회 안에서 같은 지방 사람들끼리 어울려 집단을 형성하고, 부자끼리, 강자끼리, 일류대학 출신끼리, 큰 교회 목사끼리만 어울려 의형제의 계약을 맺고 단결하여 집단적 이익을 추구하고, 약자와 가난한 자와 기반이 없는 자들을 제외시키는 행동이라 할 수 있다. 이와 같은 폐쇄적 행동은 성경적 공동체 개념에 배치되는 것일 뿐만 아니라 예수 그리스도의 삶과 정신을 따르는 것이라 할 수 없다.

105) 출 2:23; 3:7, 9; 22:23; 삿 3:9, 15; 6:6, 7; 10:10; 삼상 9:16; 12:8, 10; 15:11; 대하 20:9; 느 9:9; 에 4:3; 시 9:12; 12:5; 35:10; 102:17, 20; 109:30~31; 136:23; 140:12; 145:14; 146:3~9; 잠 22:22~23; 렘 20:13 등.

106) 출 22:22, 24; 신 10:18; 14:29; 16:11, 14; 24:17, 19, 20, 21; 26:12, 13; 27:19; 렘 7:6; 22:3; 49:11; 시 10:14, 18; 68:5; 82:3; 사 1:17, 23; 9:17; 10:2; 겔 22:7; 호 14:3; 슥 7:10; 말 3:5 등. 구약의 주석가들은 구약성경, 특히 오경 안에 집약적으로 수집되어 있는 여러 율법/법전들 사이의 관계를 규명하기 위하여 특별히 출애굽기 20~23장을 계약법전(Covenant Code)이라 부르고 신명기 12~26장을 신명기 법전(Deuteronomic Code), 그리고 레위기 17~26장을 성결법전(Holiness Code)이라 부른다.

107) 출 22:21; 23:9, 12; 신 10:18, 19; 기타 욥 31:32; 시 39:12; 겔 22:7; 말 3:5 참조; 특히 히 11:16에서 히브리서 기자는 하나님께서 나그네의 하나님으로 불리는 것을 부끄러워 아니하신다고 말하면서, 구약에서 신앙의 열조(아브라함, 이삭, 야곱, 다윗: 창 23:4; 47:9; 대상 29:15; 시 39:12)들이 나그네의 삶을 살았음을 상기시키고 있다.

로 야웨의 파토스(Divine Pathos), 즉 약자에 대한 연민과 사랑(편애)을 엿볼 수 있는 사건도 없을 것이다. 애굽에서 100여년 이상의 종살이를 통하여 노예들 중의 노예로 전락한 가련한 히브리인의 신음소리를 야웨는 결코 지나칠 수 없었고, 어떤 신들도 돌아보지 않던 이들을 불쌍히 여기시사, 하나님의 궁전이자 거룩한 산으로 간주되는 시내산(출 3:1, 12; 신 33:2; 왕상 20:23, 28; 합 3:3)을 떠나 우상과 흑암의 땅 애굽에까지 내려가심으로써 마치 영광스런 하늘의 보좌를 버리시고 마굿간까지 내려가셨던 예수님처럼 노예로 전락한 이스라엘의 신분과 자신을 동일시하시었고, 결국은 이들 흙구덩이[108] 속에서 허우적대던 노예들을 구원하여 홍해를 통과하게 하셨다. 즉 바울 사도의 해석처럼(고전 10:1~2) 이들이 홍해의 물로 세례받음으로써 애굽의 수치를 씻어버리게 하신 다음에, 마침내 이렇게 해방된 자유인이자 정결한 신부가 된 이스라엘을 하나님의 산(출 3:1) 곧 시내산으로 인도하시고, 거기에서 이스라엘을 신부로 맞아 결혼식을 올리신 것이다(렘 2:2; 겔 16:4~14; 호 2:14~16; 9:10 참조).

야웨께서 '약자의 하나님'이시며 (강자보다) 약자를 더 사랑하신다는 사실은 동시에 야웨께서 무한대의 지능지수(I.Q.) 못지않게 무한대의 감성지수(E.Q.)를 소유하신, 지극히 뜨거운 감정을 지니신 하나님이심을 가리킨다.[109] 이와 같은 다분히 감정적인 야웨의 성품은 또한 야웨께서 지극히 인

---

108) 이스라엘 백성이 거주하던 애굽의 고센 땅은 나일강의 하류에 있는 델타 지역으로서, 비록 비옥한 땅이긴 하지만 바위나 돌을 거의 볼 수 없는, 순전히 흙으로만 구성되어 있는 땅이었기에 바로의 명령하에 이스라엘 백성들이 국고성 비돔과 람셋을 건축할 때 돌이 아닌 흙벽돌로 건설해야만 했다.

109) 구약성경에는 야웨 하나님의 감정(기뻐하심, 좋아하심, 진노하심, 섭섭하심, 안타까우심, 근심/후회하심, 등)이 적나라하게 노출되는 사례가 빈번하게 언급된다. 천지창조시에 매 단계마다 '좋다'고 말씀하시고, 여섯째 날에는 '심히 좋다'고 하셨으며(창 1장), 인간들이 범죄하기 시작하고 세상에 죄악이 관영하게 되자 땅 위에 사람 지으셨음을 한탄하시고 근심하셨다(창 6:7~8). 하나님은 또한 질투하시는 하나님이신지라 하나님을 미워하는 자는 3, 4대까지 죄를 갚으시나 야웨를 사랑하는 자를 만나면 (너무나 감격하시사) 수천 대까지

격적인 분이심을 가리키는 것이다. 이 말을 돌려서 말하면, 대체로 강자보다 약자 편에 서게 되는 인간 감정의 보편성은[110] 인간이 이와 같은 감정적인 하나님의 성품을 닮았음을 드러내는 것이며, 결국 성서적 인간론의 대전제라 할 수 있는 바 '하나님의 형상'으로 창조된 인간이 감정 면에서도 하나님의 형상을 닮았음을 증거하는 것이라 할 수 있다.

출애굽 사건을 통하여 이와 같은 약자에 대한 야웨의 파토스를 경험한 이스라엘이 터득한 바 하나님의 구원과 도움을 얻는 지름길은 다름 아닌 '약자'가 되는 것이었다. 우리는 구약성경에 언급된 하나님의 구원 사건에 있어서 그 구원이 크면 클수록 구원과 관련된 인물이 먼저 하나님 앞에서 가장 큰 약자, 즉 세상에서 가장 불쌍한 약자가 되어 부르짖었다는 사실을 상기할 필요가 있다. 이스라엘이 그들의 역사 가운데서 가장 큰 구원 사건, 즉 출애굽 사건을 경험한 때는 그들이 그 어느 때보다도 가장 연약하고 불쌍한 처지에 있었을 때였다는 사실을 부인할 사람은 없을 것이다. 이와 같은 논리는 특히 시편의 탄원시에서 두드러지게 적용된다. 시편의 시인은 거의 예외없이 자신을 세상에서 가장 비참한 약자요 가난하고 불쌍한 자로 자처하면서 구원의 하나님께 가장 간절하게 부르짖는다. 시편 밖의 여러 자료들의 증언에서도 이스라엘의 하나님 야웨는 광야에서 죽어가는 이스마엘의 부르짖음(창 21:17)을 들으셨으며 억울하게 멸시당하는 한나의 고통(삼상 1:10~11)과 중년의 죽음 앞에서 통곡하는 히스기야의 눈물(왕하 20:5)을 돌아보시는 하나님이셨던 것이다.

은혜를 베푸신다(출 20:5; 대하 16:9). 시내산에서 이스라엘이 금송아지를 만들고 이것이 자신들을 애굽에서 인도해 낸 신이라 말하자, 이를 보신 야웨께서는 너무나 진노하시어 당장 그 자리에서 모세에게 이 백성을 진멸한 후 모세의 후손으로 큰 나라를 다시 세우겠다고 말씀하신다(출 32).

110) 영화 '춘향전'을 관람하면서 춘향을 고문하는 변학도 편에 서서 변학도를 두둔하는 사람이 있다면, 그리고 영화 '벤허'를 보면서 벤허보다는 메쌀라 편에 서는 사람이 있다면, 그는 정상인이라기보다는 정신병자임이 분명하다.

그러므로 구약신학의 맥락에서 볼 때, 하나님 앞에서 부르짖을 일이 없는 사람처럼 불쌍하고 가련한 사람이 없고, 하나님 앞에서 강한 자로 자처하고 부자인 체 자만하는 자들처럼 어리석은 인간은 없다. 스스로 약자와 대립되는 강자가 됨으로써 그는 이미 약자의 편에 서시는 전능하신 하나님과 싸우려고 대드는 어리석음을 저지르고 있기 때문이다.[111] 이와는 반대로, 하나님 앞에서 스스로 약하고 가난한 자임을 자각하고 세상에서 가장 간절한 통곡과 눈물과 금식[112]과 부르짖음으로 (마치 엄마를 잃고 배고파 울부짖는 젖먹이처럼) 하늘을 향하여 외치는 자보다 더 효과적으로 하나님의 감정을 움직이는 자는 없으며, 그런 의미에서 그만큼 강하고 지혜롭고 행복한 자는 없는 것이다. '약자의 하나님'으로서 무적의 용사이시며 전지 전능하신 야웨께서 그의 편이 되시어 그를 붙들고 계시기 때문이다. '약자의 하나님'이신 야웨 앞에서 스스로 약자임을 깨닫고 고백하고 부르짖어 승리자가 되는 비밀,

---

[111] 최근 한국에서 유행한 "무식하면 겁없다"는 말이 이런 사람을 가리킨다고 볼 수 있다.

[112] 구약성경은 가장 연약한 인간이 하나님의 응답과 도움을 받아 가장 강한 인간이 되는 지름길 가운데 하나를 가르쳐 주고 있는데, 그것은 다름아닌 금식이다. 이 금식은 인간이 스스로 하나님 앞에서 한계상황에 처한 자가 되고 철저하게 가난하고 약한 자가 되었음을 보여드리는 일종의 겸손/겸비의 행동이라 할 수 있다. 인간은 금식자가 될 때 배고픈 자의 고통이 얼마나 비참하고 힘든 것임을 깨닫게 되며(사 58:6~7, 10), 실제로 인간은 금식이 깊어질수록 생명의 위기를 느끼게 되고 따라서 세상에서 가장 약한 자가 되어 생명을 걸고 부르짖게 되며, 하나님께 부르짖는 모습이 간절한 만큼 약자의 부르짖음을 지나치시지 못하는 하나님의 파토스를 움직이게 되는 것이다. 구약성경에서 그 누구보다도 하나님의 은혜와 자비와 능력을 힘입어 큰 역사(役事)를 이루었던 모세는 세 번이나 40일 동안 금식하였고(신 9:9,18~20,25), 니느웨 성의 왕과 백성들은 짐승과 더불어 요나의 설교를 듣고 하나님 앞에서 금식하며 회개함으로 예고된 하나님의 심판과 멸망을 피할 수 있었으며(욘 3:5~9), 다니엘도 금식하며 기도하여 하나님의 응답을 받았고(단 9:3), 페르샤 시대 아하수에로 황제 때에 에스더와 유대인이 3일 동안 식음을 전폐하고 기도하여 멸종의 위기를 승리의 기회로 역전시켰으며(더 4:3, 16; 9:31), 에스라도 수많은 귀환객들과 함께 아하와 강변에서 금식하며 기도함으로써 예루살렘까지 4개월이 걸리는 험난한 여정을 무사히 끝낼 수 있었으며(스 8:21, 23), 기타 수많은 국가적 개인적 위기 때마다 이스라엘 백성들은 금식기도를 통하여 하나님의 응답과 도우심과 승리를 경험하였던 것이다(삿 20:26; 삼상 7:6; 31:13; 삼하 1:12; 12:16, 21, 22; 느 1:4; 9:1; 시 35:13; 69:10; 109:24).

그리고 가장 어리석고 연약한 인간이 하나님의 도움 가운데서 가장 강하고 지혜로운 자가 되는 비결, 이것이 곧 출애굽 사건을 통하여 이스라엘이 배운 지혜이자 신학이며, 이러한 신학적 전승의 맥락에서 지혜자와 예언자, 특히 이사야와 예레미야는 다음과 같이 신언(神言)을 외칠 수 있었던 것이다: : "너는 내게 부르짖으라. 내가 네게 응답하겠고 네가 알지 못하는 크고 비밀한 일을 네게 보이리라"(렘 33:3); "지렁이 같은 (연약한) 너 야곱아…… 내가 너로 이가 날카로운 새 타작 기계를 삼으리니, 네가 산들을 쳐서 부스러기를 만들 것이며 작은 산들로 겨 같게 할 것이라"(사 41:14~15).[113] "진실로 그(야웨)는 거만한 자를 비웃으시며 겸손한 자에게 은혜를 베푸시느니라"(잠 3:34; 약 4:6).

'약자의 하나님' 개념과 연계된 또 하나의 신학적 주제는 곧 '은혜주의'라 할 수 있다. 이 사상은 약자가 하나님의 구원을 체험하는 길은 약자 스스로의 힘으로는 불가능하고 오직 하나님의 은혜로만 가능하다는 것을 강조한다. 이 개념은 반율법적인 사상을 전제한다. 즉 연약한 인간이 하나님의 구원을 얻는 길은 자기의 행위나 능력이나 지식에 의해서가 아니라 전적으로 하나님의 은혜로만 가능하다는 것이다. 이와 같은 은혜주의는 십계명의 서두에도 분명히 제시되어 있다. 즉 제1 계명의 서두에서 강조하는 것은 "나는 너를 애굽 땅 종 되었던 곳에서 너를 해방한 야웨다. 그러므로 내 앞에 다른

[113] 이러한 신학적 전승은 마리아의 노래에서 그리고 사도 바울의 고백에서도 계속된다: "내 영혼이 주를 찬양하며, 내 마음이 하나님 내 구주를 기뻐하였음은 그 계집종의 비천함을 돌아보셨음이라…… 그의 팔로 힘을 보이사 마음의 생각이 교만한 자를 흩으셨고, 권세 있는 자를 그 위(位)에서 내리치셨으며, 비천한 자를 높이셨고 주리는 자를 좋은 것으로 배불리셨으며, 부자를 공수로 보내셨도다……"(눅 1:47~53); "미쁘다 모든 사람이 받을만한 이 말이여, 그리스도 예수께서 죄인을 구원하시려고 세상에 임하셨다 함이로다. 죄인 중에 내가 괴수니라"(딤전 1:15). 이와 같은 성서적 전통 아래 그리고 사도 바울의 모범을 따라서 필자도 이따금 영적 갈급함과 무기력을 느낄 때는, 앞에서도 말한 것처럼, 스스로 하나님 앞에서 "주여, '죽은 개만도 못한' 이 죄인 괴수가 주님께 나아옵니다"라고 기도를 시작함으로 하나님의 능력과 은혜로 재충전받는 경험을 하게 되었음을 밝힌다.

신을 두지 말라"는 것이다. 다시 말하면, 이 구절은 홍해 도강 사건으로 상징되는 은혜가 먼저이고 시내산에서 받은 십계명과 율법이 뒤에 위치한다는 것을 가리키며, 그러기에 십계명을 알고 지키는 것에 앞서서 애굽으로부터 구원해 주신 야웨 하나님의 은혜를 아는 것이 더 중요하다는 사실을 강조한다는 것이다. 더 나아가서 십계명은 이와 같이 하나님의 은혜를 깨닫는 자만이 지킬 수 있는 것이며, 이와 같은 야웨 하나님의 은혜에 대한 감사 감격 속에서 십계명을 비롯한 모든 야웨의 율법을 지킬 때에만 진정으로 율법을 지키는 자가 된다는 것이 이 구절의 논리이다. 그러나 이와 같은 은혜주의가 후대 특히 신구약 중간시대에 율법주의로 발전하여 구약성경 본래의 은혜주의 신학이 배경으로 후퇴하게 되는 결과를 초래하게 되며, 오히려 그 본래의 의도와는 상반된 개념으로서 '율법을 행함으로 의로워지고 구원을 얻게 된다'는 유대주의적 사상으로 변질되는 것을 볼 수 있다. (사도 바울의 반율법적 이해는 이와 같은 신구약 중간시대의 변질된 유대주의 사상을 바탕으로 한 것이라 할 수 있다.)

이와 같은 은혜주의는 예배의 본질이 무엇이며 어떻게 하는 것이 참 예배인지에 대하여도 하나의 중요한 원칙을 암시한다고 볼 수 있다. 다시 말하면 시내산에서 이스라엘 백성들이 드린 예배는 그 예배가 있기 전에 야웨 하나님의 은혜로 애굽의 종살이에서 해방되고 홍해의 기적을 체험하는 사건이 있었다는 사실이다. 시내산에서 드린 예배는 그러므로 감사와 감격이 충만한 예배였고, 그런 의미에서 참된 예배는 하나님의 은혜에 대한 감사와 감격의 눈물과 찬양이 우선하는 예배라는 사실이다. 모세가 시내산에서 선포한 제사법, 즉 이스라엘이 야웨 하나님께 예배드리는 방법에 있어서 항상 모든 예배/제사마다 희생제물(양, 소 또는 비둘기)의 피를 전제하는 이유가 여기에 있는 것이다. 애굽에 내린 재앙들 중 마지막 재앙이자 가장 큰 재앙이었던 그 열 번째 재앙에서 이스라엘 백성들이 죽음을 면하고 구원받은 것은 그들의 문설주에 바른 양의 피 때문이었고, 이 양의 피는 (기독교적 관점에서) 예수 그리스도의 십자가에서 흘린 보혈을 상징/예고하는 것이므로, 이 피의 은혜에 대한 기억과 감사가 없는 예배는 알맹이 없는 콩깍지처럼 무가치한 예배라 할 수 있을 것이다(요 4:24).

d. 비하(Humiliation)와 등귀(Exaltation[114])의 하나님

앞에서 언급한 '약자의 하나님'은 필연적으로 '자기 비하(卑下)의 하나님'을 전제할 수밖에 없고, 자기 비하의 하나님은 필연적으로 등귀(騰貴)의 하나님을 예고할 수밖에 없다. 왜냐하면, 약자(히브리인)의 편에 선다는 것 자체가 자기를 비하시키는 행동일 뿐만 아니라, 세상에서 가장 존귀하신 하나님 곧 만물의 창조주이시며 주인이시며 왕이신 야웨께서 어떤 동기와 목적하에서 자신의 지위를 낮추셨다면, 그 목적이 달성됨과 동시에 반드시 자신의 존귀하신 지위를 회복하실 것이기 때문이다.

야웨는 (앞에서도 언급한 바와 같이) 중동의 그 어떤 신들도 외면하려 했던 히브리인들의 하나님(출 3:18)이 되심으로써 히브리인과 자신을 동일시 하셨고 결과적으로 이 히브리인들의 불명예(창 39:14; 43:32; 출 21:2; 삼상 4:9; 14:11; 29:3)에 동참한 하나님이 되신 것이다. 이와 같은 야웨의 행동은 이미 시내 광야에서 모세에게 보여 주신 '불타는 떨기나무'(Burning Bush)의 이상을 통하여 예고되었다(출 3장; **사진 49A** 참조). 마치 가시나무처럼 볼품없고 무가치한 나무에 접촉한 불이 이 쓸모 없는 가시나무와 지속적으로 동거하면서도 결코 이 나무를 소멸시키지 않고 오히려 이 나무로 하여금 찬란하게 불타는 영광을 입도록 해주는 것처럼, 야웨께서는 노예로 전락한 볼품없는 이스라엘을 구원하기 위하여 하나님의 산 호렙에서 애굽까지 내려오시사 이 노예화된 백성과 자신을 동일시 하시고, 이 백성을 괴롭

114) 영어권에서 사용된 이 용어는 한국어로 번역할 때 적당한 말을 찾기 힘들었다. 영어권 주석가들이 주로 사용한 이 용어(exaltation)는 '낮은 지위에서 높은 지위로 올라가는 것/승진, 신분이 영화롭고 존귀하게 되는 것' 등을 모두 포함하는 단어다.

히는 억압자 바로를 내리치신 다음 친히 구원하신 이스라엘을 마침내 하나님의 거룩한 산 시내/호렙산으로 인도하여 그곳에서 이스라엘과 계약을 맺고 이스라엘을 야웨의 신부로 삼으심으로써 이스라엘에게 말로 다할 수 없는 영광과 명예로 옷 입혀 주신 것이다. 세상의 버림받은 쓰레기처럼 무가치하고 노예 중의 노예로 전락하여 비천하기 그지없었던 이스라엘이 야웨의 구원과 사랑을 받아 야웨와 대등한 지위라 할 수 있는 야웨의 신부로까지 그 신분과 지위가 등귀/고양된 것은 실로 놀라운 일이 아닐 수 없다. 이와 같은 비하와 등귀의 패러다임은 신약성경 특히 빌립보서(2장 5~11절)에서 요약하여 보여 주는바 예수님의 삶에서 그 절정을 이룬다.[115] 이 예수님은 하나님의 아들로서 본래 하나님의 본체이셨으나 오히려 자기를 비어 종의 모습으로 세상에 오셔서 자신을 인간과 동일시하셨고, 인간의 죄를 대신하시기 위하여 죄인으로 정죄를 받아 수치의 십자가를 지시사 죽으시고 부활하심으로써 이 예수와 그 공로를 믿는 모든 인간이 죄로부터 구원을 받고 하나님의 자녀가 되어 영원한 하나님 나라(천국)에 들어가는 영광을 얻게 되었던 것이다.

이와 같은 관점에서 볼 때, '비하와 등귀'의 패러다임은 이스라엘 백성(또는 그리스도인)뿐만 아니라 이 패러다임을 제공하신 야웨 하나님께도 적용된다. 다시 말하면, 야웨(예수)께서 히브리인(또는 스스로 사탄의 노예였으며 죄인 괴수였음을 고백하는 그리스도인)과 함께 자신을 동일시함으로써 하나님(또는 예수님)께서 친히 자신을 비하시키신 것이 사실이지만, 동시에 이 야웨(예수님)의 은혜를 입은 이스라엘 백성(성도)들이 마침내 시내산(또는 성전)에 도착하여 이 구원의 하나님(또는 예수님) 앞에 무릎을 꿇고 모든

115) 이러한 하나님의 행위(act)의 독특한 패러다임은 마태복음 25장에 나타난 비유에서도 간접적으로 암시된다. 즉 심판 날에 영광의 보좌에 앉으신 예수께서 가난한 자와 병든 자와 갇힌 자 등의 약자와 자신을 동일시하실 뿐만 아니라 이 약자들을 예수님처럼 대접한 의인들에게 영광을 주신다는 것이다.

입을 동원하여 이 구원의 하나님을 구세주로, 만물의 주인으로, 그리고 만왕의 왕으로 고백하고 추앙하고 찬양하게 됨으로써 결과적으로 진정한 고양과 등귀를 누리시게 되는 분은 다름아닌 하나님 야웨(또는 예수님) 자신이셨던 것이다.[116]

이와 같은 비하와 등귀의 패러다임은 야웨 하나님의 구원 행동의 전형 가운데 하나일 뿐만 아니라, 야웨께서 사용하신 (성경 속의) 인물들의 삶의 패러다임이기도 하다. 구약성경 가운데서 이러한 패러다임을 극적으로 대변하는 대표적인 두 인물이 요셉과 다윗이고, 기타 아브라함과 야곱과 룻과 사무엘과 다니엘과 모르드개와 에스더와 베드로 같은 인물도 이 패러다임에 속한다고 볼 수 있다. 특히 요셉의 일생은 여러 인물들 가운데서도 이 패러다임에 가장 잘 어울리는 사람이라 할 수 있을 것이다. 신약성서의 예수님의 일생과 유형론적으로 대비될 만큼 그 일생이 드라마틱했던 요셉은 어려서 형들에 의하여 종으로 팔리고 여인의 모함에 의하여 감옥에까지 투옥되어 고난을 당하다가 마침내 대애굽 제국의 총리대신의 자리에까지 올라감으로써 비하와 등귀의 극적인 삶을 산 사람이 되었다.

야웨께서 연약한 인물을 선택하여[117] 그를 비하시켰다가 결국은 그를 영광스럽고 존귀한 존재로 만들어 주시며, 그를 통하여 영광을 받으신다는 성경의 이야기들은 일종의 선택 신학과도 연결된 주제라 할 수 있다. 그런 관점에서 비하와 등귀의 패러다임은 성서신학뿐만 아니라 조직신학과도 관련된 중요한 주제라 할 수 있다.

---

116) 비하와 등귀의 패러다임은 세속 역사에서도 종종 일어난다. 영국의 왕자로서 왕위 계승 서열 1위였던 에드워드 VIII세가 평민이요 이혼한 여인인 심프슨 부인과 결혼하기 위하여 왕관을 벗은 행동은 이와 같은 패러다임의 구체적 실례라 할 수 있을 것이다.

117) 구약성경에서 야웨의 선택을 받는 사람은 대부분 장자가 아니라 차자(아벨, 이삭, 야곱, 유다, 다윗 등)라는 사실도 이 패러다임에 속한다고 볼 수 있고, 더 나아가서 구약의 또다른 주제인 '선택 신학'과도 관련이 있다.

e. 창조주 하나님

애굽에 내린 열 가지 재앙과 홍해가 갈라져 200만 이스라엘 백성이 육지처럼 건넌 사건, 그리고 하늘에서 만나와 메추라기가 내리고 반석이 갈라져 생수가 터져나온 사건 등은 모두 야웨께서 천지만물 — 큰 것이든 작은 것이든, 거룩한 것이든 추한 것이든, 강한 것이든 약한 것이든간에 — 을 창조하시고 지배하시는 분이심을 분명히 증거한 사건들이다. 말씀으로 천지를 창조하신 하나님은 이들 모든 사건 속에서도 말씀 한두 마디로 천지만물의 생성과 소멸을 주관하시는 분임을 보여 주셨던 것이다.

특히 야웨께서 애굽 땅에 내린 열 가지 재앙의 각 항목들은 점진적 방법으로, 즉 재앙의 영향력이 작은 것에서부터 그 영향력이 큰 것으로 진행되게 하심으로써 야웨 하나님만이 천지만물과 모든 인간을 창조하시고 주관하시는 유일하신 참 하나님이심을 그 누구도 부인할 수 없도록 분명하게 드러내 준 사건이었던 것이다. 야웨께서는 무한대의 생수로 죽음의 땅 애굽을 적셔주는 신비스런 나일강을 피로 물들어 죽이시고 다시 회복시켜 주심으로써 나일강이 신이 아니라 야웨 하나님의 능력으로 존재하는 피조물에 불과하다는 것을 보이셨으며, 더러운 개구리 떼와 이(또는 모기)와 파리 떼뿐만 아니라 치료할 수 없는 악질(惡疾)과 독종(毒腫), 그리고 무서운 세력으로 땅의 모든 풀을 갉아먹는 메뚜기 떼와 모든 채소와 곡식까지 때려부수는 우박을 애굽 사람과 짐승들의 삶의 현장으로 불러들이기도 하시고 몰아내기도 하심으로써 당시 애굽에서 신격화된 이들 자연의 세력이 하나님의 지배하에 있는 피조물들임을 모든 애굽 사람과 이스라엘이 알게 하셨다. 또한 엄청난 능력과 권세로 땅의 모든 생물에게 생명과 번영을 제공하는 태양을 죽이시고(어둡게 하시고) 살리심으로써 애굽인들의 태양신 아문(Amun/Amon) 또는 라(Ra)가 신이 아니라 한낱 하나님의 피조물에 불과하다는 사실을 깨닫게 하셨으며, 마지막으로 신격화된 태양과 나일강의 화신으로서 애굽의 모든 풍요의 제공자로 자처하면서 온갖 영광을 독차지하여 숭배를 받은 왕자, 곧 바로의 분신이자 장차 바로의 왕권을 계승할 그 왕자를 죽이심으로써 야웨께서 바로 왕의 생명까지도 주관하는 창조주이심을 여실히 보여 주셨던 것이다. 이와 같은 하나님의 창조주적 능력을 직접 눈으로 보고 피부로 경험한 후 마침내 시내광야에 도착한 이스라엘 백성에게 야웨께서는 자신있게(?) "세계가 다 내게 속하였나니"(출 19:5)라고 선포할 수 있었다. 결과적으로 출애굽사건을 통하여 이스라엘은 이 야웨 하나님이야말로 온 세상을 반드신 참 주인이시요, 창조자이심을 확인하였던 것이다.

시내산에서 처음으로 선포된 십계명의 1~2 계명 즉 야웨 외의 다른 신과 우상을 숭배하는 것에 대한 금지 조항은 이와 같은 창조주 하나님을 전제한 것이라 할 수 있다. 천지만물의 창조주 야웨 하나님 외의 다른 신은 있을 수 없으며, 그 사이즈에 있어서 하늘과 땅과 모든 별들보다 크신 야웨 하나님 — 아니, 현대 과학의 용어로 '수천억 광년이 걸리는 직경을 갖고 있는 우주보다 훨씬 더 큰 무한대의 차원에 거하시는 하나님' — 을 그 천억만 분의 일도 안 되는 — 보통 20cm 정도 — 크기의 우상으로 조각하여 세워놓는다는 행동이야말로 창조주 하나님께 대한 모독이요 어리석기 그지없는 행동이기 때문이다. 그 누구도 하나님의 형상은 만들 수도 그릴 수도 없고, 피조물인 인간이 신격화하여 만든 그 어떤 신상도 참 하나님이 될 수 없기 때문이다. 인간이 만든 신은 인간보다 작고 무능하고 무식한 자요 결국 인간의 종(노예)이요 수공물에 불과한 존재이기 때문이다.

구약성서에서 이와 같은 창조신학의 주제는 필연적으로 부활신학으로 그 사상의 맥이 이어진다.[118] 왜냐하면 인간의 생명을 창조하시고 주관하시는 하나님 야웨는 당연히 인간의 죽음도 주관하시는 하나님으로 인식될 수밖에

[118] 장영일, "구약의 종말론: 부활사상", *이스라엘의 경건과 학문*(장신대출판부, 2000), pp. 181~206. 이스라엘 백성들이 국가적 부활과 동시에 개인적 부활에 대한 사상을 체계화하고 구체적으로 문서화한 것은 제2의 엑소더스인 출바벨론 사건을 경험한 뒤로 볼 수 있다. 이에 대해서는 이 책의 '출바벨론-성전 재건 사건' 부분을 참조하라.

없기 때문이다. 다시 말하면, 무(無)에서 유(有)를 창조하시는 하나님은 동시에 죽음에서 생명을 창조하시는 분이며, 죽은 자도 다시 살리실 수 있는 하나님이시기 때문이다. 죽음(또는 죽음의 문화)의 땅[119] 애굽으로부터 진정한 자유와 생명이 있는 땅으로의 탈출(부활)을 경험한 이스라엘에게 있어서 이와 같은 부활사상은 너무나 당연한 추론이요 진리였다고 볼 수 있다. 이스라엘은 실로 이 출애굽 사건을 통하여 죽은 자에 불과한 이스라엘을 부활시키시는 하나님의 창조의 능력을 보았고 고백했으며, 그런 의미에서 이 출애굽 사건을 통하여 이스라엘은 죽음에서 부활하였고, 하나님의 창조의 능력으로 새롭게 창조된 백성이 되었던 것이다.

또한 이 '창조주 하나님'에 대한 사고는 필연적으로 유일신 사상(Monotheism)을 파생하게 되는데, 이 유일신 사상은 (아마도) 주전 8세기부터 특히 계약갱신 축제와 유월절을 지키는 동안에 자연적으로 도달하게 된 하나의 신학이었다고 볼 수 있다. 이 유일신 사상은 특히 주전 8~7세기에 북왕국 이스라엘에서 편집되고 히스기야와 므낫세 왕 때 남왕국 유다에서 추가로 편집된 것으로 보이는[120] 신명기(4:35, 39; 32:39)와 기타 신명기적 역사서(삼상 2:2; 삼하 7:22; 22:32; 왕하 19:17~18; 왕상 8:60)와 후대의 시편(96:45; 18:32)과 후대의 예언서(렘 2:11; 5:7; 16:20; 사 43:10~13; 44:6~8, 24; 45:5, 6, 18, 21, 22; 46:9)에서 두드러지게 강조된다. 이 자료들의 여러 정황으로 미루어 볼 때 (아마도) 유일신 사상 이전에는 즉 주전 8세기 이전까지는 단일신론(Monolatry/Henotheism)과 비슷한 신관이 이스라엘 백성 가운데 유행하였다고 볼 수 있다(창 31:30; 출 15:11; 20:3; 23:32

---

119) 애굽은 죽음과 무덤을 그 어느 나라보다 중요시한 나라였고, 나일강 서쪽에 있는 피라미드를 비롯한 엄청난 크기의 수많은 무덤들이 이를 증언한다. 이 책의 38~43, 107~114쪽을 참조하라.

120) E. W. Nicholson, Deuteronomy and Tradition; Tigay, *The Book of Deuteronomy*, 참조.

~33; 32:1; 수 24:2,14; 왕상 18:24; 대하 28:22~24;[121] 시 82 등).

f. 역사의 주관자 되시는 하나님(신본주의 신학)

출애굽 사건을 통하여 — 그리고 특히 약 700여 년 뒤에 재차 경험하는 출바벨론 사건을 통하여 한층 더 진하게 — 이스라엘 백성이 터득하게 되는 또 하나의 중요한 깨달음은 곧 '역사 의식(意識)'이라 할 수 있는데, 이 역사 의식은 곧 야웨께서 인간의 역사를 계획(design)하시고(창 15:13~14) 운영하시고(manage) 감독하시고 성취하시고 또한 이 인간 역사 속에 현존하심으로써[122] 이 역사를 통하여 자신의 정체를 계시하신다는 것이다. 따라서 이 역사는 야웨 하나님의 주된 활동 영역이고 그런 의미에서 인류의 역사 곧 히스토리(History)는 '나/우리의 이야기'(My/Our Story)이기에 앞서 그분의 발자취이며 '그분의 이야기'(His Story)라는 것이다. 그러기에 이스라엘 백성에게 있어서 조상들의 역사 곧 이스라엘의 역사는 하나님의 정체와 성품과 활동 방식을 알려주는 하나의 계시이며, 따라서 출애굽 사건은 물론 그 전후의 모든 조상들의 역사가 기록된 구약성경이 다름아닌 하나님의 계시이자 말씀이며, 이 성경을 통하여 자신들의 하나님 곧 야웨의 정체와 그분의 역사 운영의 방향과 인류 구원의 뜻을 알게 된다는 의식에 이르게 되었던 것이다. 이와 같은 역사 이해에 있어서 이스라엘 백성이 영광과 보람을 느끼는 것이 있다면 그것은 인간 특히 이스라엘 백성들이 하나님의 역사 운영과

[121] 다신론적 동기에서 비롯된 아하스 왕의 다메섹 신들에 대한 제사는 주전 8세기 말까지도 그와 비슷한 다신론적 신관을 소유한 자들이 이스라엘 백성 가운데 많이 있었음을 암시한다. "이 아하스 왕이 곤고할 때에 더욱 여호와께 범죄하여 자기를 친 다메섹 신들에게 제사하여 가로되, 아람 열왕의 신들이 저희를 도왔으니 나도 그 신에게 제사하여 나를 돕게 하리라 하였으나 그 신이 아하스와 온 이스라엘을 망케 하였더라"(대하 28:22~23).

[122] 학자들 사이에 아직도 의견이 분분한 '야웨'라는 神名의 본래적 의미에 대하여 필자는 '역사 속에 현존하시는 하나님'이라는 관점에서 해석한다. 장영일, "야웨(יהוה) 이름의 기원과 의미", 이스라엘의 경건과 학문 (장신대출판부, 2000), pp. 17~50.

섭리의 동반자 내지는 청지기로서 선택되고 쓰임받게 되었다는 사실이었다. 인류의 구원을 유형론적으로 예고하는 바, 〈출애굽-시내산 계약-가나안 정착〉이라는 대역사 드라마에서 그 감독자이시며 연출자이신 야웨 하나님께서는 세계 열방의 만민족 가운데서 이스라엘과 그 백성을 선택하여 드라마의 주인공으로 삼으셨던 것이다. 결국 이스라엘 백성은 출애굽-시내산 계약 사건을 통하여 세계 어느 민족에게서도 찾아보기 힘든 선명한 신학적 역사관을 정립하게 되었던 것이다.

이스라엘 백성이 출애굽 사건을 통하여 터득하게 된 이와 같은 신본주의적 역사관은, 한 걸음 더 나아가서, 야웨께서는 사소하고 개인적인 사건뿐만 아니라 엄청나게 큰 국가적이고 국제적인 사건까지도, 그리고 사람의 보기에 선한 사람이든 악한 사람이든(잠 16:4; 출 9:16), 모든 인간의 삶과 우주 공간에서 일어나는 크고 작은 사건들의 모든 시작과 과정과 결말을 관할하시고 경영하시고 통제하신다는 것이다. 이와 같은 관점에서 볼 때 이스라엘 백성의 관념 속에서 세상에 의미 없는 사건이나 의미 없는 개인의 존재나 행동은 있을 수 없으며, 또한 비신앙인들의 용어 가운데 하나인 '우연'이나 불교적 용어 가운데 하나인 '운명' 또는 '숙명'이라는 용어도 허용되지 않는다. 역사와 시간의 주인이신 야웨께서는 시간의 가장 작은 단위(현대인의 용어로 만분의 1초)로부터 가장 큰 단위(현대인의 용어로 수천억 광년 이상)까지도 운영하시고 간섭하시며, 조상에게 약속하신 것을 그 후손에게서 이루어 주시고, 400년 전에 약속하신 사건을 400년 후에 정확하게 이루어 주시는 하나님이심을 이스라엘은 출애굽 사건을 통하여 확인했던 것이다.

출애굽 사건에 원초적 동기를 부여한 요셉이라는 한 개인의 삶을 통하여 이스라엘 백성은 이와 같은 역사의식이 얼마나 소중한 것인가를 듣고 배우고 또 가르쳐 왔음이 분명하다. 요셉은 자신의 삶의 매 순간마다, 그리고 기쁜 일뿐만 아니라 슬프고 고통스러운 일까지도, 즉 자신의 인생 여정의 전 과정이 역사의 주관자이신 하나님의 섭리와 뜻에 속하였음을 알고 있었다

(창 45:5~9; 50:19~20). 그러기에 한 마디의 원망이나 불평도 없이 끝까지 인내하며, 자신의 고통과 시련을 하나님께서 낱낱이 보고 계시고 알고 계신다는 생각 가운데서 하나님의 인도를 따르는 삶을 영위함으로써 결국은 자기 가족은 물론 전 이스라엘 백성을 구원하는 보배롭고 의미있는 삶의 경지에 도달하게 되었던 것이다. 요셉에게 있어서 형들의 시기와 인신매매 행동, 보디발의 아내의 유혹과 누명 씌우기 등의 다양한 역경이 없었다면 그의 총리로서의 영광도 없었을 것이므로, 요셉이 겪은 갖가지 불행들은 결국 그를 한 걸음 한 걸음 성공으로 인도해 주는 하나님의 은혜의 계단이었던 것이다. 여기에 이스라엘 백성 또는 그리스도인들이 범사에 그리고 항상 전천후(全天候)적으로 기뻐하고 감사해야 하는 이유와 삶의 승리의 비결이 있는 것이다[123](롬 8:28).

이스라엘의 역사관에 있어서 또 다른 중요한 관념 가운데 하나인 발전적인 역사관, 즉 하나님의 역사 경영은 불규칙적이고 향방 없는 무계획한 것이 아니라 대단히 규칙적이고 반복적이며 동시에 목표 지향적인 계획성을 갖고 있다는 것이다. 이러한 독특한 성서적 역사관을 가리켜 몇몇 신학자들은 '나선형적 역사관'이라 부르기도 한다.[124] 하나님의 역사 섭리 안에서 한

---

[123] 특히 역경 속에서도 하나님의 섭리와 은혜를 발견하고 감사할 줄 아는 신앙인의 자세가 시편에 종종 나타나며(시 119:71), 이스라엘 시의 특징 가운데 하나인 탄원시의 분위기 반전/전환(change of mood)도 이와 같은 동기를 반영한다고 볼 수 있다(3:3~6; 4:7~8; 5:11~12; 6:8~10; 7:10, 17; 9:9~12, 15~18; 10:15~18; 13:5~6; 22:22~26; 25:12~15; 26:12; 28:6~9; 31:19~24; 35:28; 36:5~9; 40:17a; 41:11~13; 42:5b, 8, 11; 43:4~5; 54:4~7; 55:16~19; 56:10~13; 57:7~11; 58:10~11; 59:16~17; 64:7~10; 69:30~36; 71:22~24; 85:8~13; 86:8~13; 94:14~23; 108:1~5, 13; 109:30~31; 130:7~8; 140:12~13). 즉 탄원시 가운데서 시인이 고통속에 부르짖다가 갑자기 분위기가 야웨 하나님의 구원을 확신하고 그 이름을 찬양하는 것으로 바뀌는 것은 역사를 주관하시는 공의의 하나님이 결국은 의인으로 하여금 승리하도록 도우신다는 확신에 기초한 것이라고 볼 수 있는 것이다. 탄원시의 분위기 반전에 대한 최근의 논문으로서 류행렬, 시 22편: 탄원양식과 감사양식의 구조적 통일성에 관한 연구. (미간행 박사학위 논문) (장로회신학대학교, 1993), pp. 170~190을 참조하라.

사건이 반복적으로 그리고 (완성을 향하여) 목표지향적으로 발전하고 전진한다는 사상은 출애굽 사건을 통하여 확인되는바 하나님의 역사 운영의 한 스타일이라 할 수 있는데, 이와 같은 하나님의 역사 운영 스타일은 특히 반복된 '도강' 사건에서 엿볼 수 있다. 아브라함이 유브라데 강을 건넘으로써 새 시대가 시작된 것처럼, 그리고 야곱이 얍복강을 건넘으로써 '이스라엘'이라는 새로운 인간으로 태어나는 것처럼, 이스라엘 백성은 홍해를 건넘으로써 종/노예의 신분에서 하나님의 백성으로 그리고 야웨의 거룩한 신부로 태어났을 뿐만 아니라 어둠과 고통의 시대를 마감하고 자유와 안전의 새 시대를 맞이하게 되었던 것이다. 홍해 도강을 경험한 이스라엘은 이들 조상들의 도강 경험들을 회상하면서 반복적이며 목표지향적인 하나님의 역사 운영의 패러다임을 분명히 깨닫고 확인하게 되었던 것이다.

또한 이와 같은 이스라엘의 역사관 속에는 인간 역사의 제2차적 경영자/청지기로서 그리고 역사 속에 등장하는 역사의 주역으로서의 인간의 존엄성과 가치에 대한 이해도 포함되어 있다. 만물의 청지기로 창조되고 부름을 받은(창 1:26~28) 인간의 존엄성에 대한 이해는 이와 같은 출애굽 사건이라는 구체적인 경험을 통하여 싹트기 시작했음이 분명하다. 출애굽 사건이라는 대서사 드라마를 통하여 야웨께서 구원하려 했던 대상은 장차 인류를 구원할 제사장 나라가 될 이스라엘이었으며, 특히 이 드라마에서 모세 같은 지도자는 물론 이스라엘 백성 전체가 이 드라마의 각 장면에서 주인공 또는 조연으로서 선택받고 쓰임받게 되었던 것이다. 역사의 주인은 분명히 하나님이시지만, 이 역사 드라마의 주역으로 선택된 주인공은 천사도 아니고 자연

124) 이 용어는 장신대의 명예학장이며 1970년대에 걸쳐 필자의 스승이셨던 조직신학자 이종성 교수가 강의시간에 자주 주장한 기독교적 역사관이었다. 필자의 소견으로는, 이와 같은 고차원적인 역사의식이 분명한 형태로 곧 현재 우리가 읽는 구약성경에 나타나 있는 것과 같은 형태로 확고하게 정립되는 것은 제2의 탈출 사건 곧 출바벨론 사건 이후에 가능했을 것으로 본다. 제2성전 시대에 확립되는 '나선형적 역사관'에 대하여는 이 책 204~213쪽을 참조하라.

도 아닌, 분명히 하나님의 형상인 인간이며 그 인간들 가운데서도 특별히 선택받은 아브라함의 자손 이스라엘 백성이었던 것이다.

3. 출바벨론 사건(Exodus Ⅱ)과 구약신학

출애굽 사건 이후의 이스라엘의 역사는 다윗·솔로몬 시대에 — 정치적이고 경제적이고 종교적인 부흥과 발전에 있어서 — 그 영광스런 정상에 도달했으나, 그 이후 점차적으로 타락의 내리막길을 달리기 시작하여 마침내 남북 왕국이 이방 국가에게 망하고 수많은 백성들과 왕족들이 무더기로 이방 땅에 포로로 끌려감으로써 일단 그 역사의 막을 내리게 된다. 좀더 구체적으로 말하면, 다윗 왕 시대에 그 절정에 이르렀던 야웨 신앙이 솔로몬 왕(962~922 B.C.)의 통치 말기부터 본격적으로 시작된 종교 혼합주의와 배도(背道) 행위 즉 모세를 통해 주신 야웨 하나님의 율법을 떠나 이방의 신들과 야웨 하나님을 겸하여 섬기거나 야웨 하나님을 버리고 이방의 신들과 우상들을 숭배함으로 말미암아 마침내 야웨 하나님의 진노와 심판을 자취하여 르호보암 왕 때 나라가 남북으로 분열되더니(922 B.C.) 마침내 이 두 왕국이 망하고, 결국 이스라엘과 유다의 수많은 백성들이 약속의 땅 가나안 땅 밖으로 쫓겨나게 된다.[125] 특히 북왕국 이스라엘은 앗수르 제국에게(722/1 B.C.), 그리고 약 130여 년 뒤에 남왕국 유다는 바벨론 제국(느부갓네살: **사**

[125] 오경의 저자 또는 편집자 — 역사비평가들의 주장에 의하면 이들은 제사장적 학파일 것이다 — 는 이스라엘이 이방 땅에 포로로 잡혀가는 사건을 상징적으로 묘사하는데, 그것은 하나님이 선택한 거룩한 땅 가나안이 죄로 오염된 그 거주민 이스라엘로 인하여 고통을 당하다가 마침내 이들을 가나안 땅 밖으로 토하여 내친 다음 그 땅이 쉼을 누리게 되었다는 것이다(레 18:24~28; 20:22; 26:34~43). 이와 같은 현상은 이미 이스라엘이 출애굽할 당시에도 일어났는데, 그것은 가나안 원주민의 죄로 오염된 정도가 극에 달하자 하나님께서 그 원주민을 가나안 땅에서 쫓아내시고 그 대신 출애굽한 이스라엘 백성으로 그 자리를 채우셨다는 것이다(창 15:16; 레 18:24~25).

진 49B)에게 정복을 당하여(587/6 B.C.) 두 왕국의 수도인 사마리아와 예루살렘이 각각 무참하게 파괴되고, 왕족을 포함한 대부분의 지도층 인사들이 앗수르 또는 바벨론에 포로로 끌려가는 엄청난 비극을 경험하게 된다.

그러나 왕국의 멸망과 동시에 앗수르 제국의 강압적 통일정책에 따라[126) 이방 민족과 피가 섞임으로써 그 정체성을 상실하고 공중 분해된(?) 북왕국 이스라엘의 경우와는 달리, 바벨론의 포로로 잡혀간 남왕국 출신 유다(Judah)인들 — 이후 유대인(Jews)으로 불린다 — 은 오히려 바벨론에서 야웨 하나님께 자신들의 배신행위를 통회 자복하고,[127) 유배지에서 새롭게 경험하는 야웨 하나님의 사랑을 통하여 오히려 전보다 신앙이 더욱 돈독하여진 후에,[128) 즉 약 50년 또는 70년의 포로기간[129)을 거치며 신앙적 연단을 받

---

126) 바벨론 제국에 비하여 앗수르 제국은 훨씬 더 잔인한 방법으로 피정복 민족들을 학대하고 억압하였음이 역사 자료를 통하여 밝혀지고 있다. 앗수르 제국은 하나의 강력한 통일 제국을 세운다는 이념하에 정복 전쟁시에 가장 잔인한 방법으로 피정복 민족을 살해하였을 뿐만 아니라 — 예를 들어, 사람의 시체를 대꼬챙이에 꿰어 매단다든지, 사람의 가죽을 벗긴다든지, 아이 밴 여인의 배를 가른다든지 등등(라기스 성 공격 당시의 참상, **사진 20~21**) — 식민지 백성들이 조국의 재건은 감히 꿈도 꾸지 못하도록 실로 잔인한 방법으로 반항/저항하는 자들을 처형하였으며, 무엇보다도 제국 안의 모든 피정복 민족들을 낯선 지역으로 강제로 분산 배치시킨 다음(에스라 4:10) 피가 다른 민족과 결혼하도록 강요하였던 것이다. 이와 같은 정책이 구체적으로 적용된 도시가 다름아닌 북왕국 이스라엘의 수도 사마리아였는데, 이 사마리아의 거주민들은 예수님 당시에도 혼혈아라는 이유로 유대인들로부터 멸시와 천대를 받았음을 알 수 있다(요 4:9; 8:48; 눅 9:52~55; 10:36 등).

127) 사 58:3; 애 3:40~41; 겔 20:43; 스 8:21~23; 9:6~15; 느 9:1~2, 26~37; 단 9:3~19; 슥 8:19; 왕상 8:48~50 등 참조.

128) 특히 예레미야는 바벨론에 포로로 잡혀간 유대인을 '처음 익은 듯한 극히 좋은 무화과'에 비유하는 반면에 가나안 본토에 남아 있는 유대인을 '먹을 수 없는 극히 악한 무화과'에 비유함으로써 포로생활을 거친 유대인이 신앙적으로나 정신적으로 정화되고 단련된 모습으로 돌아오게 될 것을 환상을 통하여 깨닫고 증언한다(렘 24:1~7). 유대인이 포로기 이전(pre-exilic)보다 포로기 이후(post-exilic)에 야웨께 대한 신앙이 더욱 철저하고 돈독해졌다는 또 다른 구체적 증거는 포로 이후부터 빈번하게 언급되는 금식기도(스 8:21~23; 에 4:3,16; 단 9:6; 슥 8:19)와 안식일 준수(느 9:14; 10:31, 33; 13:15~22; 사 56:2, 4, 6; 58:13; 66:23; 겔 20:12, 13, 24; 22:8, 26; 23:38; 44:24; 45:17; 46:1, 3, 4, 12) 그리고 하나님 말씀(사 40:8; 59:21; 시 119; 스 7:11; 9:4; 느 5:12; 8:9, 13)과 율법/계명/

은 후에, 야웨 하나님의 또다른 극적인 구원역사(救援役事) 가운데서 다시 가나안 땅으로 돌아와 파괴된 성전을 재건하고 넘치는 감격과 감사의 눈물 속에서 과거 시내산에서 야웨 하나님과 맺은 옛 계약(Covenant I)을 갱신함으로써 허물어진 '야웨의 왕국'[130](Kingdom of Yahweh/ מַלְכוּת-יהוה), 즉 야웨의 신정통치(Theocracy)로 유지되는 '제사장 나라'(출 19:6; The Kingdom of Priest/מַמְלֶכֶת כֹּהֲנִים)가 재건되고, 이렇게 하여 새로이 태어난 이스라엘의 역사는 다시 시작된다. 아울러 이 무렵(주전 5세기)을 전후하여 유대인들은 오늘의 우리가 읽는 바와 같은 구약성경의 집필을 대부분 완료함으로써[131] 선택받은 하나님의 백성의 사명 곧 열방 민족들의 제사장(출

율례(사 51:4, 7; 겔 20:11, 13, 16, 21, 24; 33:15; 37:24; 44:24; 스 7:6, 10, 11; 9:10, 14; 느 1:5, 7, 9; 8:1~18; 9:13, 14, 29, 34; 10:28, 29, 34; 시 119; 단 9:5, 10, 11; 학 2:11; 슥 3:7; 7:12; 말 2:7, 8, 9; 4:4)에 대한 열정과 사랑 등을 들 수 있다. 포로기 이후의 금식기도는 유대인 사이에서 경건의 상징으로 간주될 정도로 유행하여 제2 이사야(사 58장)는 그 형식주의와 위선을 경고하기까지 이르는 것을 볼 수 있다.

129) 바벨론 포로기간에 대하여는 성경 안에서 적어도 두 가지 형태로 제시되어 있다. 우선 예레미야의 예언(렘 25:12~14,; 29:10; 33:10~14; 대하 36:21~22)과 이 예언에 대한 다니엘과 스가랴의 해석(단 9:2; 슥 1:12; 7:5)을 따를 경우 바벨론 군대에 의하여 성전이 파괴되고 야웨 하나님께서 그 성전을 떠나시게 된(겔 10:4, 18~19; 11:16, 23~24) 주전 587/6년에서 성전이 재건되어 다시 야웨께서 성전에 돌아오시는(겔 43:1~7; 44:1~2) 주전 516년까지로 보아 70년으로 환산된다. 또 하나의 가설은 희년법에 기초하여 포로기간을 50년으로 환산하는 방법인데, 이 원리에 따를 경우 유대인이 바벨론의 노예가 된 주전 587/6년부터 고레스의 해방령으로 자유인이 된 538/7년까지로 보아 49년으로, 또는 포로된 해와 풀려난 해를 포함하여 50년으로 환산하는 것이다. 아마도 포로 이후에 선포된 것으로 보이는 희년법(레 25장)은 이와 같은 연유에서 기원한 것으로 보인다. 다시 말하면, 이 법은 하나의 역사적 경험을 하나님의 계시로 수용함으로써 기원한 법으로서, 야웨께서 유대인을 49년 후에 또는 50년째에 해방해 주신 것처럼 이스라엘도 빚을 지고 자기 몸을 팔아 종이 된 동족을 희년에는 자유케 해야 한다는 하나님의 원칙에 따른 것이라 할 수 있다. 장영일, "노예 해방법의 전승사", 이스라엘의 경건과 학문, pp. 299~306 참조.

130) **대상 28:5**; 시 22:28; 욥 1:21; 단 2:44; 4:3, 34; 6:26; 7:14,27; 시 145:13.

131) 다수의 구약신학자들은 오늘의 구약성서의 절반 이상이 바벨론 포로 사건을 기점으로 하여 기록되고 완성되었다고 본다. 이러한 상황은 마치 예수 그리스도의 십자가 사건을 기점으로 하여 모든 신약성서가 기록된 것과 같다고 볼 수 있다.

19:6)으로서 그리고 하나님의 인류 구원의 중보자로서의 사명을 완수하게 되고, 이때 비로소 하나님의 구속사의 대단원에 해당하는 이스라엘의 역사도 일단 막을 내리게 된다.[132] 이제 제2의 탈출사건(Exodus II)으로 불리는 〈출바벨론-성전재건-계약갱신〉 사건의 배경과 실상을 고찰하고, 이 사건을 통해 보완되고 발전되는 구약신학의 내용들을 살펴보자.

A. 바벨론 포로생활과 출바벨론 사건(Exodus II)의 실상

수많은 구약주석가들이 이구동성으로 말하는 것처럼, 유대인의 바벨론 포로기(주전 6세기)는 유대인 개인의 차원에서뿐만 아니라 이스라엘 민족의 차원에서 그리고 세계사적 차원에서[133] 의문과 회의(懷疑)와 탐구의 기간이었고 동시에 철학적/신학적으로 반성과 연단과 각성과 성숙의 기간이었다. 예수님의 표현을 빌려 말한다면, 이스라엘 역사에 있어서 바벨론 포로기는 한 알의 밀알(유대인)이 땅(바벨론)에 떨어져 썩음으로써 새 생명으로 다시 태어나 수많은 열매를 맺을 수 있었던 기간이었다(요 12:24). 70년 또는 50년의 짧고도 긴 바벨론 포로생활은 출애굽 직전의 정치·사회적 억압과는 달리 주로 종교적 억압하에서 정신적 고통을 당했던 기간이었기에, 그 어느 때보다도 유대인들이 신학적으로 그리고 진지하게 그들의 조상의 하나님 야웨의 정체성과 자신들의 정체성에 대하여 질문하고 고민했을 뿐만 아니라, 과거 700여년(주전 13~6세기) 동안[134] 가나안 땅에서 보낸 자신들의 역사를

132) 기독교인의 역사관에서 볼 때, 하나님의 인류 구원사의 또다른 대단원은 하나님의 아들 예수 그리스도께서 강림하시어 세우시는 '하나님의 나라'(βασιλεια θεου)의 시대 곧 '교회시대'라 말 할 수 있을 것이다.

133) 주전 6~5세기는 전세계적으로 조로아스터(Zoroaster, 628~551 B.C.)와 석가(Gautama Buddha, 563~483)와 공자(Confucius, 551~479)와 소크라테스(Socrates, 470~399 B.C.)와 같은 위대한 철학자와 종교가가 활동한 시대였다. 무엇보다도 이 무렵에 인류 문명사의 불후의 최고 명작이자 하나님의 말씀인 구약성경이 완성되었다.

심각하게 그리고 집중적으로 회고하고 반성함으로써 야웨 하나님과 이스라엘의 관계를 새롭게 재정립할 수 있는 토대를 마련한 기간이었다.

인류 역사상 그 유례를 찾아보기 힘들 정도로 잔인하고 비극적이었던 사건[135]을 경험한 유대인들, 즉 1년 6개월 간(왕하 25:1~12; 렘 39: 1~2; 52:4~6) 막강한 병력의 바벨론 군대에게 포위된 상태에서 겪은 아비규환적 상황,[136] 그리고 야웨께서 거하시는 집[137]이자 궁전으로서(시 92:13; 100:4; 116:19; 135:2) 신성불가침의 영역으로 믿었던 예루살렘 성전이 이들 군인들의 말발굽 아래 처참하게 짓밟혀 무너지는, 너무나 충격적인 사건을 경험한 유대인들, 특히 이 비극적 유대인들 가운데서도 바벨론 군대의 요인 목록에 포함되어 수치스런 포로의 신세가 되어 바벨론에 끌려온 상류 지도층 엘리트들이[138] 유배지에서의 종살이 가운데 맛보는 상실감과[139] 절망감, 그

---

134) 이스라엘 백성이 애굽을 탈출하여 가나안 땅을 차지한 때부터 가나안 땅을 빼앗기기까지, 즉 출애굽 시대부터 바벨론 포로기까지의 기간을 700여년으로 계산하는 것은 구약학자들의 보편적 경향이다. 그 대표적 학자는 알브라이트와 브라이트와 앤더슨이다. W. F. Albright, "From the Patriarchs to Moses", *The Biblical Archaeologist Reader*, ed. E. F. Campbell, Jr., and D. N. Freedman. (Almond Press, 1983), pp. 49~50.; J. Bright, *A History of Israel* (The Westminster Press, 1981); B. W. Anderson, *Understanding the OT*,(Prentice Hall, 1986) pp. 646, 650.

135) 특히 다니엘은 예루살렘 멸망 사건을 가리켜 천하의 그 어느 곳에서도 찾아볼 수 없는 전무후무한 비극적 사건이었다고 기록하고 있다: "온 천하에 예루살렘에 임한 일 같은 것이 없었나이다"(단 9:12).

136) 바벨론 군대의 포위기간중 먹을 양식이 떨어져 기근을 이기지 못한 부녀자들이 자신들의 어린애를 삶아 먹은 이야기, 그리고 마침내 예루살렘이 함락되어 바벨론 군대에 의해 자행된 방화, 살육, 강간, 약탈 등 남왕국 유다의 종말에 있었던 비참한 상황들이 예레미야 애가에 적나라하게 묘사되어 있다. 예루살렘 함락 당시의 비극적 상황에 대하여는 이 책 pp. 63~67을 참조하라.

137) 삼하 7:13; 왕상 5:5; 8:13; 대상 22:20; 28:6; 시 122:2; 132:13~14; 135:2; 사 2:3; 미 4:2; 슥 8:21.

138) 바벨론에 포로로 끌려온 약 1만 5천여 명 정도(왕하 24:14,16; 렘 52:28~30)의 유대인들은 대부분 왕족과 귀족과 행정 관리들과 유력한 군인들과 제사장들과 서기관들과 기능인

리고 이 유대인들이 자신들의 조상의 하나님이신 야웨께 그리고 자기 자신들에게 정신적 혼란과 갈등과 눈물 속에서 제기한 철학적이고 신학적인 질문들은 한두 마디의 말로 표현하기에는 그 내용이 너무나 심각하고 어려운 것들이었다. 당시 이들 지성인들이 감당하기 힘든 고민과 고통 속에서 가졌던 민족적이고 신학적인 의혹과 질문의 내용은 무엇이었으며, 감히 이러한 질문들을 제기하고 스스로 답하려 했던 그 유대인 신학자들은 누구였는가? 포로기에 유대인들 사이에서 제기되었던 다양한 질문들에 대하여, 우리는 우선 예레미야, 에스겔, 제2 이사야,[140] 신명기적 역사가, 역대기적 역사가,[141] 그리고 오경의 마지막 편집자로 일컬어지는 제사장적 저자(Priestly

---

들을 비롯한 대부분 지도층 엘리트들이었다(왕하 24:14~16; 25:18~19; 대상 3:17~24; 렘 27:20; 겔:1:1; 단 1:3~4). 하나님께서 수많은 유대인 가운데서 특별히 지도층 또는 상류층 인사들을 심판의 표적(렘 13:13~14; 겔 34:1~10)으로 삼으신 중요한 이유는, 이들 지도층 인사들이 백성을 의로운 길로 인도해야 할 자신의 책임과 직무를 유기했을 뿐만 아니라, 오히려 백성들보다 앞장 서서 백성의 배도와 타락을 주도하였기 때문이다(렘 2:26~28; 32:32; 34:10~11,19).

139) 바벨론에서의 포로생활은 유대인에게 있어서 글자 그대로 모든 소유가 뿌리채 뽑히는 엄청난 빼앗김과 상실을 의미하였다: 조국과 땅의 상실, 재산과 가족의 상실, 명예와 힘과 권력의 상실, 자유와 가치와 희망과 미래의 상실, 성전과 하나님의 상실 등.

140) 현대의 대부분의 주석가들은 이사야 40~66장을 포로기 이후에 저술된 책으로 보고, 이 책의 저자를 제1 이사야(1~39)와 구별하기 위하여 제2 이사야라 부른다. 웃시야, 요담, 아하스, 히스기야의 시대에 예언자로 활동한 제1 이사야와는 달리, 제2 이사야로 불리는 이 예언자는 바벨론 포로기 이후에 활동했음을 책의 내용이 증거하고 있기 때문이다(40:1~2, 9; 41:25~27; 44:24~28; 45:1~7; 46:1~2; 48:12~16, 20~21; 49:8~13; 52:1~12 등) 이 책의 내용과 문체로 보아 제2 이사야는 제1 이사야의 제자였다고 생각하는 주석가들도 있다. 또 어떤 학자들은 이사야 56~66장을 별도로 취급하여 제3 이사야로 부르기도 하고, 이사야 35장을 제2 이사야에 포함시키는 학자들도 있다. 장영일, "유배자의 유토피아", 이스라엘의 경건과 학문, 207~232; P. D. Miscall, *Isaiah 34~35(JSOTS 281)* (Sheffield Press, 1999).

141) 주석가들은 역대기 상하서와 에스라서와 느헤미야서를 집필한 역사가를 '역대기적 사가'(Chronicler/s)라 부르는데, 이 역대기적 사가는 그가 다루는 이스라엘 역사의 범위(태초부터 제2성전 재건시대까지)와 역사를 해석하는 관점에 있어서 '신명기적 사

Writer[142]) 등의 — 포로기를 전후하여 집필되고 편집된 것으로 보이는 — 저서들에서 드러나는 신학적 고뇌와 답변들[143]을 근거로 하여, 다음과 같이 유추해 볼 수 있을 것이다.

① 하나님의 계약 백성 이스라엘이 이방 민족 바벨론에게 망한 이유, 곧 조상 아브라함과 이삭과 야곱과의 약속하에 하나님께서 이스라엘에게 기업으로 물려주신바 젖과 꿀이 흐르는 가나안 땅을 이방인에게 빼앗기고 그 땅에서 쫓겨나게 된 이유는 무엇인가(렘 5:19; 13:22; 16:10; 22:8,9; 신 29:24; 왕상 9:8)?

② '거룩한 전쟁'의 원리[144]에 따라 논리적으로 따져볼 경우에 이스라엘이 바벨론에게 망한 것은 곧 야웨께서 바벨론의 신(神) 므로닥/마르둑

가'(Deuteronomistic Historian/s)와 뚜렷한 차이를 보여 준다. 북왕국 이스라엘의 역사와 북왕국에서 활동한 예언자들(아히야, 엘리야, 엘리사, 등)에 대하여 자세하게 보도하고, 예언자적 시각을 가지고 남북 왕국의 왕들의 실책과 비행은 물론 다윗과 솔로몬의 비행과 어두운 행적까지 적나라하게 묘사해 준 신명기적 사가와는 달리, 역대기적 사가는 남왕국 유다에 초점을 맞추어 제사장(또는 레위인)의 시각을 가지고 역사를 기술하면서, 그가 처해 있는 시대 곧 포로귀환 이후 파괴된 성전을 재건해야 하는 중대한 과업을 앞에 두고 있는 상황에서 유대인들에게 성전재건의 필요성을 역설하고 그들의 열심과 용기를 고취하기 위하여 최선을 다해 성전건축을 준비한 다윗과 성전건축의 대 역사(役事)를 완성한 솔로몬 그리고 성전에서 활동한 레위인의 충성스런 활동에 대하여 장황하게 대서특필하며, 이와 같은 관점에서 다윗과 솔로몬의 비행들은 숨겨 주고 오히려 이 두 왕의 위대한 업적을 강조하게 된다.

142) 역사비평적으로 성경을 해석하려 했던, 영어권과 독어권에 속한 주석가들은 이 제사장적 저자를 'P'라는 약자로 표시한다. S. R. Driver, *Introduction to the Literature of the OT* (NY: Scribner's, 1913); Otto Eissfeldt, *The OT: An Introduction* (NY: Harper & Row, 1965); Georg Fohrer, *Introduction to the OT* (Abingdon, 1968) 참조.

143) Ralph W. Klein, *Israel in Exile*; Peter R. Ackroyd, *Exile and Restoration* (OTL) (Westminster Press, 1068); Rainer Albertz, *A History of Israelite religion in the OT Period* (OTL). Vol. II: *From the Exile to the Maccabees* (Westminster John Knox Press, 1994) 참조.

144) 고대 중동에서의 '거룩한 전쟁'의 개념에 대하여는, 이 책의 66~75쪽을 참조하라.

(Marduk, 렘 50:2; 왕하 25:37; 사 39:1; **사진 50**)에게 패배했다는 것을 의미할 수 있는데, 진정 마르둑은 이스라엘의 하나님이신 야웨보다 강하고 위대한 신인가? 야웨가 마르둑보다 약하고 무능한 신(사 50:2)이라면 더 이상 야웨를 믿을 이유가 무엇인가? 이방 땅에 포로로 끌려온 유대인들이 조상의 하나님 야웨를 포기하고 막강한 제국의 국가 신(神) 마르둑을 섬기며 그 백성이 되는 것이 마땅치 아니한가(시 74:10~11, 18, 22; 79:1~5; 겔 20:32)?

③ 이스라엘 백성이 시내산에서 모세를 통해 야웨 하나님과 맺은 시내산(모세) 언약/계약(출 19~24)과 야웨께서 나단을 통해 다윗과 맺은 영원한 왕조에 대한 언약/계약[145]은 여전히 유효한가(시 89:46, 49; 132:10~11; 렘 33:20~21), 아니면 이스라엘이 시내산 계약을 배반했으므로(렘 11:10; 신 31:16, 20) 이 계약은 폐기되었고(레 26:44; 사 54:10) 결과적으로 야웨는 자기 백성을 버리셨기에 구원의 소망이 끊어진 것이 아닌가(사 49:14; 54:6~7; 62:4; 겔 33:10; 37:11)? 야웨 하나님의 거처이자 궁전(시 92:13; 100:4; 116:19; 135:2) 곧 다윗과 야웨 사이의 계약(삼하 7:13; 왕상 5:5; 6:12~13; 8:19~21; 대상 22:10; 28:6)의 상징이며 불멸의 신전으로 간주

145) '다윗 계약'에 대하여는 삼하 7:8~16; 시 89:3~4, 20~37; 132:11~14; 렘 33:17~22을 참조하라. 주석가들은 구약에 나타난 대표적인 두 가지의 중요한 계약 사상을 모세/시내산 계약(Mosaic/Sinai Covenant)과 다윗/예루살렘 계약 (Davidic/Jerusalem Covenant)이라 부른다. 전자가 계약 당사자들 즉 봉신과 종주에게 동등하게 의무가 지워지는 조건적 계약(Casuistic/Conditional Cove-nant)이요 쌍무 조약(Parity Treaty)이라면, 후자는 종주가 봉신에게 일방적으로 약속하고 체결하는바, 종주에게만 지킬 의무가 있고 봉신에게는 아무런 의무가 지워지지 않는 무조건적이고 일방적인 은혜의 계약(Covenant of Grace/Grant)이요 편무 계약이다. 다윗 계약에서 종주에 해당하는 계약자 하나님은 다윗의 왕권이 영원히 지속되도록 보장한다고 약속하셨으므로 다윗 계약을 영원한 계약이라 부르는데, 노아 계약(창 9:8~17)과 아브라함 계약(창 15; 17:1~22)도 이 유형에 속한다고 볼 수 있다. 모세 계약은 조건적이므로, 계약 당사자인 이스라엘이 계약법을 위반할 경우에 계약 관계가 결렬되는 것으로 이해되었다는 점에서 다윗 계약과 구별된다. G. E. Mendenhall, "Covenant", *IDB*, Vol. 1(Abingdon Press, 1962), 714~23; _____, *Law and covenant in Israel and the Ancient Near East* (1955).

되어 온 예루살렘 성전이 파괴되고 그 계약 백성인 이스라엘이 이방 땅에 종으로 팔림으로써 이들 모세 계약과 다윗 계약은 이미 폐기된 것이 아닌가? 아니면 야웨와 맺은 계약은 영원하기 때문에 절대로 폐기될 수 없고, 다만 야웨께서 이스라엘의 배신 행위로 인하여 잠시 그 얼굴을 숨기셨을 뿐(신 31:17; 32:20; 시 104:29; 사 8:17; 59:2; 64:7; 겔 39:23,29), 계약/언약에 성실하신 하나님께서 결국은 회개하게 될 이스라엘을 다시 구원해 주시지 않겠는가? 다시 말하자면, 족장들의 역사와 출애굽 사건에서 이스라엘이 경험한 바와 같이 야웨께서는 족장들과 이스라엘을 먼저 선택하시사 사랑과 자비와 은혜를 베푸신 하나님이시기에, 만약 이스라엘이 회개할 경우에 이 사랑의 하나님 야웨께서 이스라엘의 죄를 용서하실 것이고, 이스라엘과 야웨 사이의 옛 계약도 회복될 것이며, 이 회복된 계약을 토대로 이스라엘 국가와 예루살렘 성전도 재건될 가능성이 있지 않은가(신 30:1~11; 왕상 8:33~34, 46~53)? 출애굽 사건에서 그리고 그 이후의 이스라엘의 역사에서 반복적으로 확인한 '구원의 패러다임'[146]이 이를 암시할 뿐만 아니라, 수많은 예언자들도 포로기 이후의 이스라엘의 회복을 예언했다는 것을 고려한다면, 결국 이스라엘은 야웨 하나님에 의한 또다른 구원사건 즉 출바벨론 사건[147](Exodus II)과 새로운 계약 사건[148](Covenant II)을 경험하게 될 것이

[146] '구원의 패러다임'에 관하여는, 이 책의 146~148쪽을 참조하라. 특히 포로귀환 이후 제2 성전 시대에 이스라엘과 유다의 역사를 이 '구원의 패러다임'의 관점에서 회고한 신학자는 느헤미야(9장)이다.

[147] 신 30:1~8; 사 9:1~7; 10:20~23; 11:1~12:6; 35:10; 40:1~11; 41:17~18; 42:10~13; 43:5~6,19~21; 44:23; 46:3~4; 48:20~21; 49:8~13; 51:9~14; 52:3~12; 55:12; 렘 16:14~15; 23:7~8; 24:1~7; 27:22; 29:10~14; 30:3, 10~11, 18; 31:8~9, 16~17, 23~26; 32:23, 36~44; 33:7~9, 11, 26, 44; 50:4~5; 겔 11:14~21; 20:33~44; 34:11~34; 36:22~31; 37:11~23; 39:21~29; 호 2:14~15; 3:4~5; 6:11; 11:8~11; 12:9; 13:14; 14:4~8; 암 9:11~15; 미 4:1~8; 습 3:14~20; 여기에 추가하여, "내가 야웨 하나님인 줄 너희가(또는 이스라엘 또는 이방 국가) 알리라(출 6:7; 9:14; 10:2; 14:4; 16:6, 12; 29:46; 31:13; 신 4:35; 왕상 20:13; 시 46:10; 사 19:21; 45:3, 6; 60:16; 겔 16:62;

분명한데, 이 출바벨론 사건과 새 계약 사건은 언제, 어떤 방식으로 누구를 통하여 전개될 것인가?

④ 만약 예루살렘의 멸망이 모세를 통해 시내산에서 하사받은 계약법에 대한 이스라엘의 불순종과 배반에 따른 야웨 하나님의 진노와 응징 및 심판에 의한 것이라면,[149] 그리고 그 보복이 예루살렘 멸망 당시에 체험한 것과 같은 참으로 잔인하기 그지없는 피의 보복이었다면(예레미야 애가 참조), 야웨 하나님은 그토록 무섭고 잔인하고 냉정한 신인가? 그토록 혹독한 야웨의 진노와 심판을 초래할 만큼 이스라엘과 유다의 죄가 크고 심각한 것이었나? 출애굽 사건에서 경험한 사랑의 하나님으로서의 야웨의 정체성과 무서운 심판/공의의 하나님으로서의 야웨의 정체성은 어떻게 조화될 수 있는가? 이러한 비극적 참상을 경험한 유대인들에게 야웨 하나님은 진정 이스라엘을 사랑했다고 말씀하실 수 있겠는가(말 1:2)?

⑤ 신정론적 질문(렘 12:1): 비록 유대인이 야웨 하나님의 율법을 어기고 죄를 범하긴 했지만, 그래도 야웨의 율법에 비추어 볼 때 수십 배나 더 악하

17:21, 24; 20:38, 42, 44; 22:16, 22; 23:49; 24:27; 25:5, 7, 11, 17; 26:6; 28:22, 23, 24, 26; 29:9, 16, 21; 30:8, 19, 25, 26; 32:15; 33:29; 34:27; 35:4, 9; 36:11, 23, 38; 37:6, 13; 38:23; 39:6, 22, 28; 욜 3:17)" 또는 "(야웨 외에) 다른 이가 없는 줄 너희가 알리라"(욜 2:27)는 표현도 소위 '구원/탈출 공식'(Exodus Formula)이라 부르는데, 이 용어가 나올 때는 직접적이든 간접적이든 하나님의 구원사건 특히 출애굽 사건 또는 출바벨론 사건을 가리킨다고 볼 수 있다.

148) 호 2:14~23; 렘 31:1~2, 31~34; 32:38~40; 50:5; 겔 11:14~21; 16:60~63; 34:11~34; 36:26~28; 37:11~28; 사 54:9~10; 55:3; 59:21; 61:8 등. 새 언약/계약에 대한 간접적 예언으로서 "너희는/그들은 내 백성이 되고 나는 너희의/그들의 하나님이 되리라"는 말로 표현된 '계약 공식'/Covenant Formula(레 26:12; 렘 7:23; **11:4**; 24:7; 30:22; 31:1, 33; 32:38; 겔 11:14~21; 14:11; 36:28; 37:23; 욜 2:27)도 참고할 필요가 있다. R. W. Klein, Israel in Exile, 93.

149) 레 26:27~43; 신 29:24~28; 31:15~18, 29; 왕상 9:8~9; 왕하 17:7~20; 21:10~15; 22:16~17; 대하 34:25; 36:13~17; 스 5:12; 9:7; 느 9:34~37; 시 106:34~41; 단 9:5~12; 렘 5:19; 9:12~16; 16:10~13; 22:8~9; 32:26~35; 겔 7:1~27; 20:2~31; 36:16~20; 39:23~24; 호 4:1~19; 사 42:24~25; 43:27~28; 50:1 등.

고 부정한 앗수르나 바벨론의 군대보다는 유대인/이스라엘이 훨씬 더 의로운 백성이라 할 수 있는데, 야웨께서는 이들 악하고 부정한 이방인들을 이스라엘이 멸망시키도록 공의의 심판을 베푸시기는커녕, 오히려 당신의 택한 바 이 거룩한 백성[150] 곧 야웨의 산업/기업[151]인 이스라엘을 이 악한 이방인들의 손에 넘겨주사 그토록 참혹한 고난과 수치를 당하게 하시는 것이 있을 수 있단 말인가? 하나님의 의와 공평은 어디로 갔나(창 18:25; 시 37:7; 73:3; 합 1:4, 13; 겔 18:25, 29; 33:17, 20)? 악인은 오히려 번창하게 하시고 의인이 악인의 핍박을 받으며 수치를 당하도록 내버려 두셨다면, 이러한 하나님을 공평한 하나님, 의로운 하나님이라 부를 수 있겠는가?

⑥ 유대인의 배도 행위와 그에 따른 야웨의 심판에 의한 이방 땅에서의 포로생활이 인류 역사의 주관자이며 운영자이신 야웨 하나님의 대역사 드라마의 정해진 한 부분으로서 즉 하나님의 역사 운영의 계획/일정에 따라 이미 예고된 대로[152] 발생한 것이라면, 하나님은 어떤 동기에서 무엇 때문에 이스라엘을 강대국들의 접경이자 고난의 완충지대인 가나안 땅으로 인도하였단 말인가(겔 20:22)? 즉 이스라엘의 고난이 야웨 하나님의 예정에 의한 것이라면, 이스라엘의 고난이 인류 구원사에서 갖는 의미는 무엇인가? 소수의 의인(유대인 또는 '야웨의 종')의 고난이 다수(인류)의 죄의 대속과 구원을 위한 도구가 될 수 있는가?

⑦ 야웨의 율법에 비추어 볼 때 실로 죄악투성이의 부정(不淨)하기 그지없는 앗수르나 바벨론도 결국 하나님의 은혜와 심판의 도구로 사용되었다면,

---

150) 출 19:6; 신 7:6; 14:2,21; 26:19; 28:9; 단 7:27.

151) 기업/산업(나할라/נַחֲלָה: 신 4:20; 9:26, 29; 32:9; 삼상 26:19; 삼하 14:16; 20:19; 21:3; 왕상 8:51, 53; 시 28:9; 68:9; 78:71; 79:1; 94:5; 106:40; 사 19:25; 63:17; 렘 50:11; 욜 2:17; 3:2; 미 7:14,18; 세굴라/סְגֻלָּה: 신 7:6; 14:2; 나할/נָחַל: 출 34:9; 시 82:8; 119:111).

152) 레 26:32~45; 신28:36, 45~46; 31:16~18; 왕상 8:46~50; 렘 9:16; 16:13; 호 3:4~5; 9:17; 11:5 등.

하나님께서는 이들도 하나님의 구원사(Heilsgesc-hichte)에 참여시켰음을 의미하고, 더 나아가서 이들도 결국은 구원받을 것임을 의미하신 것이 아닌가? 이방 제국의 황제들 곧 바벨론의 느부갓네살과 페르샤의 고레스가 어떻게 야웨의 종/심부름꾼(렘 25:9; 27:6; 43:10; 겔29:18~20), 또는 야웨의 목자(사 44:28)와 야웨께 기름 부음 받은 메시아(사 45:1)가 되어 하나님의 구원 역사(役事)에 참여할 수 있는가? 한걸음 더 나아가 이방인의 구원(요나서 참조) 및 전세계 인류의 구원의 길이 하나님의 구원 섭리 안에 들어 있는 것인가, 그렇다면 이 목표는 언제, 어떻게 실현될 것인가? 인류 구원사의 강줄기는 어느 방향으로 흐르고 있는가?

⑧ 유다 왕국과 예루살렘 성도(聖都)의 멸망은 결국 이스라엘 나라가 처참하게 망할 것과 적국 바벨론에게 항복하는 것이 살 길(렘 27:13)임을 외친 소수(Minority)의 심판/불행 예언자(대표: 예레미야)의 말[153]이 적중한 것이고 아울러 이들 심판 예언자가 야웨의 참 예언자임을 드러낸 것인 동시에, 이들 대중의 멸시천대를 받으며 고독하게 활동했던 심판 예언자들과는 달리, 당대의 대중적인 여론의 지지를 받았던 '평화 예언자들'(대표: 하나냐; 렘 20:6; 26:11; **28:1~17**; 29:21), 즉 야웨께서 지켜주시는 이스라엘(=유다)과 성도(聖都) 예루살렘은 결코 망하지 않을 것이고(렘 14:15; 27:14) 야웨의 거룩한 거처로서의 성전에도 이방인이 들어오지 못할 것이라(렘 7:4)고 샬롬/평화(שָׁלוֹם: 렘 4:10; 6:14; 14:13; 23:17; 28:9; 겔 13:10)를 선포했던 다수(Majority)의 '시온 신학'(Zion Theology) 옹호자들은 거짓 예언자였음을 입증해 준 사건이었다고 볼 수 있는데, 그렇다면 예언자 무리 가운데 소수가 참이고 다수는 거짓인가? 장차 이스라엘 백성들이 참 예언자와 거짓 예언자를 구별하는 원칙과 방법은 무엇인가?

⑨ 이스라엘과 유다의 멸망이 이스라엘 쪽의 불순종과 배반의 죄에 대한

153) 렘 19:3~13; 21:9~10; 27:12~13; 28:8; 32:5; 36:29~31; 38:4, 17~18 등.

하나님의 심판에서 초래된 것이라면, 그리고 당시 포로로 잡혀 온 일부 유대인들이 주장하는 것처럼 당대의 유대인 포로들은 아무런 잘못이 없는 의인들이요(사 43:27~28) 희생양에 불과하다면, 결국 유배지의 유대인들이 당하는 고난과 불행은 과거의 조상들의 죄 때문이 아닌가(**겔 18:2**[154]; 16:44)? 그렇다면 하나님의 공의와 공평은 어디 갔나(겔 18:25, 29; 33:17, 20)? 어떤 조상의 범죄와 그에 대한 하나님의 심판, 그리고 어떤 조상의 의로운 행동과 그에 대한 하나님의 보상은 얼마만큼 그 후손에게 영향을 미치는가? 각 개인의 죄와 심판은 당사자에게만 해당되는 것인가(겔 18:1~24; 33:12~16, 18~19)? 조상의 죄가 그 후손에게까지 유전되는가?

⑩ 하나님의 성전이 있었던 예루살렘으로부터 수천 마일(약 2400마일) 이상 떨어진 유배지 바벨론에서 야웨 하나님을 예배하기를 원하는 유대인이 야웨 하나님께 기도하고 예배할 방법은 무엇인가? 어디에서나 — 유배지의 회당에서 하는 것처럼 — 하나님의 말씀인 율법서를 읽고 진정한 마음으로 하나님께 회개하며 기도하면 그곳이 곧 하나님께서 임재하시는 성전이 아니며 그것이 곧 참 된 예배가 아닌가? 희생제물을 동반한 예배 그리고 제사장과 레위인과 성가대와 함께 가시적이고 물리적인 성전에서 드리는 예배만이 참 예배인가? 과거 예언자들이 말한 대로(호 6:6; 미 6:6; 삼상 15:22; 마 9:13; 12:7), 야웨 하나님은 제사보다 헤세드(חֶסֶד)[155] 곧 하나님께 대한 충

---

[154] "너희가 이스라엘 땅에 대한 속담에 이르기를 아비가 신 포도를 먹었으므로 아들의 이가 시다고 함은 어찜이뇨"(겔 18:2).

[155] 히브리 성경에서 자주 사용된 '헤세드'는 한글 개역에서 대부분 하나님의 '자비하심'(사 54:8; 63:7; 애 3:22, 32; 대상 16:41; 17:13; 대하 5:13; 20:21; 시 18:25), '인자함'(창 19:19; 24:27; 39:21; 출 34:6, 7; 민 14:18, 19; 삼상 20:14; 삼하 22:51; 대상 16:34; 시 5:7; 6:4; 13:5; 17:7 등), '인애'(신 7:9, 12; 렘 9:24; 욜 2:13; 욘 4:2; 미 7:18, 20), 은혜/은총(창 24:12; 출 15:13; 20:6; 신 5:10; 삼하 2:6; 15:20; 왕상 3:6; 8:23; 대하 1:8; 6:14, 42; 느 13:22; 사 55:3; 렘 32:18; 호 2:19; 욘 2:8), 이웃에 대한 인자함(삼상 20:8; 왕상 20:31; 잠 20:6, 28; 미 6:8 등), 인애(창 47:29; 룻 3:10; 잠 31:26; 슥 7:9), 은혜/은총(창 20:13; 32:9, 10; 40:14; 룻 2:20; 삼하 2:5; 3:8; 9:1, 3, 7; 10:2; 왕상 2:7; 단

성과 사랑(헤세드), 더 나아가서 연약한 이웃에 대한 사랑과 자비(헤세드)와 헌신을 요구하시는데, 이것이 하나님이 원하시는 진정한 예배가 아닌가? 남유다의 중앙 성소이자 단일 성소였던 예루살렘 성전에서 드린 예배만이 참 예배인가(신 12:5~6, 13~14)? 야웨 하나님은 언제, 어디서나 그분의 임재와 현존(presence)을 체험할 수 있는, 무소부재(無所不在)하시고 전지전능하시며 영원하신 창조주가 아니신가?

⑪ 북이스라엘의 멸망(722/1 B.C.)과 함께 단과 벧엘의 (아론계)사제들(대하 13:10)의 사제권도 종말을 고한 것처럼, 예루살렘 성전의 멸망과 함께 그 성전에 종사하던 사독계 사제들(**사진 51**; 왕상 2:26~27, 35)의 독점적 사제권도 이미 끝난 것이 아닌가? 사독계열의 사제권[156]이 여전히 유효하다면(**겔 44:15**; 43:19; 40:46) 그 근거는 무엇인가?

멀고 먼 이방 땅 바벨론에 포로로 끌려온 유대인들은 이러한 쉽게 해결하

1:9) 등으로 번역되었으나, 그 본래의 중요한 의미는 특히 호세아서에서 강조되는 바와 같이 계약자 당사자 간의 '성실성' 즉 야웨 하나님의 이스라엘에 대한(호 2:19) 그리고 다윗 계약에 대한 성실하심(시 89:49; 사 55:3; 대하 6:42) 또는 이스라엘의 야웨께 대한 성실/충성(사 57:1; 렘 2:2; 호 6:4, 6, 6) 그리고 연약한 이웃에 대한 자비(mercy)와 사랑(affection)과 동정과 친절함(kindness)을 의미했다. "חֶסֶד", BDB; H. J. Zobel, "חֶסֶד", *TDOT*, pp. 44~64.

[156] 특히 에스겔은 사독계 자손 출신 제사장을 '사독의 자손 레위사람 제사장'/겔 44:15; 43:19)이라 부른다. 제사장 제도의 역사적 발전 경로 및 사제권 쟁탈을 위한 제사장 가문 사이의 갈등 배경에 대하여는, 장영일, "솔로몬의 즉위 배경", 이스라엘의 경건과 학문, pp. 124~132; G. B. Gray, "The Hebrew Priesthood: Its Origin, History, and Function", *Sacrifice in the OT* (1925), pp. 179~270; R. Abba, "Priests and Levites", *IDB*. Vol. III. (1962), pp. 876~889 등을 참조하라. 다윗의 예루살렘 정복과 함께 등장하기 시작하는 사독은 본래 예루살렘의 사제였던 것으로 보이며, 솔로몬의 즉위와 함께 아론의 후손이었던 아비아달이 솔로몬에 의하여 파면되자(왕상 2:26~27) 그후부터 사독의 자손은 예루살렘 성전의 독점적 사제권을 형성하게 되고, 특히 제2성전시대에 이르러, 역대기 기자가 기록하는 것처럼, 사독의 후손들은 아론의 사제권을 계승한 제사장으로 인정되고 따라서 사독의 족보가 아론의 족보에 들어가게 된 것으로 본다(대상 6:1~15).

기 힘든 문제들에 직면하여 고민하고 씨름했을 것이 분명하며, 결국 50년 또는 70년이라는 결코 짧지 않은 숙고와 자성(自省)과 토론의 포로기간을 지내면서 나름대로의 신학적 답변을 얻기 위하여 고심했을 것이 확실하다.[157] 그런 의미에서, 이미 〈출애굽-시내산 계약〉 사건에 대하여 익히 알고 있고 그 출애굽 사건(Exodus I)의 신학적 의미[158]를 절기 때마다 반복하여 확인하고 발전시켜왔던 이들 유대인 엘리트들에게 있어서 바벨론 포로생활과 그 후속 사건으로서의 출바벨론 사건(Exodus II)은 과거의 출애굽 사건의 신학적 의미를 다시 한번 재해석하고 동시대화할 수 있었을 뿐만 아니라, 과거 출애굽 사건을 토대로 하여 수립된 기존의 구약신학, 즉 구속신학, 계약신학, 창조신학, 부활신학 등에서 엿볼 수 있는 바 야웨 하나님의 정체성과 하나님의 백성으로서의 이스라엘의 정체성에 대하여 새롭게 재조명할 수 있었던, 말하자면 또다른 대각성(Enlightenment)의 전환점을 가져다 준, 대단히 의미심장한 사건이자 이스라엘 대역사 드라마의 마지막 클라이막스였다고 볼 수 있을 것이다.

출바벨론 사건의 실상을 말함에 있어서 우리가 지나칠 수 없는 중요한 관점은 곧 출바벨론 사건과 출애굽 사건 사이에 — 그 내용과 의미에 있어서 — 유형론적 연속성이 존재한다는 것이다. 예리한 안목으로 분석해 볼 때 출애굽 사건은 출바벨론 사건에 의하여 새 옷으로 덧입혀지고 역투사되고(retrojected) 재조명(illuminated)되고 재해석(reinterpreted) 된 것처럼 보일 정도로 이 두 탈출 사건은 서로 긴밀하게 연결되고 중복되어 있다(overlapped). 이러한 관점에서 우리는 출바벨론의 실상을 이해하기 위하여

157) '바벨론 포로생활-출바벨론-성전재건-계약갱신' 사건으로 이어지는 제2의 탈출/구원(Exodus II) 경험을 거치면서 유대인 엘리트들이 심각하게 물었던 이들 질문들에 대한 대답으로서 다음 장에 언급된 '〈출바벨론-계약갱신〉 사건을 통해 완성되는 구약신학'을 참조하라.

158) 〈출애굽-시내산 계약〉 사건의 신학적 의미에 대하여는 이 책의 122~127, 145~168쪽을 참조하라.

출애굽 사건의 실상을 다시 한번 상기해 볼 필요가 있다. 마치 출애굽의 실제 상황에서 이스라엘 백성이 태양신의 아들이자 신성시되어 숭배를 받은 거짓 신 바로(Pharaoh)로부터, 인간의 모든 수고를 공허하게 하는 우상문화로부터, 하나님의 형상으로서의 존귀한 인간을 비인간화시키는 굴종의 노예문화로부터, 그리고 물질적 풍요를 앞에 두어 약속의 땅을 망각케 하는 나일 문화로부터 탈출했던 것처럼, 출바벨론의 상황에서도 마찬가지로, 신격화되고 영웅시된 바벨론 황제로부터, 뭇 백성을 현혹하는 각종 신화와 우상문화로부터, 그리고 역시 풍요의 문물을 자랑하는 메소포타미아 문명으로부터, 굴종의 삶이지만 풍요에 안주케 하는 노예문명으로부터 유대인들이 탈출을 결단해야 했던 사건이었다. 실제로 아브라함 때부터 바벨론은 풍요의 땅이었고,[159] 이 풍요의 문화 위에 건설된 바벨론 제국 역시, 애굽과 마찬가지로 성서 저자의 눈으로 볼 때, 온갖 신화와[160] 우상으로 가득한 나라였다. 또한 출애굽 당시 애굽 제국의 황제였던 람세스 II세가 막강한 군사력과 정치력을 가지고 애굽 역사상 전무후무한 강국을 건설한, 그래서 애굽 백성들에게 신으로 추앙받을 정도로 위대한 왕이었던 것처럼, 그리고 당시의 이스라엘 백성, 즉 수백 년의 종살이 속에서 종의 문화로 길들여진, 오합지졸에 불과한 이스라엘이 이와 같은 막강한 권세를 갖고 있었던 바로로부터 탈

---

159) 애굽의 풍요가 나일 강의 혜택이었다면, 바벨론의 풍요는 유프라테스 강과 티그리스 강의 혜택이자 선물이었다. 애굽보다도 더 방대한 곡창지대와 수자원을 갖고 있었던 바벨론 제국의 풍요는 애굽보다 더하면 더했지 결코 그 풍요문화에 있어서 애굽에 뒤지지 않았다. 아브람이 떠나야 했던 우르(Ur)라는 도시는 당시의 유명한 유적 가운데 하나인 '지구랏'(**사진 10** 참조)이 증언하는 것처럼 풍요의 기반 위에 찬란한 문화를 이룩한 우르 제3왕조(주전 2060~1950)의 수도였다. 바벨론 문명의 우수성과 고대성에 대하여는 이 책의 44~53쪽을 참조하라. 특히 바벨론 문명의 대표적 유산 가운데 하나로서 세계 7대 불가사의 가운데 하나로 불리는, 느부갓네살 황제가 지은 '공중에 매달린 정원'(**사진 16** 참조)을 들 수 있을 것이다.

160) 바벨론에서 기원한 신화의 대표적인 것으로서 구약성서의 창조 이야기를 닮은 '에누마 엘리쉬'(Enuma Elish)와 노아의 홍수 이야기를 닮은 '길가메쉬 서사시'(Gilgamesh Epic)가 있다.

출한다는 것은 도저히 불가능한 것일 수밖에 없었던 것처럼, 그러나 이스라엘의 하나님 야웨께서 그의 종 모세를 보내시사 애굽의 신이자 무적의 장수인 이 람세스 황제를 마른 막대기처럼 무력화시키시고 이 막강한 바로의 권세로부터 이스라엘을 구원하시사 홍해를 건너 시내산으로 인도하여 그곳에서 이스라엘과 언약/계약을 맺으시고 성막(이동식 성전)을 건축하도록 명하심으로써 노예와 같이 천하고 약한 이스라엘을 영광스런 성민으로 삼아 동거하셨던 것처럼, 이제 출바벨론의 상황에서도 마찬가지로, 수십 년간의 종살이로 인하여 약해질 대로 약해진 상황에서 탈출은 도저히 불가능한 일로 포기하고 있었던 유대인 포로들에 비하여 막강한 군사력을 가지고 이스라엘은 물론 고대 중동의 모든 나라들을 굴복시킴으로써 그 권세와 영광과 교만(사 14:12~20)이 극치에 이르렀던 이 무적의 바벨론 제국을 야웨께서 그 종 고레스를 보내어 여지없이 무너뜨리시고 이어서 이 고레스로 하여금 유대인들을 석방하도록 조치하셨다. 이 연약한 유대인들로 하여금 유프라테스 강을 건너 고향 땅 예루살렘에 돌아와 성전을 재건하고 그 성전에서 야웨와의 언약/계약을 새롭게 갱신케 하심으로써 야웨께서 통치하시는 야웨의 왕국(Kingdom of Yahweh) 또는 야웨의 통치의 대리로서의 제사장이 백성을 지도하는 '제사장 나라'(출 19:6; 사 61:6)로서의 이스라엘은 재건되었던 것이다.[161)]

161) 여기에서 우리가 한 가지 더 추가한다면, 이스라엘 백성이 시내산에서 받은 율법들(출 20~민 10)은 대부분 출바벨론 사건 이후 즉 제2성전 시대에 새로운 이스라엘의 창건을 위하여 당시의 지도자였던 제사장들이 야웨의 종 모세의 이름으로 선포한 율법과 유사하다는 것이다. 오경 안에 들어 있는 방대한 내용의 제사장적 전승(출 20~민 10장 안에 언급된 대부분의 제사법과 절기법과 성막/성전법)이 다름아닌 제2성전 시대 곧 제사장들이 정치적·사회적·종교적 주도권을 행사하던 제사장 시대의 제사법과 성전법을 삽입한 결과라고 주장하는 다수의 성서학자들의 견해에 대하여는 다음을 참고하라: B. W. Anderson, *Understanding the OT*, p. 90, pp. 507~539; O. Eissfeldt, *The OT: An Introduction* (Harper & Row, 1965); R. H. Pfeiffer, *Introduction to the OT* (Harper & Brothers, 1948) 등.

B. 출바벨론의 목적: 성전재건과 계약갱신[162)]

약 50-70여 년간 이방 땅 바벨론에서 종살이를 하던 유대인들, 특히 유배기간 동안 이스라엘 민족의 고통을 음미하고 회개하는 가운데 이스라엘의 회복을 기다리던 경건한 유대인 엘리트들이 예기치 않은 고레스 황제의 해방령을 듣게 되었을 때 맛본 놀라움과 감격과 감사와 기쁨은 이루 다 표현할 수 없는, 그야말로 세상의 그 어떤 행복에도 비교될 수 없는 감동의 극치였을 것이다.[163)] 아마도 얼마전에 수 주일 동안 어두운 갱도에 갇혔던 광부들이 갱도 밖으로 구출받아 빛을 보게 되었을 때 느낀 감격보다, 그리고 일제 36년의 억압으로부터 8·15 광복을 맞은 한민족의 그 벅찬 감격보다 훨씬 더 진하고 더 오래가는 기쁨이었을 것이 분명하다.[164)] 환호하던 이방 땅 바

162) 출바벨론 사건(Exodus II)과 계약갱신 사건(Covenant II)을 불가분의 연속되는 사건으로 전형화하여 예고한 두 예언자는 예레미야와 에스겔이었다(렘 23:3~8; 31:23~34; 32:36~44; 30:18~22; 겔 11:14~21; 34:11~34; 36:24~28; 37:11~28; 20:33~44). 이러한 연속된 사건으로서의 〈구원사건 + 계약사건〉의 패러다임은 우리로 하여금 출애굽 사건(복음/은혜)과 시내산 계약 사건(율법) 사이의 필연적 연속성을 부인할 수 없도록 만들며, 그런 의미에서 폰 라트를 비롯한 다수의 학자들의 가설 즉 시내산 계약은 제2성전 시대의 제사장적 학파에 의한 후대의 삽입이라는 주장이 잘못임을 암시해 준다.

163) 당시 출바벨론의 대역사에 참가했던 한 유대인의 감격과 기쁨이 시편 126편에 잘 반영되어 있다: "야웨께서 시온의 포로를 돌리실 때에 우리가 꿈 꾸는 것 같았도다. 그때에 우리 입에는 웃음이 가득하고 우리 혀에는 찬양이 찼었도다. 열방 중에서 말하기를 야웨께서 저희를 위하여 대사(大事)를 행하셨다 하였도다. 야웨께서 우리를 위하여 대사를 행하셨으니 우리는 기쁘도다……"(시 126:1~3)

164) 이후부터 유대인 신학자들은 이스라엘의 그 어떤 절기보다도 출애굽 사건과 출바벨론 사건을 기념하는 유월절에 더 큰 의미를 부여하기 시작한 것으로 보이는데, 그리하여 전통적으로 계약갱신의 절기인 초막절이 들어 있는 에다님월(바벨론 달력으로 7월=티스리월)이 새해로 되어 있는 가나안(이스라엘) 달력보다 유월절이 들어 있는 니산월(가나안 달력으로 7월 곧 아빕월)을 새해/정월로 되어 있는 바벨론 달력을 공식적 달력으로 채택하게 되고, 오늘의 오경을 비롯한 구약성경 전체의 연대설정에서 이 바벨론 달력 체제가 일관되게 적용되어 있는 것을 보게 되는 것이다. 그러나 제2성전 시대의 유대인들은 또 한편

벨론에서 유대인 포로들이 70년 만에 광복의 소식을 듣고 가장 먼저 떠올린 것은 고향으로 돌아가는 것이었고, 한걸음 더 나아가 파괴된 예루살렘 성전을 재건하고 그 성전에서 잠시 결렬되었던 야웨 하나님과의 언약/계약 관계를 갱신하고, 그 성전에서 이제부터는 — 마음을 다하고 성품을 다하고 힘을 다하여 — 오직 야웨 하나님만을 사랑하겠다고 충성을 다짐하며 마음껏 야웨 하나님의 은혜를 찬양하고 감사하며, 70여 년간 중단되었던 제사/예배(겔 20:40; 43:27; 사 43:21; 60:7)를 재개함으로써 야웨 하나님이 통치하시는 '야웨의 왕국'을 재건하는 것이었다. 마치 그 옛날 애굽에서 종살이 하던 이스라엘이 무조건적인 야웨 하나님의 자비와 능력을 힘입어 애굽을 떠나 홍해를 건너 하나님의 성소인 시내산에 도착하여 야웨 하나님의 구원을 찬양하고 감사하면서 중보자 모세를 통하여 오직 야웨 하나님만을 사랑하고 그 율법을 지키기로 야웨 하나님과 계약을 체결하고, 이 계약에 이어서 애굽에서 들고나온 재료로 성막을 제조하고 그 안에 야웨께서 임재하심으로써 출애굽의 목적인 임마누엘의 이상을 실현하게 되었던 것처럼, 역시 야웨 하나님의 긍휼과 자비와 능력을 힘입어 종살이의 땅 바벨론을 떠나 유프라테스 강을 건너 예루살렘 즉 야웨의 성소로 돌아온 경건한 유대인들도 무엇보다 먼저 페르샤 정부가 제공한 재료를 가지고(스 6:1~5) 솔로몬의 성전 자리에 (스룹바벨)성전(**사진 28**)을 재건한 다음,[165] 얼마후 학사 겸 제사장 곧

조상 때부터 전해져 내려온 과거의 전통 곧 본래의 이스라엘의 달력의 새해 절기이자 시내산 계약을 통한 이스라엘 국가의 창건을 기념하는 초막절의 전통을 무시할 수 없었던지라 두 가지의 새해 또는 정월, 곧 바벨론 달력으로 새해인 니산월과 함께 가나안 달력으로 정월인 에다님월을 새해로 지키게 되었고, 아마도 양력과 음력을 동시에 갖고 있는 한국처럼 이때부터 이중 달력의 전통이 보편화된 것으로 보인다.

165) 바벨론에서 귀환한 많지 않은 유대인들이 숱한 난관을 극복하고 예루살렘 성전을 재건하는 일을 끝마치고(다리오 왕 6년, 주전 516년, 아달월/12월 3일) 성전을 봉헌할 때 그들은 넘치는 감사와 감격 속에 대성통곡하면서 봉헌예배를 드리는 것을 볼 수 있다(에 3:12; 6:13~18). 이들은 성전을 봉헌한 그 다음 달 곧 정월 14일부터 유월절과 무교절을 지키게 되는 것을 볼 수 있는데(에 6:16~22), 이때 이들이 지킨 유월절은 오경을 편집한 제2성전

제2의 모세로 불리는 에스라의 집례하에 예루살렘 성 수문 앞 광장에서 계약갱신의 절기 곧 초막절(바벨론 달력으로 7월/티스리월)에 과거 모세를 통하여 주신 율법을 낭독하는 가운데(느 8~9) 야웨 하나님과의 계약을 갱신하고 서명함으로써(느 9:1~10:39) 명실공히 출바벨론의 목적인 제사장 나라의 재건을 통한 임마누엘의 이상을 실현하게 되는 것을 볼 수 있다. 이와 같은 계약갱신 축제는 과거 이스라엘 백성이 시내산/모세 계약 사건 이후 역사의 전환점마다 또는 새 시대의 출발을 다짐할 때마다 거행했던 의식이었다는 점에서 그리고 무엇보다도 수많은 예언자들이 예고하고 또 예고했던 그 '새 언약/계약'을 자신들이 드디어 현실로 경험하게 된다는 점에서 깊고도 명백한 의미가 있었고, 그 중차대한 의미를 되새긴 만큼 에스라를 비롯한 모든 유대인들이 자각과 감격과 눈물로써 이 의식에 참여하는 것을 볼 수 있다.

이와 같이 계약갱신을 통해 세워진 제사장 나라야말로 출애굽 당시부터 야웨께서 목적하셨던(출 19:6; 사 61:6) 이상적 신정 체제로서, 이 제사장 나라는 더 이상 타락한 왕이 통치하는 왕정체제의 재현이 아닌, 글자 그대로 야웨 하나님께서 직접 그 대리인 제사장을 통하여 그리고 이 제사장을 통해 하사되는 율법을 통하여 다스리시는 신정국가 즉 '하나님 나라'였던 것이다. '제사장 나라'라는 용어가 암시하듯이 이 시대의 야웨의 통치를 대리하는 중보자는 제사장이었고, 특히 제사장의 최고 권위는 아론계 제사장이 아닌 사독계 제사장이었다.

시대의 제사장적 저자들에게 대단히 의미있는 영감과 계시를 제공했음이 분명하다. 왜냐하면 이 유월절이야말로 당시의 유대인들로 하여금 출애굽 사건 당시 조상들이 시내산 성소에서 처음으로 자유인이 되어 유월절을 지키면서 맛보았던 그 감격과 기쁨에 의미를 부여하고 동시대화할 수 있도록 자극한 사건이었을 뿐만 아니라, 한 걸음 더 나아가 이때부터 본격적으로 그리고 확신있게, 당시의 성서 편집자들(즉 제사장적 신학자들)에 의하여, 출애굽 사건(Exodus I)과 출바벨론 사건(Exodus II)을 유형론적으로 일치시키는 해석적 패러다임이 적용되기 시작했다고 보기 때문이다.

제2성전 시대 곧 페르샤 시대의 이스라엘의 영적 지도자였던 제사장들의 주된 관심사는 정교일치(政敎一致)의 이스라엘 회복에 있었다고 볼 수 있으나, 그에 앞서서 다시는 하나님의 약속하신 땅을 빼앗겨 포로로 잡혀가는 비극을 재현하지 않기 위한 예방책에 있었다고 볼 수 있다. 여기에서 필연적으로 대두되는 문제가 율법주의 곧 야웨와의 계약법을 한치의 착오도 없이 철저히 지키는 것이요, 구별된 하나님의 백성으로서의 순수성과 거룩성을 유지하는 일이었다. 이 무렵에 이와 같은 동기에서, 아마도 학사 겸 제사장이었던 에스라에 의하여, 율법서 곧 오경이 오늘의 형태로 집대성되고[166] 이 율법서 안에 순결하고 정확한 예배의 모범으로서의 '제사장 법전'(출 20, 레위기, 민 10)이 동시대적 재해석과 함께 삽입된 것으로 보이며, 이스라엘의 정체성 및 거룩성의 특징적 표지(sign)로서 이미 포로기부터 실시되기 시작한 할례와 안식일 엄수가 그 어떤 율법보다도 우선적으로 강조되게 되는 것을 볼 수 있다.

제2성전 시대의 유대인에게서 엿볼 수 있는 이러한 율법에 대한 지극한 열정(시 1:1; 119:97 등)은 필연적으로 이미 주어진 율법을 연구하고 해석하

[166] 소위 율법서(토라)로 불리는 오경이 제2성전 시대의 제사장적 지도자들 — 아마도 그 대표적 인물은 제사장 겸 학사 곧 율법의 전문가였던 에스라였을 것이다 – 에 의하여 오늘의 형태로 편집 완료되었음이 분명해 보인다. 이 과정에서 오경의 서두와 말미는 물론 모세 이후로 전승되어 온 기존의 구약 전승들의 배열 순서까지도 이들 제사장적 편집자들(Priestly Editors: P)에 의하여 오늘의 형태로 조정되었을 것으로 보인다. 이러한 사실에 대한 수용할 수밖에 없는 많은 증거들이 있는데, 무엇보다도 먼저 오경의 시작부터 끝까지 당대에 통용되던 바벨론 달력 및 도량형이 적용되어 있다는 사실을 들 수 있고, 기타 오경에서 간접적으로 표현된 고대 우주관과 창조론이 바벨론 문명을 반영한다는 사실, 그리고 기타의 여러 가지 제2성전 시대에 선포된 법률들 즉 바벨론 포로기 이후 계약갱신 축제에서 모세의 이름으로 선포되었을 것으로 보이는 절기법(레 23:1~8), 희년법(레 25:8~38), 노예 해방법(레 25:39~55) 등을 들 수 있을 것이다. 구약성서에 세 번이나 언급되는 노예 해방법(출 21:2~11; 신 15:12~18; 레 25:39~46) 가운데서 레위기 25장의 것이 가장 늦게 즉 바벨론 포로이후 제2 성전 시대에 반포/추가된 법이라는 이론에 대하여는 장영일, "노예 해방법의 전승사적 연구", 이스라엘의 경건과 학문(장신대출판부, 2000), pp. 263~311을 참조하라.

는 과정에서 수많은 시행세칙을 낳게 하였을 뿐만 아니라 결국은 극단적 율법주의를 등장시키는 것을 볼 수 있다. 이 과정에서, 특히 미쉬나(Mishna)에서 엿볼 수 있는 바와 같이, 안식일 법[167]을 비롯한 자세한 제사법, 청결법, 식사법, 파종법, 수확법 등을 한치의 착오도 없이 지키기 위해 주석/설명한 수많은 세부 조항들이 태어나게 되었고, 결국은 이 모든 율법을 완전히 지킬 만한 사람은 세상에 한 사람도 없을 정도로 율법은 힘들고 무거운 짐으로 변화되어 — 율법으로부터 온 인류를 자유케 하실 예수 그리스도가 오실 때까지 — 제2성전 시대 이후의 모든 유대인들을 또 다른 노예생활 속으로 몰아넣게 되는 것을 볼 수 있다. 유대교의 시대라고도 불리는 이 중간 시대에는 왕도 예언자도 없는, 제사장 홀로 통치하던 제정(祭政) 시대였으므로[168] 이와 같은 율법주의의 강화에 주도적 역할을 담당했던 사람들이 다름아닌 제사장들이었고, 이들 시대에 완성된 것으로 보이는 다섯 권의 시편과 역시 다섯 권으로 구성된 율법서(토라/오경)[169] 가운데 제사장적 규례와

167) 구약성경의 율법에 대한 유대주의적 주석이라 할 수 있는 미쉬나에 언급된 안식일에 대한 세부 설명 가운데는 안식일의 시작점에 대하여, 해가 서산에 걸려 있을 때부터인가, 아니면 해가 서산을 넘어갔을 때인가, 아니면 해가 서산 너머로 지고 어둠이 지면을 덮기 시작할 때인가 등의 가르침도 있고, 안식일에 하지 말아야 할 노동의 범위를 지정함에 있어서 구덩이에 빠진 양을 끌어내는 것이 노동인가 아닌가, 안식일에 걸어갈 수 있는 거리가 5리인가 10리인가(**사진 52**), 안식일에 요리를 준비하는 데 있어서 어디까지가 노동/일인가 등의 문제까지도 언급된다. 미쉬나의 안식일 법은 크게 24가지로 되어 있고, 이 24가지의 항목은 각각 5.5가지의 세부 항목으로 나뉘어 있어, 사실상 안식일에 대한 세부 항목은 138가지이다. H. Danby, *The Mishnah* (Oxford Univ. Press, 1989), pp. 100~121; J. Neusner, *The Mishnah* (Yale Univ. Press, 1988), pp.179~208; Lazarus Goldschmidt, trans., *Der babylonische Talmud. Band II* (Juedischer Verlag, 1980), pp. 437~944.

168) 사실상 제사장 제도 가운데 대제사장(느 3:1) 직위가 제도화된 것은 제2성전 시대였을 것으로 보인다. 왕정기에는 '대제사장'이라는 직함이 언급되지 않는다.

169) 주석가들의 견해에 따르면, 시편이 5권으로 편집된 것은 이 시편을 편집한 제2성전 시대의 제사장들이 5권으로 구성된 율법서를 본딴 것으로, 즉 하나님께서 인간에게 주시는 말씀(율법서)에 상응하는 인간의 응답과 찬양도 5권이어야 한다는 겸손한 생각에서 비롯된 것으로 본다.

율법과 신학이 대거 주입되게 되는 것은 당연한 결과였다고 볼 수 있다.

C. 〈출바벨론–성전재건–계약갱신〉 사건을 통해 완성되는 구약신학

출바벨론 사건과 성전재건 및 계약갱신 사건을 거치면서 유대인 엘리트들이 터득한 구약신학은 포로기 이전의 이스라엘의 그 어떤 인물이나 사건에서도 그리고 예수 그리스도 이전의 그 어떤 나라의 사상사에서도 그 유례를 찾아보기 힘들 정도로 범위가 넓고 심오한 것이라 할 수 있다. 이 신학은 어떤 의미에서 앞서 언급된 11가지 질문에 대한 유대인 신학자들의 대답이라 할 수 있으며, 이들 신학들은 주로 포로기 전후의 저작들(예레미야, 제2 이사야, 에스겔, 역대기적 역사, 신명기적 역사, 에스라, 느헤미야, 학개, 스가랴, 말라기)에서 추적해 볼 수 있다.

(1) 야웨 하나님의 정체성

a. 공의와 심판의 하나님

포로로 잡혀온 유대인 엘리트들이 고통과 눈물 속에서 야웨 하나님께 제기했던 첫 번째와 두 번째 질문, 즉 유다 왕국의 멸망과 거룩한 성전의 파괴 원인에 대한 질문에 대하여 포로기 전후에 기록된 거의 모든 성서 저자들의 일치되는 견해는, 이스라엘과 유다 이 두 나라가 이방인에게 함께 멸망당한 것은 야웨께서 이방의 신들보다 약해서가 아니라 자신들의 야웨 하나님과 맺은 계약의 위반/배반에서 비롯된, 한치도 변명의 여지가 없는, 야웨 하나님의 심판과 형벌의 결과였다는 사실이다.[170] 이러한 답변에 대하여는 예레

[170] 레 26:27~43; 신 29:24~28; 31:15~18, 29; 왕상 9:8~9; 왕하 17:7~20; 21:10~15; 22:16~17; 대하 34:25; 36:13~17; 스 5:12; 9:7; 느 9:34~37; 시 106:34~41; 단 9:5~12; 사 42:24~25; 43:27~28; 50:1; 렘 5:19; 9;12~16; 16:10~13; 22:8~9; 32:26~35; 겔 7:1~27; 20:2~31; 36:16~20; 39:23~24 등.

미야, 에스겔, 신명기적 역사가, 제2 이사야, 에스라, 느헤미야, 다니엘 등 그 어떤 저자도 이의를 제기한 저자가 없었다. 이들 성서저자들의 모든 언급을 고찰하기보다 우리는 우선적으로 이와 같은 냉철한 역사 회고와 자성과 비판의 시각을 통하여 쓰여진 대표적 역사서 곧 '신명기적 역사서'[171]의 견해를 소개해 보려 한다. 이 책은 이스라엘이 약속의 땅 가나안을 유업으로 얻은 시점부터 그 땅을 이방인에게 다시 빼앗기고 포로로 잡혀 가기까지의 역사를 기록한 책으로서, 이스라엘과 유다의 비극의 원인은 곧 신명기에서 교훈하는 바, '마음을 다하고(בְּכָל־לְבָבְךָ)[172] 성품을 다하고 힘을 다하여' ('다윗같이') 오직 야웨 하나님만을 사랑하고 그분의 계명을 지켜야 한다는 셰마의 교훈(신 6:4~9[173])을 저버리고, 오히려 야웨 하나님과의 계약/언약을 배반하고 이방인들이 전해 준 이방 신들과 그 우상들을 섬겼기 때문임을 밝히고 있다.[174] 그러므로 이 신명기적 역사가는 이미 자신의 시대 이전에 발표된[175] 신명기 법전(Deuteronomic Code[176])을 역사기술의 표준으로

171) 주석가들에 의하여 신명기적 역사(Deuteronomistic History)에 포함되는 책은 신명기(일부)-여호수아-사사기-사무엘서-열왕기서이다.

172) '마음/심장을 다하여'(בְּכָל־לְבָבְךָ)라는 용어는 신명기와 신명기적 역사서에만 나오는 신명기적 역사가의 전용적 용어임에 유의하라(신 4:29; 6:5; 10:12; 11:13; 13:3; 26:16; 30:2, 6, 9, 10; 수 22:5; 23:14; 24:23; 삼상 7:3;12:20, 24; 왕상 2:4, 44; 8:48, 61; 9:4; 11:4, 6, 38; 14:8; 15:3, 14; 왕하 20:3; 23:3, 25).

173) 유대인들은 지금도 이 신명기 6:4~9를 가리켜 '셰마'라 부르는데, 그 이유는 이 구절의 첫 문장이 '들으라(셰마/שְׁמַע) 이스라엘아'라는 말로 시작하기 때문이다. 이스라엘 백성의 모든 개인 주택은 물론 모든 호텔 방마다 그리고 모든 관공서 대문의 (오른쪽) 문설주에는 지금도 이 셰마를 깨알같이 작은 글씨로 적어넣은 작은 함(box)이 걸려있다는 사실은 얼마나 유대인들이 이 셰마의 교훈을 중요시하고 있는가를 단적으로 보여 주는 증거라 할 수 있다.

174) 신 29:24~28; 31:15~18, 29; 왕상 9:8~9; 왕하 17:7~20; 21:10~15; 22:16~17; 특히 신명기적 역사가와 같은 신학 학파에 속하여 같은 신학적 노선을 갖고 있었던 예레미야의 해석도 참조하라(렘 5:19; 16:10~13; 22:8~9; 9:12~16).

175) 대개의 현대 주석가들은 이 신명기적 율법서는 다름아닌 요시야 왕 때(622/1 B.C.) 성전

삼아 이스라엘의 멸망사를 편집 제작한 바벨론 포로기의 역사 비평가이며,[177] 특히 신명기(특히 신 28:15~68[178])에서 예고한 그대로, 북이스라엘과 남유다 왕국이 자신들의 범죄와 야웨께 대한 배반으로 인하여 비극적인 멸망을 자초하였다는 사실에 초점을 두고 역사를 기술한 일종의 불행한 시대에 태어난 비운의 역사가로 볼 수도 있다. 그러나 또 한편으로 만약 이스라엘이 회개하고 야웨께 돌아오면, 역시 신명기(30:1~10, 20)에서 예고한 바 그대로, 야웨와의 계약은 회복되고 이스라엘은 재건될 것을 예고한, 일종의 예언자적이고 종말론적 비전을 구비한 이상주의적 역사가라 할 수 있을 것이다. 이 신명기적 역사가의 기대와 비전대로, 참 하나님이신 야웨를 배반함으로써 하나님의 혹독한 심판을 받고 바벨론에 끌려온 유대인들은 과연 우상들이 범람하는 이방 문화 속에서 종살이 하면서, 네 번째의 질문을 제기한 어느 과격한 유대인의 말처럼, 야웨께서 얼마나 두렵고[179] 떨리는,

---

금고에서 발견된 바로 그 율법서일 것이라고 생각한다. E. W. Nicholson, *Deuteronomy and Tradition* (Basil & Blackwell, 1967).

176) 현대의 주석가들은 오경 안에 들어 있는 중요한 세 가지 법전 즉 계약법전(출 20:22~23:33)과 신명기 법전(신 12~26), 그리고 성결법전(레 17~26)이 각각 다른 시대의 다른 상황에서 발전한 것으로 해석한다. 아마도 모세 당시에 시내산에서 받은 하나의 기본적인 법전이 사사 시대에는 계약법전의 형태로, 주전 7세기경에는 신명기 법전 형태로, 그리고 주전 6세기 이후 제2성전 시대에는 성결법전의 형태로 발전하여 선포되었을 가능성이 있다. 장영일, "노예 해방법의 전승사적 연구", 이스라엘의 경건과 학문(장신대 출판부, 2000), pp. 263~311 참조.

177) M. Noth, *Ueberlieferungsgeschichtliche Studien* (Halle,1943), pp. 87~95, 109f.

178) 바벨론 포로의 원인을 규명하는 또다른 자료는 신명기 28장 이외에도 레위기 26장 27~43절을 들 수 있는데, 이 자료는 '성결법전'(레 17~26)의 일부로서, 역사비평적 주석가들은 이 자료가 포로기 또는 그 이후 제2성전 시대 곧 제사장이 정치와 종교를 주도하던 시대에 제사장적 저자에 의하여 편집되었다고 생각한다.

179) 포로기 이후의 유대인들이 야웨 하나님에 대하여 얼마나 큰 두려움을 느끼고 있었는가 하는 것은 이 시대 이후 특히 신구약 중간시대부터 시작된 '야웨' 이름에 대한 발음 금지에서 엿볼 수 있다. 이후로 유대인들은 경외스런 '야웨' 이름을 발음하지 않고 그 대신 '아도나이/אֲדֹנָי'('주님/Lord')라 발음함으로써 거의 천년 동안 야웨 이름의 네 자음(יהוה)에 대한

잔인하리만치 무서운 공의의 하나님이신지를 뼛속까지 사무치도록 깨닫고 자신들의 죄를 통회 자복하게 되며, 아울러 야웨의 형벌로 인하여 자초한 포로생활 곧 더러운 우상문화 속에서의 실로 비참하고 무가치하고 저주받은 종살이 가운데서 구원의 하나님 야웨께 부르짖고 호소함으로써 다시 한번 야웨 하나님의 자비와 은총과 능력을 힘입고 야웨께서 약속하신 가나안 땅으로 돌아오게 되는 것을 볼 수 있다. 야웨 하나님의 놀라우신 은총과 구원역사를 또다시 경험하게 된 경건한 유대인들 특히 당시 유대인 귀환 공동체에서 사회적으로, 정치적으로 그리고 종교적으로 백성을 지도하고 통치했던 제사장적 지도자들은 이와 같은 공의와 사랑의 하나님에 대한 경험과 각성을 토대로 하여, 더 이상 야웨께 대한 배반과 그로 인한 야웨의 심판과 저주가 있을 수 없다는 각오 가운데서, 이스라엘 역사 속에서 그 유례를 찾아볼 수 없을 정도로 철저하게 '마음을 다하고 성품을 다하고 힘을 다하여' 오직 야웨 하나님만 사랑하고 그의 율법과 계명을 준수하려고 노력하는 것을 볼 수 있으며,[180] 당시 제2성전 시대의 이와 같은 열정어린 신심(信心)을 소유한 신학자들에 의하여 세상 어느 민족도 창조할 수 없는, 그리고 그 연대와 권위에 있어서 세상의 어떤 훌륭한 책도 맞설 수 없는 경전이자 하나님의 말씀으로서의, 유일무이의 율법서(토라), 곧 오늘의 모세오경[181]이 완성되는 것을 볼 수 있다.

모음 표기법을 망각하게 되는 것을 알 수 있다. 구약학자들은 이 야웨 이름의 발음법이 '여호와'(Jehovah)가 아니고 '야웨'(또는 '야훼'/Yahweh)라는 사실을 여러 가지 고증에 의하여 최근에 와서야 알게 되었다. 장영일, "야웨 이름의 기원과 의미", 이스라엘의 경건과 학문, pp. 17~50; B. W. Anderson, *Understanding the OT*, p. 61.

180) 이 무렵부터 소위 (바리새적) '율법주의'가 싹트게 되는 것도 부인할 수 없다.

181) 필자가 보수주의 신학자들의 전문 용어인 '모세오경'이라는 용어를 일부 수용하는 이유는, 비록 오경 안의 다양한 전승들 가운데는 모세 이후의 신학자들에 의하여 재해석되고 보완된 부분이 있음을 부인할 수 없다 할지라도, 오경의 근간을 형성하고 있는 거의 모든 사상과 자료들이 모세에게 그 근원을 두고 있다고 보기 때문이다.

야웨는 과연 공의의 하나님이신가(앞의 질문 ⑤ 참조). 부정한 이방 제국들을 불러들여 거룩한 백성 이스라엘을 그토록 잔인하게 살해하고 파괴하도록 허락하신 그 하나님이 공평하신 하나님이라 할 수 있는가, 출애굽 사건 때 자기 백성 이스라엘 편에서 애굽과 억압자 바로를 심판하셨던 그 야웨께서 이제는 바벨론의 편에 서셔서 자기 백성 이스라엘을 원수로 생각하시고 심판하시다니 그럴 수가 있는가라는 질문들에 대하여 심각하게 고민하고 대답했던 대표적 예언자는 에스겔이었다(겔 18:25, 29; 33:17, 20). 이 질문에 대한 에스겔서의 답변은 간단하고 명료하다. 유다를 심판하신 그 동기와 방법에 있어서 특히 이방인을 심판의 도구로 하여 성민을 멸망시키시는 그 동기와 방법에 있어서 하나님은 공평하셨다는 것이다. 공평과 공의의 원칙을 저버린 쪽은 오히려 이스라엘이며(겔 18:25, 29; 33:17; 45:9), 야웨는 자기 백성인 이스라엘을 심판하실 뿐만 아니라, 과거 예언자들을 통하여 이미 예고한 것처럼 이방 열국들의 죄에 대하여도 반드시 이 공평과 공의의 원칙에 따라 심문하시고 그에 상당한 형벌이 내려질 것이며(사 13:1~14:27; 21:1~10; 46:1~2; 47; 렘 50; 51; 시 137:8; 겔 25~32; 35; 38~39),[182] 개인을 심판하시는 문제에 있어서도 각자는 자신의 죄로 인하여 공평하게 심판을 받을 뿐(겔 18; 33), 조상의 죄로 인하여 그 후손이 형벌을 받는 일은 없다는 것이다.

b. 사랑과 용서의 하나님

유대인들이 바벨론 포로생활과 그 이후의 출바벨론 사건을 경험하면서 확

---

182) 포로에서 귀환한 유대인들은 하나님의 백성을 잔인한 방법으로 학살하고 포로로 잡아간 바벨론의 죄에 대하여 야웨 하나님께서 얼마나 엄격한 공의에 따라 응징하시는가를 목도하게 된다. 잔인한 방법으로 유다를 정복하고 하나님의 택한 백성인 유대인을 포로로 끌어간 바벨론 제국의 죄와 교만에 대한 야웨의 심판은 페르샤제국을 창건한 고레스(Cyrus) 황제를 통하여 수행되는데, 바벨론에 대한 야웨의 심판(사 13:1~14:27; 21:1~10; 41~47; 46:1; 47; 렘 50; 51; 시 137:8)에 대하여는 지면 관계상 생략한다.

인하고 발전시킨 놀라운 신학 가운데 하나는 '사랑 신학' 곧 사랑과 용서의 하나님에 대한 신학이다. 이와 같은 야웨 하나님의 사랑과 자비의 성품은 앞서 언급한 하나님의 정체, 곧 잔인하리만치 무섭고 철저한 하나님의 공의의 성품에 의하여 결코 무색해지거나 약화될 수 없는, 아니 오히려 이 공의의 성품이 사랑의 성품의 일부로 예속되고 더 나아가서는 결과적으로 그 강력한 사랑의 성품 안으로 흡수되고 용해되어 버리는, 그런 사랑의 성품을 가리킨다. 어떤 의미에서 신약성서 특히 사도 요한의 저서(요일 4장)에서 주장하는 그 사랑을 말하지 않더라도 이미 구약성서 저자들 특히 출바벨론 이후의 저자들의 저서에서 신학은 곧 사랑학이었고,[183] 이 '사랑'이라는 (한국어) 두 글자는 다름아닌 하나님의 모든 성품을 한 마디로 요약해 주는 핵심 용어이자 하나님에 대한 총체적 대명사였다는 사실이다.

바벨론에서의 유배생활을 통하여 뼈저리게 체험하는 하나님의 진노의 채찍 못지않게 유대인들은 곧 이어 나타나는 하나님의 사랑의 후속조치들 즉 바벨론 포로생활 중에 경험하게 되는 하나님의 은혜와 긍휼과 위로의 손길[184] 그리고 무엇보다도 놀라운 제2의 해방사건(Exodus II) 즉 출바벨론 사건을 경험하게 된다. 이 상황에서 과거 이스라엘 역사를 통하여 이스라엘 사람이라면 그 누구라도 시인할 수밖에 없는 반복된 경험, 즉 〈배도 → 심판 → 형벌 → 부르짖음 → 구원〉이라는 하나님의 연속적 교육 패러다임을 다시 한번 시인하였을 것이 분명하다. 이와 같은 하나님의 항구적이고 변치않는 사랑의 교육과 설득을 통하여 결국은 온전하고 성숙한 성민으로 변화되고 성장하게 된 유대인의 입장에서 야웨야말로 진정한 사랑의 교육자시며

[183] '신학은 사랑학이다'라는 말은 성경통독 사경회의 원조로서 한국에서 최초로 통독사경회를 시작하여 2001년 4월 현재 119회째를 인도하고 있는 노우호 목사(밀양 무안교회)의 말을 인용한 것이다. 노우호, *신학은 사랑학이다* (에스라 하우스, 2001).

[184] 무엇보다도 느부갓네살에 의하여 전격적으로 등용된 동족 다니엘 총리의 활동을 통하여 유대인은 하나님의 은혜와 위로의 손길을 경험하였을 것이다.

결코 좌절하지 않으시는 자비와 용서의 하나님이심을 고백하고 찬양할 수밖에 없었던 것이다. 마치 자식을 징계하시는 어머니 또는 아버지의 심정과도 같이, 야웨께서는 과연 징계의 채찍으로 때리시는 순간에도 당신의 선민을 결코 포기하신 것이 아니었으며(호 11:8~11),[185] 오히려 채찍 맞아 아파하는 자기 백성의 상한 심정 못지않게 친히 아파하시며 그들의 찢어진 상처를 싸매어 주시는 모습을 유대인들은 바벨론에서 경험할 수 있었던 것이다. 에스겔서와 제2 이사야서에서 보는 바와 같이, 야웨께서는 이들 유대인 포로와 함께 예루살렘 성전을 떠나(에스겔 9:3; 10:4,18~19) 바벨론까지 동행하셨을 뿐만 아니라, 바벨론에서 외로이 고통당하는 유대인들의 성소가 되어 주셨으며(겔 11:16,23~24), 이윽고 복역의 때가 끝나자마자(사 40:2) 길 잃은 양을 되찾은 목자의 심정으로 이들을 품에 안으시고(사 40:11; 46:4) 다시 예루살렘으로 인도하여 돌아오셨던 것이다(사 52:8,12; 43:2; 겔 11:17; 44:1~2).

이와 같은 과정에서 유대인들이 체험한 야웨의 사랑의 특징은 배신자까지 버리지 않고 용서하시는 눈물겨운 사랑이었다.[186] 자신들의 과거 역사를 돌아볼 때 소시적부터 야웨의 은혜와 사랑을 계속하여 배반한 일밖에 없는(겔 16; 23; 호 2; 4; 5; 7; 9; 11), 마치 음탕한 고멜과 오홀라와 오홀리바와도 같이 염치도 없고 지조도 없는 이스라엘을 끝까지 용서하시는 야웨 하나님의 사랑은 유대인들이 포로기와 출바벨론이라는 특별한 경험을 통하여서만

185) "에브라임이여 내가 어찌 너를 놓겠느냐, 이스라엘이여 내가 어찌 너를 버리겠느냐……"(호 11:8).

186) 이 진리 즉 '배신자까지 용서하시는 하나님의 사랑'에 대한 교훈은 필자가 2001년 1월 22일에 목회학 박사과정에 있는 목회자 17명을 인솔하고 시카고의 오헤어 공항에 도착하였을 때 깨달은 진리였다. 필자 개인적으로 시카고에 도착하기 직전 자신의 명예에 집착한 나머지 하나님께 약속한 모종의 충성 행위를 생략했을 때 하나님께서는 두 명의 멕시칸 청년들을 보내어 필자가 그토록 애지중지하던 성경과 현재 집필 중인 이 책의 메모지가 들어있는 가방을 탈취해 가게 하셨던 것이다. 이것은 약속을 배반한 필자에게 보여 주신 하나님의 즉각적인 경고와 사랑과 관심의 신호였던 것이다.

터득할 수 있었던, 그리고 이스라엘의 하나님 야웨에게서만 맛볼 수 있는, 진주같이 값지고 소중한 교훈이었던 것이다. 이와 같은 배신자까지 용서하시는 사랑은 인간의 부성애적 또는 모성애적 품성과도 비교될 수 있는, '하나님의 형상'의 한 부분을 형성하는, 본질적인 신의 성품이라 할 수 있을 것이다. 야웨께서는 이러한 본래적 성품에 따라 자기 백성의 포로생활 가운데 진행된 눈물어린 회개를 들으시기도 전에 이미 그들의 죄를 용서하셨던 것이며, 그러기에 징계와 복역의 기간이 차기도 전에[187] 즉각적으로 다시 출애굽 사건 때와 같이 (고레스 황제의 전격적인 해방 칙령을 통하여) 바벨론의 포로생활에서 자기 백성을 해방시켜 주심으로써, 자신이 공의와 심판의 하나님이실 뿐만 아니라 이 공의와 심판을 능가하는 사랑과 자비의 성품을 갖고 계신 하나님이요, 자기의 택한 백성에 대한 영원히 변치 않는 구원자요 해방자이심을 드러내셨던 것이다.

배신자를 용서하시며 자신을 대적한 자들을 끝까지 설득하여 자녀(또는 아내)로 삼으시고, 감동어린 어조로 "……너는 내것이라……" 사랑을 고백하시는(사 43:1~7), 이와 같은 신기하고 놀라운 사랑의 하나님의 모습은 바벨론 포로기 이후의 구약 신학자들에게 있어서 하나의 크나큰 충격이자 엄청난 신학적 발전을 가져다 준 동기가 되었을 것이 분명하다. 이와 같은 신학의 정상으로서의 '사랑 신학'과의 만남은 당대의 사상가들에게 있어서 기존의 하나님의 정체에 대한 편협하고 제한된 관념을 대폭 수정하도록 요구하는 계기가 되었을 것이 또한 분명하다.

구약성서를 집필한 모든 예언자와 제사장과 서기관들 가운데 사랑신학의

---

[187] 예레미야의 예언대로라면(렘 29:10; 25:9~12; 대하 36:21; 스 1:1) 유대인의 복역의 때는 70년으로 정해져 있었고, 그 기간은 예루살렘이 멸망당하고 유대인이 본격적으로 바벨론 포로생활에 들어가는 시점인 주전 587/6년부터 517/6년이어야 할 것이다. 그러나 하나님께서는 이 70년보다 더 단축된 49년 째 해, 즉 주전 538년에 고레스 왕의 해방칙령을 통하여 유대인을 석방시키어 다시 고향 땅 가나안으로 돌아오도록 조치하시는 것을 볼 수 있다.

입장에서 사랑의 하나님 야웨의 모습을 가장 감동적이고 심오하고 놀랍게 묘사한 신학자를 들라면 우리는 그 누구보다도 먼저 제2 이사야를 꼽게 될 것이다. 그가 제시한 사랑의 하나님의 모델은 다름아닌 '야웨의 종'(עֶבֶד יהוה/Servant of YHWH) 또는 '고난의 종'이다. 이 '야웨의 종'의 정체가 진정 누구인지에 대하여는 주석자들마다 그 해석이 다른 것이 사실이지만,[188] 필자는 감히 이 '야웨의 종'은 다름아닌 야웨 하나님 자신이었다고 말하고 싶다.[189] 야웨 하나님께서는 제2 이사야에게 '야웨의 종'이라는 상징적 모델을 통하여 이스라엘 백성을 위하여 희생적 사랑을 감행하신 하나님 자신의 모습을 보게 하셨다고 보는 것이다. 더 구체적으로 말하면, 예루살렘 성전 파괴와 동시에 자기 백성과 함께 바벨론에 내려오시사 죄수처럼, 노예처럼, 병

[188] '야웨의 종'의 정체에 대한 해석은 주석가들마다 다를 정도로 다양하기 그지 없다. I. Engnell, "The 'ebed Yahweh' Songs and the Suffering Messiah in in 'Deutero-Isaiah'", *BJRL 31* (1948), pp. 54~93; C. R. North, "Servant of the Lord", *IDB*. Vol. IV. (NY: Abingdon Press, 1962), pp. 292~294. K. Nakazawa, "The Servant Songs: A Review after Three Decades", *Orient* 18(1982), pp. 65~82; T. N. D. Mettinger, *A Farewell to the Servant Songs* (Lund, 1983).

[189] 필자가 지금까지 읽어 본 '야웨의 종'에 대한 해석들 가운데서 야웨의 종이 다름아닌 야웨 자신을 가리킨다고 주장한 학자는 없었다. 암울했던 바벨론 포로기에 야웨 하나님의 이스라엘 백성에 대한 엄청난 사랑과 용서를 깨닫고 사상의 대전환점을 경험했던 제2 이사야가 이 놀라운 사랑의 하나님을 표현하고 고백하기 위한 한 가지 방편으로서 '야웨의 종'이라는 상징적 인물을 성령의 감동 가운데 발견하게 되었다는 사실에 대하여는 그 누구보다도 먼저 신약성경의 저자들이 보증해 주고 있다. 신약에서 이 '야웨의 종'은 예수 그리스도이고, 이 예수 그리스도는 다름아닌 하나님 자신 또는 하나님의 아들로 해석하기 때문이다(마 8:17; 행 8:26~39; 롬 5:25; 벧전 2:24 등) 이와 같은 생각은 필자가 최근(2001년 4월 5일) 시내 모교회의 세례의식에서 선포할 말씀(롬 6:1~11)을 준비하는 과정에서 얻은 깨달음이다. 세례를 받는 사람에게 있어서 세례는 옛사람이 죽었다가 새 생명으로 다시 살아나는 인생의 전환점이요, 이 전환점은 위대한 사람과의 인격적 만남에서 이루어지며, 특히 예수 그리스도의 사랑의 정신과 삶 곧 하나님의 사랑을 만날 때 대각성과 중생의 대전환점을 경험하게 되는데(실례: 어거스틴, 성 프랜시스, 김익두, 슈바이처 등), 이 하나님의 사랑은 다름아닌, 죽어 마땅한 우리 죄인을 살리기 위하여 십자가에 달리신 그 아들 예수 그리스도의 엄청난 희생까지도 마다하지 않으신, 무한대의 크기로 영원히 변치 않는, 실로 무조건적이고 완전한 사랑이었던 것이다.

자처럼 고난과 멸시와 천대를 받으시고 마침내는 생명까지 바침으로써 자기 백성의 죄를 대신하시는 야웨의 모습을 제2 이사야는 '종의 노래'(사 53)를 통하여 묘사하였다.

이와 같은 '야웨의 종'의 모습에서 보는 것과 같은 희생적 사랑의 신학은 신약에서 그 절정에 도달하게 되는데, 그것은 곧 '원수까지 내 몸처럼 사랑하라'(마 5:44; 19:19 등)고 가르치시고 몸소 실천하셨던 바로 그 예수 그리스도의 정신과 삶이었던 것이다. 그분은 제2 이사야가 멀리에서나마 희미하게 바라보았던 바로 그 '야웨의 종'의 실체였던 것이다. 이 고난의 종 예수 그리스도야말로 자신의 사랑을 배신하고 거절하는 인간들을 용서하기 위하여 스스로 죄짐을 지고 대신 죽은 야웨 하나님 자신이었다. 이와 같은 500여 년 이후에 실행될 십자가 사건 곧 죄 많은 인간들을 구원하기 위하여 오히려 독생자의 희생을 예비하신 하나님의 공의와 사랑의 사건은 이미 포로기의 유대인의 경험을 통하여 예고된 사건이었다.

c. 창조주 하나님

예루살렘의 비극적 최후를 목격한 유대인들이 바벨론에 포로로 끌려가면서 심각하게 물었던 또다른 질문 곧 "예루살렘을 멸망시킨 바벨론 군대의 신 마르둑이 이스라엘의 하나님 야웨보다 강한 신이 아닌가"라는 질문에 대하여 대답하려 했던 대표적 신학자로서 우리는 제2 이사야를 들 수 있을 것이다. 바벨론의 바알(Baal)이자 그의 별명이 벨(Bel)인[190] 마르둑/므로닥 신(렘 50:2; 51:44; 사 46:1; **사진 50**[191])을 앞세운 바벨론 군대에 의하여 유대인들이 바벨론에 포로로 끌려갔을 때 그곳은 과연 마르둑을 비롯한 수많은 신들과 우상을 섬기는 나라였고(렘 50:38. 이쉬타르 탑문: **사진 53**:, 지구

[190] J. Gray, "Bel", *IDB* (Abingdon Press, 1962), p. 376.

[191] 바벨론의 국가 수호신 마르둑/므로닥/벨의 모습; J. Gray, "Marduk", *IDB*, p. 263.

랏: **사진 10**), 거기에서 유대인들은 이 신들을 섬길 것을 강요당하게 된다(특히 다니엘 3장과 6장 참조). 이 우상의 나라 바벨론에서 유대인들이 유배생활을 하면서 깨닫게 된 또 한 가지의 중요한 사실이 있다면, 그것은 곧 야웨 하나님의 능력과 권세에 비교할 때 바벨론의 수호신 마르둑과 그의 우상들은 무력하기 그지없는, 정말 아무것도 아닌, 쓸모없는 하나의 나무토막만도 못한, 결국은 허무하게 망하고 썩어버릴 수밖에 없는 무가치하고 거짓된 신이라는 사실이었다.[192]

결국, 야웨 하나님께서는 힘이 약하여서 바벨론의 마르둑에게 패한 것이 아니라, 오히려 범죄하여 더러워진 이스라엘을 다시 한번 고난의 풀무 속에서 연단받고 씻음받은 성민으로 개조하는 과정 속에서 바벨론 군대를 심판과 징계의 도구로 사용하신 것뿐이다. 또 한편으로는 야웨께서 자기 백성 이스라엘(유대인)을 사랑하시기에 포로로 잡혀가는 유대인과 자신을 동일시하사 기꺼이 그들과 함께 예루살렘을 떠나(겔 9:3; 10:4, 18~19; 11:16, 23~24) 바벨론까지 동행하셨을 뿐만 아니라, 그들과 함께 이방 땅 바벨론에서 동거하시며(겔 11:16) 보호해 주시다가(사 40:27~31; 41:8~16), 연단의 때가 지나자(사 40:2) 다시 자기 백성을 호위/인도하여(사 43:19~20; 52:12) 가나안으로 돌아오셨다는 것이다(사 40:3~5; 52:8; 겔 20:41~42; 43:1~7; 44:1~2). 마치 그 옛날 애굽에서 바로와 대결하여 바로를 심판하고 그 억압의 손아귀에서 이스라엘을 구원하사 품에 안고(신 1:31; 32:11~12) 홍해를 건너신 다음 당신의 궁전인 시내산 성소(출 15:13,17; 시 68:17; 78:54)까지 인도하여 그곳에서 그들이 지어바친 이동식 궁전 곧 성막을 통하여 친히 이스라엘과 동거하기(시 68:18; 출 29:45~46; 25:8; 레 26:12) 시작하신 것처럼, 자기 백성과 함께 바벨론에 내려오신 야웨께서는 바벨론의 신 마르둑과 대결하여 마르둑을 심판하고 자신의 영광을 드러내신

[192] 사 40:18~20; 41:28; 44:9~20; 46:1~2, 5~7; 57:13; 기타 합 2:18~19; 시 115:4~8; 135:15~18; 렘 10:14~15; 50:1~2; 51:17~18 등도 참조하라.

다음(사 52:10) 마른 뼈와 다름없는 죽어버린 이스라엘을 다시 소생시켜(겔 37) 친히 품에 안으시고(사 40:11; 46:4) 유프라테스 강을 건너 다시 가나안 땅 시온으로 돌아오시사(사 43:2; 52:8,12; 겔 11:17; 슥 1:16; 2:10; 8:3) 옛 계약/언약을 새롭게 갱신하셨다(렘 31:31; 32:40; 50:5; 겔 11:19~20; 16:60~63; 34:25~31; 37:26; 사 54:10; 55:3; 59:21; 61:8). 뿐만 아니라 친히 구원하신 자기 백성들이 순수한 신앙과 충성된 마음으로 재건하는 성전 곧 야웨의 궁전에 들어가사 자기 백성 가운데 거하심으로서(슥 2:10; 8:3; 겔 37:26~28; 습 3:15~17) 자기 백성과 온 천하에 야웨께서 인류 역사의 주관자시요 창조주 되심을 증거하셨던 것이다. 다시 말하면, 야웨께서는 이스라엘 역사의 시발점에서 출애굽 사건(Exodus I)을 통하여 보여 주셨던 창조주로서의 능력을 이스라엘 역사의 마지막 절정에서 출바벨론 사건(Exodus II)을 통하여 다시 한번 유대인에게 재현하여 보여 주셨다.[193]

여기에서 우리가 다시 한번 집고 넘어가야 할 사항은 이와 같은 창조 신앙으로부터 필연적으로 부활신앙/신학이 출생하게 되었다는 사실이며, 그런 의미에서 부활신학은 창조신학의 열매요 꽃이라 할 것이다. 엄격한 의미에서 유대인들이 개인적이고 민족적인 부활에 대하여 본격적으로 논의하기 시작한 것은 바벨론에서의 죽은 자와 같은 삶을 경험한 그때부터였다고 볼 수 있다.[194] 이 암울했던 포로기 시대에 유대인들은, 과거의 출애굽 사건을 회상하는 가운데 마른 뼈와 같이 절망적인 죽음의 상태에서 새로운 생명으로 부활하게 될 새 이스라엘의 비전을 바라보게 된다(겔 37). 이 비전의 배후에는 당시의 신학적 주제였던 창조 신앙(사 40:12~17; 41:4,17~20;

[193] 바벨론에 포로로 잡혀가는 유대인과 함께 자신을 동일시하시고 친히 예루살렘 성전을 떠나(겔 9:3; 10:4, 18~19; 11:16, 23~24) 바벨론으로 가셨다가 유대인의 출바벨론 때에 다시 예루살렘으로 돌아오시는(겔 20:41~42; 43:1~7; 44:1~2) 야웨의 모습은 예언자 에스겔의 글에 구체적으로 언급된다. 사 52:8,12 참조.

[194] 장영일, "구약의 종말론: 부활신앙", *이스라엘의 경건과 학문*, pp. 181~206.

45:7~12,18; 48:12~13; 50:2~3; 51:15~16; 등)이 전제되어 있었던 것이다.

바벨론에서의 유배생활과 출바벨론 사건을 통하여 바벨론의 신 마르둑과 기타 수많은 우상들이 허구요 무능력한 인간의 피조물에 불과하다는 사실을 확인하면서 유대인 엘리트들이 분명하게 고백한 또다른 중요한 신학은 유일신 사상 곧 야웨야말로 유일하게 존재하시는 유일신이요 창조주라는 사상이었다. 이와 같은 유일신 사상에 대한 강력한 대변자로서 지금까지 이스라엘 백성의 사고를 지배해 오던 단일신론(Henotheism/Monolatry)[195]을 깨트리고 오직 야웨만이 홀로 존재하시는 참 하나님이라는 유일신론(Monotheism)을 설득력 있게 가르친 신학자도 역시 제2 이사야(사 46:9; 43:10~11; 44:6, 8; 45:5~6,14,21~22; 신 4:35; 6:4)였다.

우리는 앞장에서 출애굽 사건의 경험 이후에 이스라엘 백성이 구원의 하나님 개념과 창조주 하나님 개념을 동일 개념으로 이해하였음을 확인한 바 있다. 상황은 출바벨론 사건에서도 비슷하였다. 거짓 신 마르둑을 심판하시고 마르둑으로부터 이스라엘 백성을 구원하신 하나님이 야웨라면 그분은 필연적으로 모든 신들을 창조하시고 그들의 교만한 행동을 심판하시는(사 14:12~20; 겔 28:12~19) 절대자요 창조주라는 논리가 이러한 유일신 사상을 유도하고도 남는다.

바벨론에서부터 이스라엘 백성들이 본격적으로 이해하기 시작한 것으로 보이는 이 유일신 사상과 창조주 하나님 야웨에 대한 고백은 바벨론에 고대로부터 유포되어 있었던 창조신화가 간접적 도우미 역할을 하였을 것으로

195) 단일신 사상은 많은 신의 존재를 인정하면서 그 중에서 하나의 신을 가장 위대한 신이라고 믿고 섬기는 신앙을 가리키는데, 대부분의 주석가들은 아브라함부터 시작되는 족장들의 신앙이 유일신 사상에 기초한 것이라기보다는 단일신 사상에 가까웠다고 생각하며(실례: 십계명 중 제 1, 2계명; 창 31:30; 출 20:3; 23:33; 32:1; 왕상 18:24; 대하 28:22~24; 시 82 등 참조), 이스라엘 역사에서 유일신 사상이 소개되기 시작한 것은 주전 8세기 예언자들부터였을 것으로 본다.

보인다. 바벨론 포로기간 동안 유대인들은 이 바벨론의 창조신화에 접하면서 참된 창조주로서의 야웨의 정체에 대하여 생각하였을 것이 분명하며, 이러한 사상적 숙고의 과정을 거쳐 바벨론의 창조신화에 언급된 천지창조의 동기를 출애굽 사건과 출바벨론 사건에 적용할 수 있게 되었을 것이다. 즉 바벨론 신화에서 바다/용을 물리친 마르둑이 그 용(티아맛: **사진 54A, 54B**)과 그의 부하(킹구)의 시체로 천지와 인간을 창조한다는 바벨론의 창조설화 에누마 엘리쉬[196](Enuma Elish)의 내용을 토대로 하여, 야웨께서 바다/용/리워야단과 동일시된 바다의 세력 곧 홍해의 중간(배/belly)을 가르시고 그 바다 사이로 이스라엘 백성을 통과하게 하심으로 이스라엘이 태어나게 되었다고 해석한 것이다(사 51:9~11; 욥 26~12~13; 시 74:12~15; 89:9~12). 특히 바벨론 포로귀환에 참여한 예언자로 보이는 제2 이사야의 메시지에서 우리는 이와 같은 출애굽 사건과 출바벨론 사건에 대한 유형론적이고 신학적인 재해석을 분명하게 엿볼 수 있다.

> "야웨의 팔이여, 깨소서 깨소서, 능력을 베푸소서. 옛날 옛 시대에 깨신 것같이 하소서. 라합을 저미시고 용을 찌르신 이가 어찌 주가 아니시며, 바다를, 넓고 깊은 물을 말리시고 바다 깊은 곳에 길을 내어 구속 얻은 자들로 건너게 하신 이가 어찌 주가 아니시니이까. 야웨께 구속된 자들이 돌아와서 노래하며, 시온으로 들어와서 그 머리 위에 영영한 기쁨을 쓰고 즐거움과 기쁨을 얻으리니, 슬픔과 탄식이 달아나리이다"(사 51:9~11).

이들 창조신학적 입장을 보여 주는 자료들에서 엿보이는 창조주 하나님의 이미지는 바벨론 창조신화에서와 같이 (허)무에서 유(有/존재) 곧 무질서

196) 바벨론의 창조설화에 대하여는 노세영, 박종수 공저, *고대 근동 신화* (2000), 281~290쪽을 참조하라.

197) 특히 포로기에 바벨론의 창조신화를 접촉할 기회가 있었던 것으로 보이는 제사장적 저자

(chaos)에서 질서(cosmos)를 창조하시는 하나님이시다.[197] 우상문화의 소굴 바벨론의 포로생활 가운데서 70여 년 동안이나 인간의 수공물에 불과한 수많은 우상들을 바라보면서 유대인들은 우상의 무가치성과 허무성에 대하여 진저리가 날 만큼 현장 실물 교육을 받았음이 분명하며, 이 교육 과정에서 유대인들은 반대급부적으로 야웨 하나님의 위대하심과 진실하심을 자각하게 되었을 것이며(다니엘서 참조), 이윽고 70년의 하나님의 정하신 복역의 기간(사 40:2)이 지나고 예언자들을 통해 예고된 출바벨론을 경험한 뒤에는 이 우상에 비교될 수 없는 곧 온 우주보다 더 크신 야웨 하나님께서 인간 개인의 운명뿐만 아니라 열방의 국가들과 왕들과 신들까지 창조하시고 다스리시는 절대자요 인간의 역사와 모든 개인의 생사화복까지 주관하시는 역사의 주인되심을 가장 구체적으로 분명하게 확인하고 고백하게 되었을 것으로 보인다.

d. 역사의 주관자되시는 하나님

야웨께서 역사의 주인이시며, 이스라엘 역사는 하나님의 계시의 도구이고, 하나님은 이스라엘 역사를 통하여 자기의 뜻을 계시하신다는 사상은 이스라엘 역사의 시발점인 출애굽 사건과 이스라엘 역사의 마지막 단계에서 일어난 출바벨론 사건까지를 모두 통찰한 유대인 엘리트만이 터득할 수 있는 역사철학이요 신학이라 할 수 있다.

특히 앞에서 잠깐 언급한 바 있는 '나선형적 역사관' 즉 인류 역사는 일정한 종말적 목표를 향하여 전진하면서도 과거의 사건이 현재와 미래에 점점 발전된 형태로 반복되며, 역사 발전의 종말적 단계에서는 영원하고 완전한

의 창조신학(창1장)도 참조할 필요가 있다. 이 제사장적 저자는 하나님의 영/바람(רוּחַ)이 무질서/혼돈(תֹהוּ/토후)의 세력 곧 바다/깊은 물/어둠의 세력(트홈/תְּהוֹם = 바벨론 신화에 언급된 바다/용/티아맛 또는 티암투에서 파생한 용어)을 정복하심으로써 질서 곧 세상이 창조되기 시작하는 것으로 이해한 것으로 보인다. 조철수, *메소포타미아와 히브리 신화*, 388.

형태로 완성/성취된다는 역사관은 엄밀한 의미에서 제2의 탈출사건(Exodus II)인 출바벨론 사건을 경험한 사람의 입장에서 도출해 낼 수 있는 하나의 유형론적[198] 역사관이요, 두 번의 크나큰 탈출 사건(Exodus I, II)에 대한 해석적 패러다임이라 할 수 있을 것이다. 그런 의미에서 〈출애굽 – 시내산 계약〉 사건이 오늘의 형태와 내용과 신학을 갖게 된 것도 〈출바벨론 – 성전 재건〉 사건을 경험한 사람의 역할이 있었음을 부인하기 힘들며, 출애굽 사건을 통하여 야웨를 역사의 주관자로 인식하였던 그 놀라운 역사 인식[199]의 배후에도 출바벨론 사건과 이 사건을 신학화했던 제2성전 시대의 역

[198] 〈출바벨론–성전재건〉 사건과 〈출애굽–시내산 계약〉 사건 사이의 유형론적 유사성은 유대인 역사가 또는 신학자들로 하여금 자동적으로 유형론적 성서해석 또는 역사해석을 시도하도록 유도하였다고 볼 수 있다. 이들이 적용한 첫 번째 유형론적 틀은 전자를 제2 탈출 사건(Exodus II)으로, 후자를 제1 탈출 사건(Exodus I)으로 보는 것이었다. 우선 두 사건이 동일하게 하나님의 기적에 의해 이루어진다. 마르둑 신의 지배하에서의 바벨론 포로생활 49/50년 또는 70년은 유대인들로 하여금 자력으로 탈출할 수 있으리라는 모든 생각을 포기하도록 만든 상황이었는데, 이러한 절망적 상황에서의 고레스의 해방령은 하나님의 역사 간섭에 의한 사건임이 분명하였던 것이다. 이와 같은 맥락에서 특별히 시편 126편의 저자가 출애굽 사건에 적용했던 '大事'라는 단어를 출바벨론 사건에도 동일하게 적용했다는 사실은 의미하는 바가 크다. 마치 '죽음과 우상의 문화'의 땅 애굽에서 종살이 하던 오합지졸의 야곱 자손들이 출애굽 사건을 통하여 명실공히 야웨께서 왕으로 통치하시는 신정국가로서의 성민 이스라엘로 태어나고 창조되었던 것처럼, 바벨론 땅에서 50 내지 70년의 포로생활을 통하여 죽은 자와 방불한 자가 된 이스라엘 백성(유대인)들이 출바벨론 사건을 통하여 새로운 영적 이스라엘로 부활하고 새롭게 창조된 사건이기에(겔 36~37; 사 51:9~10), 출바벨론 사건 역시 '대사'라고 불리워 마땅했던 것이다. 또한 출애굽의 목적이 시내산 또는 예루살렘으로 올라가서 그곳에 성막 또는 성전을 짓고 거기에서 야웨를 예배하는 데 있었던 것처럼, 출바벨론의 목적도 — 에스라서와 느헤미야서에도 나타나듯이 — 예루살렘 성전(스룹바벨 성전)을 재건하고 거기에서 진정으로 야웨를 섬기며 경배하기 위함에 있었다. 한 걸음 더 나아가, 출애굽 사건이 시내산 계약으로 이어지듯이 출바벨론 사건도 예루살렘 수문 앞 광장에서의 계약갱신 축제(느 8), 즉 제2의 계약사건으로 이어짐에 유의할 필요가 있다. 이 계약 의식에서 다시 한번 제2의 모세라 할 수 있는 에스라는 모세의 율법을 낭독하고 귀환한 유대인 공동체가 '아멘'으로 화답함으로써 야웨께 대한 충성을 서약하는 것을 볼 수 있는데, 이것은 그들이 제2의 탈출사건을 통해 새로 태어난 제2의 이스라엘 백성임을 스스로 시인하고 고백한 것이라 할 수 있다.

[199] 이 책의 164~168쪽 참조

사가가 존재한다는 사실을 우리는 인정할 수밖에 없다. 그러므로 우리는 불가피하게, 다수의 역사비평적 주석가들이 주장하는 것처럼, 구약신학의 견인차이자 중심이라 할 수 있는 엑소더스의 신학 즉 출애굽신학과 출바벨론 신학의 마지막 편집자는 출바벨론 사건을 경험한, 제2성전 시대의 인물, 즉 에스라나 느헤미야와 같은 인물이었을 가능성을 인정할 수밖에 없다.

출바벨론 사건을 경험한 이 역사가에게 있어서 야웨 하나님은 진정으로 독자적인 역사의 설계자(designer)이며 동시에 감독자였다. 이 유대인 역사가는 출바벨론-성전재건 사건을 경험함으로써 야웨께서 포로의 때를 정하실 뿐만 아니라, 개인의 일거수일투족까지 일일이 보고 계시면서 일초의 만분의 일까지도 세시고 간섭하시는 하나님임을 인정하고 고백하게 되었으며, 그는 거룩한 백성 이스라엘의 역사를 주관하실 뿐만 아니라 이방국가들 특히 열방의 왕들까지도 세우시고 도구로 사용하시고 심판하시고 폐하심으로써 온 세계 만민의 역사를 주관하시는 분이심을 깨닫게 되었다. 마치 애굽에서 요셉을 통하여 애굽 역사를 주도하신 것처럼 다니엘과 모르드개와 에스더를 통하여서도 바벨론과 페르샤의 역사를 주도하시는 야웨 하나님의 모습을 확인했던 것이다.

야웨께서 이스라엘의 역사뿐만 아니라 온 세계의 역사를 운영하시는 역사의 주관자가 되신다는 사상은 포로기를 전후하여 활동한 예언자들(예레미야, 제2 이사야, 에스겔, 학개, 스가랴), 그리고 특히 역대기적 사가의 역사기록에서 분명히 확인되고 강조된다. 야웨께서 이스라엘 역사의 일부분으로 정해 놓으신 기간(렘 29:10; 단 9:2; 대하 36:21~22; 스 1:1), 즉 유대인의 유배지에서의 복역(사 40:2;)과 연단의 기간이 끝날 무렵이 되자, 야웨 하나님은 우상의 나라 바벨론 제국을 심판하시기 위해(렘 25:12) 페르샤 제국을 일으키시고, 그 초대 황제인 고레스를 기름부은 종으로 삼으사(사 44:28; 45:1~7) 바벨론을 멸망시키게 하시고, 그로 하여금 (주전 538년에) 바벨론에 포로로 잡혀온 유대인들이 고국으로 돌아가 성전을 재건할 수 있다(대하 36:22~23; 스 1:1~11; 6:1~5)는 대해방령을 선포하게 하신다.

야웨께서 개인의 역사뿐만 아니라 한 민족 그리고 전세계 인류의 역사를 주관하신다는 사상은 필연적으로 야웨께서 인간 역사의 처음과 끝, 곧 태초와 종말까지를 주관하신다는 사상인 종말론적 역사관으로 이어지는 것을 볼 수 있다(사 44:6; 46:10; 48:12,16). 유대교의 메시아 사상과도 결부되는 이 종말론은 신구약 중간 시대에 걸쳐 본격적으로 등장하게 되며, 결국은 묵시주의적 종말론으로까지 발전하는 것을 보는데, 이에 대한 설명은 지면 관계상 다음 기회로 미룬다.

이 대목을 마무리하기에 앞서 우리는 두 번에 걸친 대탈출(Exodus I, II; Covenant I, II)의 경험을 통하여 유대인들이 확인한 성서적 역사관, 즉 앞에서 잠시 언급한 바, 종말을 향한 약속과 성취의 반복을 통한 발전적 역사 운영의 원리로서의 '나선형적 역사관'[200]에 대하여 좀더 부연 설명할 필요를 느낀다. 이 나선형적 역사관은 계시론과도 관련된 것으로서, 하나님은 역사적 사건들을 통하여 자기 백성에게 당신의 뜻을 계시하시는데, 그 방법은 과거의 사건을 오늘과 미래에 반복하여 실행하시되 과거보다는 현재에, 현재보다는 미래에 더욱 분명하고 더욱 발전된 모습으로 보여 주시고, 종말에는 온전하고 충만한 모습으로 그 사건을 성취시키신다는 사상이다. 그래서 이스라엘 백성 또는 성서 저자들은 하나님의 과거의 행동(사건)과 현재의 행동(사건)과 미래의 행동(사건) 사이에 존재하는 일정한 유형론적(Typological) 연관성/연속성 및 규칙성/일관성을 발견하게 되고, 한 걸음 더 나아가 그 연속성과 일관성 속에서 인간의 역사를 발전시키시고 완성의 목적지까지 이끌어가시는 하나님의 역사 운영의 원리를 토대로 하여 미래를 예견할 수 있었던 것이다.

성서 안에서 빈번하게 발견되는 성서 저자들의 유형론적 역사 이해, 곧 유

200) 기독교적 역사관으로서의 '나선형적 역사관' 외에 우리는 '직선적 역사관'과 불교적인 '윤회적 역사관'을 신봉하는 사람들이 있음을 알고 있다.

형론적 재해석은 이와 같은 하나님의 반복적이면서도 규칙적이고 발전적이면서도 일관된 역사 운영의 원리에서 비롯된 것이라 할 수 있다. 하나님의 반복적이고 발전적인 역사 운영, 곧 유형론적 역사 운영의 실례는 성서 안의 여러 곳에서 찾아볼 수 있다. 그 대표적인 예가 곧 〈출애굽-시내산 계약-성막건축〉 사건에서 〈출바벨론-성전재건-새 계약〉 사건으로 이어지는 연속적이고 발전적인 하나님의 구원 역사라 할 수 있고, 무엇보다도 (기독교적 신앙인의 입장에서 볼 때) 예수 그리스도의 구속적 사역이 이 범주에 속한다고 볼 수 있다. 즉 태초에는 여인의 후손으로(창 3:15), 아브라함 때는 모리아 산에서 바쳐진 이삭의 모습(유형)으로(창 22장), 모세 시대에는 유월절 양의 모습(유형)으로(출 12장), 이사야 시대에는 대속의 고난과 죽음을 자취하는 '고난의 종'(사 53)의 모습(유형)으로 예고되고, 마침내 마지막으로 예수 그리스도의 탄생과 죽음과 부활 사건(원형)으로 온전하게 성취된다는 것이다.[201]

이와 같은 맥락에서 이스라엘의 역사가, 곧 성경의 저자들은 역사를 통한 하나님의 교육방법이 반복적이고 발전적임을 깨달았을 뿐만 아니라, 한 걸음 더 나아가서 하나님께서는 역사적 사건들을 통하여 자신의 뜻을 계시하시기에 이스라엘의 역사 또는 그 역사에 대한 해석이 하나님의 계시일 수 있다는 인식을 갖게 되는 것을 볼 수 있다.[202] 아울러 이들 성서 저자들은 이와

[201] 이 외에도 성서 안에 등장하는 인물들 사이에 존재하는 유형론적 연속성을 지나칠 수 없다. 그 대표적인 예로서, 애굽의 총리대신 요셉의 삶과 역할은 바벨론의 총리대신이었던 다니엘의 삶과 역할에 유형론적으로 연계되고, 또 다시 이 둘은 우리의 구세주이자 이 두 유형의 원형이신 예수 그리스도와 유형론적 연속성을 갖는다.

[202] 이와 같은 입장은 현대의 정경적 성서해석법을 지향하는 정경비평적 주석가들 특히 차일즈(Childs)와 샌더스(Sanders) 등에 의하여 계승되고 있음을 본다. 이들은 성경이 오늘의 형태로 집필되기까지의 복잡한 역사적 과정을 추적하여 성서의 메시지를 찾아보려는 해석법 즉 자료비평적이고 전승/편집사적이고 양식사적인 성서 해석 방법의 한계점을 인식하고, 이보다는 오히려 완성된 성경을 정경으로 받아들인 그 교회 또는 신앙 공동체의 성서 해석 또는 재해석과 그 공동체가 이 해석을 토대로 선포한 메시지를 하나님의 말씀으

같은 신앙적 역사의식 속에서 부단히 과거의 사건들이 현 세대의 삶에 어떤 의미를 갖는가, 그리고 현재의 사건들이 미래 세대를 향하여 무엇을 예고하는가에 대하여 깊이 통찰하였음을 엿볼 수 있다. 이와 같은 역사 해석의 과정에서 필연적으로 발생하는 것이 곧 과거 전승에 대한 재해석이다.

이들 역사가들의 과거 전승에 대한 재해석 경향은 구약성경 곳곳에 나타나지만, 특별히 포로 이후의 역사가, 즉 역대기적 역사가(Chronicler/s)에서 두드러지게 나타난다. 예를 들어 다윗의 인구조사 사건에 대하여, 신명기적 역사가(Deuteronomistic Historian)[203]는 야웨께서 이스라엘을 치시려고 다윗을 감동시킴으로써(삼하 24:1) 비롯된 사건으로 보았으나 역대기적 역사가는 사탄이 이스라엘을 대적하고 다윗을 격동하여 이스라엘을 계수하게 한 것으로(대상 21:1) 재해석하는 것을 본다. 이러한 재해석은 역대기 기자의 역사적 경험에서 비롯된 것으로 볼 수밖에 없다. 즉 이 역대기 기자는 포로기 이후 제2성전 시대 곧 제사장 주도 시대의 제사장적(아마도 레위인 출신) 저자로서 예배와 성전의 중요성을 그 누구보다 자각했던 자이었고, 따라서 그 누구보다도 예배를 소중히 여기며 마음과 성품과 힘을 다하여 오직 야웨만을 사랑하고 순종했던 그리고 성전 건축을 위하여 가장 많은 예물을 드렸던 다윗에 대한 신명기사가적 평가를 재해석해야 한다는 (성령의) 영감 가운데서 다윗의 인구조사 사건이 하나님 보다는 사탄의 유혹에 의한 것으로 재해석했다고 본다. 그만큼 역대기 사가(史家)는 다윗의 권위를 높이고 그의 고귀한 신앙을 당대의 독자들에게 강조해야 할 위치에 있었던 것이

로 받아들여야 한다고 주장한다. B. S. Childs, *Introduction to the OT as Scripture* (Fortress Press, 1979); J. A. Sanders, *Canon and Community* (Fortress Press, 1984).

203) 여호수아에서 열왕기하까지, 즉 출애굽한 이스라엘이 가나안 땅에 진입하여 가나안 땅을 빼앗기고 바벨론 포로로 끌려가기까지의 역사를 신명기적 신학("야웨만 섬기면 복받고 야웨를 배반하면 저주를 받는다")의 입장에서 기록한 역사가를 가리키는 구약신학자들의 전용적 용어.

다.

이 역대기 사가는 한 걸음 더 나아가 이러한 재해석의 과정을 통하여 성경의 내용을 보완하는 공헌을 하게 되는데, 그것은 신명기적 역사가 당시에는 잘 알지 못했던 사탄의 존재를 드러냄으로써[204] 그 위대한 왕이요 신앙적 지도자였던 다윗마저도 사탄의 유혹 앞에는 예외일 수 없다는 것과 인간의 교만한 행동 배후에 역사하는 존재는 하나님이 아니라 사탄임을 선포했다는 사실이다. 물론 신명기적 역사가의 견해 즉 야웨 하나님은 선과 악의 모든 세력을 주장하시는 분이기에 다윗의 교만한 행위도 결국은 하나님의 섭리 안에 포함된다는 견해도 틀린 것은 아니나, 이에 대한 더 내면적이고 구체적인 재해석을 역대기 사가가 제공하고 있는 것이다. 또한 이 인구조사의 사례에서 역대기 사가는 하나님께서 다윗에게 세 가지 벌, 곧 3년 기근과 3개월간의 외적의 침입, 그리고 3일의 온역(대상 21:9~12) 가운데서 하나를 선택할 것을 제안하신 것으로 기록함으로써 기존(旣存)의[205] 신명기 역사가의 증언(삼하 24:13; 7년 기근, 3개월간의 외적의 침입, 3일 온역)을 재해석한다.

이 두 자료 사이의 차이점에 대한 해석에 있어서, 이 역대기적 역사가는 신명기적 역사가가 모르는 또다른 전승 — '3년 기근'으로 되어 있는 — 을 인용하였다고도 볼 수 있다. 필자의 소견으로는, 앞에서도 말한 바와 같이, 포로기를 거친 역사가의 안목에서, 다시 말하면 하나님의 반복적이면서도 연속적이고 규칙적이면서도 발전적인 역사 운행 원리를 그 누구보다도 깊이 인식하고 있는 역사가의 안목에서 하나님은 7-3-3의 불규칙적인 항목보다는 3-3-3의 규칙적인 항목을 제시하셨을 가능성을 선호한 것으로 보인다.

[204] 대개의 구약학자들은 이스라엘 백성에게 본격적으로 사탄론이 소개되는 것은 바벨론 포로기 이후로 본다.

[205] 역대기적 역사가는 분명히 자기 앞에 놓여 있는 신명기적 역사서(여호수아-열왕기하)를 이미 알고 있음을 부인할 사람은 없을 것이다.

이외에도 신명기적 역사가의 자료에 대한 역대기적 역사가의 재해석의 사례는 (신약) 사복음서의 자료들 사이에 존재하는 차이들만큼이나 다양하고 그에 대한 주석가들의 해설 또한 다양하다.[206]

구약성서에서 그 누구보다도 투철한 역사의식 속에서 하나님의 말씀을 선포하고 그 말씀을 글로 남긴 사람들이 있다면, 그들은 다름아닌 예언자들이었다고 볼 수 있다. 특히 하나님의 역사 운행의 원리 즉 반복과 전진의 패러다임을 그 누구보다도 먼저 파악하고 이 원리에 따라 바벨론 포로와 그 이후의 이스라엘의 회복(Exodus II, Covenant II) 즉 〈출바벨론-새 계약〉 사건을 예언했던 사람들은 단연 이들 예언자들이다. 이 예언자들은 제2의 탈출 사건과 제2의 계약(새 계약)[207] 사건을 예언하는 데서 그치지 않고 한걸

[206] 지면 관계상 모든 사례를 다 열거할 수는 없으나, 몇 가지만 더 추가하면 다음과 같다. 역대기 사가는 신명기적 역사가가 증언한 다윗과 솔로몬의 거의 모든 비행과 실수들을 생략한다. 그 대표적 예가 다윗의 밧세바 사건과 압살롬 반역 사건, 그리고 솔로몬의 억압정책 및 이방(혼합)종교 영입 사건이다. 역대기 기자는 다윗과 솔로몬의 선행과 위대함에 그 초점을 맞추어 역사를 기술하고 있다. 역대기적 역사가는 북왕국 이스라엘의 역사에 대하여는 무관심하고 거의 언급을 회피한다. 신명기적 역사가가 예언자의 활동에 대하여 강조하고 대서특필하는 데 반하여 역대기적 역사가는 예언자의 활동보다는 레위인과 성가대에게 특별한 관심을 보이며 그들의 역할을 강조한다. 신명기적 역사가는 사무엘이 평민(에브라임 지파) 출신으로 하나님께 봉헌된 나실인인 것을 증언하나(삼상 1:1~28), 역대기 사가는 사무엘이 레위 지파 출신임을 증언한다(대상 6:28, 34). 또한 오벧에돔은 본래 (블레셋의) 가드 출신 곧 이방인 출신이었다고 신명기적 사가는 기록하나(삼하 6:10), 역대기 사가는 오벧에돔이 레위인 출신으로 기록한다(대상 15:18,21; 16:4~5). 신명기적 역사가는 다윗이 이새의 여덟 번째 아들로 알고 있으나(삼상 16:10~11; 17:12~13), 역대기 사가는 일곱 번째 아들로 증언한다(대상 2:15). 신명기적 역사가는 요시야의 종교개혁이 통치 18년에 발견되 율법서(아마도 신명기)가 동기가 된 것으로 기록하고 있으나(왕하 22:3~23:25), 역대기 사가는 율법서가 발견되기 6년 전에 즉 통치 12년에 (율법서 발견과는 별 상관이 없이) 종교개혁을 시작한 것으로 기록하고 있다(대하 34:3,8). 두 역사가는 솔로몬의 즉위 과정에 대하여, 그리고 사울의 죽음의 실상에 대하여도 약간씩 견해의 차이를 보인다.

[207] 호 2:14~23; 렘 31:31~34; 32:38~40; 50:5; 겔 11:19~20; 16:60~63; 34:11~34; 36:26~28; 37:11~28; 사 54:9~10; 55:3; 59:21; 61:8. 새 언약/계약에 대한 간접적 예언으로서 "너희는/그들은 내 백성이 되고 나는 너희의/그들의 하나님이 되리라"는 말로

음 더 나아가 최후의 영원한 탈출 사건 및 영원한 언약 사건 즉 종말론적 사건을 예고함으로써 구약성경에 가장 급진적인 사상인 종말론 또는 종말론적 역사관을 도입해 주는 전격적인 공헌을 하게 되는 것을 볼 수 있다. 이 종말론의 핵심은 (기독교적 주석가의 입장에서 볼 때) 마지막이고 영원한 메시아로 오시는 예수 그리스도에 집중되어 있다. 지면 관계상 구약에 나타난 기독론을 여기에서 다룰 수는 없으나, 인류 역사의 종말에 오실 영원하고 완전하시고 참되시고 전능하신(사 9:6; 미 5:2) 메시아 곧 구약의 모든 왕과 제사장과 예언자의 직책을[208] 완전하게 수행하실 하나님의 아들로서의 메시아, 그리고 지고(至高)의 영광과 권세를 소유하실 뿐만 아니라(사 9:1~7; 11:1~5), 한없는 수치와 고난을 짊어지고 죽음의 경지에까지 도달함으로써 인류의 죄를 대속하실(사 53) 그 메시아가 오실 종말에 대하여 이들 예언자들은 ― 그들만이 터득한 하나님의 역사 운행의 원리에 입각하여 ― 통찰하고 바라보면서 이 종말적 메시아에 대하여 백성들 앞에 담대히 선포하고 예고할 수 있었던 것이다.

예언자들이 터득한 하나님의 역사 운행의 원리는 여기에서 그치지 않고 한걸음 더 나아가 부활신학의 경지에까지 발전한다. 이미 출애굽 사건을 통하여 예언자들은 이스라엘 역사의 초기에 이스라엘 백성이 주검(피라미드)

표현된 '계약 공식'/Covenant Formula(레 26:12; 렘 24:7; 30:22; 31:1, 33; 32:38; 겔 11:20; 14:11; 36:28; 37:23; 욜 2:27)도 참고할 필요가 있다. 이 계약 공식에 비교되는 또 다른 공식 즉 "내가 야웨 하나님인 줄 너희가(또는 이스라엘 또는 이방 국가) 알리라(출 6:7; 9:14; 10:2; 14:4; 16:6, 12; 29:46; 31:13; 신 4:35; 왕상 20:13; 시 46:10; 사 19:21; 45:3, 6; 60:16; 겔 16:62; 17:21, 24; 20:38, 42, 44; 22:16, 22; 23:49; 24:27; 25:5, 7, 11, 17; 26:6; 28:22, 23, 24, 26; 29:9, 16, 21; 30:8, 19, 25, 26; 32:15; 33:29; 34:27; 35:4, 9; 36:11, 23, 38; 37:6, 13; 38:23; 39:6, 22, 28; 욜 3:17)" 또는 "(야웨 외에) 다른 이가 없는 줄 너희가 알리라"(욜 2:27)는 표현은 '구원/탈출 공식'(Exodus Formula)이라 부를 수 있는데, 이 용어가 나올 때는 직접적이든 간접적이든 하나님의 구원사건 특히 출애굽 사건 또는 출바벨론 사건을 가리킨다고 볼 수 있다.

[208] 메시아의 3가지 직책에 대하여는 장영일, "구약의 직제와 평신도", *직제와 평신도*(장신대 출판부, 2001).

의 땅 애굽에서 홍해(바다 곧 죽음)를 건너 생명의 땅(가나안)으로 올라오는 모습에 대하여 통찰하고 있었고,[209] 이스라엘 역사의 끝에서 다시 — 에스겔이 환상을 통하여 경험한 바와 같이(겔 37) — 바벨론의 포로생활에서 마른 뼈와 같이 완전히 죽은 이스라엘이 야웨의 영(호흡/생기, 루아흐/רוּחַ)에 의하여 부활함으로써 약속의 땅으로 돌아오는 모습을 아울러 목격함으로써 하나님께서 반복적으로 보여 주시는 부활신학을 헤아리게 되었다. 호세아(호 13:14)와 에스겔(37)이 이스라엘의 국가적 부활을 예고하였다면 이사야(26:19)와 욥(19:25~27)과 다니엘(12:2)은 한 걸음 더 나아가 개인의 부활,[210] 더 나아가서는 모든 육체의 부활까지 예고함으로써 부활신학을 완성하는 신학자들이 되었다.

e. 약자의 하나님

출애굽 사건에서 드러난 야웨 하나님의 약자에 대한 사랑과 연민, 즉 약자를 결코 포기하지 않으시는 야웨의 파토스적 성품은 출바벨론 사건을 통하여 유대인들이 재차 확인한 야웨의 정체성이다. 바벨론 포로기야말로 유대인들이 그 어느 때보다 자신의 무능과 연약성을 절감케 하고 시인케 한 기간이었다. 왕도 없고, 지도자 예언자도 없고, 친척도 없고, 땅도 없고, 재산도 없는 철저한 무산자, 무직자, 천하디 천한 포로보다 더 약한 존재는 세상에 없었다. 글자 그대로 하나님 앞에서나 사람 앞에서 스스로 자신이 나그네요 고아요 과부요 노예로 고백하고 자처한 기간이었다. 이때의 기도와 부르짖음이야말로 가장 순수하고 원초적이고 가장 간절했던, 그래서 가장 소리 높고 가장 하나님의 심금을 흔들었던 부르짖음이었으며, 이 기도처럼 하나님의 마음을 움직여 가장 정확하게 응답을 재촉했던 기도는 없었을 것이

---

[209] 장영일, "구약의 종말론: 부활 사상", *이스라엘의 경건과 학문*, pp. 181~207.

[210] 익명의 시인들이 개인적 부활을 믿고 고백하였다(시 16:10; 49:9, 15; 56:13; 103:4 등).

다. 이때처럼 약자의 기도를 들으시고 응답하시는 하나님을 구체적으로 경험한 때도 없었을 것이다. 약자 앞에 가장 약해지시는 하나님, 불쌍한 자 앞에서 가장 급하게 긍휼을 강요당하시는 야웨 하나님의 정체를 유대인들은 바벨론의 유배생활 가운데서 그리고 출바벨론 사건을 통하여 확인할 수 있었다(다니엘서, 에스더서 참조). 포로기 이후에 제작된 시편 속의 기도나 유대인 지도자들(에스라, 느헤미야, 다니엘 등)의 기도에서 두드러지게 나타나는 특징은 곧 야웨 하나님 앞에서 가능한 한 가장 연약하고 어리석고 죄 많은 불쌍한 존재로 자기 자신을 묘사함으로써 언제나 약자의 편에 서서 약자의 부르짖음을 결코 외면하시 않으시는 그분의 연민(Divine Pathos)에 호소하는 자세이다.

f. 비하와 등귀의 하나님

바벨론에 포로로 끌려간 유대인들('하나님의 형상')과 자신을 동일시하시사 그들과 함께 포로가 되어 바벨론까지 내려가 이들의 고통에 동참하시고 이들을 권고하신 야웨 하나님,[211] 마침내 그곳에서 바벨론의 신 마르둑을 심판하시고 마르둑의 손아귀에서 그들을 구원하여 그들을 이끌고 예루살렘 본성으로 돌아오셔서 회복된 성전 앞에서 이스라엘 백성과 다시 계약을 맺으신 하나님은 마치 시내산 궁전을 떠나 애굽에 내려가 바로에게 억압당하는 자기 백성 이스라엘을 구원하신 다음 이들 이스라엘 백성을 이끌고 다시 시내산으로 돌아오시사 찬양과 계약을 통한 충성의 서약을 받으시고 성막에 임재하심으로 이들과 동행하시는 하나님의 모습과 유형론적으로 일치한다고 볼 수 있다. 이러한 야웨의 모습은 정녕 자기 백성을 구원하기 위하여 스스로 자신을 비하시키시는 파토스적 하나님의 모습이며 동시에 백성을 통해 영원토록 높임을 받으시는 등귀의 하나님의 모습이라 할 수 있다.[212]

---

211) 에스겔 9:3; 10:4, 18~19; 11:16, 23~24 참조.

또한 출애굽 당시에 이스라엘 백성이 야웨 하나님과 함께 비천한 노예의 신분에서 일약 영광스런 야웨의 성민(聖民)의 신분으로 고양된 것처럼, 출바벨론 사건을 통하여서도 유대인은 죽은 시체와 마른 뼈나 다름없는 포로의 신분에서 야웨 하나님의 소생시키시는 생기(루아흐/רוח)의 능력으로 부활하여 다시 야웨 하나님의 영광스런 백성의 신분으로 고양되는 것을 볼 수 있다(겔 37). 에스겔에 의하여 제시된 이러한 비하와 등귀의 패러다임은 제2 이사야에서도 찾아볼 수 있는데, 그는 다름아닌 '야웨의 종'(עֶבֶד/사 53장)이다. 이 타인을 위해 참혹하게 고난과 멸시와 죽음을 당했던 '야웨의 종'이 모세와 같은 예언자이든, 요시야와 같은 왕이든, 이스라엘 백성이든, 아니면 유대인과 함께 바벨론에 함께 가셨던 야웨 하나님 자신이든 또는 미래에 나타날 메시아든 간에, 그가 필경은 영광스런 명예와 보상을 받으며 그 지위가 고양되는 것(사 53:12)을 볼 수 있다. 야웨 하나님과의 계약이 존재하는 한 그의 백성 이스라엘은 어떤 비천한 신분에 처하여도 결국은 존귀한 신분의 백성으로 고양된다는 불변의 진리를 유대인들은 이 두 번째의 탈출과 계약 사건에서 다시 한번 확인하고 고백하게 되었던 것이다.

(2) 이스라엘의 정체성

바벨론 포로기와 출바벨론 사건 이후의 제2성전 시대는 유대인들로 하여금 자신들의 정체성 곧 자신들의 신분과 존재 이유와 사명에 대하여 냉철하

212) 이와 같은 야웨 하나님의 비하와 등귀의 모형은, 앞에서도 언급한 바와 같이, 하나님의 아들 예수 그리스도의 비하와 등귀에 비교될 만한 것으로서, 예수 그리스도께서는 우리 비천한 인간을 구원하기 위하여 하늘 영광을 버리시고 인간의 몸을 입으시사 마구간까지 비하되시고 마침내는 만인의 죄를 대신 짊어진 중죄수가 되어 고난의 십자가를 지고 무덤에까지 내려가심으로써 죄악에 얽매어 종살이 하는 우리 비천한 인간들을 대속하신 다음 하나님의 권능과 자신의 의(義)로 부활하여 하나님 보좌의 우편에 앉으시고 그의 보혈의 공로를 힘입고 죄용서함받아 의인의 신분으로 고양(高揚)된 성도들의 입으로 찬양과 높임을 받으시고 계신 것이다(빌 2:5~11).

고 진지하게 숙고하고 반성할 수 있는 계기였다고 볼 수 있다. 이 시대의 유대인의 자기 정체성 이해는 여러 가지 관점에서 약 700여 년 전 출애굽 사건 당시에 가졌던 이스라엘의 정체성 이해를 뛰어넘는 그때보다 훨씬 더 심화되고 발전된 면모를 보여주는 것을 볼 수 있다. 여기에서 우리는 출애굽 당시의 자기 정체성 이해보다 심화된 부분만을 살펴보자.

a. 죄 많고 연약한 인간

예루살렘의 멸망과 그에 따른 바벨론에서의 유배생활을 통하여 유대인들이 터득한 또다른 중요한 진리는 자신들이 얼마나 참혹한 죄를 지은 죄인이며, 자신들이 얼마나 목이 곧은 백성으로서 자주 그리고 뻔뻔스럽게 야웨를 배반한 백성인가를 뼈아프게 확인하고 고백하게 되었다는 사실이다. 이와 같은 죄에 대한 심각한 자각과 회개는 출애굽 사건 때에는 미처 경험하지 못했던, 그래서 그후 가나안 정복기와 왕정기에 그토록 끈질기게 예언자들이 지적하고 경고해도 깨닫지도 못하고 귀를 기울이지 않았던 사항이었다. 네 번째 질문에서도 소개된 바와 같이, 참혹한 멸망과 혹독한 하나님의 심판을 경험한 뒤에 바벨론으로 포로의 신세가 되어 끌려오면서 고민했던 주제는 바로 "우리가 그토록 참혹한 야웨의 진노와 형벌을 자초할 만큼 큰 죄를 범한 백성이었던가"라는 질문이었다.

앞에서도 언급한 바와 같이, 이 질문에 대한 답변으로서 신명기적 역사가를 비롯한 포로기 전후의 모든 예언자들과 지도자들의, 단 한 사람의 예외도 없는, 한결같은 대답은 "그렇다"라는 것이었고, 이러한 훌륭하고 신실한 예언자들의 권고와 가르침을 통하여 그리고 유대인 각자의 마음 속에서 역사하시는 야웨 하나님의 영적 감동에 의하여 결과적으로 모든 유대인이 이 사실을 시인하게 되었던 것이다. 이와 같은 유대인들의 죄에 대한 철저한 각성과 두려움은 필연적으로 다시는 죄에 빠지지 않으려는 몸부림과 함께 죄를 범했을 경우의 하나님의 용서를 위한 철저한 대비책을 마련하게 되는 결과를 초래하는 것을 볼 수 있다. 이 시대의 철저하기 그지없는 율법주의와 복잡하기 그지없는 제사 제도는 이러한 대비책의 일환이었다고 볼 수 있다. 오늘의 율법서와 미쉬나와 탈무드를 탄생시키고 종국적으로 바리새파로까지 발전하는 유대교의 율법주의는 하나님의 계약법에 대한 엄청난 분량의 세부 설명을 추가하여 이 모든 법을 주야로 묵상할 것을 강요하게 되며, 아울러 주로 제2성전 시대의 제사장들에 의하여 수립되고 편집된 것으로 보이는 방대한 분량의 제사법(출 20~민 10)도, 현대의 기독교적 속죄론에 비교해 볼 때, 너무나 복잡하고 형식적인 것임을 부인하기 힘들다.

비록 이와 같은 사제권에서 수립한 폐쇄된(closed) 규범적 종교(Normative Religion)가 예언자의 역동적이고 개방적이었던 야웨신앙을 경직화시키고 후퇴시켰다는 현대 주석가들의 비판도 일리가 있다고 볼 수 있겠으나, 또 한편으로 생각할 때 이러한 복잡한 율법과 제도의 배후에는 제2성전 시대의 유대인 엘리트들의 연약하고 죄된 자신의 정체성에 대한 자각과 이러한 죄와 심판에 대한 두려움, 그리고 거룩한 하나님의 백성으로서의 의와 성결을 지키려는 갸륵하고도 고귀한 결단과 각오가 배어있음을 잊어서는 안 될 것이다.

b. 계약의 백성, 영원한 자유인

바벨론 포로에서 귀환한 유대인들이 가장 중요시한 절기는 초막절이 아니라 유월절이었다. 원래 유월절은 가나안 달력으로 7월(아빕월)에 해당하는 절기였으나 제2의 탈출 경험의 의미를 확인한 유대인들이 바벨론 달력으로 1월에 해당하는 니산월과 일치하는 아빕월을 1월로 바꾸고, 본래의 가나안 달력으로 1월/정월에 해당하는 에다님월[213](바벨론 달력으로 7월/티스리월,

---

[213] 솔로몬은 이 에다님월에 성전봉헌을 거행하였다(왕상 8:1~2). 왕상 8:1~2절은 바벨론 달력이 통용되던 시대, 즉 바벨론 포로기 이후에 쓰여진 역사의 일부분이므로, 에다님월을 바벨론 달력인 7월과 동일시하고 있음에 유의하라.

즉 초막절이 끼어있는 정월)을 7월로 미루게 된 것으로 본다(출 12:1~2; P 전승). 이것은 바벨론에서 유브라데강을 건너 가나안 땅으로 귀환한 유대인들이 자신들의 포로귀환을 아빕월의 유월절 밤에 애굽을 떠나 홍해를 건너는 모세 당시의 이스라엘과 동일시하고, 더 나아가서 출바벨론 사건은 유월절을 기점으로 탄생되는 새 이스라엘의 새로운 전환점이자 출발점임을 고백하고 제도화한 것이라고 볼 수 있다. 이와 같은 배경에서 발전한 것이 유월절 하까다(Passover Haggadah), 즉 유월절 주석/이야기이다.

(앞에서도 설명한 바와 같이) 이 유월절 하까다는 유대인들이 어떻게 유월절을 잘 지킬 수 있는지에 대하여 설명해 주는 일종의 유월절 주석서인데, 그 중심부에 유월절 밤에 식구들이 나눠야 할 대화가 제시되어 있다. 먼저 아들 중 하나가 아버지에게 유월절 의식의 의미에 대하여 질문해야 하고, 아버지는 반드시 "우리는 본래 애굽에서 바로의 종이었다…… 그러나 우리는 야웨의 능력과 은혜로 자유인이 되었다"라는 말로 시작함으로써 유월절의 연유와 의미를 설명해 주어야 한다는 것이다. 이것은 유대인들이 반복하여 겪은 애굽과 바벨론으로부터의 탈출 경험을 토대로 고백한 하나의 자기 정체성 이해라 할 수 있다. 이 고백의 배후에는 자아의 본래적 비천함에 대한 인식과 더불어 그 비천한 노예 또는 포로의 신세로부터 자신을 반복적으로 구원해 주신 하나님의 은혜에 대한 감사/감격이 배어 있고,[214] 동시에 야웨 하나님께서 이와 같이 지속적인 사랑과 자비로써 자유케 하신 이스라엘은 더 이상 그 누구의 노예도 될 수 없다(갈 5:1)는 투철한 자유사상이 배어 있

[214] 신명기적 역사가는 신명기 4장에서 이러한 하나님의 자기 백성에 대한 놀랍고 감격적인 사랑을 회상하면서 "세상에 이토록 자기 백성을 사랑한 하나님이 어디 있으며, 이토록 큰 사랑을 받은 민족이 어디 있단 말인가?"라고 표현하는 것을 볼 수 있다. 역사비평적 성서 주석가들의 견해에 따르면, 신명기 1~4장과 34장은 모세 때부터 전해져 내려온 율법 전승에 추가된, 신명기적 역사가의 신학적 첨가로 본다. S. R. Driver, *A Critical and Exegetical Commentary on Deuteronomy* (ICC)(Edinburgh: T & T Clark, 1895); E. W. Nicholson, *Deuteronomy and Tradition* (Philadelphia: Fortress Press, 1967); G. von Rad, *Studies in Deuteronomy* (Chicago: Henry Regnery Co., 1953).

다. 이러한 자기 정체성 이해의 신학을 통하여 유대인은 겸손의 지혜를 배웠고, 아울러 자유의 추구에 관한한 세계 어느 민족에게서도 찾아볼 수 없는, 가장 강력한 독립정신을 소유한 민족이 되었던 것이다.[215)]

특히 출바벨론 사건의 후속 사건으로서의 계약갱신 사건(느 8~9장)은 유대인들에게 선택받은 영원한 자유인으로서의 정체성을 확인케 해준 사건이라는 점에서 의미하는 바가 크다. 이스라엘의 정체성에 대한 질문(세 번째 질문), 즉 예루살렘 성전의 파괴와 유다 왕국의 멸망의 관점에서 볼 때 이스라엘과 야웨와의 계약은 이미 폐기된 것인가, 아니면 여전히 유효한가라는 질문에 대하여 긍정적으로 응답하려했던 예언자들은 예레미야, 에스겔, 제2 이사야, 그리고 제사장적 저자들이었고, 이들의 예언이 실현된 것은 수문 앞 광장에서의 계약갱신 축제였다. 이 성전재건 직후에 열린 이 축제에서 비록 이스라엘이 야웨를 배반했어도 그리고 야웨께서는 계약 파기자들을 심판하고 처벌하셨다 할지라도, 이미 시내산 계약에서 서약하신 대로(레 26:42~44, 특히 44절), 결코 이 계약을 포기하신 것이 아니며, 오히려 끝

---

215) 이 시대의 또다른 신학적 발전 가운데 하나는 '하나님의 형상' 개념이라 할 수 있는데, 소위 제사장 전승(Priestly Tradition)으로 간주되는 바, 창세기 1장에 언급된 이 용어에 대하여는 앞의 설명(121~125쪽 참조)으로 대신한다. 다만, 여기에서 한 가지 더 추가할 수 있는 설명은 바벨론 포로 사건을 고대의 '거룩한 전쟁' 개념하에서 이해할 수 있다는 것이다. 다시 말하면, 유대인이 바벨론의 포로로 끌려가는 것에 대하여 이스라엘의 대장이신 야웨께서 자신의 형상인 유대인/이스라엘 백성과 함께 — 야웨 하나님은 너무나 크신 분이시기에 형상/우상이 없고 오히려 그 백성이 '야웨 하나님의 형상'이기에 바벨론 군대는 야웨 대신 야웨의 형상인 이스라엘을 포로로 잡아 가게 된다는 논리에 따라 — 바벨론의 신이며 그 군대의 대장인 마르둑에게 (일시적으로) 포로가 되어 바벨론으로 납치되었다가 마침내 때가 차매 야웨께서 마르둑을 쳐부수고 — 즉 바벨론 제국을 자신의 종 고레스를 통하여 멸망시키신 다음 — 포로된 자기 백성 이스라엘(유대인)을 구출하여 예루살렘 성전 곧 야웨의 궁전으로 다시 돌아오게 되었다는 것이다. 이와 같은 설명을 제시하는 대표적 주석가는 노우호 목사(밀양 무안교회)이다. 야웨께서 이방신의 포로로 납치되는 사건은 이스라엘 초기에도 있었는데, 그것은 다름아닌 블레셋과의 전쟁에서 이스라엘이 패하여 야웨의 보좌의 상징인 법궤가 납치되어 다곤의 신당에 일시적으로 감금되었으나 오히려 야웨께서 다곤 신을 깨뜨리시고 블레셋 족속을 염병(페스트)으로 심판하신 다음 이스라엘 땅으로 되돌아 오신 사건이었다(삼상 4~6장).

까지 이 계약에 성실하셨음을 확인할 수 있었던 것이다. 이러한 계약에 성실하신 야웨의 행동은 출바벨론 사건과 성전재건 사건을 통하여 분명히 입증되었기 때문이다.

이스라엘 또는 다윗과 맺은 야웨의 언약은 영원하고 결코 소멸되지 않는다는 확신,[216] 이스라엘은 끝까지 야웨의 보호를 보장받은 계약인이요 자유인이라는 확신은 이후 유대인의 삶에 엄청난 영향력을 행사하였음을 볼 수 있다. 소위 이후의 유대인들이 세계 각지를 방황하면서도 보여준 선민(選民)사상, 성민(聖民)사상,217) 낙관주의, 이상주의, 그리고 메시아 사상과 시온주의가 이를 대변한다고 볼 수 있을 것이다. 이 사상은 신약성경 시대의 사도 바울에게까지 이어지는 것을 볼 수 있다(롬 9~11장).

[216] 렘 31:31~34; 32:38~40; 50:5; 겔 11:19~20; 16:60~63; 34:22~31; 36:26~28; 사 54:10; 55:3; 59:21; 61:8; 이들 성구에 나타난 예언자들의 계약사상은 이전에는 생각지도 못하던 전혀 새로운 것으로서(렘 31:32), 더 이상 이스라엘 백성이 배반하려 해도 할 수 없는, 즉 야웨께서 새 영(겔 11:19; 36:26; 사 59:21) 또는 부드러운 마음(겔 36:26)을 주어 맺으시는 '영원한 계약'(사 55:3; 61:8; 렘 32:40; 50:5; 겔 16:60;) 또는 '화평의 계약'(사 54:10; 겔 34:25)으로서, 야웨께서 그 계약법을 모든 사람의 마음 판에 새겨주심으로(렘 31:33) 그 누구도 이 법을 지울 수 없게 될 뿐만 아니라 결과적으로 그 누구도 야웨의 사랑에서 떠날 수 없게 된다(렘 32:40)는 것이다.

[217] 이스라엘 백성은 세계 열방 민족 가운데서 특별히 선택받은 민족이요 그러기에 이방인들과 구별된 성민이라는 의식이 가장 강하게 반영된 율법서를 주석가들은 '성결법전'(레 17~26)이라 부른다. 포로기 시대부터 유대인들은 안식일 준수(겔 20:12~13,24)와 할례 등을 통하여 자신들의 구별됨을 표현하였고, 현재에도 이 성결법전에 따라 제조된, 즉 랍비가 '코셔'(Kosher/כָּשֵׁר/valid, legitimate)라고 표시해 놓은 음식만을 고수하는 것을 볼 수 있다.

제 4 장

종교적 배경과 구약신학

제4장
종교적 배경과 구약신학[1]

1. 들어가는 말

구약성서 저자들 특히 신명기적 역사가(Deuteronomistic Histori-an[2])와 예언자 예레미야의 평가에 의하면, 주전 722년의 북이스라엘의 멸망과 약 130여 년 후의 남유다의 멸망의 주된 원인은 야웨 하나님과의 계약/언약

[1] 이 글은 이스라엘의 경건과 학문, pp. 465~481에 실린 것을 일부 수정 보완한 것임을 밝힌다.

[2] 현대의 대부분의 주석가들은 이스라엘 백성이 가나안 진입부터 가나안을 빼앗기기까지, 즉 여호수아서부터 열왕기하까지의 역사를 쓴 역사가를 가리켜 신명기적 역사가라 부른다. 이 역사가는 바벨론 포로기 이후에(주전 5세기) 유다 왕국의 관점에서 태초부터 제2성전 시대까지의 역사를 쓴 역대기적 역사가(Chroniclers)와는 달리, 아브라함의 자손인 이스라엘 백성이 야웨 하나님의 약속하에 유업으로 물려받은 젖과 꿀이 흐르는 가나안 땅을 왜 빼앗기고 이방 땅으로 다시 쫓겨나게 되었는가의 원인을 규명하려는 동기에서 이스라엘의 역사를 집필하게 되었고, 특히 그 왕국 멸망의 원인을 (모세가 그토록 경계하였던 바) 이방종교(다른 신) 특히 바알 종교에 미혹되어 야웨 하나님과의 언약/계약을 배반한 데서 찾고 있다. 이와 같은 관점에서 신명기를 신명기적 역사서에 포함시킨 마틴 노트(M. Noth)는 전통적 '오경(Pentateuch)설'을 반대하여 '사경(Tetrateuch)설'을 주장하였다. M. Noth, *The History of Israel*, 이스라엘 역사, 박문재 역(크리스천다이제스트, 1996).

을 배반한 것이고, 이 배반의 가장 큰 요인은 우상숭배, 특히 바알 종교였다(왕하 17:7~23; 21:1~15; 23:26~27; 24:3; 렘 1:11~3:10; 15:1~9; 겔 33:25 등). 출애굽 사건 후에 가나안 땅에 들어간 때부터 가나안 땅에서 쫓겨나 포로로 잡혀갈 때까지 5백여 년 동안 이스라엘 백성들이 그토록 조심하면서 그 유혹의 손길을 뿌리치려 안간힘을 썼던, 그리고 모세[3]와 엘리야를 비롯한 수많은 예언자들이 그토록 간절하게 멀리하라고 경계했던 그 바알 종교, 그럼에도 불구하고 북왕국 이스라엘과 남왕국 유다가 이 종교에 미혹되어 결국은 이 두 나라가 스스로 멸망을 자초할 만큼 엄청난 위력을 갖고 있었던 바알 종교의 정체는 무엇인가?

이 글에서 필자는 먼저 현재까지 학자들의 연구를 통하여 밝혀진 바알 종교의 정체에 대하여 살펴보고, 이어서 이스라엘 백성이 이 바알 종교와 마주쳐 투쟁하는 과정에서 터득하고 발전시키는 야웨 신앙의 핵심적 주제들이 무엇인지 고찰하며, 마지막으로 사장되었던 바알 종교가 위장된 문화의 형태로 이 시대에 되살아나 오늘의 한국교회에 침투하여 어떤 형태로 암약하고 있는지를 규명해 봄으로써 백년이 넘는 선교 역사를 가진 한국 교회를 진단하고 아울러 한국 교회의 지도자들과 성도가 한국 교회의 갱신을 위하여 새롭게 결단하는 기회를 삼고자 한다.

---

[3] 가나안 땅의 우상종교, 특히 바알 종교에 대한 모세의 경고는 그의 고별 설교라 할 수 있는 신명기에 집중적으로 나와 있다(신4:16, 23, 25, 28; 5:7~8 6:14; 7:4, 5, 16, 25~26; 8:19; 11:16, 28; 12:1~3, 30~31; 13:2, 3, 6~11, 12~16; 16:21~22; 17:2~7; 18:20; 20:16~18; 27:15; 28:14, 36; 29:18, 26; 30:17; 31:16~18; 32:15~17). 현대의 비평적 주석가들은 신명기의 견인차적 메시지라 할 수 있는 이방 종교에 대한 집중적인 경고는 왕정기, 더 정확하게 말한다면 요시야 당시에 만연했던 이방종교 특히 바알과 아세라 종교를 염두에 둔 경고로서, 기존의 모세의 고별 설교를 요시야 당시(주전 7세기)의 신명기적 역사가가 재편집한 것으로 본다. M. Noth, ibid.; E. W. Nicholson, *Deuteronomy & Tradition* (Basil Blackwell, 1967).

2. 바알 종교의 정체

바알 종교의 정체는 1929년부터 시리아의 안티옥 남쪽 지중해 동해안에 있는 고대 우가릿 지역의 한 도시인 라스 샤므라(**지도 2**)를 발굴하는 과정에서 나온 수많은 우가릿어 (쐐기문자) 토판들이 해독됨으로써 세상에 알려지기 시작하였다. 이 문서를 가리켜 우가릿 문서 또는 라스 샤므라 문서(Ras Shamra Texts)라 부른다.

이 문서를 연구한 결과 드러난 사실은, 바알 종교는 대체로 농민의 생활과 직결된 농경문화의 일부요, 이 농경문화를 신학화한 종교로서 그 종교의식의 목적이 철저히 '(삶의) 풍요'에 집중되어 있다는 사실이다. 그래서 이 종교는 속칭 '다산의 종교' 또는 '풍요 종교'(Fertility Cult)라고 불리기도 한다.

A. 가나안 농경지의 기후와 바알 종교의 관계(지도 1 참조)

이스라엘 백성의 전통적 직업은 목축업이었고, 따라서 그들의 문화도 다분히 목축문화인 데 반하여, 가나안 원주민의 문화는 농경문화였다. 본래 목동은 땅을 떠나 부단히 새 목초지를 따라 이동해야 생존하게 되는 자임에 비하여,[4] 농민은 땅을 차지하고 앉아 그 땅을 떠나지 말고 정착해야 생존이 가

[4] 목동의 천막생활 및 양떼와의 동거동행은 무엇보다도 중동의 특수 여건과 양의 유별난 생태에 기인한다. 광야와 사막이 많은 중동지역에는 푸른 초장을 찾아보기 힘들며, 양들은 식성이 너무나 강하여 — 현대 문명의 산물인 플라스틱 제품이 베두윈들의 고민거리가 될 정도로 — 한 곳에 며칠 묵으면 그 지역의 풀뿌리 하나도 남지 않을 정도이다. 또한 양의 연약성(10m 이상을 보지 못하는 극도의 근시, 둔하고 어리석고 무지함, 병약함, 방향감각의 한계성, 공격 무기의 전무함 등)과 온순성(오소리에게도 끌려가고 목자에게만 철저히 의지하고 순종하며 털깎는 자 앞에서 그리고 도살장에서도 반항하지 않음)은 목동으로 하여금 양떼와 동거하지 않을 수 없게 한다. 따라서 목동의 삶은 새로운 목초지를 찾아 부단히 양과 함께 이동할 수밖에 없다. 이동식/조립식 신전이라 할 수 있는 법궤와 회막은 이와 같은 목

능한 자들이다. 목동은 땅에 머물러 정착하면 죽게 되고, 반대로 농민은 땅을 떠나면 죽는다. 출애굽한 이스라엘 백성이 정착한 가나안 지역은 반유목민(semi-nomadic) 지역이어서 농사와 목축이 계절에 따라 가능하였으므로 필연적으로 농경문화를 배경으로 한 바알 종교와 목축문화를 배경으로 한 야웨신앙 사이에서 결단해야 하는 상황에 처하게 되었다. 불행하게도 이 결단 앞에서 이스라엘은 당시 농경과학으로 인식되던 바알 종교를 선택하는 것을 보게 된다.

가나안 농민들의 종교인 바알 종교가 기후와 끊을 수 없는 관계를 갖게 되는 연유는 다음과 같다. 우선, 농사는 기후 특히 비와 끊을 수 없는 관계를 갖고 있기 때문이다. 가나안의 기후는 크게 건기(乾期)와 우기(雨期)로 나뉘는데, 건기(4월~9월)에는 사우디아라비아 지역에서 불어오는 뜨거운 동남풍/열풍(Sirrocco)이 불어와 산천초목이 시들어 죽는 것과 같은 상황이 벌어지고, 우기(10월~3월)에는 서풍, 즉 지중해의 습한 바람이 가나안을 지배하게 되므로 비가 내리기 시작하여 산천초목이 다시 살아나는 것과 같은 상황이 벌어진다(호 13:15; 눅 12:54~55). 이 우기의 초엽에 이른 비를 맞으며 파종하고 우기가 끝나는 늦봄에 늦은 비로 곡식이 영글어 추수하게 된다. 가나안의 농민들은 이와 같은 두 가지의 기후, 즉 건기와 우기의 주기적 반복을 통하여 생명과 죽음의 신비를 생각하게 되고, 이러한 기후 현상은 신들의 세계인 대우주(macrocosm)에서 죽음의 신과 생명의 신 사이의 갈등 상황에 의하여 인간세상 곧 소우주(microcosm)에 발생하게 된다고 생각하게 된 것이다. 아울러 이 두 기후가 농사와 필연적으로 관련되어 있다는 사실에 착안하여, 농민들은 이 규칙적인 기후 전환의 주기적 반복이 깨어지지 않고 영원히 지속되도록 조종하는 방편으로서 바알 종교 및 풍요제의를 수

동 문화에 기인하며, 이상주의/내세주의/종말론/낙관주의/유토피아 사상을 뼈대로 삼고있는 히브리 사상은 근본적으로 이와 같은 미지를 향한 기대와 용기 속에서 새로운 목초지를 찾아 끊임없이 전진하는 목동의 정신에 그 뿌리를 둔 것이라 할 수 있다.

행하게 된 것이다. 이런 의미에서 바알 종교를 흔히 '순환과 재생의 종교'라 부른다.

한국의 강원도와 경기도를 합친 것보다 더 작은 가나안 땅[5]에서 건기와 우기의 주기적인 기후 전환이 발생하는 주요 원인은 가나안 땅만이 안고 있는 특별한 지형적 조건에 있었다. 그리고 가나안 땅에게 이와 같은 특별한 지형조건을 제공하는 주요 원인은 곧 요단 계곡(**사진 55**)이라 할 수 있다. 세계에서 가장 낮은 지역으로서 인공위성(**사진 56** 참조)에서도 분명하게 — 만리장성과 함께 — 육안으로 보이는 이 요단 계곡[6]이야말로 가나안 땅으로 하여금 가나안 땅이 되게 한, 신앙적 차원에서 말한다면 하나님께서 인류 구

[5] 가나안 땅의 사이즈(size)를 얘기하노라면 언제나 사이즈 콤플렉스에 시달리며 청소년기를 보낸 필자의 과거를 회상하며 큰 위로를 받게 된다. 키가 작은 열등감, 특히 필자가 좋아하던 여인들이 한결같이 키 큰 남자를 좋아한다는 것을 알았을 때 느껴야 했던 고통은 비슷한 상황에 있는 남성들이 공감하고도 남으리라 생각한다. 하나님께서는 세계 모든 인간을 구원하고도 남는 위대한 책 성경을 출산한 땅으로서 거대한 사이즈의 영토를 갖고 있는 중국이나 러시아나 브라질이 아닌, 대한민국(서울에서 부산까지 440km; 동해안에서 서해안까지 248km)보다도 더 작은 가나안 땅(단에서 엘랏까지 410km; 단에서 브엘세바까지 220km; 지중해안에서 요단강까지 80km)을 선택하시고 사용하셨다는 것, 인류를 구원하실 메시야 곧 하나님의 아들이자 왕의 왕이요 역사의 주인이신 예수 그리스도께서 강림하신 곳으로서, 그리고 복음 전도의 시발점이자 종착점이 될, 말하자면 역사의 중심이자 선교의 중심축으로 사용될 장소로서, 미국이나 호주나 이집트처럼 비옥하고 덩치가 큰 나라가 아니라 돌이 많고 척박하며 덩치가 조그만, 실로 가난하기 그지없는 가나안 땅을 지정하셨다는 사실 등이 필자로 하여금 사이즈 콤플렉스에서 벗어날 수 있는 용기를 갖게 하였다. 세계 역사를 움직였던 위대한 인물 가운데 (나폴레옹, 등소평, 테레사 여사와 같은) 키작고 힘없는 사람들이 얼마나 많던가? "지렁이 같은 너 야곱아, 너희 이스라엘 사람들아, 두려워 말라. 나 야웨가 말하노니 내가 너를 도울 것이라…… 보라 내가 너로 이가 날카로운 새 타작기계를 삼으리니, 네가 산들을 쳐서 부스러기를 만들 것이며, 작은 산들로 겨같게 할 것이라"(사 41:14~15).

[6] 갈릴리 호수의 수면은 지중해 수면하 −200m이고, 여리고는 지중해 수면하 −252m이며, 사해의 수면은 지중해 수면하 −395m이다. 특히 사해의 중심부의 해저 깊이는 1311ft/393m나 되며, 이 사해의 해저야말로 오늘의 세계 강대국들이 탐내는 보물 창고가 될 정도로 각종 화학물질로 충일하게 채워져 있다. 이제 사해는 더 이상 죽음의 바다가 아니라 이스라엘과 요르단을 살리는 바다가 되었다.

원의 계획하에 특별히 디자인하신,[7] 실로 신비하기 그지 없는 요소라 할 수 있다. 이 요단 계곡을 가운데 두고 동쪽(Trans-jordan)에는 (엘랏에서 키르(길)과 마데바와 암만을 거쳐 다메섹까지 이어지는) 왕의 대로(隊商路)를 중간에 둔 고원지대가 남북으로 뻗어 있고, 서쪽(Cis-jordan)에는 소위 (세겜에서 실로와 벧엘과 예루살렘과 헤브론을 거쳐 브엘세바까지 이르는) '족장로'를 중간에 둔 중앙 산간 (高原) 지대가 북남으로 뻗어 있다. 농사와 목축업에 둘 다 직결되어 있는 건기와 우기는 하나의 거대한 함정이라 할 수 있는 요단 계곡과 이를 중간에 두고 양쪽에 버티고 서 있는 두 개의 고원들 그리고 지중해에서 불어오는 차가운 해풍(서풍)과 동쪽 아라비아 반도에서 불어오는 뜨거운 열풍(동풍) 사이의 복잡한 함수 관계에 의하여 발생하는 현상이다. 즉 낮에는 동쪽에서 불어오는 사막의 열풍(시로코)이 동편 고원지대를 넘어와 요단계곡에 일단 감금되지만 여전히 그 열풍의 위세로 인하여 낮에는 뜨거운 기후를 갖게 되고, 밤에는 서쪽에서 불어오는 차가운 지중해 바람이 득세하여 밤 기온이 급강하게 된다. 역시 건기에는 동(남)풍이 득세하여 지중해의 해풍을 제압함으로써 비가 오는 것을 방해하게 되고, 우기에는 동풍이 약화된 상태에서 서풍이 가나안 땅을 지배하게 되어 비가 내리게 되는 것이다. 특히 새벽녘에 요단 서편 중앙 산간지대에 솜 뭉치가 흠뻑 젖을 정도로 많이 내리는 이슬(삿 6:36~40)은 요단 계곡에 갇혀있던 뜨거운 열기와 해가 진 후에 지중해에서 불어 올라온 습기찬 해풍이 이 중앙 산간 고원지대에서 만나면서 발생한 현상이다. 비록 낮에는 동남풍의 영향으로

[7] 지질 학자들의 주장에 의하면, 본래 아프리카 대륙은 시나이 반도와 아라비아 반도에 붙어 있었는데, 태고적 지질 변동에 의하여 이 아프리카 대륙이 오늘의 형태로 분리되어 그 사이에 홍해가 생겼고, 더 나아가 또 다른 지각 변동에 의하여 요단 계곡을 중심으로 요단 동편과 서편이 갈라졌다는 것이다. 이와 같은 지각 변동 현상은 본래 섬이었던 인도가 중국 대륙에 충돌함으로써 히말라야 산맥이 형성된 것과도 비교할 수 있다는 것이다. 하나님께서는 가나안 땅을 구별하기 위하여 이와 같이 일차적으로는 아프리카 대륙을, 제2차적으로는 요단 계곡을 통한 요단 동편 고원지대를 가나안 땅으로부터 분리시켰다고 볼 수 있다.

말라 죽은 것과 같은 풀처럼 보이지만 이와 같이 새벽녘에 이슬에 젖어 되살아난 풀잎을 뜯어먹고 양들이 생존함으로써 이 지역의 목축업은 유지되어 왔던 것이다. 이와 같은 상황에 의하여 가나안 땅은 목축업과 농업이 둘 다 가능한 반유목적이고 반농경적인 조건을 구비하게 되었던 것이다.

문제는 사울과 다윗과 솔로몬 시대의 통일 왕국이 르호보암 왕 때부터 북왕국 이스라엘과 남왕국 유다로 분열되면서 발생하였다. 이스르엘 곡창지대를 비롯하여 갈릴리와 바산지역과 같은 비옥한 농경지가 많았던(**지도 1**) 북이스라엘에서는 자연히 농경문화로 기울게 되고, 아울러 당시의 농경 과학의 일부로 간주된 바알 종교를 영입하지 않을 수 없게 되었으며, 북이스라엘의 초대 왕이었던 여로보암은 왕국의 최북단에 위치한 단과 최남단에 위치한 벧엘에 바알의 상징인 송아지(**사진 57A**)를 세움으로써 친바알 종교로 기울기 시작하였다. 특히 아합 왕 시대에 이르러는 바알 종교가 야웨 종교를 거의 말살할 정도로까지(왕상 19:10,14) 바알 종교가 부흥되었던 것이다. 당시 아합 왕의 왕후는 이세벨로서 그녀는 바알 종교의 본산지인 시돈의 왕 엣바알의 공주이자 바알 종교의 극렬한 전도자였다.[8] 한동안 북이스라엘에서는 야웨와 바알을 동시에 섬기는 혼합주의적 기현상까지 나타나는 것을 볼 수 있다. 이와 같은 바알 종교로의 귀속은 모세가 신명기에서 예고한 대로 야웨와의 계약에 대한 정면적 도전이자 배신이었기에 수많은 예언자들(아히야, 엘리야, 엘리사, 미가야, 아모스, 호세아, 나훔, 요나)이 등장하여 백성들의 죄를 고발하고 권고하였으나 끝내 돌이키지 못하고 왕국이 개국된 지 200년 후, 즉 주전 722년에 망하게 된다.

남왕국 유다는 농경지보다는 목축지역이 더 많은 덕으로, 그리고 동쪽으로 요단 계곡, 남쪽으로 네겝 광야, 서쪽으로 블레셋, 북쪽으로는 이스라엘에 둘러싸인 덕으로, 외부 종교로부터 지역적으로 차단된 상태에서, 가나안

[8] 곧 이어 제시되는 주석적 자료 '야웨의 선지자와 바알의 선지자'(284~306쪽) 참조.

진입후 새롭게 접하는 농업보다는 전통적 목축업을 선호하게 되고, 따라서 농민의 신앙인 바알 종교보다는 목동의 신앙인 야웨 종교를 견지하는 것을 볼 수 있다.[9] 비록 남왕국 유다가 북왕국보다 약 140여 년 더 그 역사가 지속되는 것이 사실이지만, 역시 북왕국을 내부로부터 부패시킨 바알 종교의 유혹을 남유다에서도 끝내 배척하지 못하고 (특히 아하스 왕 때부터 본격적으로) 결국 이 가나안 종교에 물들게 된다. 그리고 북왕국이 망할 때 당시의 왕이었던 히스기야가 정신을 차리고 바알 종교 숙청작업을 추진하였고(왕하 18:1~12), 다시 요시야 왕도 비슷한 동기와 결단하에서 개혁적 조치로서 바

[9] 구약성경을 최후까지 살아남아 완성한 사람들은 농경문화의 영향하에 있었던 북이스라엘 사람이 아니라 이 목축문화의 유산을 성실하게 지킨 남왕국 유다인들이다. 앞 장에서도 언급한 바와 같이, 이 유대인들은 바벨론에 유배당했을 때에 바알을 숭배한 죄를 철저히 회개하고 오히려 더욱 순전해진 야웨 신앙으로 무장된 채로 다시 예루살렘으로 돌아와 구약성서를 완성하게 된다. 이런 관점에서 야웨의 모습을 농민보다는 목동의 모습으로 묘사하고, 야웨께서 기뻐하시는 제물로서 곡식보다는 양을 선호하는 전통이 확립되었다고 볼 수 있다. 이와 같은 종교적이고 지형적인 조건의 차이 때문에 북왕국과 남왕국이 각각 다른 신학적 사상을 견지하게 되는 대표적 사례는 계약 사상이라 할 수 있다. 주로 농경 문화의 영향하에서 자기가 수고한 만큼 소득을 거둔다는 농민적 사고방식을 견지하게 된 북이스라엘 사람들은 자연히 조건적 계약 전통, 즉 야웨 하나님 쪽의 책임과 이스라엘 쪽의 책임이 동시에 강조되는 율법주의적 계약의 전통을 이어받게 되는 데 반하여, 목동문화의 영향하에서 하늘의 이슬을 기다리며 하나님의 은혜를 의지하는 길만이 생존의 비결이라는 생각을 하게 된 남유다 사람들은 무조건적 계약의 전통, 즉 야웨 하나님 쪽의 의무와 책임이 이스라엘(유대인) 쪽의 의무보다 강조된 나머지 이스라엘 쪽의 의무는 거의 무시되는, 그리하여 이스라엘은 다만 야웨의 은혜만 기대하며 바라보면 되는 은혜주의적 계약전통에 서게 되었던 것으로 보인다. 조건적 계약의 대표적 실례는 시내산/모세 계약이고, 무조건적 계약의 대표적 실례는 시온/다윗/아브라함 계약(창 15; 17; 삼하 7)이라 할 수 있다. 역사의 아이러니는, 위의 조건적 모세 계약의 신념하에서 야웨의 계약법을 지켜야 할 인간의 책임을 강조했으나 이 계약법에 불성실했던 북이스라엘은 계약조건대로 하나님의 심판을 받아 멸망을 당하고 지구상에서 거의 사라졌는 데 반하여 — 현재 세겜에 살면서 북이스라엘의 후예라 자처하고 있는 사마리아 공동체는 500~600여 명 정도에 불과하다—, 무조건적 은혜(다윗)계약의 전통을 수호하며 인간의 책임보다는 하나님의 무조건적 은혜를 강조한 남유다의 백성 곧 유대인들은 소멸되지 않고 바벨론 포로에서 돌아와 성전을 재건하고 구약성경을 완성하는 주역이 되었던 것이다. 어떤 의미에서 구약성경은 농경문화를 극복한 목축문화의 유산이자 결실이라 할 수 있다.

알 종교 일소운동을 펼쳤으나(왕하 23:1~25), 마침내는 남왕국마저 야웨 하나님의 진노와 심판 가운데 일단 막을 내리게 되는 것을 볼 수 있다.

B. 바알 종교와 신들의 세계

소위 대우주에 속한 신(神)들의 족보와 그 '신들의 총회'(עדת־אֵל/the council of gods, Pantheon, 참조: 시 82:1; 89:6)의 구조는 다음과 같다.

〈신들의 총회의 구조〉

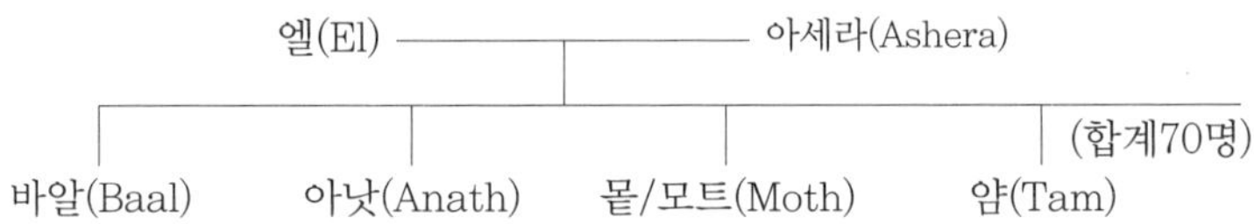

각 신들의 품성과 역할은 다음과 같다:

• **엘(אֵל)**: 창조주로서 신들의 총회의 의장이며, 그와 아세라 사이에서 바알을 비롯한 70명의 아들이 태어났다. 최고의 신 엘은 바벨론의 아누(Anu), 우가릿의 일(Il), 애굽의 라/아툼(Ra/Atum), 헬라의 크로노스에 해당한다.(**사진 57B**)

• **아세라(אֲשֵׁרָה)**: 엘의 여동생이자 아내로서 신들의 어머니로 불린다. 때때로 시돈의 아스다롯(Astarte), 바벨론의 이쉬타르(Ishtar)와 동일시되는 아세라 여신은 특별히 두로와 시돈에서 숭배한 여신이었다. 풍요의 상징인 종려나무(타마르Tamar, 다말)로 만든 목상으로 그리고 나체로 표현되는 것이 특징이다.

• **바알(בַּעַל)**: 땅과 하늘의 통치권을 부여받은 신으로서, 보통명사로 불릴 때의 의미는 '주인, 주, 소유자'이다. 비와 폭풍, 천둥과 번개의 소유자이

며 동시에 생명과 풍요 그리고 포도주와 기름의 주관자이다. 그는 강력한 전투사로서 구름을 타고 다니며, 머리에는 황소뿔이 달린 투구를 쓰고, 손에는 작살(번개)과 몽둥이(천둥)를 들고, 발로는 바다를 밟고 서있는 모습으로 묘사된다(**사진 58A, 58B**, 하투샤스에서 발견된 바알 석상과 기타 참조). 그는 강력한 정력의 소유자로서 주상(선돌, **사진 59**)[10]과 송아지(호 8:5,6; 10:5~6; 13:2; 믹 1:6~7), 황소, 상수리나무 등으로 상징된다.[11] 그의 거처 및 신전은 챠폰(**צפון**, 북방[12])에 있다(출 14:2/바알스본/바알츠폰[13]). 바알은 각 지역마다 다른 이름으로 불렸으므로 이들 모든 지역적 바알(바알브올, 바알핫솔, 바알살리사 등)을 총칭할 때 복수로 '바알들'(**בְּעָלִים**/Baals)이라 불렀다. 애굽의 오시리스(Osiris/**사진 60**), 아모리와 아람의 하닷(Hadad), 바벨론의 벨/마르둑/담무스, 모압의 그모스(Chemosh), 암몬의 몰록/밀곰, 블레셋의 다곤(Dagan/Dagon/**사진 25**), 헬라의 제우스, 로마의 주피터 등

10) 주상(마체바/**מַצֵּבָה**/돌비; 출 23:24; 신 16:22; 대하 31:1; 호 3:4; 10:1, 2)은 바알신의 섹스심벌 곧 풍요의 능력을 상징하였다. 신격화된 애굽 왕 바로의 풍요의 능력을 상징하는 오벨리스크(검 모양의 돌비, **사진 7**)도 같은 맥락에서 이해할 수 있다. 예언자 예레미야는 이스라엘이 바알을 숭배할 때 주상과 더불어 행음했다고 비난한다(렘 2:27; 3:28).

11) 바알 신전 주변에는 무성한 상수리나무가 많았다. 상수리나무는 가뭄을 이기며 생존하는 강인한 나무로서 그 수명도 길고 열매도 많아 명실공히 풍요 그 자체를 상징한다. 특히 그 열매는 남성의 심벌이다. 성경 저자들은 이스라엘이 음란하게 바알을 숭배한 사실에 대하여 묘사할 때 흔히 무성하고 푸른 상수리나무를 언급하고 있다(사 1:29; 2:13; 57:5; 렘 2:20; 3:6,9,13; 겔 6:13; 호 4:13 등). 엄동설한의 날씨가 거의 없는 중동에서는 상수리나무가 항상 푸르고 무성한 것이 특색이다.

12) 한글 개역에서는 이 용어를 '북방'(시 48:2) 또는 '북극'(사 14:13)으로 번역했으나, 본래의 문자적 의미는 '감추어진 지대'(hidden quarter)로서 신들의 거주지(시 68:16~17)이며 동시에 바알의 궁전이 위치하는 곳을 가리킨다. 고대 중동의 바알 신화에서 이 '차폰'은 라스 샤므라(Ras Shamra) 북쪽에 있는 카시우스 산(Mt. Casius)을 가리켰다. 재미있는 것은 욥기에 의하면 하나님은 북쪽에서 오시며(욥 37:22), 에스겔서에서도 폭풍과 구름과 빛나는 그룹을 동반한 야웨 하나님의 임재가 북방에서 출발하는 것으로 묘사된다(겔 1:3~14). Joel F. Drinkard, Jr., "North", *Anchor Bible Dictionary*, Vol. IV, p. 1136.

13) 차폰(북방)의 바알(**בַּעַל צְפֹן**).

은 가나안 밖의 다른 지역에서 숭배된 바알 신의 이름들이다.

• **아낫(עֲנָת)**: 바알의 여동생이자 배우자로서 미의 완성품(acme) 또는 영원한 처녀 등으로 불리는 정열적 사랑의 여신인 동시에 풍요의 여신이다. 구약성경에서는 '하늘 황후'[14](렘 7:17~18; 44:19)로 불렸고 때때로 아세라 또는 아스다롯과 혼동되어 언급된다. 아낫은 성적 매력이 뛰어난(sexy) 성욕(性慾)의 여신으로서 언제나 풍만한 유방이 돋보이는 전라(naked)의 모습을 하고 있다(**사진 61AB, 62AB**). 아낫은 또한 질투가 강한 여신이자 사냥과 전쟁을 즐기는 여신으로서 잔인하기 그지없어 핏속을 거닐며 원수의 피에 발을 씻기를 즐기는 여신이다. 고대 전쟁에서 군대의 기(旗)에는 종종 사자 아니면 말을 탄 아낫 또는 이쉬타르의 모습이 새겨져있었다. 애굽의 이시스/하토르, 바벨론의 이쉬타르, 헬라의 아데나/아프로디테, 로마의 비너스와 동일한 여신이다.

• **얌(יָם)**: 히브리어로 '바다, 호수, 강'을 의미하는 이 명칭은 글자 그대로 바다의 통치권을 부여받은 신임을 가리킨다. 그는 바알 신화에서 종종 바다의 왕자, 무질서(chaos)의 신, 강과 바다의 신으로 불린다. 성경에서는 용, 뱀,[15] 라합(Rahab) 또는 리워야단 등으로 불렸다(시 89:9; 93:3; 사 30:7; 51:9; 출 15:6). 바벨론의 티아맛(**사진 54A, B**), 헬라의 포세이돈과 동일한 신이다.

• **몰(מוֹת)**: 지하세계(스올)와 죽음/질병과 가뭄과 혼돈(chaos)을 지배하는 신으로서 그의 동생이자 부하인 얌(리워야단/용)과 동맹하여 끊임없이 바알의 권세에 도전한다. 그는 음부(Sheol)처럼 언제나 입을 벌려 죽은 자

---

[14] *Ancient Goddess*, pp. 85~86.

[15] 강은 뱀처럼 꼬불꼬불하여 얌의 모습이 뱀 또는 용으로 상징된다. 성서 저자는 출애굽 사건을 야웨가 뱀/리워야단의 몸체를 칼로 베어 죽이고 그 사이로 이스라엘 백성이 통과하게 하신 것으로 비유하는데(사 51:9; 시 80:9~10), 이것은 애굽인에게 생명을 공급하는 바로를 나일강 및 뱀과 동일시하는 애굽의 신화에 근거하여 야웨께서 바로를 심판하고 얌수프(갈대바다)에서 애굽의 군대를 죽이신 사건을 상징적으로 표현한 것이라 할 수 있다.

들을 삼키나 결코 만족지 않는다(사 5:14; 합 2:5). 몯/모트(Moth)는 애굽의 세트(Seth), 헬라의 하데스(Hades) 등과 동일한 신이다.

C. 바알 신화(Myth)의 내용(우가릿의 라스 샤므라 문서 참조)

바알 신화의 내용은 대우주에서 신들의 주도권 쟁탈전으로 인하여 지상세계에 건기와 우기 그리고 생명과 죽음이 순환된다는 것으로 요약될 수 있다. 그 내용을 좀더 자세히 부연 설명하면, 최고의 신 엘의 아들들 가운데 하늘과 땅을 지배할 통치권을 위한 주도권 쟁탈전이 땅의 지배자인 바알과 바다의 지배자인 얌 사이에 일어난다. 이 첫 대결에서 바알이 승리하여 바다는 더 이상 육지를 범람하지 못하게 된다. 이어서 바알(생명)과 몯(죽음)의 대결에서 바알이 패배, 몯이 땅을 지배하게 되면서 지상에는 건기/죽음의 계절이 시작된다.

한편 자신의 남편인 바알의 죽음을 그 추종자들과 함께 통곡하던 아낫은 통곡제(겔 8:14; 슥 12:11)를 마친 후 자신의 부하들을 이끌고 몯의 거처와 바알의 시체가 감금되어 있는 지하세계로 쳐들어간다. 이 전쟁에서 결국 사랑과 질투와 전쟁의 여신 아낫이 죽음의 신 몯과 대결하여 승리하게 된다. 남편에 대한 복수를 성취한 아낫은 날카로운 칼로 몯을 토막 살해한 뒤에 몯의 시체 토막들을 풀무불에 말려 맷돌로 갈아 뼛가루를 체로 친 다음 그 가루를 공중에 날려 새들의 먹이가 되게 한다. 이어서 아낫은 오빠이자 남편인 바알의 시체를 탈환하여 지상으로 올라와 그를 소생시키며, 소생한 바알은 다시 우주의 왕으로 등극하게 된다. 이때 바알과 아낫은 북방(차폰/צָפוֹן)에 있는 그들의 왕궁/신전으로 들어가 거룩한 결혼(sacred marriage)을 거행한 후 신혼의 기쁨을 만끽하게 되고, 이때부터 지상에는 우기가 시작되어 비가 내리고 만물은 소생하고 우주의 질서는 회복된다. 이러한 신들간의 투쟁은 매년, 또는 7년 주기로 반복된다.

D. 바알 축제와 '거룩한 결혼' 의식(Ritual)

보통 신년축제라고도 불리는 바알 축제의 의식은 가을에, 더 정확히 말하면 태양이 정동쪽에서 떠서 정서쪽으로 지는, 그리고 낮과 밤의 길이가 똑같아지는 추분(Autumn Equinox)에 거행되는데, 가나안 달력으로 에다님월(바벨론 달력으로는 티스리월/7월)에 해당한다. 이때는 건기가 끝나고 우기가 시작되는 전환기로서 가나안 땅에 거주하는 모든 바알 신도들은 — 비가 소중한 가나안 땅이기에 — 그토록 기다리던 비를 맞으며 축복의 새해를 맞는다. 같은 가나안 문화권에 속한 이스라엘도 바알 종교에서와 같이 에다님월을 새해로 지켰으며, 이 새해는 이스라엘의 절기력으로 초막절에 해당한다.[16] 바알 종교에서 이 신년축제를 이때에 지키게 된 동기와 의미는, 다름아닌 비와 풍요를 주관하는 신 바알이 아낫의 도움으로 소생하여 우주의 왕으로 등극함으로써 이 무렵부터 비가 내리기 시작하므로 죽었던 산천초목은 다시 소생하여 농부들이 기대하는 풍요가 보장을 받게 되기 때문이었다.

이 절기는 또한 바알과 아낫의 신혼축하 절기로서 이 절기에 바알과 아낫은 신혼생활에 들어감으로서, 즉 하늘을 상징하는 바알과 땅을 상징하는 아낫이 결합함으로써, 풍성한 비가 내리게 된다고 생각하여 바알 신도들은 신들의 결혼을 모방, 성의 축제를 벌이게 된다. 이러한 '거룩한 결혼'(hieros gamus)의 원리를 가리켜 소위 감응마법(imitative/sympathetic magic)이라 부른다. 지상에서 벌어지는 이러한 성(性)의 축제를 하감하는 신혼의 두

[16] 특히 솔로몬의 성전봉헌이 에다님월 즉 새해 또는 초막절을 기하여 거행되었다는 것은 이러한 맥락에서 의미가 크다(왕상 8:2). 고대로부터 초막절(에다님월/티스리월/7월 15-22일)과 함께 동시에 지켜 오던 이 새해의 축제가 바벨론 포로시대 이후부터는 초막절에서 분리된 나팔절(7월 1일)로 바뀌어 지켜졌으며, 오늘날에도 전세계의 모든 유대인 회당에서는 새해(로쉬 하샤나/רֹאשׁ הַשָּׁנָה)는 유대인 달력으로 7월 1일에, 초막절(숙콧/סוּכּוֹת)은 7월 15~22일간에 지키고 있다.

신, 즉 바알과 아낫이 마법적으로 자극을 받아 더욱 강한 성교에 돌입하게 되고, 그 결과 지상에 내리는 비의 양도 더욱 풍성하게 된다고 생각하였다. 이때 동원되는 매개체가 곧 성창(거룩한 창녀/קְדֵשִׁים/sacred prostitutes, 민 25:3; 호 4:4, 11~14; 사 57:3~13) 또는 美童(왕하 23:7[17])이었다. 바알 신전에는 전속 남제사장과 여사제가 있었으나 대축제 기간에 수많은 바알 신도와 관계하기에는 사제들의 수가 모자랐으므로 조수들로서 미동(美童)이 동원되었다. 휘장으로 구분 된(왕하 23:7) 신전의 여러 방에서 바알신을 대신하는 남제사장 또는 미동 그리고 아낫을 대신하는 여사제 또는 성창들이 성적으로 결합함으로써 바알 신도들은 신들로부터 풍요/다산의 능력을 전수받게 된다고 생각했다. 아울러 자신들의 음란한 행동을 통하여 대우주의 신들이 자극받게 되는, 말하자면 신들과 인간이 연합하는 성스런 (결혼) 축제라고 믿었던 것이다.

이때 동원되는 것이 도수 높은 포도주였고, 포도주에 취한 상태 또는 열광적(ecstatic)이고 흥분된 감정 속에서 자신의 몸을 상하게 하고 심지어는 자기 아들을 불살라 바알/그모스에게 바치는(왕하 16:3; 렘 19:5) 몰렉/몰록 제사를 통하여 바알에게 충성을 서약하였으며, 성의 축제 와중에는 같은 성창의 방에 아비와 아들이 연속적으로 들어가는 일도 벌어졌다(암 2:7; 겔 22:11). 특히 이 축제기간에 미동과 성창들 그리고 이 성(sex)의 축제에 참여한 여인들은 화장을 짙게 한 얼굴에 성적 매력이 돋보이도록 호와로운 옷과 장신구로 단장하였다. 이 축제는 현대 브라질의 삼바 축제처럼, 속된 표현으로 '일석 사조'의 효과[18]를 바라보는, 그야말로 먹고 마시고 춤추고 즐기

[17] 흥미있는 사실은, 한글 개역에서 '미동'으로 번역한 이 용어(하크데심)를 Jerusalem Bible에서는 the sacred male prostitutes로, New English Bible에서는 the male prostitutes로, 타낙(Jewish Publication Society)에서는 the sodomites(남색하는 자들)로 번역하였다.

[18] 농사도 잘되고, 성적 쾌락도 즐기도, 神도 예배하고, 신도들간의 장벽 없는 친교도 누리는 효과 등.

고 흥분하는 축제였고, 그 절정은 성적 유희에서 달성되었다.

E. 고대 바알 종교 부흥의 배경

위에서 살펴본 바와 같이, 하나의 거짓 종교요 속임수에 불과한 바알 종교가 그 저등하기 그지없는 윤리관과 가치관과 신학적 구조에도 불구하고 천년 이상이나 가나안 문화를 주도하고 주변의 여러 국가들을 제물로 삼켜버릴 수 있었다는 엄연한 사실은 역사가들의 눈에 기이한 현상이요 하나의 아이러니가 아닐 수 없다.

그러나 종교사학자들의 평가에 의하면, 이와 같은 바알 종교의 부흥과 長壽(?)의 배후에는 그럴만한 당대의 정치사회적 요인들이 있었다. 멘덴홀(G. E. Mendenhall)의 분석에 의하면, 그 중요한 요인은 정교유착이었고 그 정교유착의 배후는 다음의 세가지로 설명된다:

(ㄱ) 고대 바알 종교는 당대의 가나안의 도시국가의 군주들에 의하여 장려되고 비호를 받았는데, 그 이유는 이 바알 종교의 신학이 군주들의 지배 이데올로기와 부합하였다는 것이다. 권세자들은 근본적으로 정권의 사회구조의 안정 및 체제의 유지가 최대의 관심사인데 이와 같은 관심사는 바알 종교가 추구하는 목적, 즉 현상(현존 세계의 순환)의 유지/안정 및 풍요와 정확하게 일치하기 때문이다. 그런 의미에서 당대의 통치자와 바알 종교의 사제들은 손발이 잘 맞는 도둑이었다.

(ㄴ) 바알 종교는 어떤 의미에서 군주가 자신의 책임을 백성(또는 민중)에게 전가하는 방편이었다는 것이다. 바알 종교의 핵심 진리에 의하면, 인간의 행복과 불행은 자연 현상 또는 종교적인 열의에 좌우된다는 것이다. 가난이나 질병, 기근이나 홍수 등의 모든 재난들은 바알 신도들의 기도 부족, 열의 부족 때문이요 신들이 진노했기 때문이라는 것이다. 군주들은 이와 같은 방법으로 자신들의 통치력의 취약점을 바알 신도들에게 전가시키면서 체

제의 유지를 꾀할 수 있었다는 것이다.[19]

(ㄷ) 마지막으로, 바알 종교는 군주들이 백성을 노예화하는 방편이요 아편이었다는 것이다. 바알 종교 의식의 중심을 차지하는 에로티시즘을 최대한으로 장려함으로써 통치자들은 백성들이 성적 쾌락과 노동에만 전념하고 통치자의 사회경제적 억압 및 수탈에 대하여는 망각 또는 무관심하도록 기만할 수 있었다는 것이다. 그래서 '임도 보고 뽕도 따며, 꿩도 잡고 알도 먹는' 식의 쾌락과 풍요의 노예로 전락한 농민/민중들은 군주들과 바알의 사제들이 무한대로 제공하는 포도주와 성적 오락과 문화 잔치가 더없이 즐겁고 감사할 뿐이었고, 그들의 미래가 달려있는 억압체제에 대한 비판과 개혁, 그리고 민중의 해방과 자유에 대한 관심과 사명은 까마득히 잊어버리게 되었다는 것이다. 원래 고대사회의 체제 속에서 성적 쾌락은 군주와 귀족들의 전유물이었고 그래서 왕과 귀족은 수십 수백 명의 아내와 첩을 거느릴 수 있도록 인정되어 있었으나, 바알 종교가 이 성적 쾌락권을 백성에게도 무한대로의 개방해 주고 민주화함으로써 백성들은 군주들과 사제들을 쾌락/행복의 수여자로 오해하게 되고 감사한 생각을 갖게 되었다는 것이다.

3. 바알 종교와 야웨 신앙의 차이

바알 종교를 연구하는 다수의 주석가들은, 바알 종교로 인하여 이스라엘

19) 야웨 종교의 신학자가 제기하는 질문, 즉 수많은 역사의 아이러니와 역설적 진리에 대한 질문들에 대하여 구약성서는 함구하지 않고 솔직하게 있는 그대로 보도한다. 구약성서에서는 의인이 고난을 당할 수도 있고, 악인과 부자가 형통하고 장수할 수도 있으며, 응답되지 않는 기도도 있음을 보도한다(시 37; 73; 욥기, 하박국 등). 이러한 솔직한 보도의 배후에는 영원까지 이어지는 인간 역사의 운영과 관리가 창조주이시며 홀로 역사의 주권자 되시며 영원히 살아계시는 야웨 하나님께 철저하게 속한 것이라는 성서 저자의 신학과 역사관이 깔려 있다.

백성이 입은 부정적 영향이 막대한 것이 사실이나 또 한편으로 바알 종교와 투쟁하는 과정에서 이스라엘은 자신의 정체성을 부단히 확인할 수 있었고, 그 결과 이스라엘의 신앙이 더욱 순화되고 심화될 수 있었다고 말한다.[20] 왜냐하면, 야웨주의 또는 야웨 신앙은 엄격히 말해서 바알 종교와는 극명하게 대립되는 신학(신론, 인간론, 가치관 등)에 서있기 때문이다. 이스라엘 백성이 그들의 역사 속에서 수백 년 동안 이 바알 종교의 유혹에 맞서 투쟁하면서 수없이 '아니요'라고 거부한 결과 오늘날의 구약성서에서 발견되는 바, 세상의 그 어떤 종교에서도 볼 수 없는, 가장 고차원적인 야웨신앙/신학이 형성되게 되었다는 것이다. 비록 이스라엘과 유다 두 왕국이 야웨를 배반하고 바알을 숭배함으로써 야웨의 진노하에 처참한 비극과 저주를 맛보았으나, 그들이 바알 종교와 투쟁하는 과정에서 생산된 구약성서는 야웨 신앙이 바알 종교를 극복하고 승리하였다는 살아있는 증거라는 것이다. 이런 관점에서 보면, 바알 종교도 그리고 그 이방적 종교에 맞서 피나는 투쟁을 벌였던 이스라엘 백성의 경험도 결국은 하나님께서 성경을 쓰시는 데 사용하신 유익한 도구였다고 말할 수 있을 것이다. 야웨 신앙이 바알 종교에 비하여 얼마나 뛰어난 신학을 갖고 있는가는 다음의 비교를 통하여 밝혀진다.

(ㄱ) 바알 종교가 철저하게 인본주의(anthropo-centricism)에 기초한다면, 야웨 신앙은 철저히 신본주의(theo-centricism)에 서있다. 엄밀히 말

[20] 다수의 주석가들은 성서 저자들이 바알 종교에서 빌려와 재해석의 과정을 거쳐 사용한 여러 자료들을 지적한다. 그 대표적 실례가 시편 82편이다. 이 시에서 '하나님의 회'는 가나안 종교의 '신들의 총회'를 가리키며(시 89:6~7;사 6:1; 왕상 22:19~23; 렘 23:18; 창 1:16 참조), 최고의 신이 여러 하급 신들에게 명령하고 심판하는 모습도 가나안적 배경을 암시한다. 기타 야웨 하나님께 적용된 여러 가지 상징적 표현들도 바알 문화적 영향을 암시한다(출 15:3~8; 민 24:8; 신 33:26; 시 18:8~16; 19:5~6; 29:3~10; 68:1~2, 8~18, 24, 33; 74:13; 89:10; 104:2~6; 106:9; 144:5~7; 사 27:1; 30:7; 43:16; 51:9; 암 4:13; 미 1:3; 욥 9:13; 26:12~14; 38:10~11; 욘 2:2; 합 3:8, 15 등); 특히 호세아서의 야웨와 그 아내 이스라엘의 관계에 대한 묘사는 바알 종교적 문화를 전제한 것이라 할 수 있다(호 2:8, 13; 4:13~14).

해서 바알 종교는 인간의 영광을 목표로 하는 종교이다. 그래서 인간이 신들을 조종하고 이용하여 자신들의 풍요와 쾌락과 영광을 추구한다. 이와는 정반대로 이스라엘의 하나님 야웨는 절대로 인간의 조종을 받지도 않으시고 인간들이 당신의 영광을 탈취하거나 가리는 행동을 용납지 않으신다. 야웨께서 인간의 손으로 다듬어 만든 바알 종교식 제단을 금하고 손으로 다듬지 않은 천연적 돌을 구하여 제단을 세울 것을 명하는 것도 이런 맥락에서 이해할 수 있다. 이스라엘 백성의 삶의 목표는 철저하게 하나님의 영광(개혁자 칼빈의 용어로 soli deo gloria)에 있다. 성경이 제시하는 인간의 모습은 어디까지나 흙에 불과한 존재요 무능하고 무가치한 존재요 타락한 죄인이요, 그래서 철저하게 하나님의 은혜만을 추구해야 하는 존재일 뿐이다.

(ㄴ) 바알 종교는 근본적으로 비역사적 자연종교요 범신론이요 다신론이요 우상주의다. 이 종교는 가시적 존재인 자연(비, 폭풍, 가뭄, 풍요 등)을 신격화한다. 또 한편 이들은 신을 상대화하고 인간을 절대화함으로써 이론적으로 대단히 혼란한 (헷갈리게 하는) 논리를 보여 준다. 지고의 권세를 갖고 있는 신들이 인간의 감응마법에 조종을 받는 인간의 수공물이요 꼭두각시의 자리로 전락하기도 하고, 또 한편으로 인간이 자연을 두려워하고 자연(물질/풍요/가뭄/죽음/각종 우상과 자연)에 예배하며 굴복하는 노예로 전락되기도 한다.

이와 반대로 야웨 신앙은 역사적 종교요 계시적 종교요 유일신론이요 반(反)우상주의로서, 불가시적 존재로서의 하나님은 절대로 가시적 우상으로 형상화되는 것을 용납지 않으신다. 불가시적 하나님께서 허락하신 유일한 형상이 있다면 그것은 목석으로 만든 형상/우상이 아니라 '하나님의 형상'으로서의 인간이 있을 뿐이다. 야웨께서는 자연을 통하여 자신의 성품과 존재를 계시하시는 것도 사실이나 자연보다는 인간 역사를 통하여 더욱 분명하게 자신의 존재와 성품을 계시하시기에, 야웨 종교에서 역사는 신적(神的) 계시의 주된 도구이다. 이스라엘의 하나님은 창조주요 절대자요 인격자로서 인간에게 자연을 관리할 청지기의 직책을 맡기셨다. 그러므로 자연은 인간의 관리와 보호를 받을 대상이지 결코 공포의 대상이거나 신격화될 수 없는 피조물에 불과하다.

(ㄷ) 바알 종교는 저등한 그리고 왜곡된 인간론을 갖고 있다. 이 종교에서는 인간은 자연의 일부이며, 더 나아가서 신의 노예요 자연앞에 굴복하고 복종하는 자연(물질, 풍요)의 노예에 불과하다. 바알 종교에서는 인간의 존엄성 대신에 자연의 존엄성이 우선한다.

야웨 종교는[21] 고등한 인간론을 제시한다. 야웨 종교에서는 인간에게 자연의 노예로 또는 신의 노예로 전락될 수 없는 가치가 부여된다. 야웨신앙에서 인간은 하나님의 형상이요 자연의 통치를 위임받은 존재일 뿐 아니라, 하나님께서 인격적 관계를 맺으시사 계약의 대상으로, 당신의 백성으로, 당신의 아들과 친구로, 그리고 당신의 신부/아내로까지 그 지위를 높이시는 존귀한 존재이다. 하나님께서 구원해 주신 이스라엘 백성은 하나님 외의 그 누구에게도 종이 되는 것을 허락하지 않는다. 바알 종교와는 달리 야웨신앙에서의 신인(神人)간의 관계는 굴종과 강요의 관계가 아니라 자유와 순종의 관계이다.

(ㄹ) 바알 종교는 철저한 물질만능주의요 풍요주의요 공룡주의요 정착주의요 현실주의이다. 바알 문명은 제2의 나일문명으로서 '사람은 떡으로 산다, 보물을 땅에 쌓아야 한다, 땅을 떠나면 죽는다'고 주장하는 종교이다. 복과 풍요를 위해서는 수단을 가리지 않고 거짓말도 허용한다. 엄밀한 의미에서 바알 종교의 모든 신화는 인간이 지어낸 말이요 거짓말이다. 현대의 공산주의자(또는 일부 민중사상가)가 혁명을 위해서는 수단과 방법을 가리지 않는 것과 다름이 없다. 이들에게는 영원한 생명을 지향하는 종말론이 없고

---

[21] '야웨 종교'라는 용어는 기독교 신앙인의 고백적 입장에서 볼 때 올바른 용어가 아니다. 그러나 종교와 신앙을 동일시하는 학자들 간의 공감대를 무시할 수 없어 부득이 이 용어를 사용해 본다.

천국도 지옥도 최후의 심판사상도 없다.

이와는 반대로 야웨 신앙은 말씀만능주의, 영성주의, 경건주의, 초현실주의이다. '보물은 하늘에 쌓아야 한다, 사람이 떡으로만 사는 것 아니다, 땅을 떠나야 산다'고 주장한다. 그래서 나일강의 선물(the gift of the Nile)로서의 풍요보다는 애굽을 떠나 물도 빵도 없는 광야로 들어가 하나님을 만날 것을 권고한다. 인생이란, 일부 민중신학자들이 말하는 바와 같이 이 땅에 빈부의 차이가 없는 천국을 건설하는 데 그 목적이 있는 것이 아니라, 목동처럼 장막에 불과하고 잠깐 쉬다가 (영원한 본향을 향해) 부단히 떠나야 할 나그네에 불과하다고 말한다. 야웨 종교는 공룡의 운명을 거부한다.

(ㅁ) 바알 종교에는 윤리가 없다. 윤리가 있다면 그것은 개같이 무분별한, 왜곡된 철학에 기초한 변태적 탈윤리(trans-morality), 극도의 이기주의, 쾌락지상주의가 있을 뿐이다. 이 윤리는 우선적으로 성(sex)적 쾌락에 집착된 윤리이다. 이 종교의 모든 신들이 무질서한 성관계 속에서 생존한다. 신과 인간 사이의 구별도 없고, 인간과 인간 사이의 구별도 무시되기에 인간과 신의 결합은 물론 모자간, 부녀간, 형제간, 자매간의 결합이 (레스비언이나 통일교의 원리에서처럼) 허용된다. 몰렉제사와 같은 비이성적·비합리적 제의를 수행하기 위하여 마약과 술을 이용하고 주술적 방법으로 몰아경에 돌입하기도 한다. 바알 축제의 절정이라 할 수 있는 미동과 성창들과의 결합행사에 앞서 성적 충동과 흥분을 위하여 아세라 목상 또는 바알의 주상에 입맞추고 성적 관능적 매력이 돋보이도록 현란한 옷과 장신구로 단장한다.

그러나 야웨 신앙은 윤리의 최고 수준을 추구한다. 야웨 하나님은 지극히 도덕적이고 인격적이고 합리적인 하나님이시기 때문이다. 신과 인간의 관계에서 그리고 인간과 인간 사이의 관계에서 극도의 질서와 성별을 강조한다. 이 거룩과 질서는 창조 질서의 일부로 이해된다. 그래서 부자간, 부부간, 부녀간, 남녀간, 인척간의 엄격한 성윤리가 준수되어야 한다. 몰렉제사나 성창과 미동 그리고 남색하는 자는 용납될 수 없다.

극도의 이기주의와 쾌락주의의 산물이라 할 수 있는 바알 종교에서 볼 수 없는, 오직 야웨 신앙에서만 나타나는 하나의 독특한 윤리가 있는데, 그것은 사랑의 윤리요 고난의 윤리이다. 이 윤리는 사실상 세상의 그 어떤 종교에서도 볼 수 없는, 야웨 신앙에서만 들을 수 있는 윤리의 절정이요 최고봉이다. 고난 자체를 저주와 비극으로 생각하는 바알 종교와는 달리, 야웨 종교에서는 이웃과 동족 그리고 하나님을 위하여 당하는 대속적(代贖的) 고난에 최고의 가치를 부여한다. 이 윤리의식에 의하여 (모세와 같은) 이스라엘의 지도자는 백성을 위하여 기꺼이 고난을 자취하고 자신이 누릴 모든 풍요와 행복을 그리고 생명까지도 동족의 구원을 위하여 기꺼이 희생하고 포기한다(히 11:24~26; 사 53). 야웨 신앙에서 보여 주는 사랑의 윤리는 그런 의미에서 거룩의 윤리이고 동시에 공동체적 윤리이다.

4. 교회에 잠입한 바알 종교의 유산

한국 교회가 이미 수년 전부터 그 양적 성장이 멈추었으며, 설상가상으로 타락한 기독교인들의 추한 모습이 연이어 매스컴에 보도되고 있다. 이러한 교회를 향한 불신 사회의 따가운 눈초리와 비난을 의식한 듯, 물량주의와 세속주의에 오염된 한국 교회가 회개하고 개혁되어야 한다는 자성의 목소리 또한 높아가고 있는 현실이다.[22] 이러한 상황에서 우리는 현재 한국 교회의 문제의 원인은 무엇이며, 이 오염된(?) 강단과 교회를 정화시켜 다시 올바른 성장의 길로 들어서도록 한국 교회를 개혁하고 갱신하는 길은 무엇일까? 오염된 양분을 섭취하는 나무는 병들어 자라지 못하고 때가 되면 시들어 죽게 마련인데, 이 오염된 양분을 분별해 내는 방법은 무엇인가? 이 모든 질문

[22] 한국 기독공보, 2001년 2월 10일자, 6면에 게재된 '광나루 서신' 참조.

에 대한 해답이 성경에 씌여 있다고 우리는 믿는다. 특히 21세기와 새 천년[23]을 시작하는 이 중대한 역사적 전환점에서 한국 교회는 과거 이스라엘의 경험에 비추어 자아의 위치를 성찰하고, 안고 있는 문제의 원인을 규명해 볼 필요가 있다. 구원사의 시발점에서 온 세계 인류를 구원할 그릇으로서 선택받았던 하나님의 나라 이스라엘, 그 이스라엘의 역사에 침투하여 마침내는 그 두 왕국을 쓰러뜨린 암적 바이러스가 바알 종교였다는 사실은 작금의 한국 교회 현실을 감안할 때 우리가 심각하게 참고해야 할 사항이며, 아마도 한국교회가 안고 있는 대부분의 문제와 그 원인이 약 700여 년간(주전 13~6세기) 지탱하던 신정국가 곧 교회의 그림자로서의 이스라엘을 유혹하고 무너뜨렸던바 — 이미 2천 년 전에 그 이름은 사라졌으나 오늘날도 위장된 형태로 암약하고 있는 — 그 바알 종교와 결코 무관하지 않을 것이다.

오늘의 한국 교회 안에 바알 종교를 믿는 목회자는 없다고 본다. 그리고 지금까지 대부분의 한국 교회 지도자들은 이스라엘의 참 예언자들처럼 바알 종교의 유혹을 뿌리치고 오로지 성서적 신앙 가운데서 성령의 가르침을 따라 모든 백성들의 종이 된 자세로 겸손히 주님의 몸된 교회와 백성을 섬기고 동족을 위해 친히 가난과 고난을 자취함으로써 동족의 존경과 칭찬을 받고, 그 결과 교회도 크게 부흥해 온 것이 사실이다. 그러나 언제부터인지 한국 교회는 위장된 형태로 교회 안에 잠입해 들어오는 바알 종교의 침투에 문을 열기 시작했고, 그 결과 주님의 몸된 교회로서의 정체성을 상실한 채 교회가 백성의 존경은 커녕 불신자들의 비난과 지탄의 대상이 되기 시작하였다. 작금의 한국사회에서 부정부패로 지탄을 받은 정치·사회·경제계의 지도자들이 대부분 기독교인들, 특히 장로/집사 출신이었다는 사실이 우리의 마음을 아프게 한다. 겨우 3%의 염분으로도 바닷물은 썩지 않는데, 인구의 25%를 차지한 한국 교회가 이토록 썩어가는 사회를 정화시키지는 못할망정

[23] 십진법을 따를 경우 21세기 또는 새 천년(New Millenium)은 2001년, 곧 금년부터 시작된다.

사치와 향락, 부정과 부패의 주범이 되어 있다는 사실에 대하여 한국 교회는 뭐라고 대답할 것인가? 이러고서도 한국 교회가 세상의 소금이라 자처할 수 있는가? 혹시 예수님의 말씀대로 아무 짝에도 쓸모 없는 맛잃은 소금은 아닌가(마 5:13)? 불신자들도 교회의 지도자가 무엇이 잘못되었는지 보는 눈은 있어서, 그들이 교회를 비난의 눈초리로 바라보기 시작했다면 한국 교회의 미래는 어두울 수밖에 없다. 어느 원로 목사님의 말씀대로, 오늘의 한국 교회 지도자들이 가장 빠지기 쉽고 그 유혹을 경계해야 할 암적 존재가 있다면 그것은 바로 풍요/물질 지상주의라 할 수 있다. 이 풍요의 숭배에서 파생된 극단적인 물량주의와 유물론적 기복주의, 그래서 한국 교회의 예배가 개혁정신도 종말론적 소망도 윤리의식도 결여된 채, 불교 신도가 하듯 한낱 '비나이다, 비나이다'식의 기복 행위로 전락했다는 지적은 귀담아들어야 할 말이다.

그 외에도 바알 종교적 가치관에서 파생된 것들로서 개교회 중심적 이기주의, 권위주의, 형식주의, 교인들의 관능적 욕구를 채워 주기 위해 마련되는 각종 오락 프로그램들, 주로 대형교회 목사들이 빠지기 쉬운 자기 도취적인 일류병, 황제병/공주병, 열광주의, 인간의 우상화, 감투와 명예를 쟁취하기 위하여 금전수수(金錢收受)도 마다하지 않는 일부 교계 어른들의 명예/권세의 우상화, 은혜와 축복의 수단과 지름길이라는 명목으로 강요되는 여러 가지 마술적(magical) 기교 등, 이들 바알주의적 요소들로 인하여 한국 교회는 극심하게 오염되어 있다. 이스라엘과 교회의 역사를 통하여 우리가 배우는 한 가지 교훈이 있다면 그것은 이스라엘과 교회가 몰락했을 때 그 중요한 원인은 외부의 핍박이 아니라 내부의 부패였다는 사실이다. 그런 의미에서 바알 종교는 한국 교회가 가장 경계해야 할 내부의 적이다. 2천 년의 기독교 역사를 뒤로하고 또 다른 천년의 역사를 맞이한 세기의 전환점에서 한국 교회는 정신을 차리고(롬 13:11~14) 자기 자신의 위치를 다시 한번 확인해야 하며, 그 옛날의 선지자 엘리야처럼 일어나 교회를 내부로부터 와해

시키기 위해 침투한 바알 종교의 정체를 고발하고 박멸해야 할 중차대한 과제에 직면해 있다.[24)]

5. 바알 종교 관련 본문 주석

(1) 바알브올의 유혹(민 25:1~18)[25)]

① 본문 사역

본문 사역은 독자들이 본문의 본래 의미를 파악하는 데 도움을 주기 위하여 자의적 번역을 시도하였고, 아울러 맛소라 본문(MT)보다 사본(또는 역본)의 본문이 설득력이 있을 경우 후자를 택하였다. 괄호 안에 언급된 내용은 번역자가 독자의 이해를 돕기 위해 본문에 없는 것을 첨가한 것이다.

(1절) 이스라엘이 싯딤에 머물러 있을 때에 그 (이스라엘) 백성이 모압의 딸들과 음행하여 자신을 더럽혔다.[26)] (2절)그(여인)들은 그 (이스라엘) 백성을 자기들의 신들의 제사에 초청하였고 그 (이스라엘) 백성이 (제사 음식을)

---

24) 바알 종교에 대한 추가 정보로서 다음에 소개된 주석과 참고자료를 참조하기 바란다: 장영일, "바알브올의 유혹(민 25:1~18)", 교회와 신학, 제35호(1998. 겨울호), pp. 138~154.; "야웨의 선지자와 바알의 선지자", 교회와 신학, 제 40호(2000. 봄 호), pp. 112~132; 강성열, 성서로 보는 결혼 은유(성광문화사, 1998). M. J. Mulder, "Ba'al/בַּעַל", *Theological Dictionary of the Old Testament*, Vol. II, pp. 181~200; John Day, "Baal", *Anchor Bible Dictionary*, Vol. I, pp. 545~549.

25) 이 연구는 장신대가 주최한 제2회 목회자 아카데미(97. 7.1~4)에서 발표한 것을 수정 보완한 것임을 밝힌다.

26) 칠십인역(εβεβλωθη)을 따라, MT(맛소라 본문)의 바이야헬(וַיָּחֶל)을 바이예할(וַיֵּחַל)로 수정하여 읽었다. 유대인출판사(JPS)간 민수기 주석의 저자 밀그롬도 칠십인역을 따랐다. Jacob Milgrom, *The JPS Torah Commentary: Numbers* (Philadelphia: Jewish Publication Society, 5750/1990), p. 323.

먹었고 그녀들의 신들에게 절하였다. (3절) 이처럼 이스라엘이 브올의 바알[27](또는 바알브올)과 (멍에로) 연합되자 야웨께서 이스라엘에게 (코가 뜨거워져) 진노하셨다. (4절) 야웨께서 모세에게 말씀하셨다: "백성의 두령들[28] 모두를 잡아내어 그들을 야웨 앞에서 태양을 향하여 (나무에) 달라. 그래야 야웨의 불타는 진노(또는 코의 뜨거움)가 이스라엘에게서 떠나리라." (5절) 그러자 모세가 이스라엘의 사사(재판관[29])들에게 말하였다: "너희는 각기 각자의 (관할에 속한) 사람들 즉 브올의 바알에게 연합된 자들을 죽이라."

(6절) 그런데 보라, 이스라엘의 자손 중 한 남자가 한 미디안 여인을 데리고 그의 형제들에게 왔는데, (뻔뻔스럽게도) 모세의 눈 앞에서 그리고 이스라엘 자손의 온 회중의 눈앞에서, (무엇보다도) 그들(이스라엘 회중)이 회막(만남의 천막) 앞에서 (자신들의 죄 또는 야웨의 벌로 인하여) 통곡하고 있을 때였다. (7절) 제사장 아론의 손자 엘르아잘의 아들인 비느하스가 (이 장면을) 보고 회중 가운데서 (분연히) 일어나 그 손에 단창을 들고 (8절) 그 이스라엘 남자를 뒤따라 (천막의) 골방(alcove)에 들어가 그들 두 사람 곧 이스라엘 남자와 그 (미디안) 여자를 그녀의 배(자궁)에까지[30] (꿰뚫어) 찔렀

27) 연계형으로 되어 있는 이 어구의 문법적/자의적 번역은 '브올의 바알'(בַּעַל פְּעוֹר), 즉 브올 지방(민 23:28; 25:18; 31:16; 수 22:17)에서 섬기는 바알을 가리킨다. 그러나 이 용어가 고유명사로서 신명(神名)을 가리킬 때는 '바알브올'로 번역할 수 있다.

28) BHS 편집자는 '백성의 두령들'(רָאשֵׁי הָעָם)을 '백성 가운데 악인들을'(רִשְׁעֵי הָעָם)로 본문을 수정할 것을 제안하나 본문의 문맥상 MT를 택한다. 그 이유인즉 본문의 분위기는 의인과 악인을 구별하여 관련된 악인만 죽일 것을 명령하시는 차분한 숙고의 분위기가 아닌, 홧김에 이 백성의 탈선에 책임을 진 지도자들까지도 쓸어버리시겠다는 야웨의 진노의 분위기라고 보는 것이 더 타당하기 때문이다.

29) BHS는 사마리아 오경의 여러 사본들 및 칠십인역을 따라 MT의 '재판관들' (שֹׁפְטֵי)을 '지파들'(שִׁבְטֵי)로 수정할 것을 제안하나 우리는 본문의 문맥(4절의 '두령들'과의 연속성)을 존중하여 MT를 고수한다.

30) BHS 편집자는 시리아역(S)을 따라 '그녀의 배에까지'(엘 코바타/אֶל־קֳבָתָהּ)라는 어구의 본래 형태는 '그 골방에서'(박쿠바/בַּקֻּבָּה)일 가능성을 제시하나 정경적 입장에서 MT를 고수한다.

다. 그제야 이스라엘 자손 위에 (임했던) 염병(재앙)이 그쳤다. (9절) 그 염병으로 죽은 자는 2만 4천 명이었다.

(10절) 야웨께서 모세에게 (엄숙하게) 말씀하셨다: (11절) "제사장 아론의 손자 엘르아잘의 아들인 비느하스가 너희 가운데서 (홀로) 나의 질투심을 가지고 질투함으로써 이스라엘 자손으로부터 나의 진노(열화)를 돌이키게 하였고 내가 나의 질투심으로 그들을 끝장내지 않게 하였도다. (12절) 그러므로 나는 말(선포/맹세)하노라[31]. 보라 내가 그에게 나의 평화의 언약(계약)을 주노라. (13절) (이것은) 그와 그 후손에게 영원한 제사장 (직분의) 언약(계약)이니, 그가 그의 하나님을 위하여 질투함으로써 이스라엘 자손을 위하여 속죄한 대가로 주는 것이라."

(14절) 죽임(침)을 당한 이스라엘 남자의 이름 곧 미디안 여인과 함께 죽임(침)을 당한 자의 이름은 지므리(זִמְרִי)로서 시므온(지파)에 속한 종족의 족장인 살루의 아들이었고, (15절) 죽임(침)을 당한 여자 곧 미디안 여인의 이름은 코스비(כָּזְבִּי)로서 추르(צוּר)의 딸인데, 그(추르)는 (다름아닌) 미디안의 한 종족 곧 백성의 수령(족장)이었다.

(16절) 야웨께서 모세에게 (엄숙하게) 말씀하셨다: (17절) "너희는 미디안 사람들의 원수가 되어 그들을 치라. (18절) 왜냐하면 그들이 그들의 간계(속임)로 너희에게 원수가 되었기 때문인데, 곧 브올의 사건으로 그리고 그 브올의 사건 때문에 염병(재앙)이 일어난 그날에 죽임(침)을 당한 그들의 자매 미디안 족장의 딸 코스비 사건으로 그들이 너희를 (간교하게) 속였기 때문이다."

---

31) BHS 편집자의 제안을 따라 MT의 에모르(אֱמֹר)를 칼 미완료 1인칭 단수인 אֹמַר/(오마르)로 수정하여 읽는다. 칠십인역과 MT의 2인칭 단수 명령형은 야웨께서 비느하스 가문에게 새로운 언약(계약)을 선포하시는 본문의 문맥에 어울리지 않고 명령의 대상이 빠져있어 문법적으로도 어울리지 않는다. 한글 공동번역도 같은 입장이다. 특히 탈굼 요나단은 이 구절을 야웨께서 비느하스 가문에게 주는 맹세로 이해하였다. Jacob Milgrom, *op. cit.*, p. 216.

② 본문의 내용 구조

본문의 내용을 분석하면 다음과 같이 요약할 수 있을 것이다.

I. 사건의 전반부: 바알브올 사건, 야웨의 대응과 모세의 대응(1~5절)
  A. 바알브올 사건에 대한 개괄적 보고(1절):
    ㄱ) 사건의 때와 장소: 이스라엘이 싯딤에 머물 때(1a)
    ㄴ) 사건의 내용: 이스라엘이 모압 여인들과 행음함(1b)
  B. 바알브올 사건에 대한 구체적 설명(2절)
    ㄱ) 모압 여인들이 이스라엘(남자들)을 제사에 초청함(2a)
    ㄴ) 이스라엘 백성이 제사 음식을 먹고 그 신들에게 절함(2b)
  C. 사건의 의미 해석과 야웨의 대응(3~5절)
    ㄱ) 사건의 의미: 이스라엘이 (야웨 대신) 바알브올과 연합함(3a)
    ㄴ) 야웨의 대응:
      1) 대노하심으로 염병을 보내심(3b)
      2) 모세에게 지시함(4a)
      3) 지시 내용: 진노(염병)를 중단시킬 방책 지시(4b) 백성의 모든 두령을 회막 앞에서 태양을 향해 달 것
    ㄷ) 모세의 대응:
      1) 재판장들에게 지시함(5a)
      2) 지시 내용: 바알브올에게 연합한 자만 죽일 것

II. 사건의 후반부: 두 남녀의 음행, 비느하스의 충성과 야웨의 보상(6~15절)
  A. 두 남녀의 음행(6절)
    ㄱ) 음행의 내용:

1) 관련자: 한 이스라엘 남자와 한 미디안 여자(6a)
2) 관련자의 행동: 남자가 여자를 이스라엘 진(陣)으로 데려옴(6a)
3) 음행자의 대담성과 그 죄악의 해괴성:
ㄱ. 모세와 이스라엘 온 회중이 보는 가운데(6b)
ㄴ. 이스라엘 회중이 회막 앞에서 회개하는 와중에(6c)

B. 비느하스의 충성스런 행동(7~9절)
ㄱ) 비느하스의 신분: 제사장 아론의 손자이며 엘르아살의 아들(7a)
ㄴ) 비느하스의 행동:
1) 회중 가운데서 일어남(7b)
2) 손에 단창을 취함(7c)
3) 음행자의 뒤를 골방까지 따라감(8a)
4) 성교 중인 두 남녀의 배를 단창으로 꿰뚫음(8b)
ㄷ) 비느하스 행동의 결과:
1) 이스라엘 자손에게 임했던 염병이 중단됨(8c)
2) 추가 정보: 염병으로 인한 사망자 수 2만 4천 명(9)

C. 야웨의 칭찬/인정과 보상(10~13절)
ㄱ) 칭찬의 도입부: 야웨께서 모세에게 엄숙히 말씀하심(10절)
ㄴ) 야웨의 비느하스의 행동에 대한 의미 부여(11절)
1) 비느하스의 신분: 제사장 아론의 손자이며 엘르아살의 아들(11a)
2) 비느하스의 행동의 의미:
ㄱ. 야웨의 질투심을 대행함(11b)
ㄴ. 이스라엘을 향하신 야웨의 진노(염병)를 돌이키게 함(11c)
ㄷ. 이스라엘을 끝장내시려는 야웨의 계획을 중단시킴(11d)
ㄷ) 야웨의 보상:
1) 야웨의 보상 선언에 대한 안내(12a)
2) 보상의 내용: 비느하스와 평화의 계약을 맺으심(12b)

3) 보상의 의미: 그 후손의 제사장 직분의 영구성(13a)

4) 보상의 이유:

ㄱ. 그의 하나님을 위하여 질투함(13b)

ㄴ. 이스라엘 자손의 죄를 속죄함(13c)

D. 추가 정보: 사건 후반부에 관련된 남녀의 이름(14~15절)

ㄱ) 남자의 정체:

1) 미디안 여인과 함께 죽임을 당한 자(14a)

2) 이름: 지므리(14b)

3) 특기사항: 시므온 지파의 한 종족의 족장 살루의 아들(14c)

ㄴ) 여인의 정체:

1) 칼로 쳐죽임을 당한 미디안 여인(15a)

2) 이름: 코스비(15b)

3) 특기사항: 미디안의 한 종족의 족장인 추르의 딸(15c)

III. 미디안과의 전쟁 명령과 그 이유(16~18절)

A. 전쟁 선언의 도입부: 야웨께서 모세에게 명령하심(16)

B. 명령의 내용:

1) 이스라엘은 미디안의 원수가 될 것(17a)

2) 미디안을 진멸할 것(17b)

C. 전쟁 선언의 이유(18):

1) 원칙적 이유: 미디안이 먼저 간계로 이스라엘의 원수가 됨(18a)

2) 구체적 이유:

ㄱ) (바알)브올의 사건을 일으켜 이스라엘을 유혹함(18b)

ㄴ) 브올 사건으로 염병이 일어난 날에 코스비를 파송함(18c)

③ 본문의 문학/양식/전승 연구와 해석상의 문제점

지금까지 본문의 문학적 구조에 대한 주석가들의 연구 결과를 종합해보면, 우선 민수기 25장의 배도(背道)이야기는 시내산에서의 계약/언약 이후 가나안에 들어가기까지의 (40여 년간의) 기간에 발생하는 4개의 배도 시리즈(아론의 금송아지 사건/출 32장; 가데스에서의 정탐군 사건/민 13~14장; 고라의 반역사건/민 16장) 가운데 네 번째로 소개되고 있다. 그 내용과 구조(이스라엘의 배도와 야웨의 진노/심판)에 있어서 이 네 사건은 유사한데, 특히 아론의 금송아지 사건과 이 바알브올 사건은 더욱 유사하다.[32] 특히 본문은 민수기 31장에서 소개되는바 이스라엘의 미디안 공격에 대하여 근거를 제공하는 예고편이라 할 수 있다.

주석가들이 본문에 대하여 제기하는 문제는 내용의 통일성 문제로서, 특히 문서설 또는 전승사를 수용하는 주석가들은 사건의 전반부(1~5절)와 후반부(6~18절) 사이의 연속성에 의문을 제기한다. 즉 사건의 전반부(J/야웨 전승)와 후반부(P/제사장 전승)는 본래 별개의 문서 또는 전승으로서 마지막 제사장적 편집자(P)가 이 두 전승을 병합하여 오늘의 본문으로 발전하였다는 것이다. 그러한 주장의 근거로서, 우선 전반부는 모압 여인들과 이스라엘 전체 백성과의 관계를, 후반부는 한 미디안 여인과 한 이스라엘 남자의 관계를 다룬다는 것, 전반부에서는 J기자의 전형적 신인동형론적 표현(야웨의 분노, 3~4절) 및 관용어(הָעָם/그 백성, 1, 2, 4절)가 등장하고, 후반부에서는 P기자의 전형적 용어인 '회중'(הָעֵדָה, 6, 7절), '이스라엘 자손'(בְּנֵי יִשְׂרָאֵל/6, 8, 11, 13절), '제사장 아론'(7, 11절), '재앙/염병'(מַגֵּפָה, 8, 9, 17절), '속죄/대속'(11, 13절)의 개념 등이 언급된다. 특히 후반부에서 제사장적 편집자는 제2성전 시대 당시의 제사장의 최대 관심사인 비느하스

[32] 우선 이 두 사건에 있어서 바알신과 그 바알신의 상징인 송아지가 유사하고, 둘 다 이방인의 신을 숭배하는 것을 문제삼으며, 범죄자를 처형함으로 염병/재앙이 정지되며, 충성스런 공로자(레위인과 비느하스)에게 성직이 수여/보장되는 점이 비슷하다. J. Milgrom, *op. cit.*, p. 211.

의 후손의 제사장권을 옹호하고 있다는 점이다.

그러나 이와 같은 문서설 또는 전승/편집설은 본문의 앞뒤 문맥의 연속성을 고려할 때 그 신빙성이 무너진다. 무엇보다도 본문에 나타난 두 사건은 모세 당시의 국제정치적 여건을 고려할 때 서로 단절된 두 사건이 아니라 하나의 사건임이 분명하다. 당시 모압과 미디안은 동맹국 관계에 있었으므로 두 편의 사건으로 연속되는 이 사건에 모압 사람들과 미디안 사람들이 동시에 관련될 수 있었다. 또한 전반부에서 언급된 야웨의 진노는 곧 재앙/염병을 의미하는 바(신 29:20; 민 11:1; 16:22, 46~47; 25:4; 시 106:29) 후반부에서 언급되는 '재앙/염병'의 주제에 의하여 자연스럽게 연속됨을 가리킨다. 또한 본문의 전반부에서 암시되는 모세를 비롯한 지도자들의 무능 및 무책임성과 후반부에서 드러나는 비느하스의 충성스런 독립적 행동이 극적으로 비교되므로 본문을 앞뒤가 맞지 않는 두 자료/전승의 병합이라 볼 수 없다.

본문이 주석가들에게 제기하는 또 한 가지 문제는 곧 전반부 사건(1~5절)에서 엿보이는 내용의 불일치성이다. 즉 야웨께서는 모세에게 백성의 모든 두령들을 잡아내어 야웨 앞 곧 회막 앞에서 나무에 달아 처형하라고 명령하고 계신 데 반하여(4절), 모세는 사사(재판장)들에게 그 사사들이 속한 관할 구역내의 범죄자만을 찾아 죽이라(5절)고 말한다는 점이다. 이 불일치성에 대하여 어떤 주석가는 본래의 J자료는 야웨의 명령이 실행된 내용을 갖고 있었으나 P편집자가 P자료를 추가하는 과정에서 그 내용이 삭제되었을 것이라고 말한다. 그러나 우리는 진노 속에서 급하게 내려진 야웨의 명령이 실행될 경우 초래될 엄청난 파급효과를 심각하게 고려한 모세가 야웨의 명령은 이스라엘의 모든 두령들을 무조건 처형하라는 명령이 아니라 바알브올 사건에 관련된 사람만을 색출하여 처형하라는 뜻으로 재해석하여 전달했을 가능성을 중요시한다. 그러나 본문의 문맥에 의하면 결과적으로 야웨의 확대성 처형명령이든 모세의 축소성 처형명령이든 이 명령들이 실행된 것 같지는 않고, 이 명령이 실행될 필요도 없이 염병이 발생하여 관련된 범죄자들(2만 4천명)이 자동적으로 처형된 것처럼 보이다. 물론 고린도전서 10장 8절에서 바울이 언급한 바 2만 3천 명의 사망자 숫자가 모세가 야웨의 명령에 따라 처형한 1천 명을 제외한 숫자일 가능성도 배제할 수 없다.

본문에 대한 전승사적 연구결과 제시하는 또다른 문제는 다음과 같다. 즉 바알브올 사건은 본문 외에 구약에서 다섯 번(민 31:16; 신 4:3~4; 수 22:17~18a; 호 9:10; 시 106:28~31)이나 재차 언급되는데, 그때마다 그 내용이 약간씩 차이가 있다는 것이다. 우선 민수기 31:16에서는 미디안 여인들이 "발람의 꾀를 좇아 이스라엘 자손으로 브올의 사건에 야웨 앞에 범죄케 하여 야웨의 회중에게 염병이 일어나게 했다"고 말함으로써 바알브올 사건의 행동 대원이 모압 여인들이 아니라 미디안 여인들이라는 사실과, 이 사건이 발람의 작전에 의해 실시된 것임을 강조하고 있다. 그리고 신명기 4:3~4에서는 "야웨께서 바알브올의 일을 인하여 행하신 바를 너희가 목도하였거니와 바알브올을 좇은 모든 사람을 너의 하나님 야웨께서 너의 중에서 진멸하셨으되 오직 너희의 하나님 야웨께 붙어 떠나지 않은 너희는 오늘까지 다 생존하였느니라"고 말함으로써, 바알브올과 연합한 자만 모두 (염병으로든 처형에 의해서건 간에) 죽었고, 야웨께 연합한 자는 생존하였음을 강조하고 있다.

여호수아 22:17~18a에서는 "브올에서의 죄악으로 인하여 야웨의 회중에 재앙이 내렸으나 오늘날까지 우리가 그 죄에서 정결함을 얻지 못하였거늘 그 죄악이 우리에게 부족하여서 오늘날 너희가 돌이켜 야웨를 좇지 않고자 하느냐? 너희가 오늘날 야웨를 배역하면 내일은 그가 이스라엘 온 회중에게 진노하시리라"고 말함으로써, 바알브올 사건으로 초래된 이스라엘의 죄와 야웨의 형벌이 너무 중하여 당시의 염병으로 완전히 해결되지 않고 여호수아 당시까지도 지속되고 있음을 강조한다. 또한 호세아 9:10에서는 "저희가 바알브올에 가서 부끄러운 우상에게 몸을 드림으로 저희의 사랑하는 우상

같이 가증하여졌도다"라고 말함으로써, 호세아 당시에는 바알브올이 모압의 신의 이름이 아니라 신전 또는 지명으로 고정되어 있음을 반영하고, 또한 모압 여인과의 음행을 바알(우상)에게 몸을 드린 사건으로 설명하고 있다.

이 네 전승에는 한결같이 비느하스와 관련된 두 남녀의 이야기는 언급되어 있지 않는 것이 특징이다. 그러나 시편 106:28~31에서는 "저희가 또 바알브올과 연합하여 죽은 자에게 제사한 음식을 먹어서 그 행위로 주를 격노케 함을 인하여 재앙/염병이 그 중에 유행하였도다. 때에 비느하스가 일어나 처벌하니 이에 재앙/염병이 그쳤도다. 이 일을 저에게 의로 정하였으니 대대로 무궁하리로다"라고 언급함으로써 바알브올 사건과 비느하스 사건의 연속성을 제시하고, 특히 이스라엘 남자들이 모압 여인에게 초대받아 먹은 음식은 죽은 자에게 제사한 음식이며, 비느하스가 야웨로부터 받은 칭찬과 보상은 영원한 제사장 직분이라기보다 그의 의로움(צְדָקָה)임을 강조한다. 아마도 이 시의 저작 당시에는 비느하스(후손)의 제사장직의 정통성보다는 그들의 의로움이 도전받았을 수 있다. 이러한 관점에서 볼 때, 민수기 25장의 전승과 시편 106편의 전승은 거의 동시대적이고, 구태여 연대순으로 말한다면, 신학적 의미에서 후자가 전자를 재해석했을 가능성이 있으므로 전자가 후자보다 앞선 전승이라 할 수 있다.

본문을 비롯한 여섯 가지 전승들 사이의 관계는 각자의 내용의 독특성에도 불구하고 상호보완적이라 해야 할 것이다. 즉 전승들 사이의 내용의 차이는 하나의 전승이 시대와 장소에 따라 상이한 내용으로 발전하여 초래된 불협화음이라기보다는, 오히려 싯딤에서 모세 당시에 발생한 하나의 사건을 후대의 성서 저자들이 그 시대적 상황에 따라 재해석하고 설명함으로써 그 내용이 더욱 풍부해진 것으로 보아야 하며, 그런 의미에서 이 전승들 사이의 신학적 불일치성을 전제로 그 전승들의 발전과정을 추적하는 일은 무의미하다고 생각한다.

④ 본문 강해

(1절) **싯딤에 머물러 있을 때에**: 싯딤은 아벨싯딤(민 33:49)과 동일 장소로서, 사해의 북단에서 북쪽으로 6마일, 요단강에서 동쪽으로 7마일 떨어진 현재의 텔 엘 케프렌(Tell el-Kefrein)임이 분명하다. 이 지명 하나만으로도 바알브올 사건의 의미를 강조하기에 충분하다. 즉 이곳은 이스라엘 백성의 광야 여정 40년의 마지막 기착지이며 동시에 이제 이곳을 떠나 요단강을 하나만 건너면 그토록 기다리던 가나안 땅이 시작되는 곳이다.[33] 다시 말하면, 이스라엘은 광야생활이 끝났다 하여 유혹마저 끝난 것은 아니며, 어쩌면 이스라엘이 승리감에 도취하여 있을 때가 가장 유혹에 넘어지기 쉬운 때임을 가리킨다.

모압의 딸들과 음행하여: 이곳은 아모리 왕 시혼의 영토였으나 그 이전에 모압에 속한 땅이었으므로 여기에서 모압의 원주민들이 거주하며 바알브올의 축제를 벌이는 것은 이상한 일이 아니다. 여기에서 사용된 '자나'(זָנָה/'매춘행위를 하다, 간음하다')라는 동사는 근본적으로 남녀간의 육체적 음행을 가리키지만,[34] 성경 곳곳에서[35] 이스라엘이 야웨 하나님을 배반하고 이방신을 숭배하는 행위를 가리켰다. 즉 우상 또는 이방신 숭배를 영적 간음으로 본 것이다(고전 10:8참조). 이방종교의 풍요제의 절차에는 남녀 제사장 또는 성창/미동과의 성적 관계가 끼어 있었기에 이와 같은 표현이 나오게 되었을 것이다.

---

33) 이곳은 앞으로 이스라엘의 국부(國父)라 할 수 있는 모세가 죽기 전에 백성을 모아놓고 야웨와의 계약을 확인하면서 고별 설교(신명기)를 남길 모압 평지(신 1:5; 29:1)이기도 하다.

34) 창 34:31; 38:24; 레 17:7; 19:29; 20:5; 21:9; 신 22:21; 23:18; 수 2:1; 왕상 3:16; 사 23:17 등.

35) 출 34:15, 16; 레 20:5; 신 31:16; 삿 2:17; 8:33; 왕하 9:22; 대상 5:25; 렘 2:20; 3:1,9; 13:27; 사 47:3; 겔 16:15, 17, 20, 25, 28, 29, 41; 23:3, 7, 8, 14, 18, 19, 27, 29, 43; 호 1:2; 2:5; 3:3; 4:10, 13, 18; 5:3; 6:10; 9:1; 나 3:4 등.

(2절) **신들의 제사에 초청하였고**: 이스라엘 남자들이 모압 여인들의 초청에 응하여 바알브올 신전에서 거행된 바알(모압에서는 그모스[36])의 축제, 특히 이 축제의 절정이라 할 수 있는 성(sex)의 축제에 참여한 것이다. 야웨 신앙을 제외한 모든 이방종교는 다신교였고, 특히 바알 종교의 신년축제에서는 남녀 신들 간에 성행위를 하는 모습을 모방하여 그 남녀 신들을 대변하는 남녀 제사장 또는 성창/미동들과 성적으로 연합하는 의식 절차를 갖고 있었는데, 그 동기는 신들로부터 풍요를 전수받기 위해서였다.

백성이 먹었고…… 그녀들의 신들에게 절하였다: 신전에서 제사 음식을 먹고(시 106:28) 절 하는 행위는 바알 종교의 예배 절차 가운데 하나인데, 특히 제사 음식을 먹는 행위를 통하여 바알의 신도들은 신들과 한 식탁에 참여하여 친교를 나눈다고 생각하였다.

(3절) **이스라엘이 브올의 바알과 (멍에로) 연합되자**: 바알브올 또는 브올의 바알은 브올 지방(모압 산간지대의 한 도시)에 속한 바알을 가리킨다. 가나안의 도시들은 저마다의 바알신을 수호신으로 숭배했는데, 그때 관련된 지명을 첨가하여 불렀다(예, 바알므온/민 32:38; 바알갓/수 11:17; 바알핫솔/삼하 13:23; 바알스본/민 33:7; 바알하몬; 바알살리사; 바알하난 등). 차마드/צָמַד의 의미는 '함께 멍에를 메어 짝이 되다, 결합/연합하다, 묶이다'로서, 이 구절은 결국 이스라엘 백성이 바알의 성(性)축제에 참여함으로써 야웨와의 계약을 파기하고 바알과 계약을 맺어 연합한 것을 의미한다.

야웨께서…… (코가 뜨거워져) 진노하셨다: 여기에 사용된 히브리어(וַיִּחַר־אַף)는 문자적으로 '코가 뜨거워졌다'로 번역된다. 이것은 하나의 신인동형론적 표현으로써 야웨께서 얼마나 크게 진노하셨는가를 강조한다. 야웨 하나님은 인격자로서 한없는 사랑과 자비의 하나님이시지만 동시에 언약/계약의 배반자에 대하여는 참을 수 없는 질투의 감정을 느끼시는 하나님이심을 극적으로 반영하는 말이다.

(4절) **백성의 두령들을 모두 잡아내어**: 이 구절은 성도들이 우상종교에 빠

질 때 하나님은 먼저 지도자의 책임을 물으신다는 사실을 의미한다고 볼 수 있다. 그러나 또 한편 이 구절은 진노로 인하여 격앙된 야웨의 감정을 표현한 것이라고도 볼 수 있다. 그러므로 (5절에서) 모세는 (자신도 그 두령의 무리에 포함되므로) 이 명령을 액면 그대로 해석하지 않고 바알브올에게 관련된 사람들만 처형하라고 사사들에게 수정(?) 명령하는 것을 볼 수 있다. 야웨를 떠나 우상에게 마음을 빼기는 행동에 대하여 야웨의 질투와 분노가 얼마나 혹심한가를 가리킨다.

야웨 앞에서 태양을 향하여 (나무에) 달라: '야웨 앞'은 회막을 의미하므로 야웨께서 공개처형 또는 의식적(ritualistic) 처형을 지시한 것이라 해석된다. '태양'은 풍요의 신 바알을 상징하므로 '태양을 향하여'는 바알신에 대한 심판 또는 저주 행위를 지시한 것이라 할 수 있다. 야카아/יָקַע라는 동사의 히필형은 '나무에 달다'를 의미하므로 교수형(삼하 21:6,9) 또는 (먼저 돌로 또는 칼로 쳐죽인 다음) 그 시체를 나무에 달아매는(신 21:22~23; 수 10:26) 처형법을 지시했다고 볼 수 있다.

(5절) **이스라엘의 사사들**: 쇼페트/שֹׁפֵט는 문자적으로 '재판관/판관'을 의미한다. 출애굽기 18:21에 언급된 바 이스라엘의 재판관은 사법적인 기능과 군사적인 기능을 겸한 관리들로서 천부장, 백부장, 오십부장, 십부장을 가리킨다.

(6절) **그런데 보라**: 다음에 소개될 사건이 얼마나 크고 괴악한 것인가를 환기시킨 말이다.

미디안 여인: 갑자기 이야기의 중간에 미디안 여인이 등장했다 하여 이상하게 생각할 필요는 없다. 모압은 미디안과 동맹관계였다는 사실은 성서 저자가 누차 암시한 바 있다(민 22:4, 7). 이스라엘이 헤스본을 점령함으로 당대의 국제적 무역로인 왕의 대로가 끊기자 당시에 국제무역으로 이름을 떨치던 미디안인들이 모압과 동맹하여 이스라엘을 치려 했을 가능성이 있다. 이 두 연합국의 관리들은 발람을 초청하여 이스라엘을 저주하는 주술적 의

식을 거행하려 하였으나 실패하자 발람에게 최후의 작전, 즉 이스라엘로 하여금 야웨를 배반하도록 유혹할 수 있는 치명적 작전을 요구하였고, 이 발람이 제시한 간계에 따라(민 31:16) 두 동맹국의 여인들이 미인계의 도구로 동원되었을 것이다.

모세의 눈 앞에서…… 회중의 눈 앞에서: 이 구절에 대한 해석은 다양하다. 특히 바알브올 사건에서 엿볼 수 있는 모세의 소극적 대응에 착안하여 탈굼(Targum Jonathan)의 번역자는 지므리가 모세 앞을 지나가면서 '당신이 미디안 사람 이드로의 딸과 결혼한 자로서 이 미디안 여인과 관계하는 내게 대하여 무어라 말하겠소?'라고 말하였고, 이 말 앞에서 모세는 기절하였다는 설명을 첨부하고 있다. 그러나 이것은 지나친 주입식 주석이라 할 수 있다. 이 구절의 강조점은 그 두 남녀의 뻔뻔스럽기 그지없는 해괴한 행동에 있다고 보아야 할 것이다.

그들이 회막 앞에서 통곡하고 있을 때: 이미 회중에게 야웨의 진노의 표현으로서의 염병이 발생하기 시작하였음을 암시한다. 아울러 지도자 모세와 이스라엘 총회의 소극적 대응을 간접적으로 암시했다고 볼 수도 있다.

(7절) **비느하스가 보고……일어나…… 단창을 들고**: 모세를 비롯한 지도자들의 소극적인 대응과 첨예하게 비교되는 비느하스의 즉각적이고 민첩한 결단과 동작이 돋보인다. 그는 본래 제사장이 아닌 레위인으로서, 회막문에서 (아마도 문지기/수위로) 봉사하고 있었으므로 단창을 갖고 있었을 것이다(12~13절 강해 참조).

(8절) **(천막의) 골방(alcove)에 들어가**: 쿱바/קֻבָּה는 구약성서에 단 한 번 나오는 단어로서 베두윈의 천막의 가장 깊숙한 자리에 위치한 여인의 방을 가리킨다. 비느하스의 적극성을 반영한다. 우상문화는 그 뿌리까지 추적하여 박멸하지 않으면 다시 살아난다.

그녀의 배(자궁)까지: '배, 자궁'을 의미하는 코바(קֹבָה 또는 נְקֹבָה)는 앞에 언급된 쿱바와 음이 같아 저자의 언어놀이(word-play)가 엿보이는 단어다. 당대의 가부장적 문화권 속에서 이해할 때, 골방에서의 음행은 여인의 성기처럼 더러운 것임을 조롱한 것이다. 또 한편 비느하스의 이 잔인한(?) 행동은 성경의 보복법에 따라 '눈은 눈으로 이는 이로'의 원칙을 수행한 것임을 가리킨다고 할 수 있다.

(9절) **그 염병으로 죽은 자는 2만 4천 명이었다**: 이 숫자는 남자들 특히 전쟁에 나가 싸울 만한 나이의 장정들의 숫자로서 일개 사단병력에 해당하는 엄청난 규모이다. 미디안의 전략가들도 자신들의 전략이 이토록 엄청난 파괴력을 발휘하리라고는 예기하지 못했을 것이다. 신앙적 배신/배도가 얼마나 큰 손실을 초래하는가를 단적으로 보여 준 사건이다.

(10, 16절) **(엄숙하게) 말씀하셨다**: 다바르/דִּבֵּר(말하다)의 피엘형은 강조형이다. 힘주어, 엄숙하게, 그리고 강하게, 의미심장하게 선언하시는 야웨의 모습을 반영한다. 아마도 비느하스의 회막 앞에서의 동족 살해 행위, 즉 재판 절차를 거치지 않은 처형은 결코 용납받을 수 없는 또다른 범법 행위이므로 그의 그 범법 행위에 대한 야웨의 인준이 필요했을 것이다.

(11절) **나의 질투심을 가지고 질투함으로써**: 그 해괴한 음행을 목도하고서도 모두 잠잠히 바라보고만 있을 때, 비느하스는 야웨의 동맹자/패가 되어 야웨의 질투에 동감하고 그 질투를 대행하는 민감한 신앙인이었음을 야웨께서 칭찬하신 것이다. 전승사적으로 본문보다 약간 후대에 속하는 것으로 보이는 시편 106:28~31에서도 비느하스의 행동은 칭송의 대상으로 기억된다. 키네/קִנֵּא(질투하다)는 그 어원에 있어서 '얼굴이 극도로 붉어지다'를 의미하는데, 질투란 다분히 감정적인 것임을 암시하는 말이다.

(12~13절) **평화의 언약/계약…… 영원한 제사장 직분의 언약**: 야웨의 가장 친한 친구가 됨을 행동으로 고백한 비느하스에게 야웨의 샬롬(우정)의 언약(사 54:10; 겔 34:25) 곧 야웨께 가장 가까이 접근하여 섬길 수 있는 영광스런 제사장 직분을 영구히 보장하신 것이다. 여기에서도 야웨 하나님의 다분히 감정적인 인격성이 드러난다. 마치 좋아하는 친구에겐 무엇이든 다 주

고 싶어하는 사람처럼. 비느하스(פינחס)라는 이름은 히브리어로는 '놋쇠(נחס/나하스) 입(피/פִּי)'을 의미하지만, '모세'나 '아론'처럼 애굽식 이름임을 고려한다면 그는 흑인이었을 가능성이 있다. 왜냐하면, 애굽어로 '피느하스'는 '흑인'(Pi=the; Nehes=negro)을 의미하기 때문이다. 아마도 그는 아론 또는 엘르아살이 (아브라함이 애굽 여인 하갈과 결혼했듯이) 애굽 여인 또는 누비아(현재 수단)지역 출신의 흑인 여성과 결혼함으로써 태어났을 가능성이 있고, 어떤 이유에서건 그는 본래 제사장직에서 제외된 채 다만 레위인으로 회막에서 수종들던 사람이었을 가능성이 있다.

이스라엘 자손을 위하여 속죄한 대가로: 비느하스의 행동은 곧 죄를 짊어진 희생제물(여기서는 범죄중인 한 남자와 한 여자)을 죽여서 하나님께 바침으로 하나님의 죄인들에 대한 진노와 심판이 성취되게 하고, 그 결과 하나님의 심판을 멈추게 했을 뿐만 아니라 이스라엘을 전멸시킬지도 모르는 죽음의 염병에서 구속하였으므로, 엄밀한 의미에서 그는 제사장의 대속적 직책을 이미 수행한 것이었다. 그가 야웨께로부터 영원한 제사장 직분을 수여받은 것은 당연하다. 유형론적으로 비느하스는 예수 그리스도의 모형이고, 한걸음 더 나아가서 예수 그리스도는 인간이 받아야 할 하나님의 진노와 심판을 자신이 대신했다는 점에서 비느하스에 비교되지 않는 구속자의 원형이다.

(14~18) 바알브올 사건과 관련된 두 사람 중 하나는 이스라엘을 대표하는 족장 살루의 아들 지므리(זִמְרִי/노래/찬양하는 자)이고 하나는 미디안의 족장/왕(민 31:8) 추르의 딸/공주인 코스비(כָּזְבִּי/거짓말하는 자)이었다는 정보는 이 사건의 심각성을 부각시키고 있고, 이 사건이 미디안과 모압 당국의 전략적 흉계에서 비롯된 것임을 드러낸다.[37] 따라서 이러한 정보는 이스

[37] 이 사건이 모압과 미디안 당국의 전략적 흉계의 일환으로 초래되었다는 사실은 본문의 마지막 구절(18절) "……그들이 너희를 (간교하게) 속였기(נכלו) 때문이다"라는 말에도 암시되어 있다. 여기에서 사용된 동사 '나칼'(נכל)은 '간교하게 속이다, 사기하다'를 의미한다.

라엘과 미디안 사이의 전쟁이 불가피한 것임을 예고한다. 모압과 미디안의 지도자들은 발람의 작전을 따라 계교를 써서 바알브올 사건을 일으켰고, 특히 이 사건의 행동대원으로 미디안 족장의 공주를 선택함으로써 이 사건의 배후임을 입증하였기 때문이다.

⑤ 묵상과 결단을 위한 질문들

가) 기독교인의 일상생활 가운데서 마귀의 유혹을 받게 되는 때는 대개 어느 때인가?

나) 현대판 바알브올의 축제를 예로 든다면 어떤 것이 있으며, 당신은 이러한 축제에 초대받은 경험이 있는가? 있다면 그 초대받은 때는 언제이며, 그 축제의 내용은 무엇이었나?

다) 한국 교회가 현대판 바알주의 또는 바알 종교에 부속되었다면, 그것이 교회의 사치 향락주의이든, 아니면 풍요지상주의, 권위주의 또는 극단적 이기주의 이든지간에, 교회의 지도자들인 우리에게 하나님께서 물으시는 책임은 무엇일까?

라) 교회와 회중이 바알 종교에 부속되었을 때 우리로 하여금 모세처럼 무기력하게 그리고 소극적으로 대처하도록 만드는 요인은 무엇인가?

마) 한국 교회가 바알주의적 요소를 수용함으로써 하나님께서 우리에게 내리신 재앙은 어떤 것이 있나?

바) 우리는 비느하스처럼 한국 교회의 우상주의에 민감하게 반응하고 야웨의 질투심으로 질투하는가? 우리 또는 한국 교회가 야웨께 보여 드린 충성의 행동은 무엇이며, 그 결과로 얻은 하나님의 인정과 보상은 무엇이라 생각하는가?

사) 우리를 현대판 바알 종교에 부속되도록 유혹하는 현대판 미디안족의 궤계에 대항하여 전면적인 전쟁을 선포할 생각은 없는가?

(2) 야웨의 선지자와 바알의 선지자(왕상 18:16~40)[38]

① 본문 사역

본문 사역은 독자들이 본문의 본래 의미를 파악하는데 도움을 주기 위하여 문자적 번역을 시도하였고, 아울러 맛소라 본문(MT)보다 사본(또는 역본)의 본문이 설득력이 있을 경우 후자를 택하였다. 특히 초대교회의 성경이었던 칠십인역(LXX)을 가능한 한 자주 참조하였다. 괄호 안에 언급된 내용은 (절 수 표시를 제외하고) 번역자가 독자의 이해를 돕기 위해 히브리어 본문에 없는 것을 첨가한 것이다.

(16절) 오바드야/후(עֹבַדְיָהוּ)가 가서 아합/아흐아브(אַחְאָב)를 만나 보고 하니 아합이 엘리야/후(אֵלִיָּהוּ)를 만나러 왔다. (17) 아합이 엘리야를 보자 아합이 그에게 말했다: "이스라엘을 괴롭게 하는 자여, 이것이 너냐?" (18) 그(엘리야)가 말했다: "내가 이스라엘을 괴롭게 한 것이 아니라 당신과 당신의 아비 집이 (이스라엘을 괴롭게 하였으니), 이는 당신들이 **야웨[39]의 명령[40]**을 저버렸고 당신이 바알들을 좇아갔기 때문이요. (19) 그런즉 이제 (전령을) 보내어 온 이스라엘(자손)을 칼멜(כַּרְמֶל)산으로 나에게로 모아주시오, 그리고 (아울러) 이제벨의 식탁에서 먹는 바알의 선지자 450과 **아세라의 선지자 400[41]**도 함께."

---

[38] 이 글은 장신대가 주최한 제2회 목회자 아카데미(97 7. 1~4) 성경연구에서 발표한 것을 수정 보완한 것임을 밝힌다.

[39] 최근에 이르러 전통적 칭호인 '여호와'(Jehovah) 대신에 '야웨'(Yahweh)를 선호하고, 후자가 정확한 발음이라는 학자들의 주장에 대하여는 필자의 논문 "야웨 이름의 기원과 의미", 이스라엘의 경건과 학문, pp. 17~50을 참조하라.

[40] 칠십인역에서는 '야웨의 명령'을 '당신들의 하나님 주(야웨)'로 본문을 수정하나, 맛소라 본문(MT)을 견지한다.

[41] BHS 편집자는 '아세라 선지자 400명'을 본문에서 지워버릴 것을 제안한다. 이 편집자는 아세라 선지자가 갈멜산에서의 대결에 등장하지도 않고 살해당하지도 않기 때문에 후대의 추

(20) 그리하여 아합은 모든 **이스라엘 자손**[42]에게 (전령을) 보내었고 그 선지자들을 갈멜산으로 모았다. (21) 엘리야가 모든 백성에게 가까이 다가가 말했다: "언제까지 당신들은 두 가지(branches) 사이에서 절뚝거릴 것입니까? 만약 야웨께서 (참) 하나님이시면 그분을 좇고 만약 바알이 (하나님이)면 그를 좇으시오." 그러나 백성은 그에게 한 (마디) 말도 대답하지 아니하였다. (22) 그래서 엘리야가 백성에게 말했다: "야웨의 선지자는 나만 홀로 남았으나, 바알의 선지자는 **450명**[43]이나 되오. (23) 그런즉 수송아지 둘을 우리에게 주게하고 그들(바알선지자)은 자신들을 위하여 한 송아지를 택하여 각을 떠서 나무 위에 올려놓되 불은 놓지 말며, 나도 (남아 있는) **다른**[44] 송아지를 잡아 나무 위에 올려놓되 불은 놓치 않을 것이오." (24)(바알 선지자를 향하여) "그리고 당신들은 당신들의 하나님의 이름을 부르시오. 나는 **나의 하나님**[45] 야웨의 이름을 부르겠소. 불로 응답하는 신(神) 그가 (참) 하나님이 될 것이요." 그러자 모든 백성이 대답하여 말하였다: "그 말이 좋소."
(25) 엘리야가 바알 선지자들에게 말했다: "당신들은 (수가) 많으니 먼저 수송아지 하나를 선택하여 잡고 당신들의 신의 이름을 부르시오. 그러나 불은 놓지 마시오." (26) 그래서 그들은 (**그가 그들에게 준**)[46] 그 송아지를 취

가로 간주한다. 그러나 우리는 이제벨이 모종의 작전에 의해 엘리야의 제안과는 달리 아세라 선지자를 갈멜산으로 보내지 않았다고 생각하기 때문에 MT의 입장을 따른다.

42) 칠십인역에는 '자손'이라는 말이 생략되어 있다. 또한 여러 히브리어 사본에서 '이스라엘 자손' 대신에 '이스라엘 지역(גְּבוּל יִשְׂרָאֵל)'으로 씌여 있다.

43) 칠십인역에는 '그리고 아세라 선지자 450'이 첨가되어 있으나 우리는 MT를 견지한다.

44) MT에는 '하나의(הָאֶחָד) 송아지'로 되어 있으나 칠십인역에는 '다른(הָאַחֵר) 송아지'로 되어 있다. 문맥을 따라 칠십인역을 따른다.

45) '나의 하나님'은 MT에는 생략되어 있으나 칠십인역, 시리아역, 그리고 다수의 라틴역에 첨부되어 있다. 문맥을 따라 역본들을 따른다.

46) 이 어구는 칠십인역에 나오지 않고, BHS 편집자도 지워버릴 것을 제안한다. 우선 문법적으로 본문의 문맥에 어울리지 않는다.

하여 잡은 다음 그날 아침부터 정오까지 "바알이여, 우리에게 응답하소서" 라고 말하면서 바알의 이름을 불렀으나 아무 소리도 없었고 아무도 응답하지 않았다. 그러자 그들은 **그들이 만든**[47] 제단 주위에서 (**절뚝거리며**)[48] 춤추었다. (27) 정오가 되자 엘리야가 그들을 조롱하며 말했다: "큰 소리로 불러보시오, (당신들이 믿는 대로) 그가 神일진대, 깊은 사색에 잠겨 있는지,[49] 혹 그가 **용변을 보러 갔을지,**[50] 혹 그가 여행을 떠났는지, 아마도 그가 잠이 들어서 깨워야 할지 (누가 알겠소)."[51] (28) 그러자 그들은 (더) 큰 소리로 부르짖으면서 그들의 관습에 따라 그들의 (몸)위에 피가 흐르기까지 칼과 창으로 스스로 (몸을) 상해(傷害)하였다. (29) 정오가 지나자 그들은 소제를 드릴 때까지 **(황홀상태에서 미친듯이 고함치며) 예언하였다.**[52] 그러나 아무 소리도 없었고 아무도 응답하지 않았으며 아무런 기척도 없었다.

(30) 이때 엘리야가 모든 백성에게 말했다: "내게로 가까이 오시오." 모든 백성들이 그에게 다가오자 **그는 무너진 야웨의 제단을 고쳐 쌓았다**[53]: (31)

---

[47] MT에는 '그가 만든'으로 되어있으나 문맥에 맞지 않으므로 여러 사본과 역본을 따른다.

[48] 여기에서 사용된 단어는 파사흐(פָּסַח)의 피엘(강조)형으로서 '심하게 절뚝거리다, 뛰어오르다, 춤추다'를 의미한다. 21절에서는 이 동사의 칼형이 사용되었다.

[49] 공동번역 참조.

[50] 주석가들에 의하면, 이 말(שִׂיג/'뒤로 후퇴함')은 당대에 통용되던 일종의 완곡어법으로서 용변을 보러 가는 행위(סִיג)를 빗대어 표현한 것이다. 표준새번역은 이 구절을 '용변을 보고 있을지'로 번역하였다. John Gray, I–II Kings(OTL) (Philadelphia: Westminster Press, 1970), p. 388.

[51] 칠십인역은 이 부분을 다음과 같이 요약/번역하고 있다: "그가 명상하고 있는지, 아니면 아마도 그가 (바쁜) 사업에 종사하고 있는지, 아니면 아마도 그가 잠이 들어 깨워야 할지"

[52] 여기에서 사용된 용어는 나바아(נָבָא)의 히트파엘형으로서 고대 중동의 예언자들이 황홀경 또는 미친 상태에서 헛소리하며 고함치는 예언 행위를 가리킨다. 삼상 18:10; 왕하 9:11; 렘 29:26 참조. DeVries와 NRSV의 번역 ('they raved on')을 참조하라. 공동번역에서는 "그들은 신접한 모습으로 날뛰었다"로 번역하였다.

[53] 칠십인역(LXX)에서는 이 구절이 32절 상반절('그가 야웨의 이름으로 돌을 쌓고') 뒤에 배

엘리야는 야곱의 자손의 지파 수를 따라 열 두 돌을 취하였는데, 이 야곱은 (옛적에) "네 이름을 이스라엘이라 하리라"는 야웨의 말씀이 있었던 자였다. (32) 그는 그 돌들을 가지고 야웨의 이름을 위하여 **한 제단을**[54] 세운 다음 제단 둘레에 (곡식)종자 두 스아의 용량에 해당하는 (크기의) 도랑을 파고, (33) 이어서 나무를 벌여놓고 그 송아지의 각을 뜬 다음 나무 위에 올려놓고, (34) 말했다: "당신들은 통 넷에 물을 채워다가 번제물 위에 그리고 나무 위에 부으시오." (그리하니)[55] 그가 또 말했다: "다시 하시오." 그들이 다시 하니, 그가 말하기를, "세 번째 하시오"하여, 그들이 세 번째 그리했다. (35) 그러자 물이 제단 주위로 흘러서 마침내 도랑에도 물이 가득하게 되었

치되어 있다. 이와 같은 본문 수정에 있어서 칠십인역 편집자의 의도는 분명해 보인다. 즉 30절에서는 엘리야가 기존의 무너진 제단을 고쳐쌓았다고 말하고 32절에서는 하나의 새로운 제단을 쌓았다고 말하는 MT의 모순을 시정하기 위한 것이었다. 그래서 엘리야가 12개의 돌로 쌓은 제단은 결국 기존의 무너진 제단을 수축한 것에 불과한 것이라고 말한 것이다. 그러나 우리는 MT를 택한다. 비록 MT본문이 논리적으로 약간 앞뒤가 안 맞는다 할지라도, 본문이 있기까지 복잡한 전승사가 개입되어 있었음을 MT가 증언해 주기 때문에, 그 MT본문을 그대로 놔두자는 것이다. 우리는 단일 성소의 신학을 견지한 남왕국 유다의 입장과는 달리, 북이스라엘에서는 복수 성소 또는 복수 제단을 허용했다는 사실에 의거하여 (이 사실은 고고학적 증거에 의해서뿐만 아니라 성서 자체도 증언하는데, 단, 벧엘, 실로, 세겜 등지의 성소와 제단들이 이를 증거한다) 본래 갈멜산에도 야웨의 제단이 있었고, 이 제단이 바알주의자들에 의하여 파괴된 것을 엘리야가 재건하였다고 본다. 이 전승이 전해지는 과정에서 엘리야가 기존의 무너진 단을 재건했다는 전승과 그가 쌓은 제단은 새로운 제단이었다는 두 가지의 전승으로 발전하였을 것으로 보며, 후대(포로기 직전?)에 이 북이스라엘의 전승들을 편집한 남유다의 신학자 즉 신명기적 역사가(그는 하나의 중앙 성소와 중앙 제단 외에는 허용해서는 안 된다는 입장을 견지하는 신학자였다: 신 12:1절 이하)는 이러한 두 개의 상이한 전승을 재해석해야 할 필요성을 느꼈을 것이고 그 재해석 과정에서 약간 앞뒤가 안 맞는 현재의 본문이 초래되었을 것으로 보인다. 어쨌든, 32절에서 본문의 마지막 편집자(신명기적 역사가?)가 의도하는 바는, 엘리야가 한 새로운 제단을 쌓았다는 것이 아니라 기존의 무너진 제단을 어떻게 재건하였는지 설명하려는 것이었다고 볼 수 있다.

[54] 칠십인역에서는 문맥의 통일성을 위하여 이 단어를 삭제한다. 각주 53)을 참조하라.

[55] 칠십인역에 따라 이 말을 삽입한다. MT에는 이 말이 빠져 있다.

다. (36) 소제 드릴 때가 되자 선지자 **엘리야가 나아가서**[56] 말했다: "아브라함과 이츠하크(יִצְחָק)와 이스라엘의 하나님 야웨여, 오늘 당신께서 이스라엘 가운데 하나님이 되심과 제가 당신의 종이 됨과 제가 당신의 말씀대로 이 모든 일을 행하는 것임을 알게 하소서. (37) 내게 응답하소서, 야웨여, 내게 응답하소서. 이 백성으로 하여금 야웨 당신께서 하나님 되심과 당신이 그들의 마음을 뒤로 돌아서게 하는 분이심을 알게 하소서."

(38) 이때 **(하늘로부터)**[57] 야웨의 불이 떨어져 번제물과 나무와 돌들과 흙을 (태워) **삼켰고**[58] 도랑에 있는 물을 핥았다.

(39) 모든 백성이 (이것을) 보고 얼굴을 땅에 대고 엎드려 말했다: "야웨 그분이 하나님이시다; 야웨 그분이 하나님이시다."

(40) 엘리야가 그들에게 "바알 선지자들을 잡고 한 사람도 도망하지 못하게 하시오"라고 말하자 그들이 그들을 붙잡았고, 엘리야는 그들을 키숀(קִישׁוֹן) 시내로 끌고 내려가게 하여 거기서 그들을 쳐죽였다.

② 본문의 내용 구조

본문의 내용을 분석하면 다음과 같다. (하나의 문학 작품은 저자가 건설한 하나의 건축물이라 할 수 있는데, 이러한 내용 구조를 분석해 봄으로써 우리는 이 문학적 건축물의 전체적 구조뿐만 아니라 그 중심 기둥, 대들보, 대문의 위치 등을 확인하게 된다. 이와 같은 분석 작업을 통해 우리는 성경의 저자가 전하려 했던 중심 메시지가 무엇인지 그리고 그가 강조하려 했던 내용이 무엇인지 등을 효과적으로 파악하게 된다.)

---

56) 칠십인역에서는 이 말 대신에 "엘리야가 하늘을 향하여 큰 소리로 부르짖어"가 첨부되어 있다.

57) MT에는 언급되지 않는, 칠십인역에 나온 말을 추가하였다.

58) 여기에서 사용된 용어는 아칼(אָכַל)로서 문자적으로 '먹다, 삼키다'를 의미한다.

I. 대결의 준비(16~20절)

A. 아합과 엘리야의 만남(16~19)

1. 아합의 접근과 획책(16~17)

a. 아합의 접근(16)

b. 획책적 질문: "이스라엘을 괴롭히는 자여 네냐?"(17)

2. 엘리야의 답변(18~19)

a. 획책의 거부: "내가 이스라엘을 괴롭게 한 것이 아니라"(18a)

b. 역획책:

1) 이스라엘을 괴롭힌 자는 아합과 아합의 아비 집(18b)

2) 괴롭힌 방법:

a) 야웨의 명령을 저버림(18c)

b) 바알을 좇음(18d)

c. 대결의 제안(19):

1) 대결의 장소: 칼멜산

2) 대결의 참여자: 바알(450명)과 아세라 선지자(400명)

B. 아합의 동의와 바알 선지자 소집을 명령함(20절)

II. 대결 자체(21~38절)

A. 대결의 도입부(21~24)

1. 백성에 대한 엘리야의 호소: a. 질문: 어느 때까지 절뚝거릴 것인가(21a)

b. 권고: 야웨와 바알 중 결단하라(21b)

2. 백성의 반응: 침묵(21c)

3. 엘리야의 대결방법 제시와 백성의 동의(22~24a)

a. 대결의 분위기 설명: 1대 450의 대결(22)

b. 대결의 방법 제시:

1) 먼저 두 송아지 중 하나를 택할 것(23a)
2) 택한 송아지를 나무 위에 놓을 것(23b)
3) 나무에 불을 붙이지 말 것(23c)
4) 신의 이름을 부를 것(24a)
5) 불로 응답하는 신이 참 신임을 인정할 것(24b)
c. 백성의 동의: "좋다"(24c)
B. 대결의 내용(25~38)
1. 바알 선지자들의 의식과 기원(25~29)
a. 엘리야의 반복적 지시 사항:
1) 한 송아지를 택하여 잡을 것(25a)
2) 신의 이름을 부를 것(25b)
3) 나무에 불을 붙이지 말 것(25c)
b. 바알 선지자의 의식과 행동(전반부)(26)
1) 희생제사: 받은 송아지를 잡음(26a)
2) 기원:
a) 아침부터 정오까지 바알의 이름을 부름(26b)
b) 기도의 내용: "바알이여, 우리에게 응답하소서"(26c)
3) 광신적 행동:
a) 광신적 행동의 동기: 바알의 침묵(26d)
b) 광신적 행동의 내용: 단 주위의 절뚝 춤(26e)
c. 막간의 장면: 엘리야의 조롱(27)
1) 조롱의 시각: 정오(27a)
2) 조롱의 내용:
a) 바알 선지자들에 대한 조롱: 큰 소리로 부르라(27b)
b) 바알신에 대한 조롱(27c): "바알도 신이렷다": 사색 중인 바알; 용변 중인 바알; 여행 중인 바알; 취침 중인 바알

d. 바알 선지자의 행동(후반부) (28~29a)
1) 큰 소리로 부름(28a)
2) 자해 행위 묘사(28b):
a) 동기: 규례에 따라
b) 정도: 몸에 피가 흐르기까지
c) 자해 수단: 칼과 창
3) 광신적 예언행동(29a):
a) 시각: 정오부터 (저녁) 제사 때까지
b) 행동의 내용: 미친 듯이 소리침
4) 광신적 예언 행동의 결과: 무응답(침묵)(29b):
a) 아무 소리도 없음
b) 아무 응답자도 없음
c) 돌아보는 자도 없음
2. 엘리야의 제사와 야웨의 응답(30~38)
a. 제사의 도입부:
1) 제사에 백성을 초대함: "내게로 가까이 오시오"(30a)
2) 백성의 순종: 모든 백성이 엘리야에게 나아감(30b)
b. 제사를 위한 준비:
1) 무너진 제단의 재건 (30c~32a)
a) 제단 재건에 대한 안내의 말(30c)
b) 야곱의 아들들의 수대로 열두 돌을 취함(31a)
c) 열두 돌로 단을 쌓음(32a)
2) 도랑을 만듦(32b):
a) 도랑의 위치: 제단의 주위
b) 도랑의 크기: 곡식종자 3스아를 용납할 정도
3) 각을 뜬 송아지를 제단 나무 위에 올려놓음(33a)

4) 번제물과 나무에 물을 부음(33b~35)
a) 물의 용량: 4통 × 3회 = 12통
b) 물부음의 결과: 단 주위로 흐른 물이 도랑을 채움
c. 엘리야의 기도(36~37)
1) 기도의 때: (저녁) 제사드릴 때(36a)
2) 기도의 자세: 단으로 나아가 말함(36a)
3) 기도의 내용(36b~37)
a) 야웨 이름을 부름: "아브라함과 이츠하크와 이스라엘의 하나님 야웨여"(36b)
b) 백성을 위한 3가지 간구(중보기도)(36c)
(1) 야웨께서 이스라엘의 하나님 되심을 알게 하소서
(2) 엘리야가 야웨의 종됨을 알게 하소서
(3) 엘리야가 야웨의 말씀대로 행하는 것을 오늘 알게 하소서
c) 야웨를 부름과 응답의 간구(37a): "야웨여, 내게 응답하소서"(2회)
d) 백성을 위한 2가지 간구(중보기도)(37bc)
(1) 야웨께서 (참) 하나님이심을 알게 하소서
(2) 야웨께서 그들의 마음을 돌이키게 하는 분임을 알게 하소서
d. 기도의 결과로서의 야웨의 응답(38)
1) 야웨의 불이 (하늘에서) 내려옴(38a)
2) 번제물과 나무와 돌과 흙까지 태움(38b)
3) 도랑의 물을 핥음/말림(38c)

III. 대결의 결과(39~40)

A. 백성의 시인과 고백:
  1. 현현 장면을 봄(39a)
  2. 땅에 엎드림(39a)
  3. 신앙을 고백함: "야웨 그가 (참) 하나님이시다"(2회)
B. 바알 선지자를 처형함(40):
  1. 엘리야의 명령(40a):
    a. 바알 선지자를 붙잡을 것
    b. 한 사람도 도망치지 못하게 할 것.
  2. 백성의 순종(40b)
  3. 처형(40c):
    a. 처형의 장소: 키숀 시내
    b. 처형의 방법: 엘리야가 (칼로) 쳐죽임

③ 본문의 문학/양식/전승 연구와 해석상의 문제점

본문은 사건중심 묘사보다는 극적인 대화를 부각시켜 독자들로 하여금 이야기 자체를 통하여 긴장과 감동을 느끼게 하는 한편의 수준 높은 문학이다. 이 문학에는 고발과 역고발, 응답과 침묵, 야유와 호소, 독백과 절규, 확신과 고독 등의 대립적 상황을 반영하는 말들이 변화있게 구사되어 있다. 이 문학이 다분히 드라마틱하다고 말할 수 있는 이유는, 우선 장면의 전환에 있어서 그렇고, 450대 1의 대결이라는 점에서 더욱 그러하다. 점진적으로 절정을 향하여 상승하다가 절정이 지난 후 신속히 막을 내리는 이 문학의 구성은 탁월하다. 이 문학의 저자는 보통 사람들이 다루기 힘든 신학적 주제 가운데 하나인 '야웨가 참 하나님이다'(='엘리야')라는 주제를 칼멜산 대결이라는 극적 사건을 매개로 한치의 착오도 없이 독자들에게 이해시킨 훌륭한 문학가임이 분명하다.

본문의 문학적 양식에 대하여는 대체로 두 가지의 견해가 제시되었다. 먼저, 대개의 주석가들은 본문을 '전설적 예언자 이야기'(a prophetic legend)로 분류한다. 이 이야기는 예언자 엘리야의 영웅적(?) 승리를 말하고 있기 때문이다. 이와 같은 예언자와 관련된 흥미있고 감동적인 이야기(전설)는 주로 (엘리사를 중심한) 예언자들의 무리 가운데서 회자되고 보존되다가 역사가의 자료수집을 통하여 문서화되었을 것으로 생각한다. 이와 같은 전설적 예언자 이야기는 그 의도와 목적에 있어서 예언자들이 '하나님의 사람'으로서의 자신들의 권위와 정통성을 옹호하기 위해 씌여진 일종의 변증론(apologetics)일 가능성이 있다(S. J. DeVries).

본문의 양식사에 대한 또다른 견해는, 본문은 일종의 '기원론'(aetiology)에 속한다는 것이다(R. Smend, M. Noth). 이 이야기는 칼멜 성소의 기원과 그 정통성을 옹호하는 성소 기원론일 수도 있고(A. Alt), 무엇보다도 본문의 주인공인 '엘리야'('야웨가 하나님이시다')의 이름의 뜻과 본문의 절정에서 고백되는 백성의 환호('야웨 그분이 하나님이시다')가 일치하는 것을 보아서 엘리야라는 이름의 기원론이라는 것이다. 대개의 이스라엘의 예언자는 '누구 누구의 아들'로 소개되는데,[59] 엘리야만큼은 '디셉 사람 엘리야'라고만 소개될 뿐 그의 부친이나 조부의 이름이 소개되지 않으며, 그런 의미에서 그의 이름은 본명이 아니고 일종의 별명이라고 볼 수 있는데, 본문은 그의 별명이 어떤 경위에서 생겨나게 되었는가를 밝히는 기원론이라는 것이다. 엘리야의 이름이 본명이든 별명이든간에, 엘리야라는 사람은 오로지 '야웨가 (참) 하나님이심'을 증거할 사명을 받은 이래 이 진리를 온몸으로 생명을 걸고 증거한, 아마도 신명기적 역사가가 모세와 여호수아 다음으로 (세 사람 모두 열두 돌로 제단을 쌓은 기록을 갖고 있음) 열광적으로 대서특필하고 싶었던 이스라엘의 대표적 신앙 영웅이요 지도자이었음에 분명하다.

주석가들이 본문을 해석하면서 씨름해야 했던 문제들은 다음과 같이 요약

[59] 아모스의 아들 이사야, 힐기야의 아들 예레미야, 사밧의 아들 엘리사 등이 좋은 예이다.

할 수 있다. (이 문제들에 대한 필자의 해석은 본문 강해에서 제시될 것임)

(1) 19절에 단 한 번 언급되는 400명의 아세라 선지자의 정체는 무엇인가? 이들은 후대의 편집자가 삽입한 것인가, 아니면 이제벨의 정치적 작전에 의해 칼멜산 대결에 불참하였는가? 아니면 엘리야와의 대결에 참여하였으나 엘리야가 이들만은 살려주었는가?

(2) 대결 장소로서 칼멜산을 선택한 엘리야의 동기는 무엇이며, 칼멜산에서 숭배를 받은 바알신의 정체는 무엇인가?

(3) 바알 종교의 제사의식은 어떤 것이었으며, '제단 주위에서 절뚝거리며 춤추는' 것(26절)과 그들의 자해 행위의 관습(28절)과 황홀 상태에서 미친 듯이 예언하는 행위(29절)는 무엇을 가리키는가?

(4) 엘리야가 쌓은 단은 기존의 허물어진 단을 재건한 것인가, 아니면 새로 쌓은 단인가?

(5) 37절 하반절('야웨는 백성의 마음을 뒤로 돌아서게 하는 분')의 의미는 무엇인가? 백성들로 하여금 야웨를 배반하게 하신 분이 야웨라는 말인가, 아니면 야웨는 백성들로 하여금 회개케 하시는 분이라는 말인가?

(6) 37절의 '야웨의 불'은 어떤 것이었나? 칠십인역의 해석대로 구름 한점 없는 하늘에서 떨어진 불이었나, 아니면 구름의 충돌로 발생한 번갯불이었나, 아니면 (어떤 주석가가 주장하듯) 엘리야가 은밀히 사용한 나프타였나?

(7) 칼멜산의 대결 이야기는 어디서부터 시작하여 어디에서 끝나나? 본문의 문단은 19절부터 40절까지(DeVries), 아니면 1절에서 46절까지(Gray, Jones, Long, Snaith), 아니면 20절에서 40절까지인가(Montgomery)? 이 이야기는 가뭄 이야기 중간에 삽입된 별도의 자료인가?

④ 본문 강해

(17절) **이스라엘을 괴롭게 하는 자여**: 똑같은 동사(아카르/עָכַר, '고통을 주다')가 '아골/עָכֹר 골짜기'라는 용어에도 사용되었다(수 6:18; 7:25). 아합

은 그 옛날 아간 한 사람의 범죄로 야웨의 저주가 전 이스라엘에게 임하였던 것처럼, 엘리야 한 사람이 바알 종교를 배척하여 (비의 신) 바알이 진노하심으로 가뭄이 임했고, 그 결과 전 이스라엘이 고통 속에 처하게 되었다고 엘리야를 비난하고 있다.

(18절) **당신과 당신의 아비의 집이 (이스라엘을 괴롭게 하였으니)**: 선지자 엘리야의 담력과 용기가 집약된 표현이다. 당시에 국민이 왕을 질책하는 죄는 사형에 해당했다(출 22:28; 왕상 21:13).

바알들: 바알의 이름이 복수로 표현된 것은 각 지역마다 이름이 다른 바알 신을 숭배하였기 때문이다. 예를 들어 브올에서 섬긴 바알은 '바알브올'로, 핫솔에서 섬긴 바알은 '바알핫솔'로 불리었고, 그 외에도 아모리족과 아람인들이 섬긴 바알은 '바알하닷'으로, 이제벨의 고향 두로와 시돈 지방에서 섬긴 바알은 '바알멜카르트'(Melqart)로, 칼멜산에서 섬긴 바알은 '바알칼멜'로, 라스샤므라에서 섬긴 바알은 '바알샤멤'(Shamem)으로 불리었다.

(19절) **이제벨의 상에서 먹는**: 이세벨은 850명의 바알 선지자들을 궁중의 경비로 먹여살리고 있었을 만큼 열성적 바알 종교 후원자였다. 왕궁의 식탁에 초대받을 만큼 바알과 아세라의 선지자들은 이세벨과 아합에게 존귀히 여김을 받았다. 이제벨(אִיזֶבֶל)의 본래 이름은 이제불(אִיזֵבוּל)이었을 것으로 보인다. 바알 종교를 혐오한 야웨주의자들이 본래의 이름('제불/왕이 어디 계신가')을 언어의 유희를 통해 이제벨(제벨/데벨/염소똥이 어디 있는가?)로[60] 바꾸어 부름으로써 간접적으로 바알 종교를 조롱하였다고 볼 수 있다. 이와 같은 반바알 종교적 언어의 유희는 바알세불('바알이 왕이시다')을 바알제붑('파리들의 바알/주인')으로, 이스바알('바알의 사람')을 이스보셋('수치의 사람')으로, 므립바알을 므비보셋으로 고쳐부른 여러 사례에서도 엿볼 수 있다. (일부 냉소적 한국인들이 지하철을 지옥철로, 핵주먹을 핵이

60) Gale E. Yee, "Jezebel", *ABD*. Vol. III (Doubleday, 1992), p. 848.

빨로, 노태우를 물태우로 부르는 것과 비슷하다).

아세라 선지자 400(명): BHS 편집자는 이 어구를 지워버릴 것을 제안하나 우리는 MT를 견지한다(**각주 41** 참조). BHS 편집자는 최근에 대두된 가설,[61] 즉 아세라는 야웨의 배우자로서 이스라엘 백성들이 아무 꺼리낌없이 인정하던 신이었고, 그런 의미에서 엘리야가 칼멜산 대결에 이들을 포함시키지 않았을 것이라는 가설을 존중하여 본문에서 이 어구를 삭제할 것을 제안하는 것으로 보인다. 우리는 아마도 이제벨이 아합의 명령을 거부할 수 없어 바알 선지자는 칼멜산에 보내면서도 만약의 경우를 대비하여 아세라 선지자 400인은 칼멜산에 파송하지 않았을 것으로 보인다. 왜냐하면 갈멜산 대결 이후에도 (예후 때까지도) 여전히 바알 종교는 이제벨과 이들의 주도하에 부흥하고 있었고 이스라엘의 정치/군사권을 장악하고 있기 때문이다.

칼멜산으로: 엘리야가 칼멜산을 세기의 대결 장소로 선택한 데는 그럴 만한 이유가 있었던 것으로 보인다. 역사학자들의 견해에 의하면, 칼멜 지역은 다윗 이전까지 페니키아의 영토에 속했으며, 그후 솔로몬 때에 두로 왕 히람에게 성전 건축 지원의 대가로 돌려준 가불 땅(왕상 9:11~13)이었고, 다시 아합이 (아람의 패권주의를 공동으로 저지하기 위해) 두로 왕 엣바알과 동맹하고 그 딸 이제벨과 결혼할 때(왕상 16:31) 두로 왕으로부터 선물로 하사받은 땅이었다는 것이다. 이스라엘로 시집온 이제벨은 본래 두로에서 바알과 아세라의 여제사장이었는데, 그녀는 이스라엘에서 바알 종교를 부흥시키기 위하여 바알과 아세라 신학교를 세우고 두로로부터 권위(?)있는 바알 선지자들을 초빙, 주로 사마리아와 칼멜산 성소에 배치하였다는 것이다. 칼멜산이 바알 종교의 중심지가 된 것은, 우선 이 지역이 두로와 경계를 이루는 국경지대였고, 또한 칼멜산의 울창한 상수리나무 숲은 다산의 신 바알을 상징할 뿐만 아니라, 가나안에 비가 올 경우 제일 먼저 칼멜산에서부

---

[61] Saul M. Olyan, *Asherah and the Cult of Yahweh in Israel* (Atlanta: Scholars Press, 1988).

터 시작되어 명실공히 바알 종교의 교리를 상징적으로 대변하는 장소였기 때문이었다. 엘리야는 칼멜산을 대결의 장소로 지정함으로써 그야말로 바알 종교의 본부로 쳐들어 간 것이라 할 수 있다.

(21절) **언제까지 두 가지 사이에서 절뚝거릴 것입니까?**: 여기에서 사용된 용어 파사흐(פָּסַח)는 한 발을 절었던 요나단의 아들 므비보셋에게 적용된 단어이며(삼하 4:4), 아랍인들은 이 용어를 성지순례에 참가한 자들이 제단 주위를 돌 때 무릎을 낮추고 쪼그린 자세로 춤추는 모습을 표현하는 데 사용하였다. 똑같은 단어의 피엘형이 26절에 '절뚝거리며 춤추다'의 의미로 사용되고 있다. 이 표현을 통하여 엘리야는 이스라엘 백성들이 한 발로는 야웨의 길을, 또 한 발로는 바알의 길을 따라가느라 (병신이 되어) 바로 걷지 못하고 절뚝거리는 모습을 비꼬았다고 볼 수 있고, 더 나아가서 26절에서의 바알 예언자의 의식적 춤과 마찬가지로 양다리를 걸친 이스라엘의 삶이 불안정하고 무익한 것임을 암시하고 있다. 엘리야는 여기에서 예수와 재물을 겸하여 섬기려는 오늘의 성도들의 어리석음과 불안정한 모습을 예고했다고도 볼 수 있다.

(22절) **나만 홀로 남았으나**: 엘리야 자신의 고독을 강조한 말이다. 또한 이 말은 때때로 의인이 세상 모든 사람이 타락했고 자기 혼자만 의롭고 경건하게 살고 있다는 착각에 빠질 수가 있음을 암시한다. 오바댜는 엘리야 외에도 100명의 야웨주의자가 이제벨의 학살을 피하여 은둔생활 중임을 엘리야에게 주지시켰으나(18:4), 엘리야는 이 말을 인정하려 들지 않는다.

(23, 25절) 여기에서 우리는 야웨의 살아계심에 대한 확신 속에서 바알 선지자에게 우선적 선택권을 양보하는 엘리야의 신앙과 행위를 엿볼 수 있다. 하나님이 살아계시고 그분이 나의 기도를 들으신다는 확신만 있으면 세상사에 겁날 것도 없고 양보 못할 것도 없다. 또 한편 엘리야는 바알 선지자로 하여금 두 송아지 중 하나를 먼저 고르게 하고 자신은 그 나머지 것을 사용함으로써 (후에) 자신들의 제물이 적당치 않았다든지 또는 엘리야의 기만술에

속았다든지 등의 딴소리를 못하도록 예방조치를 취했다고 볼 수 있다.

(24절) **불로 응답하는 신 그가 (참) 하나님이 될 것이오**: 엘리야는 과거 신앙의 열조들의 제단에 내렸던 불의 역사, 즉 아벨의 제단(창 4:4), 아론과 모세의 제단(레 9:24), 다윗의 제단(대상 21:26), 솔로몬의 제단(대하 7:1)에 내린 하나님의 불에 대하여 알고 있고, 자신도 그 목록에 포함될 것을 확신한다.

(26절) **아침부터 정오까지**: 무려 세 시간 이상을 부르짖어도 바알은 침묵하였다. 백년을 부르짖어도 존재하지 않는 거짓 신 바알은 대답하지 못할 것이다. 뒤에 언급되는 엘리야의 기도에 야웨는 즉각적으로 응답하심으로 바알과 야웨는 극적으로 비교된다.

제단 주위에서 절뚝거리며 춤추었다: 이 행동은 고대 바알 종교의식의 일부요 관행으로서의 의식적 춤(a ritual dance)이었을 것으로 보이며(Rosenberg), 이 관행은 예루살렘 성전에서(시 26:6) 그리고 메카의 회교도 성지에서도 실시된 것으로 보아 의심의 여지가 없다.

이 춤의 동태에 대하여는 21절 강해를 참조하라. 여기에 사용된 전치사 알(עַל־)은 '주위에서, 옆에서, 앞에서, 위에서' 등의 다양하게 번역될 수 있으나, 우리는 회교도들의 관행을 참고하여 '제단 주위에서'로 번역하였다.

(28절) **피가 흐르기까지…… 스스로 상해하였다**: 바알 종교 의식에서 자해 행위는 일종의 감응마법(sympathetic magic)에 속한다. 즉 피는 생명의 본질로서 피를 배출하는 인간의 행위를 내려다본 바알과 아세라/아낫이 감응을 받아 생명의 본질인 비를 내려주게 된다는 원리에 의한 마법이다. 이 의식은 또한 바알신과 바알 선지자 사이의 (피로 맺어진) 결속관계를 확인하는 것으로서, 바알 선지자가 바알에게 바치는 충성의 극단적 표현이었다. 우리를 구원하시기 위해 독생자를 희생시키신 참 하나님을 믿는 우리로 하여금 자신을 돌아보게 하는 장면이라 할 수 있다.

(29절) **정오가 지나자…… 소제를 드릴 때까지 (황홀 상태에서 미친 듯이**

고함치며) 예언하였다: 바알 종교 의식의 절정을 보여 주는 대목이다. 여기에 사용된 용어에 대하여는 각주 52을 참조하라. 오후의 소제는 오후 3시에 드렸으므로 무려 3시간 동안 황홀경 속에서 고함치고 헛소리를 지른 것이다. 이것이 소위 바알 종교가 말하는 예언/진언의 정체임을 본문의 저자는 가르치고 있다.

아무 소리도…… 아무도 응답하지 않았으며 아무런 기척도 없었다: 26절에서 한 말('아무 소리도…… 아무도 응답하지 않았다')을 점진법에 의하여 재차 강조한 것이다. 거짓 신 바알 또는 우상에 대한 집착은 하면 할수록 실망과 좌절과 공허감만 높아질 뿐 풍요로운 삶에 전혀 무용지물임을 강조한 것이다.

(30절) **무너진 야웨의 제단**: 이 구절에 대하여는 각주 53를 참조하라.

(31절) **열두 돌**: 엘리야는 여기에서 제2의 모세 또는 제2의 여호수아로 자처한다고 볼 수 있다. 마치 모세가 시내산에서 열두 돌기둥을 세움으로써(출 24:4) 야웨와 이스라엘간의 계약관계를 수립한 것처럼, 그리고 여호수아가 요단강을 건넌 후 가나안의 첫 도시인 길갈에 열두 돌을 세운 것처럼(수 4:20), 엘리야는 이 갈멜산 사건을 이스라엘 역사의 새로운 전환점으로 삼아 야웨와의 계약을 갱신하고 새로운 이스라엘로 출발하는 계기로 삼으려는 것이다. 아울러 백성들 앞에서 과거의 열두 돌로 세워진 제단을 보여 줌으로써 열 지파와 두 지파로 나누어진 북이스라엘과 남유다가 이제 야웨신앙 안에서 하나가 되어야 함을 의미했다고도 볼 수 있다. 남북의 통일 이전에 신앙공동체인 교회의 통일이 우선되어야 함을 암시한다.

(32절) **곡식종자 두 스아의 용량**: 1에바는 3스아에 해당하고 1에바는 고체량 22리터에 해당하므로, 엘리야가 제단 주위에 판 도랑은 약 14.6리터의 물을 담을 만한 크기였다고 볼 수 있다.

(34절) **통넷에 물을 채워다가 번제물 위에 그리고 나무 위에 부으시오**: 엘리야는 여기에서도 23, 25절에서와 마찬가지로 바알 예언자들의 사후 변명

을 미리 불식시키려는 것이다. 즉 엘리야가 술책을 써서 나무에 불을 붙였다든지, 그의 나무는 자신들이 사용한 나무와 달랐다든지 등의 변명을 그는 예견한 것이다. 아울러 하나님이 능력에 대한 엘리야 자신의 확신을 극명하게 보여 주는 장면이기도 하다. 젖은 나무에 불을 붙이는 것은 하나님을 최악의 상황으로 몰아넣는 행위이고, 이를 통하여 엘리야는 최상의 현현을 기대한 것이다. 엘리야는 꿈이 큰 사람이다. 또한 백성들로 하여금 물을 길어다 붓게 하는 것은 그들로 이 사건의 산 증인이 되게할 뿐만 아니라 사건의 목격자로서 야웨의 하나님 되심을 믿게 하려는 것이다. 12통의 물(4통 × 3회)은 열두 지파로 형성된 지파 공동체를 상징한다. 이 지파 공동체는 야웨와의 계약으로 탄생하였고 생존하는 것임을 상기시킨 것이다.

(36절) **소제드릴 때가 되자**: 미쉬나에 따르면, 제2 성전시대의 오후 소제의 때는 제9시, 즉 현재의 오후 3시에 해당한다. 이때는 야웨께서 이스라엘을 만나기로 지정한 제사의 때로서 결정적 순간이며, 엘리야는 이 시각을 놓치지 않았다.

아브라함과 이츠하크와 이스라엘의 하나님 야웨여: 야웨의 정체성에 대한 엘리야의 신앙고백이며, 동시에 그가 이스라엘의 신앙전통 위에 서있는 자임을 보여 준다. 신앙적 전통을 수호하는 것은 신앙공동체 뿐만 아니라 개인의 생존과도 직결되는 문제이다.

(36~37) **엘리야의 중보기도**: 엘리야의 기도의 특징은 철저히 하나님의 영광과 백성의 회개를 위한 중보기도였다는 점에 있다. 지도자의 기도의 내용이 무엇이어야 하며 야웨는 어떤 내용의 기도를 즉각적으로 응답하시는가를 보여 주는 구절이다.

내가 당신의 종 됨: 선지자의 목회활동에 있어서 하나님의 종으로서의 권위는 중요하고 목회자가 반드시 하나님께 간구해야 될 기도제목이다. 그러나 이 권위는 스스로 세우는 것이 아니라 하나님과의 깊은 관계를 통해 하나님이 세워주시는 것이어야 한다.

그들의 마음을 뒤로 돌아서게 하는 분: 이 말은 재해석이 필요한 말이다. 히브리어의 강점 중에 하나는 의역에 대한 개연성이다. 야웨께서는 백성들로 하여금 회개케 하시는 자비의 하나님임을 고백한 것이다. 회개도 하나님이 은혜를 베푸셔야 가능하다.

(38절) **야웨의 불**: 여러 주석가들이 이 야웨의 불의 정체에 대하여 논의하였다. 이 불은 번개였다는 주석가도 있었고(Gray), 엘리야가 둥근 구리거울을 이용하여 태양빛을 모아 붙인 불이였다는 해석도 있었다. 그러나 본문의 문맥이 제시하는 바, 당시 하늘에는 구름 한점 없었고, 엘리야가 나무에 물을 붓게 하였으므로, 위의 두 가설은 황당무계한 가설이라 할 수 있다. 우리는 칠십인역을 존중하여, 이 불은 아벨의 제단과 모세의 제단과 다윗의 제단에 떨어졌던 불처럼 하늘에서 하나님이 내리신 불임을 의심치 않는다. 그렇지 않았다면 목격자였던 백성들이 '야웨 그분이 하나님이시라'고 그 자리에서 고백/환호할 리도 없고, 더더욱이 그 자리에서 백성들이 보는 앞에서 엘리야가 자신있게 바알 선지자 450명을 학살하는 엄청난 사건도 일어날 수 없었을 것이다. 야웨의 불은 백성들이 상상할 수 없을 정도로 엄청난 위력을 과시하였다. 하나님의 능력은 언제나 사람들이 생각하는 그 이상의 위력임을 가리킨다. 일순간에 내린 야웨의 불은 모든 논쟁에 종지부를 찍었다. 모든 문제의 해결책은 야웨의 능력에 있다. 그토록 두 사이에서 주저하던 백성들(21절)도 야웨의 능력을 보자 결단하였다.

(39절) **야웨 그분이 (참) 하나님이시다**: 이 구절은 이스라엘 백성이 성전에서 예배시에 외쳤던 하나의 환호 또는 찬송의 한 구절이었을 것이다. 이 구절을 찬송 부를 때마다 이스라엘은 칼멜산의 기적을 기억하였을 것이고, 아울러 이 구절이 의미하는 바 '엘리야'라는 이름도 두고두고 기억되었을 것이다. 성도가 부르는 찬송가 가사에 야곱이나 다윗처럼 자신의 이름이 언급되어 불리는 영광은 아무에게나 대가 없이 주어지는 명예가 아니다.

⑤ 묵상과 결단을 위한 질문들

(1) 한국의 백성들, 특히 기독교인들로 하여금 바알 종교와 야웨(예수)신앙 사이에서 결단하지 못하고 머뭇거리게 하는 요소는 무엇인가?

(2) 한국인들 특히 한국 기독교인들이 (위장된) 바알 문화/종교를 숭배하여 얻은 응답은 무엇인가?

(3) 한국 교회에 엘리야와 같은 '야웨/예수 하나님의 살아계심'을 온몸으로 증거하는 참 예언자가 있다면 그는 누구이며, 참된 목회자로 위장한 바알의 예언자는 누구인가?

(4) 한국 교회 안에서 예수/야웨의 제단이 허물어져 있다면 그것은 무엇을 의미하며, 그 허물어진 제단을 엘리야처럼 열두 돌을 세워 수축/재건함으로써 하나님과의 계약을 갱신하는 길은 무엇인가?

(5) 나는 이스라엘에게 고통을 주는 아합 같은 지도자인가, 아니면 엘리야 같은 지도자인가?

(6) 칼멜산에서의 엘리야의 승리에도 불구하고 결국 북이스라엘은 바알 종교에 물들어 망하게 되는데, 그 책임은 누구에게 있는가?

(7) 엘리야처럼 인생의 고비에서 야웨 하나님께 기적/표적을 간구했을 때 '야웨의 불'을 체험한 경험이 있는가? 그때의 느낌은 어떠했나?

참고문헌

- Albright, William F. *Yahweh and the Gods of Canaan.* Winona-Lake, Indiana: Eisenbrauns, 1968.
- Cassuto, U. *The Goddess Anath*, trans. I. Abrahams. Jerusaem: The Magnes Press, 1971.
- Clayton, Peter A. U. *The Seven Wonders of the Ancient World.* Barnes & Nobles, 1988.
- Coogan, Machael D. *Stories from Ancient Canaan.* Philadelphia: Westminster Press, 1978.
- Cross, Frank M. *Canaanite Myth and Hebrew Epic.* Cambridge: Harvard Univ. Press, 1973.
- Day, John. *God's Conflict with the Dragon and the Sea: Echoes of a Canaanite Myth in the Old Testament.* Cambridge, 1985.
- ________. "Baal", *The Anchor Bible Dictionary.* Vol. I. New York: Doubleday, 1992. 545~549.
- Freedman, David N. "Yahweh of Samaria and His Ashera", *BA* 50 (1987), pp. 241~249.
- Fulco, William J. "Baal", *The Encyclopedia of Religion.* Vol. II. New York: Macmillan Pub. Co., 1987. pp. 1~2.
- Gray, J. *The Legacy of Canaan.* 1965.
- Habel, N. *Yahweh versus Baal: A Conflict of Religious Cultures.* New York, 1964.
- Harrelson, *Walter. From Fertility Cult to Worship.* New York: Doubleday & Co., 1969.
- Holladay, William L. "On Every High Hill and under Every Green Tree", *VT* 11 (1961), 176f.
- Hooke, S. H. *Myth and Ritual*, Oxford, 1933.
- Jacobson, Thorkild. *The Treasures of Darkness: A History of Mesopotamian Religion.* New Haven: Yale University Press, 1976.
- Kapelrud, Arvid S. *Baal in the Ras Shamra Texts.* Copenhagen: G. E. C.

Gad Publisher, 1952.

- ________. *The Ras Shamra: Discoveries and the Old Testament*, tr. by G. W. Anderson. Oxford: Basil Blackwell, 1965.
- L'Heureux, C. *Rank among the Canaanite Gods: El*, Ba'al, and the Repha'im. Harvard Semitic Monograph 21. Missoula, 1979.
- Margalit, Baruch. *A Matter of 'Life and Death': A Study of the Baal-Mot Epic*. Alter Orient und Altes Testament 206. Neukirchen-Vluyn, 1980.
- ________. "The Meaning and Significance of Asherah", *VT* 40 (1990), 264-297.
- Moor, J. C. de. The Seasonal Pattern in the Ugaritic Myth of Ba'lu. *Alter Orient und Altes Testament 16*. Neukirchen-Vluyn, 1971.
- Mullen, Jr., E. Theodore. *The Divine Council in Canaanite and Early Hebrew Literature*. Ann Arbor: Edwards Brothers, 1980.
- Oberman, J. Ugaritic Mythology. 1948.
- Oldenburg, U. *The Conflict Between El and Ba'al in Canaanite Religion*. 1969.
- Olyan, Saul M. *Asherah and the Cult of Yahweh in Israel*. Atlanta: Scholars Press, 1988.
- Ostborn, Gunner. *Yahweh and Baal*. Lund: C. W. K. Cleerup, 1956.
- Pope, Marvin H. *El in the Ugaritic Texts. VTS 2*. Leiden, 1955.
- ________. "Fertility Cults", *IDB*, II. 265f.
- ________. "Baal Worship", *Encyclopedia Judaica*. Vol. II. Jerusalem: Keter Pub. House. 7-12.
- Veerkamp, Ton. *Die Vernichtung des Baal*. Stuttgart: Alektor, 1983.
- Walls, Neal H. *The Goddess Anat in Ugaritic Myth*. Atlanta: Scholars Press, 1992.
- Wheatley, Ira M. *The 'Hieros Gamos' in the Ancient Near East and in Israel*. (Ph.D. Diss.), AnnArbor: UMI, 1966.
- Zijl, P. J. van. Baal. *A Study of Texts in Connexion with Baal in the Ugaritic Texts*. Alter Orient und Altes Testament 206. Neukirchen-Vluyn, 1972.

왕하 18:16~40 야웨와 바알 참고도서

- DeVries, Simon J. *I Kings(WBC)*. Waco, Texas: Word Books, 1985.
- Gray, John. *I-II Kings(OTL)*. Philadelphia: Westminster Press, 1970.
- Jones, G.H. *I and 2 Kings*, Vol. II. (NCBC). Eerdmans, 1984.
- Long, Burke O. *I Kings. Eerdmans Pub*. Co., 1984.
- Montgomery, James A. *A Critical and Exegetical Commentary on the Books of Kings. (ICC)*. T. & T. Clark, 1951.
- Robinson, J. *The First Book of Kings. (CBC)*. Cambridge Univ. Press, 1972.
- Rosenberg, Rabbi A. J. Ed. *I Kings*. New York: The Judaica Press, 1980.
- Snaith, Norman H. "I Kings", *The Interpreter's Bible*, Vol. III. Abingdon Press, 1991.

(민 25:1~16 주석을 위하여 참고한 자료들)

- Budd, Philip J. *Numbers(WBC)*. Waco, Texas: Word Books, 1984.
- Calvin, John. *Commentaries on the Four Last Books of Moses*. Vol. I. Trans. C. W. Bingham. Grand Rapids: Wm. B. Eerdmans Publishing Co., 1964.
- Harrison, R. K. Numbers: *An Exegetical Commentary*. Grand Rapids: Baker Book House, 1992.
- Milgrom, Jacob. *The JPS Torah Commentary: Numbers*. Philadelphia: JPS, 1990.
- Noth, Martin. *Numbers*. Philadelphia: Westminster Press, 1968.

부록

연대표

(1) 인류문화사 연대표

I. 선사 시대 (Prehistoric Times)

1. Paleolithic Period (25000?~14000 BC) 구석기 시대
2. Mesolithic Period (14000~8000 BC) 중석기 시대
3. Neolithic Period (8000~4000 BC) 신석기 시대
4. Chalcolithic Period (4000~3200 BC) 석동병용기 시대

II. 고대 (Ancient Times)

1. Early Bronze Age (3200~2000) 초기 청동기
   EB I (3200~3000) EB III (2800~2400)
   EB II (3000~2800) EB IV (2400~2000)
2. Middle Bronze Age (2000~1550) 중기 청동기
   MB I(2000~1800) MB II(1800~1650) MB III(1650~1550)
3. Late Bronze Age (1550~1200) 후기 청동기
   LB I (1550~1400) LB II (1400~1200)
4. Iron Age (1200 ~ 332) 철기 시대
   Iron I(1200~900) Iron II(900~600) Iron III(600~332)

III. 고전 시대 (Classical Times)

1. Hellenistic Period (332~63 BC) 헬라 시대
2. Roman Period (63 BCE ~ 324 AD) 로마 시대
3. Byzantine Period (324~640 AD) 비잔틴 시대

Ⅳ. 이슬람-중세 시대 (Islamic-Medieval Times): 아랍의 중동 통치시대

1. Early Islamic Period (640~1099) 초기 이슬람 시대
   Umayyad Caliphate 661~750 우마야드 (마호메트)후계자 시대
   Abbasid Caliphate 750~969 아바시드
   Fatimid Caliphate 969~1171 파티미드
2. Crusader Period (1099~1260) 십자군 시대
3. Mamluk Period (1260~1517) 마믈룩 시대
4. Ottoman Period (1517~1918) 오토만(터키)시대

Ⅴ. 현대 (Modern Times) (1918~)

(2) 이스라엘 역사 연대표

(참조: John Bright, *A History of Israel*, 1976)

출애굽(Exodus) ………… ca. 1280 B. C.
가나안 정복(Conquest) ………… ca. 1250~1200
사사 시대(Period of Judges) ………… ca. 1200~1020
실로 성전 파괴(Fall of Shiloh) ………… ca. 1050
사울(+ 사무엘)(Samuel & Saul) ………… 1020~1000(?)
다윗(David) ………… 1000~961
솔로몬(Solomon) ………… 961~922
분열왕국(Schism) ………… 922

(남유다/다윗 왕조)	**(북이스라엘)**
르호보암 (922~915)	여로보암 I(922~901) 여로보암왕조
아비야 (915~913)	

아사 (913~873)	나답 (901~900)
	바아사 (900~877)바아사 왕조
	엘라 (877~876)
	시므리 (876)
여호사밧 (873~849)	오므리 (876~869) 오므리 왕조
	아합 (869~850)
	아하시야 (850~849)
여호람 (849~842)	여호람/요람(849~842)
아하시야 (842)	
아달랴 (842~837)	예후 (842~815) 예후 왕조
요아스 (837~800)	여호아하스 (815~801)
아마샤 (800~783)	여호아스/요아스(801~786)
웃시야/아사랴 (783~742)	여로보암 II(786~746)
	스가랴 (746~745)
요담 (742~735)	살룸 (745) 1개월 통치
	므나헴 (745~738) 므나헴 왕조
	브가히야 (738~737)
아하스 (735~716)	베가 (737~732)
	호세아 (732~722) 북왕국 멸망
히스기야 (716~687)	
므낫세 (687~642)	
아몬 (642~640)	
요시야 (640~609)	
여호아하스 (609)	
여호야김 (609~598)	
여호야긴 (598/7)	

시드기야 (597~587) 남유다 멸망

538 고레스 황제 칙령과 바벨론 포로귀환

516 (스룹바벨) 성전 재건

445(?) 느헤미야의 예루살렘 성벽 재건

(3) 아람, 앗수르, 바벨론, 페르샤 역사 연대표

(참고: B. W. Anderson, *Understanding the Old Testament*, pp. 645f.)

I. 아람/수리아(Aram/Syria)

르손(Rezon)	(ca. 940~880)
벤하닷 I(Benhadad)	(ca. 885~870)
벤하닷 II(Benhadad)	(ca. 870~842)
하사엘(Hazael)	(ca. 842~806)
르신(Rezin)	(ca. 740~732)
아람/다메섹의 멸망 (732 B.C.)	

II. 앗수르(Assyria)

불/디글랏빌레셀 III (Tiglath-pileser)	745~727 B.C.
살만에셀 V (Shalmaneser)	726~722
살곤 II (Sargon)	721~705
산헤립(Sennacherib)	704~681
에살핫돈(Esarhaddon)	680~669
앗수르반니팔(Asshurbvanapal)	668~627
신살이스쿤(Sin-shar-ishkun)	629~612

앗수르/니느웨 멸망(Fall of Nineveh)	612
산헤립의 유다 침공	701

III. 바벨론(Babylon)

나보폴라살(Nabopolassar)	626~605
느부갓네살(Nebuchadnezzar)	605~562
갈그미스 전투(Battle of Carchemish)	605
(느부갓네살이 바로느고를 격퇴시킴)(렘 46:2)	
제1차 유대인 포로(Exile)	598/7
제2차 유대인 포로	587
에윌므로닥(Amel-marduk)	562~560
네리글리살(Neriglissar)	560~556
나보니두스(Nabonidus)	556~539
바벨론의 멸망	539

IV. 페르샤(Persia)

고레스(Cyrus)	550~530
고레스의 칙령	538
캄비수스(Cambyses)	530~522
다리오 I(Darius/Hystaspes)	522~486
예루살렘 성전 재건	516
아하수에로 I(Xerxes/Ahasuerus)	486~465
아닥사스다 I(Artaxerxes/Longimanus)	465~424
에스라의 예루살렘 도착	458(?)(428?)(398?)

느헤미야의 도착	445(?)
아하수에로 II(Xerxes)	423
다리오 II(Darius/Nothus)	423~404
아닥사스다 II(Artaxerxes/Memnon)	404~358
아닥사스다III(Artaxerxes/Ochus)	358~338
아르세스(Arses)	338~336
다리오 III(Darius/Codomannus)	336~331
페르샤의 멸망(알렉산더에게)	331
알렉산더 대왕 (Alexander the Great)	336~323

(4) 애굽 역사 연대표

(Y. Aharoni, John Bright, 장영일 편집)

I. 원왕조 시대(Proto-dynastic Period)

제1왕조 (Ist Dynasty) (ca. 3100~2890 B.C.) Scorpion, Narmer=King Menes, 애굽통일 성취(3100)

제2왕조 (2nd Dynasty) (ca. 2890~2686)

II. 고왕국 시대(Old/Early Kingdom Period) (2686~2181)

통일애굽시대, 번창기

제3왕조 (3rd Dynasty) (ca. 2686~2613) 피라미드 시대 시작

제4왕조 (IVth Dynasty) (ca. 2613~2494), 피라미드 시대

Khufu(2589~2566), 헬라어: Cheops

Khafra/e(2558~2532), 헬라어: Chephren

Menkaura/e(2532~2503) (헬라어 Mycerinus)

제5왕조 (Vth Dynasty) (ca. 2494~2345), 피라미드 시대
제6왕조 (VIth Dynasty) (ca. 2345~2181), Pepi II, 최장수 통치(94년)

III. 제 1 중간 시대 (First Intermediate Period) (22~21세기),
애굽혼란기 소왕국들의 할거시대, 분열왕국 시대
제7~8왕조 (VII~VIIIth Dyn.) (ca. 2181~2150)
제9~10왕조 (IX~Xth Dynasties) (ca. 2150~2133)

IV. 중왕국 시대 (Middle Kingdom Period) (21~18세기)
제11왕조 (XIth Dyn.) (2133~1991) 애굽 재통일(ca.2040)
제12왕조 (XIIth Dyn.) (1991~1786), 애굽역사상 최장수 왕조(206년)
아멘엠헤트 I (Amenemhet I) (1991~1962) 또는 Ammenemes I
12왕조 창건자로서 수도를 Thebes에서 멤피스 남방 25km/16mile의 It-tawi로 이동
센우세르트 I (Senusert I) (1971~1928)
아멘엠헤트 II (Amenemhet II) (1929~1895)
센우세르트 II (Senusert II) (1897~1878)
센우세르트 III (Senusert III) (1878~1843)
아멘엠헤트 III (Amenemhet III) (1842~1797)
아멘엠헤트 IV (Amenemhet IV) (1798~1790)
세베크네프루레 (Sebeknefrure) (1789~1786)

V. 제 2 중간 시대(Second Intermediate Period). 힉소스 시대 (18~16세기)
제13~14왕조 (XIII~XIVth Dyn.) (ca. 1786~1680)

제15~17왕조 (XV~XVIth Dyn.) (ca. 1680~1550)

VI. 신왕국 시대 (New Kingdom Period) 애굽전성기(약 500년)
제18왕조 (XVIIIth Dyn.) (1552~1320)
아모세 (Ahmose) (1552~1527) 힉소스 추방
아멘호텝/아멘오피스 I (Amenhotep I) (1527~1507)
투트모세 I (Thutmose I) (1507~1494)
투트모세 II (Thutmose II) (1494~1490)
핫셉숫 (Hatshepsut) (1490~1482) 섭정 여왕, Ahmes왕비
Tutmose I의 딸, Amun신의 딸로 자처함
투트모세 III (Thutmose III) (1490~1436)
일명 애굽의 나폴레옹; 출애굽(1446?)(보수주의)
아멘호텝/아멘오피스 II (Amenhotep II) (1438~1412)
투트모세 IV (Thutmose IV) (1412~1403)
아멘호텝/아멘오피스III (1403~1364) 아마르나시대
아멘호텝/아멘오피스 IV (1364~1362) 아마르나시대
일명 아켄아톤(Ahkenaton), 일신론 개혁자, Amun신
반대하고 Aton 신 숭배, 그 아내는 Neferti(ti) 절세의 미인,
스멘크케레 (Smenkhkere) (1364~1361)
투탕카문 (Tutankhamun) (1361~1352) 18세 사망, 미망인
Ankh-esen-Amun
에예/아이 (Eye) (1352~1348) 또는 Ay, 본래 제사장 출신
하렘합 (Haremhab) (1348~1320)

제19왕조 (XIXth Dynasty) (1320~1200)
람세스 I (Ramses I) (1320~1318)

세티 I (Seti I)　(1318~1304)

람세스 II (Ramses II) (1304~1237) 출애굽 당시(1290?) 파라오

머넵다 (Merneptah) (1236~1223) 머넵다 비석

세티 II (Seti II) (1216~1210)

제20왕조 (XXth Dynasty) (1200~1085)

람세스 III (Ramses III) (1198~1166)

람세스 IV-XI (Ramses IV-XI) (1166~1085) 애굽 제국의 멸망

VII. 제국 이후 시대

제21왕조 (XXIst/Tanite Dynasty) (1085~935)

제22왕조 (XXIInd Dyn.)　(935~730)

시삭 I (Shishak I) (935~914) 왕상11:40; 14:25

오솔콘 II (Osorkon II) (914~874)

제23왕조 (XXIIIrd/Lybian Dyn.) (817~740)

제24왕조 (XXIVth Dyn.) (730~709)

제25왕조 (XXVth/Ethiopian/Nubian Dyn.) (750~656)

샤바코(Shabako) (716~695)

티르하카(Tirhakah) (689~664) 왕하 19:9; 사 37:9

제26왕조 (XXVIth Dyn.) (664~525)

프삼메틱 I (Psammetik I) (664~610)

느고 II (Necho II) (610~595) 요시야 왕의 전사(609) 왕하 23:29~30

프삼메틱 II (Psammetik II) (595~589)

아프리에스(Apries)(589~570) =바로 호브라(Hophra) (바벨론 왕 느브갓네살에 의한 예루살렘의 멸망/587[렘 44:30])

프삼메틱 III (Psammetik III) (526~525)

제27왕조 (XXVIIth/Persian Dyn.) (505~404) 페르샤 통치시대

캄비세스(Cambyses) (525~522)

다리오 I (Darius I) (521~486)

아하수에로 (Xerxes) (486~466)

아닥사스다 (Artaxerxes) (465~424)

다리오 II (Darius II) (424~404)

제28~30왕조 (XXVIII-XXXth Dynasties) (404~343)

(페르샤의 애굽 재정복: 343)

VIII. 마케도니아 통치시대(Macedonian Domination, 332~304)

Alexander the Great(알렉산더 대왕, 332~323)

Philip Arrhidaeus(323~316)

Alexander IV(316~304)

IX. 톨레미 왕조 시대 (Period of the Ptolemies) 헬라제국 통치시대

톨레미 I 라기 (Ptolemy I Lagi) (323~285)

톨레미 II 필라델푸스 (Ptolemy II Philadelphus)(285~246) 칠십인역 번역(?)

톨레미 III(Ptolemy III Euergetes) (246~221)

톨레미 IV(Ptolemy IV Philopater) (221~203)

톨레미 V(Ptolemy V Epiphanes) (203~181)

톨레미 VI(Ptolemy VI Philometor) (180~146)

톨레미 VII(Ptolemy VII Neos Philopator)(146~116)

....

클레오파트라 VII(Cleopatra VII Philopater(51~30)

X. 로마제국 통치시대(30 B. C.~ 395 A.D.), 애굽 정복 30 B.C.
아우구스투스(Augustus, 30 B.D. ~ 14 A.D.)
티베리우스(Tiberius, 14~37 A.D.)
가이우스(Gaius/Caligula, 37~41)
클라우디우스(Claudius, 41~54)
네로(Nero, 54~68)
갈바(Galba, 68~69)
오토(Otho, 69)
베스파샨(Vespasian, 69~79)
티투스(Titus, 79~81)
도미티안(Domitian, 81~96)
....

(5) 히타이트 연대표[62]

1. 고왕국 시대(Old Kingdom Period)
투달리야스 I (Tudhaliyas I(?), 1740~1710)
푸-싸루마스 I (Pu-sarrumas(?), 1710~1680)son
라바르나스 I (Labarnas I, 1680~1650)son
라바르나스 II = 하투실리스 I (LabarnasII=Hattusilis I, 1650~1620) son
무르실리스 I (Mursilis I, 1620~1590) adopted son

62) O. R. Gurney, *The Hittites*(Baltimore: Penguin Books, 1966), 216.

한틸리스 Ⅰ(Hantilis I, 1590~1560) brother-in-law
지단타스 Ⅰ(Zidantas I, 1560~1550) son-sin-law(?)
암문나스(Ammunas, 1550~1530)son
후지야스 Ⅰ(Huzziyas I, 1530~1525)son(?)
텔리피누스(Telipinus, 1525~1500) brother-in-law
알루왐나스(Alluwamnas, 1500~1490) son-in-law
한틸리스 Ⅱ(Hantilis II(?), 1490~1480)?
지단타스 Ⅱ(Zidantas II(?), 1480~1470)?
후지야스 Ⅱ(Huzziyas II(?), 1470~1460)?

2\. 제국(Empire) 시대
투달리야스 Ⅱ(Tudhaliyas II, 1460~1440)?
아르누완다스 Ⅰ(Arnuwandas I, 1440~1420)son
하투실리스 Ⅱ(Hattusilis II, 1420~1400) brother
투달리야스 Ⅲ(Tudhaliyas III, 1400~1380)son
수필룰리우마스 Ⅰ(Suppiluliumas I, 1380~1346)son
아르누완다스 Ⅱ(Arnuwandas II, 1346~1345)son
무르실리스 Ⅱ(Mursilis II, 1345~1315) brother
무와탈리스(Muwatallis, 1315~1296)son
우리-테슈브 = 무르실리스 Ⅲ(Urhi-Teshub=Mursilis III, 1296~1289)son
하투실리스 Ⅲ(Hattusilis III, 1289~1265) Uncle
투달리야스 Ⅳ(Tudhaliyas IV, 1265~1235) son
아르누완다스 Ⅲ(Arnuwandas III, 1235~1215)son
수필룰리우마스 Ⅱ(Suppiluliumas II, 1215~ ?) brother

약어표

- *ABD* : D. N. Freedman, ed., *The Anchor Bible Dictionary. Doubleday*, 1992.
- *ANET* : James E. Pritchard. *(ed.) Ancient Near Eastern Texts.* Princeton University Press, 1969.
- *BA* : *Biblical Archaologist*
- *BDB* : F. Brown, S. R. Drivers & C. A. Briggs. (eds.) *Hebrew and English Lexicon of the OT.* Oxford:Clarendon Press, 1979.
- *BJRL* : *Bulletin of the John Rylands Library*
- *BZAW* : *Beiheft zur Zeitschrift für die alttestamentliche Wissenschaft*
- *HBIS* : *History of Biblical Interpretation Series*
- *HDB* : *James Hastings. ed. A Dictionary of the Bible.*
- *ICC* : *The International Critical Commentary*
- *IDB* : *The Interpreter's Dictionary of the Bible*(Abingdon Press, 1962)
- *JBL* : *Journal of Biblical Literature*
- *JSOT* : *Journal for the Study of the Old Testament,* Sheffield
- *LXX* : *The Septuagint*(칠십인역)
- *MT* : *Masoretic Text*(맛소라 본문)
- *NICOT* : *The New International Commentary on the OT*
- *OT* : *The Old Testament*
- *OTL* : *The Old Testament Library*
- *RA* : *Revue d'assyriologie et d'arch'eologie orientale*
- *RB* : *Revue biblique*
- *SBLDS* : *Society of Biblical Literature Dissertation Series*
- *TDOT* : *Theological Dictionary of the Old Testament*
- *VT* : *Vetus Testamentum, Leiden*
- *WBC* : *Word Biblical Commentary*
- *WO* : *Die Welt des Orients*
- *ZAW* : *Zeitschrift für die alttestamentliche Wissenschaft*

지도와 사진설명

지도와 사진 설명

다음에 제시되는 지도 및 사진 자료들은 대부분 이들 자료가 게재된 서적의 저자 또는 발행인으로부터 인용을 허락받았으며, 출판된지 30년이 넘은 책에 실린 사진일 경우에는 허락을 요청하지 않고 인용하였다. 필자의 사진 목록에는 포함되어 있으나 이 책의 부록에 그 사진이 실리지 못한 이유는 아직 그 저자 또는 출판사로부터 자료 인용에 대한 허락이 도착하지 않은 때문임을 밝힌다. 필자가 사진을 인용한 서적들은 다음과 같다.

김중은 편, *갈대아 우르에서 가나안까지*, 장신대 성지연구원, 1999.

노세영, 박종수 공저, *고대 근동의 역사와 종교*, 대한기독교서회, 2000.

안성림 편, *고대 메소포타미아 문명전*, 한국미술협회, 2000.

안성림 편, *다윗의 도시와 성서의 세계*, 중앙일보사, 1998.

양병우 외 4인, *대세계의 역사*, 1권, 삼성문화개발, 1993.

이원희, *스펙트럼 성서지도*, 도서출판 지계석, 1999.

이재은, *신앙의 본향을 찾아서*, 기독교방송국, 1993.

조철수, *메소포타미아와 히브리 신화*, 도서출판 길, 2000.

Avi-Yonah, Michael. *Views of the Biblical World*. Vol. 5. Jerusalem: International Pub. co., 1961.

Boadt, L. *Reading the Old Testament*. Paulist Press, 1984. p. 115.

Gurney, O. R. *The Hittites*, Penguin Books, 1966.

Mazar, B. Ed., *Views of the Biblical World*. Vol. 1. New York: Jordan Publication, 1959.

__________, *Views of the Biblical World*. Vol. 4. Jerusalem: International Pub. Co., 1961.

Soltau, H. W. *The Holy Vessels and Furniture of the Tabernacle*. Kregel, 1971.

Wilson, Ian. *The Bible is History*, Regnery Publishing, Inc., 1999.

△**지도 1** | 구약시대의 이스라엘 지형

△**지도 2** | 고대 중동의 비옥한 초생달 지역과 국제 교통로

앤디슨(B.W Anderson)의 출애굽 경로설
아하로니(Y.Aharoni)의 출애굽 경로설
라스무센(C.G Rasmussen)의 출애굽 경로설
메이(H.G May)의 출애굽 경로설
전통적인 출애굽 여정
성공하지 못한 가나안 침입경로
주 요 도 로
0 20 40 60 80Mls
0 40 80 120Kms
대 해 (지중해)
나일 삼각주
고 센
애 굽
국 제 해 안 도 로
수르광야
수 르 길
바란광야
에담광야
시 내 반 도
신광야
네게브
진광야
에돔
모압
암몬
바 산
미디안 땅
바알스본(?)
라피아
가사
아스글론
아스돗
욥바
악고
갈멜산
홍 해

△**지도 3** | 출애굽 경로

△**지도 4** | 고대 바벨론 제국의 수도 바벨론의 위치(느부갓네살 II세 당시)(이원희, 107쪽)

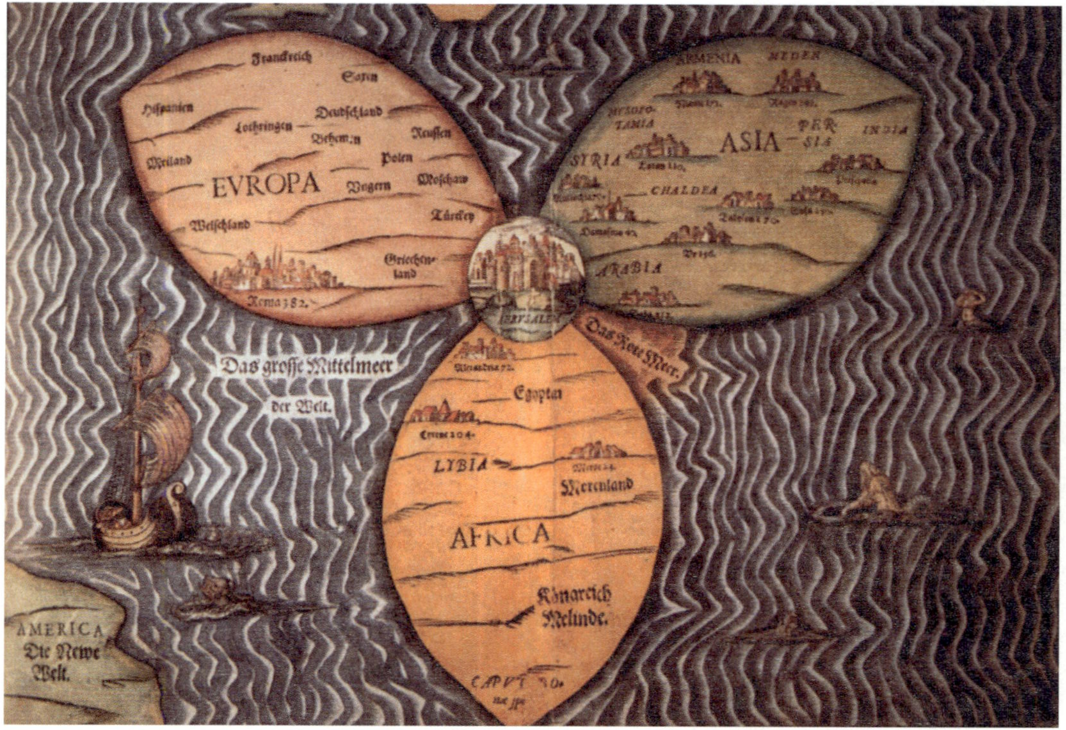

△**사진 1** | 주후 6세기 당시 세계지도; 3개 대륙(아시아와 아프리카와 유럽) 중앙에 예루살렘이 그려져 있다(예루살렘, 이스라엘 정부 고고학부 총책임자 기드온 아브니/Gideon Avni박사 제공).

△**사진 2** | 애굽의 베니 하산(Beni Hasan, 아마르나에서 북쪽으로 59km 지점)에 있는 크눔호텝의 무덤 벽화; 족장시대(주전 2천년대 상반기)의 셈족 계통 이민자가 애굽의 관리 앞에서 입국 수속을 밟고 있다. 당대의 남녀 헤어스타일과 의복 패션이 특징적이고, 맨 뒤에 따라가는 樂士와 武士의 모습은 긴장 속에서도 낙천적인 신앙의 삶을 살았던 고대(신앙)인들의 심성을 반영한다.(장마리아 그림)

△**사진 3** | 기제(Gizeh)의 피라미드(주전 3500년경); 애굽 연대표 참조

△**사진 4** | 피라미드 앞에 세워진 스핑크스(사람의 얼굴에 사자의 몸), 곧 피라미드의 수호신

▷**사진 5** | 고대 앗수르 제국의 황제 살곤 2세의 궁전 입구에 세워진 스핑크스(그룹/수호신)(김중은, 67쪽)

◁**사진 6A** | 카르낙 신전 입구의 탑문

◁**사진 6B** | 카르낙 신전 안의 열주실; 기둥 하나의 둘레는 어른 열두 명이 두 팔을 잡고 두를 만큼 크다.

◁**사진 7** | 룩소 신전의 오벨리스크; 검 모양으로 깍아 세운 이 석주는 태양 광선 및 태양신의 화신인 바로의 능력과 권세를 상징한다.

△**사진 8** | 투탕카문의 생시의 모습이 그려진 황금 마스크

△**사진 9** | 고대 바벨론의 쐐기/설형 문자(함무라비 법전의 일부)(양병우, 157쪽)

△**사진 10** | 우르에 세워진 지구랏(주전 2150년경 우르 제3왕조 당시)의 복원된 형태(김중은, 17쪽, 사진2); 바벨탑(창 11)의 모양은 지구랏과 비슷했을 것이다.

△**사진 11** | 지구랏을 오르는 계단, 본래는 7층이었는데 현재는 3층까지만 남아 있음(김중은, 17쪽, 사진 3)

△**사진 12** | 함무라비가 샤마쉬(태양신)로부터 법을 하사받는 모습(양병우, 180쪽); 모세가 시내산에서 십계명을 받는 상황도 이와 방불하다.

◁**사진 12A** | 함무라비 법전과 돌비 전체 사진(대세계의 역사, 158). 법잔은 비석의 하부로서, 비석 전체의 3분지 2를 차지한다.

◁**사진 13** | 고대 바벨론의 점토판 문서(안성림 편, 2000, 22쪽); 당대인의 상거래에 관한 내용이 담겨 있다.

△**사진 14** | 니느웨 성문(복원된 모습); (김중은, 61쪽, 사진 36)

△**사진 15** | 고대 바벨론 제국의 수도 바벨론 성의 내부 구조(느부갓네살 2세 당시)(김중은, 29쪽, 사진 11)

◁**사진 16** | 바벨론 성(城)의 입구와 멀리 오른쪽에 설치된 공중정원(Hanging Garden)(복원된 모습) (양병우, 156쪽)

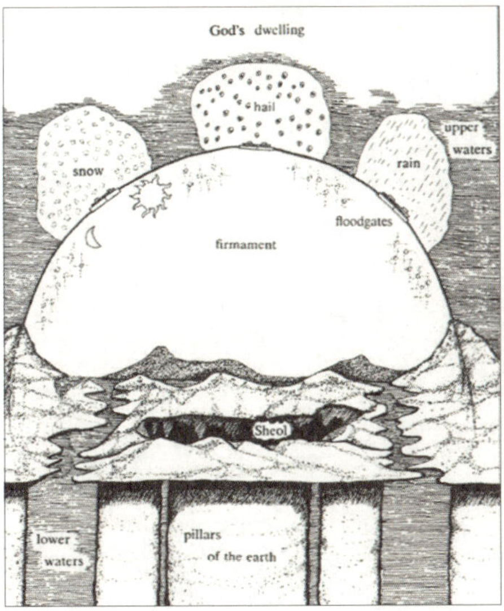

△**사진 17** | 고대 중동 사람들이 가졌던 우주관(Boadt, 115쪽; 김순덕 그림)

△**사진 18** | 헷제국에서 개발한 전차의 모습(Gurney, 80쪽, 사진 3)

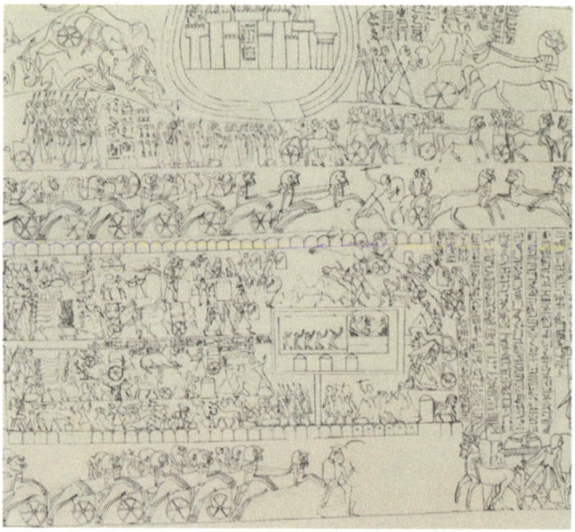

◁**사진 19** | 애굽(람세스 II 세)과 헷제국 사이의 전투 장면(Mazar, 1959, 203쪽 또는 1961, 34쪽)

△**사진 20** | 앗수르왕 산헤립의 라기스 성 공격 장면(양병우, 275쪽)

◁**사진 21** | 앗수르왕 산헤립의 라기스 성 정복후 유다인들이 학살당한 비극적 장면(안성림, 1998, 83쪽)

△**사진 22A** | 카르낙 신전 입구의 람세스 석상 하단에 새겨진 전쟁 포로들의 모습

△**사진 22B** | 고대 아카드 제국의 황제 사르곤의 병사에게 발가벗긴 채로 포로로 끌려가는 가나안 사람들(양병우, 137쪽)

△**사진 22C** | 앗수르 군대의 잔인성

△**사진 22D** | 이스라엘 왕 예후가 앗수르 왕 살만에셀에게 조공을 바치는 장면

◁**사진 23** | 텔 므깃도

△**사진 24A** | 법궤와 시은좌 상상도(H. W. Soltau, 19쪽)

△**사진 24B** | 법궤와 시은좌 상상도(자료 출처 미상)

△사진 25 | 블레셋의 다곤 신의 모습, 오른쪽에서 두 번째(추정)(안성림, 2000, 32쪽)

△사진 26 | 이스라엘의 국기

△사진 27 | 예루살렘 통곡의 벽 앞에서 후드를 걸치고 성경 읽으며 기도하는 사람

△사진 28 | 스룹바벨 성전(제2성전) 모형도(축소판)

◁**사진 29** | 유대인의 유월절 식사 장면

▷**사진 30** | 마사다 요새

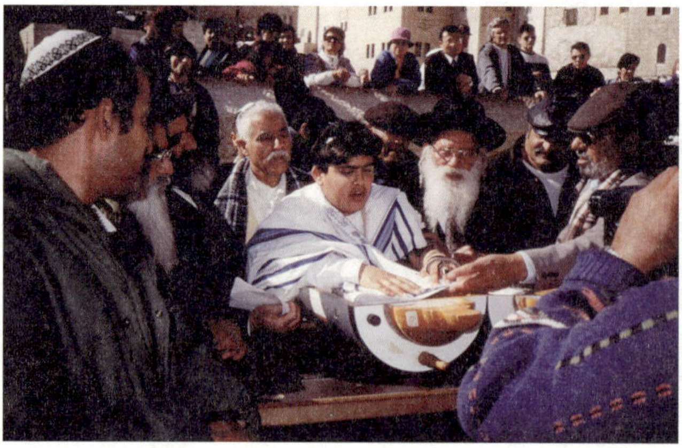

◁**사진 31** | 12세 된 유대인 소년이 성인식에서 율법서 두루마리를 읽고 있는 장면

◁**사진 32** | 유대 광야에서 양떼에게 베두윈 목동들이 물을 먹이고 있다. (Avi-Yonah, 105쪽)

△**사진 33** | 유대 광야의 황량한 모습(이재은, 137쪽)

◁**사진 34** | 투탕카문의 의자에 그려진 그림(고대 이집트 문명전, 155쪽; 양병우, 199쪽); 황제와 왕비의 이마에, 그리고 그림의 상단에 줄 서 있는 코브라의 머리들이 특징적이다.

△**사진 35** | 애굽 헬리오폴리스(Heliopolis)의 천지창조 신화(양병우, 204쪽); 본래 풍뎅이로 상징되는 혼성(混性)의 신 아툼(Atum)이 침을 뱉아 태어난 두 남매 곧 공기의 남신(男神) 슈(Shu; 수사자의 머리 모습)와 습기의 여신 테프눝(Tefnut; 암사자의 머리 모습) 사이에서 다시 게브(Geb; 거위 모습)와 눝(Nut; 암소 모습)이 태어나 결합한다. 슈가 이 둘의 결합을 분리시킴으로써 하늘(눝)과 땅(게브)이 태어나게 된다. 땅에 누워 있는 남자가 게브(Geb)이고 공중에 떠서 땅을 내려다보는 여신이 눝(Nut)이다. 게브와 눝 사이에서 오시리스, 하로에시스, 세트, 이시스, 네프티스 등의 신들이 태어난다.

◁**사진 36** | 애굽의 멤피스에서 숭배된 아피스 황소(Apis bull)의 모습(안성림, 2000, 121쪽); 멤피스에서 신성한 황소로 숭배된 이 아피스 황소는 프타(Ptah) 신의 전령으로 간주되기도 했다. 신왕국 시대 아피스 황소가 죽으면 국가적 장례식을 거행한 후 미이라로 만들어 사카라(Saqqara)의 무덤 안 석관에 안치하였다.

△**사진 37B** | 오시리스와 이시스 중간에 하토르(암소)

△**사진 37A** | 19왕조 당시(주전 13세기) 애굽의 심판신화(안성림, 2000, 26쪽); 사자(死者)의 서(書)(Book of the Dead) 125장에 언급된 심판 신화의 그림에서 죽은 자(흰옷 입은 자)는 42명의 신들 앞에서 126가지의 악행과 죄에 대하여 심문을 받고 – 이때 한결같이 '안 했습니다'(I did not)라고 대답해야 한다 - 최후로 그의 심장을 저울로 달아 죄의 경중을 심판 받게 되어 있다. 이때 심장이 다른 쪽의 깃털(feather of Maat)의 무게와 같아야 두 번째의 죽음의 문을 무사히 통과하여 오시리스와 함께 영원한 삶을 누리게 된다. 저울을 살피는 판사는 묘지의 수호신 아누비스(Anubis; 늑대 머리)이고 기록자는 서기관의 신 토트(Thoth)이며, 깃털보다 무거운 심장을 삼키는 악어 머리의 괴물은 암뭍(Ammut)이다.

◁**사진 38** | 룩소의 나일강 서쪽 황야에 위치한 왕가의 계곡; 석회암으로 되어 있는 피라미드 모양의 이 바위산 기슭에 투트모세 3세와 람세스 2세를 비롯한 18~19왕조 당시의 왕들의 무덤이 있다. 태양 광선의 형태를 딴 피라미드 산은 애굽의 바로가 태양신의 화신임을 상징한다.

◁**사진 39A** | 다양한 보석으로 짜여진 투탕카문의 가슴장식. 태양신(Khepri)의 상징인 풍뎅이가 정가운데를 차지하고 있다.

▽**사진 39B** | 벽돌을 만드는 애굽 노예들(Mazar, 128쪽); 벽돌 제조 과정이 자세히 묘사되어 있다. 휘초리를 든 사람은 애굽의 강제 노동 감독관이다.

◁**사진 39C** | 룩소르 신전 입구의 람세스 석상

△**사진 41** | 애굽 나일강 변의 풍요로운 들판

△**사진 40** | 나일강변의 무성한 종려나무 또는 대추야자 나무 (Date Palm)

◁**사진 42** | 노(No; 렘 45:25; 겔 30:14) 또는 테베(현 룩소르/Luxor)의 카르낙 신전 벽에 그려진 상애굽 최고의 신 아문(Amun)의 모습; 그 하체가 강조된 것이 특징이다. 바로는 이 아문 신의 화신이며, 그런 의미에서 이 그림은 바로의 성적 능력을 대변한다.

△**사진 43** | 카르낙 신전 뜰의 풍뎅이(scarab) 석상; 우주여행이 실시되는 현대에도 이 풍뎅이 석상 주위를 돌면 행운을 얻는다는 말을 따라 행하는 관광객이 많다.

◁**사진 44** | 룩소의 핱셒숱 장제전 벽에 그려진 암소의 두상과 뿔

△**사진 45** | 시내산 정상에서 직은 사진; 방문자들로 하여금 가히 하나님의 현현(Theophany)을 느끼게 할 만큼 산세(山勢)가 수려하고 웅장한 바위들로 구성되어 있다.

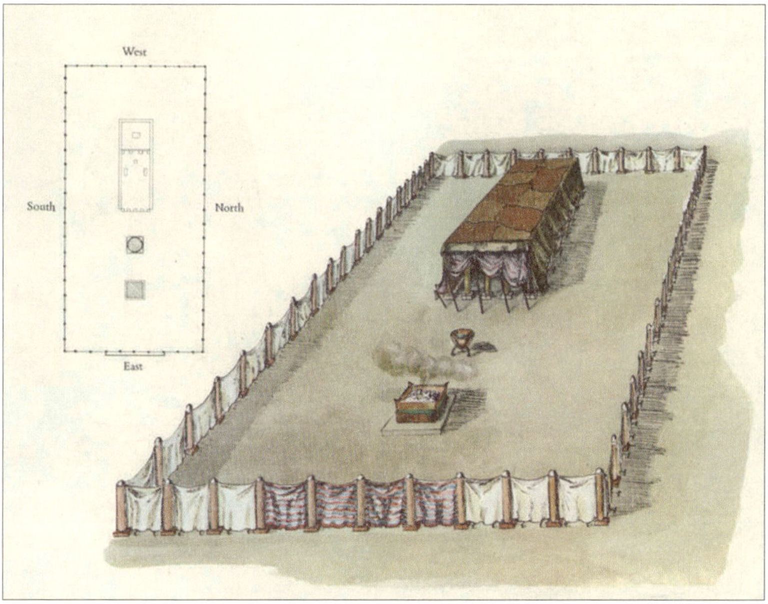

△**사진 46** | 성막의 모형도(축소판)(Mazar, 165쪽)

△**사진 47** | 유대인들이 종려나무 가지를 들고 초막절을 지키는 모습(이재은, 69쪽)

△**사진 48** | 그림심산(왼쪽)과 에발산 사이에 위치한 세겜(김중은, 140~141쪽, 사진 109)

△**사진 49** | 시내산 캐더린 수도원에서만 자라는 떨기나무

△**사진 50** | 바벨론의 국가 수호신 벨/마르둑과 그 곁에 엎드려 있는 뿔달린 용(주전 9세기의 원통형 도장에 새겨져 있음). (조철수, 207쪽)

△**사진 51** | 제 2성전 시대 제사장이 분향하는 모습(자료 출처 미상)

△**사진 52** | 안식일에 가족과 함께 회당에 가는 정통파 유대인(이재은, 35쪽)

△**사진 53** | 바벨론 성의 이쉬타르(여신) 탑문(김중은, 33쪽, 사진 15)

△**사진 54A** | 바다의 신 티마앗(용의 모습)이 마르둑과 전쟁을 하는 모습(조철수, 385쪽); 고대 바벨론 시대의 원통형 도장에 새겨져 있었다.

△**사진 54B** | 바다의 신 티아맛; 일곱 머리를 가진 용으로 그려져 있다.(노세영, 고대 근동의 역사와 종교, 17쪽)

◁**사진 55** | 요단 계곡에 대한 조감도 (이재은, 30쪽)

▷**사진 56** | 요단 계곡에 대한 조감도(Mazar, 49쪽)

△**사진 57A** | 사마리아에서 발견된 송아지 형상

▷**사진 57B** | 가나안의 최고 신 엘(EL)
(양병우, 285쪽)

△**사진 58A** | 산과 바다를 밟고 서있는 바알의 모습; 오른손에는 천둥을 상징하는 타봉(club)을, 왼손에는 번개를 상징하는 투창을 들고 있고, 이마에는 풍요의 능력을 상징하는 황소 뿔이 달려 있다(민 24:8).(양병우, 302쪽)

△**사진 58B** | 황소를 타고 달리며 천둥과 번개와 비를 주관하는 신 바알(히타이트 시대)(Gurney, 144쪽 사진 28)

△**사진 59** | 핫솔 소재 바알 산당의 제단 주위에 세워진 주상(양병우, 289쪽)

△**사진 60** | 애굽의 오시리스 석상(양병우, 205쪽)

△**사진 61AB** | 아세라와 아낫의 다양한 형태(주전 10세기 후반, 왕정기 가나안)

◁**사진 62A** | 아낫 또는 아세라 상

◁**사진 62B** | 아낫 또는 아세라 상

△**사진 62C** | 아세라 금상과 금부조 틀(주전 1600, 1300년경 시리아)

편집후기

여러 가지 우여곡절 끝에 필자가 그토록 끝마치기를 기대했던 글을 모두 마치고 드디어 집필 후기를 쓸 수 있도록 여기까지(삼상 7:12) 인도해주신 하나님께 먼저 감사와 영광을 드린다.

이 책이 나오기까지는 극복해야 할 장애물이 많았는데, 그 가운데서도 지난 2001년 1월 22일 시카고 공항에서 집필을 위해 수년 동안 모아 둔 귀중한 메모가 들어 있는 가방을 어느 멕시칸 계통의 청년들에게 날치기 당했을 때는 참으로 앞이 캄캄하였고, 차라리 그들이 돌아와 그 메모 봉투만이라도 돌려준다면 소지한 용돈의 전부라도 내주고 싶은 심정이었다. 그러나 곧 마음의 평정을 회복하고, 범사에 감사하라신 말씀에 순종하여 하나님께 이 이해하기 힘든 일에 대하여 감사와 찬송과 영광을 드렸을 때, 이 책 어느 쪽의 각주에서 언급한 것처럼, 이 일을 통하여 베드로 같은 배신자까지도 용서하시고 자기 백성을 땅끝까지 찾아와 권고하시는 하나님의 사랑을 현실로 경험할 수 있었던 것이다.

집필을 위해 준비해 둔 메모가 없는 상태에서 장신대 개교 백주년 기념일인 2001년 5월 15일까지 이 책이 출판되도록 집필을 끝마치려고 씨름했던 날들은 필자에게 있어서 하나님께 간절히 부르짖으며 매달렸던 산고의 기간이었다. 그 힘든 과정의 매 순간마다 선한 목자처럼 이 부족한 종을 안위해 주신 하나님의 은혜에 다시 한번 감사드린다.

글을 쓰는 모든 사람들의 공통된 꿈이요 기도 제목이라 할 수 있겠지만, 필자는 이 책을 읽는 모든 독자들이 눈물의 감격 속에 주님을 만나는 경험을 할 수 있게 해달라고 간구하며 글을 썼다. 하나님의 말씀인 성경은 만고불변의 베스트셀러임을 부인할 사람이 없을 정도로 그 누가 읽어도 쉽게 이해할 수 있는 책인 것이 분명한데, 필자가 이 성경에 대한 또 다른 해설을 추가로 내놓음으로써 오히려 성경의 독자들로부터 성경을 읽을 귀중한 시간을 빼앗게 되지나 않을까, 본래 누구에게나 쉽고 은혜로운 성경 말씀을 오히려 복잡하고 난해한 책으로 오도하는 잘못을 저지르는 것은 아닌지 하는 걱정과 아울러, 이 책을 통하여 독자들이 주님을 만나는 감격을 맛보지 못한다면 이 책이 무슨 소용이 있겠는가라는 생각이 필자의 머리에 계속 머물러 있었다.

이 책의 내용을 강의한지 약 십 년이 되었고 이 책의 집필에 대하여 장신대의 신학도들에게 광고한지도 5, 6년이 넘었으며, 그동안 언제 이 책이 나오느냐고 묻는 사람들도 종종 있었다. 그러므로 이 책은 우선적으로 신학도들을 염두에 두고 쓰기 시작하였으며, 더 나아가서 성경의 내용을 좀 더 진지하게 탐구하고 가르치려는 사람들 특히 구약신학의 형성 과정과 그 중심내용에 대하여 묻고 싶은 질문이 많은 목회자들을 대상으로 삼았음을 밝힌다. 이 책의 제목이 암시하는 바와 같이 필자는 구약성경을 하나님의 말씀이기에 앞서 이스라엘 백성들이 그들의 역사적 경험을 도구로 하여 성령의 감동을 받아 적어도 천년이라는 기나긴 기간에 걸쳐 집필한 하나의 신학이요 역사적 고백이라 보기에, 이와 같은 구약신학의 역사적 기초를 규명하려다 보니 자연히 구약성서와 현대인 사이에 가로놓인 문화적 간격을 설명하는데 많은 지면을 할애할 수밖에 없었다. 특히 현재 또는 2~3년 안에 성경의 전문적 교사 또는 설교자로 서게 될 신학도들이 성경을 피상적으로만 이해하지 않고, 마치 허준이 스승 유의태의 호의로 인체의 내부를 들여다보는 경험을 함으로써 보통 의사들의 수준을 능가하는 당대의 명의가 될 수 있었던 것처럼, 구약성경이 오늘의 형태 곧 심오하고 찬란한 신학으로 성장하고 결실하기까지의 과정을 해부하고 들여다보도록 유도하였다.

글을 끝내었으나 여전히 미완성이라는 생각이 필자의 마음을 아프게 하면서도 이로 인하여 더욱 필자의 부족과 한계를 느끼게 되고 스스로 겸손한 생각을 갖게 된다. 특히 역사적 배경에서 포로기에 대한 고찰이 아직도 미흡하다는 생각이 들고, 바알종교 부분도 더 연구하고 보충해야 할 내용이 많으나 시간이 촉박하여 뜻대로 되지 않았다. 내용을 이해하는 데 큰 도움이 되는 사진 자료들도 더 많이 제공하고 싶었으나, 저작권 문제와 관련하여 인용의 허락을 받을 여유를 얻지 못하였다. 하나님께서 허락하시면 이 책의 개정판이 나올 때에 이들 미비한 내용들이 보완될 것임을 다짐해 본다.

끝으로 대학 신입생의 바쁜 일과 속에서 시간을 내어 이 책의 표지 그림을 그려준 막내딸 마리아(홍대 미대 섬유미술과 1학년)와 집필을 끝내기까지 노심초사 마음 졸이며 섬김과 기도로 내조한 아내 김순덕 사모에게 중심의 고마움을 느낀다. 또한 가난한 교수를 위하여 늘 기도해 주시고 때때로 분에 넘치는 연구비로 후원해주신 명성교회 당회장 김삼환 목사님께도 감사를 드리며, 원고를 일차적으로 교정해 준 양성희 조교와 특히 촉박한 일정 속에서 단시일 안에 이 책이 훌륭한 형태로 출판되도록 힘써주신 쿰란 출판사의 여러분들께 심심한 감사를 드린다. 그러나 이 모든 좋은 사람들의 도움을 가능케 해주신, 나의 영원한 목자시며 주인이시며, 동시에 무적(無敵)의 대장이시며 영원한 동행자이신, 나의 구세주 곧 사랑의 하나님 예수 그리스도께 모든 존귀와 영광과 감사와 찬양을 돌려 드린다.

주후 2001년 4월 30일 월요일
광나루에서
장영일